Paris
1872

Neymarck, Alfred

Aperçus financiers

1868-1872

2

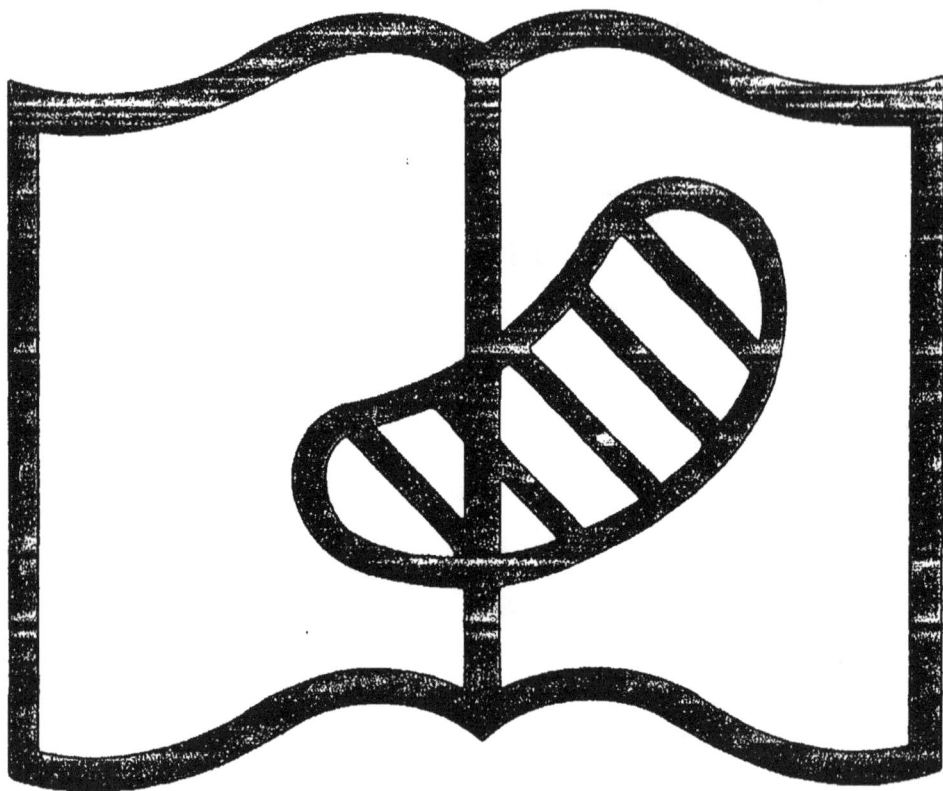

Symbole applicable
pour tout, ou partie
des documents microfilmés

Original illisible

NF Z 43-120-10

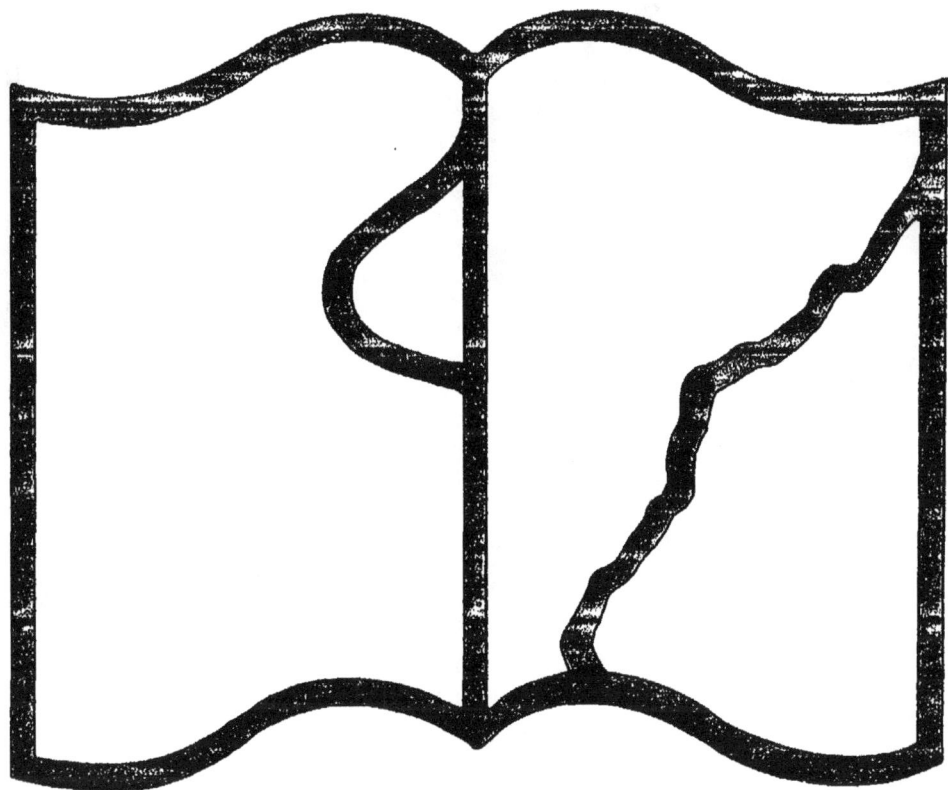

Symbole applicable
pour tout, ou partie
des documents microfilmés

Texte détérioré — reliure défectueuse

NF Z 43-120-11

APERÇUS

FINANCIERS

PARIS. — IMP. SIMON RAÇON ET COMP., RUE D'ERFURTH, 1.

ALFRED NEYMARCK

APERÇUS
FINANCIERS

1872—1875

Pecunia est ancilla se scis uti; si nescis,
domina est. Pentics Syrus.

L'argent est ton esclave si tu sais l'employer ;
ton maître, si tu ne le sais pas.

DEUXIÈME VOLUME

PARIS

E. DENTU, LIBRAIRE-ÉDITEUR

PALAIS-ROYAL, 17 ET 19, GALERIE D'ORLÉANS

1873

PRÉFACE

L'année qui vient de s'écouler a été fertile en grands événements. L'œuvre de réparation a commencé; la réorganisation de notre beau pays, si cruellement éprouvé, se poursuit: le calme se fait dans les esprits: le travail renaît; la France se relève.

L'histoire de 1872 mérite une étude approfondie : c'est pendant cette an   ie que l'emprunt national de 3 milliards 500 millions a été souscrit et a obtenu un succès inespéré : au moment où nous écrivons ces lignes, près de 2 milliards 500 millions sont payés par anticipation.

Voilà pour le résultat financier.

Au point de vue politique, l'année 1872 n'est pas moins féconde : c'est, après nos crises et nos discussions, le triomphe de l'ordre sur le désordre;

c'est l'apaisement des passions, après les divisions, les luttes des années précédentes.

Nous nous sommes appliqué, dans ce travail, à résumer fidèlement, impartialement, les événements principaux dont l'année qui vient de s'écouler a été le théâtre.

Puisse-t-il mériter les suffrages si bienveillants et si flatteurs qui ont accueilli le premier volume des *Aperçus financiers !*

ALFRED NEYMARCK.

APERÇUS FINANCIERS

MARS 1872 — MARS 1873

I

(MARS 1872)

L'EMPRUNT

Les deux premiers milliards sont payés, et il nous reste deux ans pour nous acquitter des trois autres milliards formant le solde de l'indemnité due à l'Allemagne.

Nous ne devons pas perdre de vue le mois de mars 1874, et avons-nous besoin de dire que tout homme qui raisonne et qui calcule comprend que, dans la situation actuelle, ce n'est pas trop de deux années pour trouver et réaliser les 3 milliards : car il faudra, quels que soient l'emprunt, son importance et son prix, échelonner les versements, les faire coïncider avec les payements à effectuer ; il faudra surtout, dès que l'emprunt

aura été réalisé et accompli, arriver à changer ces 5 milliards en numéraire, car c'est en numéraire, ne l'oublions pas, que l'Allemagne a exigé le payement de l'indemnité de guerre.

Ce n'est pas là une des moindres difficultés du moment.

L'emprunt s'impose donc comme une cruelle mais
urgente et inévitable nécessité : il faut y recourir promptement ; car, répétons-le, nous n'avons pas beaucoup de
temps devant nous pour le réaliser, et, en définitive, les
affaires de crédit demandent à être résolues le plus tôt
possible et non pas à être indéfiniment ajournées. Il pourrait, en effet, se produire, pendant l'intervalle, tel événement politique qui viendrait empêcher toute opération
de finance.

Nous avons démontré suffisamment l'impuissance des
moyens de payements pour la libération du territoire,
autres que par voie d'emprunt national. La souscription dite *des Femmes de France* a échoué, et le discours
du ministre de l'intérieur a porté à cette souscription
le dernier coup. Quant à la proposition qui consiste à
donner à l'Allemagne une hypothèque sur les chemins
de fer français, elle ne mérite véritablement pas la
peine d'être prise au sérieux et discutée. Comment
admettre que l'Allemagne, aussi pratique qu'avide,
accepterait, pour notre rançon non pas de l'argent, non
pas de l'or, non pas même du papier de banque, mais
une simple reconnaissance hypothécaire, passée par-
devant notaire, probablement, ou contractée par les
représentants du pays ? et si, demain, la France chan-

geait de gouvernement, s'il arrivait que le nouveau gouvernement déclarât nuls et non avenus tous les actes du
précédent pouvoir, qu'adviendrait-il de cette reconnaissance hypothécaire consentie à l'Allemagne? Cette
proposition n'est pas sérieuse; et il suffit de lire les
journaux allemands pour voir de quelle façon un
semblable système de libération serait accueilli par
M. de Bismark.

Revenons donc aux choses sérieuses, et disons-nous
une bonne fois que ce ne sont pas des projets chimériques, ou des élucubrations financières, faites sur le
papier ou déclamées à la tribune, qui peuvent nous
sauver.

C'est de l'argent, de l'argent, et toujours de l'argent et
de l'argent monnayé qu'il nous faut : tout autre moyen
ne serait qu'illusion et impuissance; et, du reste, ceux
qui furent nos ennemis — suivant l'expression de
M. Victor Lefranc — ne s'accommoderaient pas du tout
de nos chimériques espérances; ce qu'ils veulent c'est
de l'argent; ce qu'il nous faut donc à nous, qui sommes
malheureusement obligés de courber la tête devant nos
vainqueurs, c'est de l'argent ; et, pour nous en procurer,
il faut, coûte que coûte, emprunter.

Puisse notre dette de 5 milliards, payables à courts
délais, devenir — plus justement qu'on ne l'a dit jusqu'aujourd'hui de la république — le terrain qui nous
divise le moins! Et puissions-nous, comme nous ne cessons de le demander, au lieu de nous occuper de nos
querelles et de nos discordes intérieures, assurer la stabilité et l'autorité dans le pays, par la concorde, l'union,

la paix et le travail ! Car c'est ainsi seulement que nous
pourrons faire réussir cet emprunt de 3 milliards dont
nous ne nous rendons pas suffisamment compte, en raison, peut-être, de l'immensité de la somme qui nous est
réclamée !

L'ASSEMBLÉE NATIONALE SOUVERAINE

Beaucoup d'agitation à propos de bien petites questions : voilà, en quelques mots, l'histoire de ces derniers
jours.

Nous nous préoccupons du bruit de la rue, de la
mouche qui vole, des inventions des politiques qui,
exclus du théâtre, intriguent dans les coulisses, des
commérages des salons où l'on s'agite dans le vide.
Aujourd'hui, c'est un coup d'État imminent ; le lendemain, c'est un débarquement mystérieux mais hypothé-
tique sur des côtes fantastiques ; ce sont des conspirations
annoncées et racontées d'avance, avec détails émouvants ;
ce sont des généraux arrêtés, des personnages expulsés ;
des brouilles, des raccommodements, des menaces, des
embrassements ; en somme, on ne s'en porte pas plus
mal.

Les partis ont l'imagination féconde ; ils inventent ou
grossissent démesurément les faits. Quelquefois ils agissent ; mais, dans ce cas, ils perdent de leur audace ;
après s'être beaucoup remués, ils crient bien haut

qu'ils n'ont rien fait; si on les croyait, ils n'auraient même rien dit.

Les prétendants timides s'essayent au rôle de conspirateurs; mais ils échouent. Le comte de Chambord, indignement traité par la démagogie belge, se réfugie en Hollande; les princes d'Orléans ne voient pas s'ouvrir la porte par laquelle ils espèrent passer.

En attendant, le pays se cherche et peu à peu se retrouve.

Ce gouvernement vigoureux, dont les peuples sentent toujours la nécessité après les époques troublées, il va tenter de le créer, de s'en saisir lui-même; car il veut que la paix publique l'emporte, que l'ordre ait le dernier mot, que la liberté légale triomphe.

Mais comment arriver à cette transformation de nos institutions?

Sera-ce l'Assemblée qui exprimera le nouveau droit populaire? Sera-ce le Président? Sera-ce un homme ou un ensemble d'institutions?

Nous ne voulons pas essayer de pénétrer l'avenir; mais, dans l'état actuel des opinions et des esprits, il n'y a de possible, de pratique, que le sincère exercice par l'Assemblée de la souveraineté nationale. A elle seule il appartient, non d'administrer, mais de gouverner; c'est la dictature du salut public exercée par la nation, qui peut seule nous tirer du péril, conjurer les crises, assurer l'ordre, rendre la sécurité aux esprits.

Le provisoire ne donne une satisfaction complète ni aux intérêts, ni à nos habitudes nationales, ni à nos idées traditionnelles; et, cependant, peut-il ne pas durer jusqu'au jour où le dernier soldat prussien aura passé la frontière?

Cessons de poursuivre la réalisation de nos vues particulières. Au temps où nous sommes, système est synonyme d'utopie; nous sommes pour les solutions paisibles, peu bruyantes; ce sont, après tout, les plus fécondes.

Nous voudrions que notre pays cessât enfin de se donner en spectacle à l'Europe, de l'agiter, de l'épouvanter, ou tout au moins de l'inquiéter; qu'il renonçât aux combinaisons hâtives, hasardeuses; qu'il se traçât, pour ainsi dire, un plan de vie dont il prendrait la résolution de ne jamais s'écarter.

Proposons-nous un but; et ce but quel peut-il être, sinon de nous relever, de retrouver notre prospérité, notre puissance par l'ordre et la pratique d'une sage liberté?

Mais nous ne pouvons l'atteindre que par l'esprit de méthode, de persévérance et de suite.

On est à peu près d'accord aujourd'hui sur un point : c'est que l'Assemblée et le gouvernement qui émane d'elle ont une mission parfaitement déterminée, celle de libérer le sol national.

Constituer le pays avant qu'il ne soit délivré, ce serait s'exposer à des complications nouvelles. Pour procéder à la grande œuvre de la réorganisation politique de la nation, il faut que nous soyons absolument, complétement libres; or, nous ne le serons que lorsque les Prussiens ne fouleront plus le sol national.

Jusque-là, le devoir de tous est d'obéir à l'Assemblée

qui représente le pays, fait des lois en son nom et contrôle le pouvoir exécutif.

Un fait important vient de s'accomplir. Désormais la France sera représentée auprès du roi d'Italie. Quelque opinion qu'on puisse avoir sur les procédés de l'Italie vis-à-vis du saint-siége, on doit reconnaître que la France a le devoir de ne rien faire qui puisse troubler la paix européenne ; or un refroidissement avec l'Italie eût amené des préoccupations dont la France et les nombreux intérêts français engagés dans la politique italienne eussent considérablement souffert !

Le gouvernement de M. Thiers, en nommant M. Fournier ministre de France, vient de faire acte de bonne politique.

LA BANQUE ET L'ÉTAT

Nous sommes loin de méconnaître les services rendus par la Banque à l'État, même dans les moments les plus difficiles ; mais nous pensons aussi que, s'il y aurait injustice de la part de l'État à méconnaître ces services, il y aurait aussi, de sa part, imprudence à les exagérer ; car cette exagération tournerait en définitive au détriment du crédit public.

La Banque de France est, tout à la fois, un établissement privé, et une institution d'*État*, s'il nous est permis de nous exprimer ainsi. Ses statuts, ses actionnaires,

ses comptes annuels, lui donnent tout d'abord le
caractère d'une institution financière, au même titre
que telle ou telle autre institution ; mais, le privilége
qu'elle tient de l'*État* de battre monnaie, privilége
exclusif, fait de la Banque de France un véritable
établissement gouvernemental. La Banque de France
jouit donc à la fois d'un caractère privé et d'un caractère public ; elle joue le double rôle d'un établissement privé et d'une institution nationale destinée à
donner satisfaction aux intérêts de l'État et à ceux des
particuliers.

Nous insistons particulièrement sur ces deux points,
et nous prions nos lecteurs d'y bien fixer leur attention
pour se rendre compte aussi bien des abus qui peuvent
se produire, que des services réels que la Banque de
France est appelée à rendre.

Si, comme on l'a souvent demandé, la liberté des
banques existait, c'est-à-dire, si toutes les banques
avaient la liberté d'émettre du papier dans une proportion déterminée, eu égard à leur encaisse métallique ;
si, par exemple, un établissement financier, disposant
d'un capital de 100 millions de numéraire, émettait
pour 100 millions de papier, et que le public eût dans
tous ces papiers émis la plus entière confiance, sachant
qu'à toute époque les billets pourront être convertis
en numéraire, le papier d'une banque de Toulouse, par
exemple, vaudrait tout autant que le papier d'une banque
de Marseille ; ce dernier serait de même accepté au
même titre que celui de Carcassonne ou de Périgueux ;
chaque département aurait sa banque, et tous les pa-

piers de ces banques seraient partout acceptés, dès que
la conviction de pouvoir toujours les convertir en numéraire serait passée dans tous les esprits. Ce papier de banque ne serait plus en réalité qu'un papier d'échange, remboursable indifféremment sur tous les points du territoire.

Si, poursuivant toujours notre hypothèse de la liberté
absolue des banques, l'État se trouvait obligé de recourir
à elles pour en obtenir soit des avances de fonds, soit des
services financiers, l'État serait obligé de rémunérer et
de payer les services qu'il réclamerait, au même titre
que les particuliers qui auraient besoin du concours de
ces mêmes banques.

Tel serait bien, si nous ne nous trompons, le résultat
du système de l'application de la liberté des banques ;
tels sont du reste les résultats produits par l'application
de ce système dans les pays, où la liberté d'émission,
existe pour toutes les banques.

Ainsi, à notre avis, la liberté absolue d'émission accordée aux banques d'un pays — liberté contenue cependant par des règles de conduite, honnêtes et loyales
— impliquerait inévitablement, pour les particuliers
aussi bien que pour les gouvernements, l'obligation de
payer tous les services qui seraient réclamés de ces établissements.

Mais sommes-nous, en France, dans cette situation ?
Nullement.

La Banque de France a un privilége exclusif : elle
seule peut émettre des billets de banque ; elle seule peut,
pour ainsi dire, battre monnaie, grâce à l'autorisation
que l'État lui a accordée.

Comment la Banque use-t-elle de ce privilége ? Est-ce au profit du public ? Non. L'escompte est là pour démontrer que le commerce rémunère largement les services qu'il en reçoit. Est-ce au profit de l'État ? Non. L'État est aujourd'hui un des meilleurs clients de la Banque ; les bénéfices réalisés par la Banque sur les prêts consentis à l'État sont considérables.

C'est là, il nous semble, une situation fort anormale que nous nous bornons à constater et qui démontre clairement que les services rendus par la Banque de France au Commerce, à l'Industrie, à l'État, sont efficaces et utiles, parce qu'on est obligé de s'adresser à elle ; mais, loin d'être gratuits, ils sont très-onéreux. En effet, jamais la Banque de France n'a réalisé des bénéfices aussi considérables que pendant les années 1870, 1871, c'est-à-dire, aux époques les plus calamiteuses de notre histoire.

Les derniers événements ont mis en relief d'une façon bien évidente cette double situation de la Banque, qui, s'occupant à la fois du public et de l'État, s'adresse au gouvernement pour pouvoir augmenter son émission de billets, émission qui est pour elle une nouvelle source de bénéfices ; ce qui ne l'empêche pas de faire payer tout aussi cher ses services aussi bien à l'Etat qu'au public.

Ce n'est pas là, du reste, une des moindres contradictions que nous pourrions relever ; et, lorsque nous aurons à parler de l'amortissement annuel des 200 millions, nous aurons à relever bien d'autres faits intéressant au plus haut point le crédit public et le crédit de l'État.

QUELQUES MOTS SUR LE BUDGET DE 1872

Les nombreux chapitres du budget de 1872 ont commencé leur défilé annuel devant l'Assemblée nationale. Ainsi que l'on s'y attendait, la discussion est vive, agitée, émaillée d'amendements dont les uns sont pleins de bonnes intentions, les autres de prétentions plus ou moins justifiables.

La lutte a été ardente, mais ses résultats nous satisfont pleinement et nous sommes heureux d'avoir vu toutes nos appréhensions dissipées et pour ainsi dire déçues.

A vrai dire, nos appréhensions étaient fortes ; nous redoutions, nous qui, depuis longtemps, étudions chaque année le budget de la France, nous redoutions que des ministres hostiles au régime déchu, ne se crussent obligés de réduire, par amour pour leur propre popularité et pour leur conservation, des dépenses qui, de tout temps, nous ont paru indispensables. Il nous semblait, non pas sans quelque raison, qu'après avoir, sous l'Empire, battu en brèche et le gouvernement et tous ses budgets et tous les chapitres de ses budgets, les mêmes personnages devenus ministres, devaient avoir la tentation de démontrer clairement, et par des chiffres d'une brutalité éloquente, combien ils avaient raison jadis de combattre les projets de loi de finances annuels.

Félicitons vivement nos ministres de n'avoir point cédé à cette tentation bien naturelle et d'avoir préféré

aux vains conseils de l'amour-propre, ceux de la sagesse
et de la modestie. Ils ont renoncé à un succès facile mais
peu glorieux, parce qu'ils ont été inspirés par l'amour
du bien public et le vrai patriotisme.

Ils ont, en cela, suivi le salutaire exemple des ministres du régime constitutionnel de 1830. Lorsqu'un homme
d'État quittait le ministère pour rentrer dans l'opposition, il était pris soudain d'une fièvre de réductions budgétaires qui, fort heureusement, le quittait dès qu'une
révolution de cabinet lui rendait son portefeuille.

Et c'est là une évolution bien facile à comprendre :
c'est que, tant qu'on est dans l'opposition, on fait, en
toute bonne foi, son jeu tel qu'on le désire, et l'on choisit,
bien entendu, puisque rien ne s'y oppose, tous les atouts.
Parvenu au pouvoir, rentré dans le gouvernement, on
s'aperçoit qu'il faut, bon gré mal gré, jouer avec les
cartes que l'on a, bonnes ou mauvaises, jouer... et
gagner.

Eh bien, nos ministres à nous ont bien compris qu'en
somme les vieilles cartes étaient les meilleures et ils ont
conservé les mêmes crédits, les mêmes allocations, les
mêmes subventions que par le passé. Et ils ont appris à
connaître de quelle valeur étaient ces arguments qu'ils
réfutaient jadis, mais dont l'évidence et la lumineuse
puissance les ont frappés sur ce chemin de Damas
qui conduit des bancs de la gauche aux degrés du
pouvoir.

M. Raudot, qui n'a pas eu un égal amour pour ses innombrables enfants, puisqu'il n'a soutenu qu'un très-
petit nombre de ses amendements, s'est vu, s'est entendu

repousser, réfuter d'une manière absolue, sur tous les points.

Près de lui, se sont rangés, sans plus de bonheur, MM. Ganivet, de Lorgeril, Alfred Dupont, le comte Jaubert, tous réclamant des réductions et, fort heureusement, en vain. Ce n'était point d'eux que l'on attendait ces motions restrictives.

La gauche, et c'est là encore un des côté imprévus de cette discussion, s'est jetée à corps perdu dans la voie large des accroissements de dépenses, des augmentations de crédits. Ce n'est pas sans une certaine surprise que nous avons vu MM. Denfert-Rochereau, Pascal Duprat, Alfred Naquet, H. de Lacretelle et Jules Favre, réclamer de nouvelles allocations ou applaudir au maintien de celles que défendaient si vigoureusement naguère MM. Magne, Rouher, Duruy, etc.

Ces augmentations n'ont point été accordées ; peut-être faut-il le regretter, car s'il est de sages économies, des économies productives, il en est aussi de nuisibles, de ruineuses.

Dès le début de la discussion, nous avions été presque complétement rassurés par le Président de la république qui déclarait, dans un langage plein d'un suprème bon sens, plein de l'autorité que donne l'expérience, qu'il regardait comme fantastiques toutes les promesses de réductions proposées.

« Si j'ai vu, disait-il, des tendances à réprimer, à arrêter, je n'ai pas vu un seul jour depuis quarante ans la possibilité de réaliser 50 millions d'économie sur le budget d'une année. »

C'est qu'on ne gouverne sagement qu'en faisant tous les sacrifices nécessaires à la sûreté de la nation, au maintien de l'ordre, à la conservation de la paix, et, en cas de guerre, au salut de la patrie, sinon au triomphe absolu de ses aspirations et de ses haines.

Combien de milliards nous aurait épargnés la Chambre qui, il y a quatre ans, eût consenti à faire des sacrifices, onéreux sans doute et pénibles, mais sages et pleins de prévoyance, pour que notre système militaire fût mis à la hauteur de la puissance de nos voisins! Quelques millions de plus accordés au maréchal Niel, et nous n'eussions peut-être vu aucun des grands désastres que nous avons à réparer, et nous posséderions sans doute encore et notre vieille Lorraine et notre chère Alsace.

« Il n'y a, disait M. Thiers dans cette même discussion, il n'y a, dans ce budget, rien qui nous appartienne précisément, si ce n'est les efforts faits pour l'armée. Je m'en honore. Il y a un vrai patriotisme, un vrai courage à venir demander à un pays déjà aussi chargé que le nôtre de se charger davantage pour avoir une armée. »

M. Thiers s'en honore et il a raison. Puisse l'Assemblée lui laisser cet immortel honneur d'avoir mis la patrie à l'abri des coups de main et des entreprises de voisins audacieux et avides !

Que M. Jules Simon aussi s'honore d'avoir eu le courage d'accroître le crédit de l'instruction publique, de l'instruction primaire, sans laquelle on ne saurait avoir de quoi faire de bonnes armées. Rappelons un fait récent et qui contient une leçon et un exemple que M. Jules Simon n'a pas attendus. Tout récemment les instituteurs

allemands ont écrit au roi Guillaume : « Après avoir tant
fait pour nos généraux, disaient-ils non sans justice, ne
ferez-vous rien pour ceux qui ont formé et vos soldats, et
vos officiers, et vos généraux victorieux ?... »

L'APAISEMENT

Nous sommes enfin entrés dans une période de calme
et d'apaisement. L'Assemblée nationale évite toutes les
questions irritantes ; elle s'applique à rejeter la politique
à l'arrière-plan et à ne discuter que les problèmes qui
se rattachent directement à la situation présente de la
France, à la nécessité de lui rendre son prestige, sa prospérité, sa puissance d'autrefois.

Est-ce l'ère de notre réorganisation, de notre résurrection qui commence? Nous n'osons le croire, tant ont été
nombreuses et cruelles nos déceptions dans le passé. Cependant, on ne saurait méconnaître, à en juger par de
sérieux symptômes, qu'un mouvement s'est opéré dans
les esprits, qu'une amélioration s'est produite, que la
situation s'est sensiblement modifiée.

Tous les efforts de la presse devraient tendre à empêcher que ces tentatives d'apaisement n'échouent pour
faire place à de nouvelles luttes stériles, dangereuses et
aussi dommageables à notre crédit qu'à notre influence
dans le monde.

Quand l'œuvre que nous poursuivons sera accomplie,

nous reporterons notre patriotique attention sur notre
organisation constitutionnelle. Et quand nous en serons
là, nous nous efforcerons de nous souvenir des leçons du
passé et de les mettre à profit.

Nous méditerons sur ces graves problèmes, l'esprit
dégagé des préjugés, des fausses idées, des erreurs
transmises de générations en générations, pendant que
les plus grandes vérités, les vérités salutaires, mécon-
nues, négligées, étaient jetées à la mer comme un lest
incommode.

Les lois politiques qui régissent les États sont les
bases de la tranquillité des peuples ; par elles la concorde et l'égalité règnent ici-bas. Quand nous disons
régner, ne semble-t-il pas que se soit une ironie? C'est
qu'en effet, si les lois politiques doivent atteindre ce
double but, il faut bien reconnaître qu'elles n'y ont pas
toujours réussi; que l'égalité est encore un vain mot et
que nos dissensions intestines prouvent trop clairement
que nous avons encore beaucoup à faire pour atteindre à
la concorde.

Cependant, malgré l'insuffisance des résultats obtenus, il est très-exact de dire que, sans les institutions
politiques, il n'y aurait ni peuples, ni gouvernements,
ni égalité, ni concorde ; le droit du plus fort l'em-
porterait seul. Où serait la justice? Peut-on raisonnablement dire que Dieu a créé les hommes pour ce
chaos?

Il n'en est pas moins vrai que si les lois politiques
ont imposé silence à la brutalité, elles ont, à de certains égards, produit l'inégalité ; c'est à faire disparaî-

tre cette inégalité que doivent s'appliquer les législateurs de l'avenir.

Qui gouvernera parmi nous, se sont écriés les hommes? Et tout aussitôt les gouvernants se sont offerts, se disputant les lambeaux de la liberté.

Les révolutions sont venues; les peuples ont voulu reconquérir leur libertés perdues et se chercher un maître, non en dehors d'eux, mais en eux-mêmes. Vaine tentative! les partis se sont ligués; leurs chefs ont dit : « C'est nous qui, malgré vous et contre vous, régnerons; nous suivrons le chemin que nous ont tracé nos ancêtres; vous serez soumis comme par le passé, à la volonté d'un seul. »

La volonté d'un seul! mais cet homme fût-il le plus vertueux, le plus sage, le plus politique d'entre les politiques, il arrive un moment où courbé sous le poids de l'âge et des affaires, il perd toute prudence, toute sagesse; que devient alors le peuple, que deviennent les lois? Tout chancelle, tout se heurte; l'âme des révolutions sanglantes apparaît, une torche à la main et criant vengeance!

Serons-nous encore témoins de ces tristes expériences? L'heure n'est-elle pas enfin venue où les hommes plus éclairés doivent chercher à ressaisir la liberté qu'ils ont toujours vainement attendue? Mais défions-nous des expériences hâtives. Ce serait une grande faute de chercher à repaître l'estomac qui a souffert la faim dans le passé à l'aide des mets insuffisamment préparés de l'avenir.

Prêchons la nouvelle croisade, la croisade de la raison, de la logique, de la vérité et surtout de la nécessité,

résumée dans ces mots : « Il faut payer; les coffres sont
vides ; emplissons-les. Affranchissons-nous par un emprunt national du joug importun de l'*échéance*; alors les
esprits se calmeront, nous songerons au travail. » ˙

Comprenons-nous bien ce que signifie ce mot : *échéance*?
L'esprit français, volage et oublieux, aime à se bercer
d'illusions. Beaucoup, nous en sommes sûrs, se disent :
« Comment ! tout ce temps pour payer ! Nous sommes si
riches ! Qu'est-ce cela ? »

Que ceux qui pensent, au contraire, et avec raison, que
nos ressources sont bornées, que la somme à verser entre les mains de la Prusse est énorme, fassent entendre
leur voix.

Il faut payer, car Bismark convoite notre sol. Ne voyez-
vous pas que toute l'Allemagne est sur pied, que pas un
de ses soldats n'est rentré dans ses foyers ? Ne compre-
nez-vous pas qu'aussi longtemps que durera l'occupation
étrangère, nous pourrons nous croire libres, mais nous
ne le serons pas ?

Cela fait, que de bonnes institutions politiques, d'un
rouage extrêmement simple, mettent fin à l'incertitude,
aux anxiétés de tous et fondent un gouvernement stable
et honnête.

Nous constatons plus haut avec satisfaction que l'Assemblée nationale semble enfin entrer dans la voie où
nous la convions de marcher depuis longtemps. Elle
vient d'ajourner les discussions de la question romaine
pour ne s'occuper que des questions financières, du budget, des impôts : qu'elle persévère et tous les bons citoyens
la soutiendront, car là est le salut.

II

(AVRIL 1872.)

LA LOI SUR LES VALEURS MOBILIÈRES

L'Assemblée nationale a voté, le dernier jour de sa session, un projet de loi sur les valeurs mobilières dont les conséquences ne se feront, hélas ! que trop tôt sentir sur le marché français, et qui aura aussi une grande influence sur l'avenir de notre crédit public.

Cette loi a été votée, répétons-le, à la dernière heure, et pour ainsi dire, au pied levé, sans qu'un ministre du gouvernement ait demandé la parole. Avons-nous besoin de le dire, le monde des affaires est affligé de ce vote, qui ruine complétement le marché ; la haute banque qui a toujours prêté un concours efficace au gouvernement et au pays, se trouve atteinte dans ses propres éléments : nous avions hier un grand marché de capitaux, un marché international où l'Angleterre, l'Autriche, l'Allemagne, la Suisse, la Hollande, la Belgique, l'Amérique, faisaient d'immenses opérations d'arbitrage ; tantôt achetant sur nos marchés pour revendre sur leurs places ; tantôt vendant à Paris pour acheter chez eux : et, après nos malheurs politiques, après les désastres militaires, nous avions, du moins, la consolation de voir que notre puissance financière nous restait, sinon aussi grande, aussi forte que par le passé, du moins aussi recherchée, aussi considérée. Aujourd'hui, nous venons de tuer nous-même ce reste de puissance.

En politique, le plus grand bien qu'il puisse arriver à une nation est, certainement, de contracter des alliances avec les gouvernements voisins : la dernière guerre a démontré clairement la nécessité et l'utilité de ces alliances. Or, aujourd'hui, nous nous trouvons sans alliances politiques, puisque nous sommes encore trop faibles ; sans alliances commerciales, puisque le gouvernement vient de dénoncer les traités de commerce ; sans alliances financières, puisque nous venons par cette loi sur les valeurs mobilières, de frapper tous les titres mobiliers étrangers.

Et nous agissons ainsi, au moment où nous avons le plus grand besoin de l'étranger ; au moment où nous allons être obligés de nous adresser aux capitaux et aux capitalistes du monde entier ; nous leur fermons notre marché, au moment où leur concours nous est indispensable !

La France se trouve donc isolée dans le monde ; on veut lui faire reprendre sa place dans le concert politique européen et on commence par l'exclure du concert financier !

Oui ! pauvre France ! Car, après ses malheurs, après ses désastres, il ne pouvait lui arriver rien de plus malheureux, rien de plus désastreux, que cette loi funeste, qui lui vaudra des représailles, aussi bien sur le terrain politique que sur le terrain financier ; car les peuples et les gouvernements sont plus sensibles aux torts que l'on porte à leur puissance financière, à leur crédit et à leurs intérêts qu'à leur puissance, à leur force politique!

L'Assemblée nationale a voté, *par assis et levé*, cette loi qui porte atteinte à de si nombreux intérêts; et, dans toute la Chambre, il ne s'est trouvé personne qui, protestant hautement contre une décision prise aussi lestement, à la dernière heure, sans que le gouvernement ait donné son opinion, demandât une enquête, oui, une enquête, composée des principaux banquiers de Paris, des principaux agents de change, des principaux écrivains. Versailles n'est cependant qu'à une heure de Paris; et, en vérité, il semble que des milliers de lieues séparent ces deux villes.

L'Assemblée nationale, par son vote, vient, sans s'en douter, de décréter la déchéance du marché financier de Paris, au profit principalement des marchés allemands, et, comme nous le disions récemment, au profit de Berlin!

Le marché français est consterné; les grandes maisons de banque sont obligées de chercher à organiser leurs opérations à l'étranger sans les faire passer par Paris; les institutions de crédit vont avoir à se modifier et presque à se transformer.

A la veille d'un emprunt de 3 milliards, on vient de mettre en morceaux la place de Paris et, en vérité, c'est à désespérer du salut du pays, quand on voit où l'esprit de routine peut conduire un peuple!

Dans la discussion de cette loi, deux membres seulement de l'Assemblée nationale ont pris la parole : ce sont MM. Moreau, le syndic des agents de change, et A. André, banquier. M. Moreau, tout en combattant la

loi, semble s'être surtout préoccupé de faire le procès
de la coulisse, du marché libre : son discours est un
véritable réquisitoire contre le marché des banquiers,
qui, dit-il « opère sous l'œil débonnaire de l'autorité
frustrée, mais impuissante à réprimer cette désobéis-
sance à la loi. » M. Moreau aurait dû ajouter que la plupart des agents de change, ses collègues, se servent de
l'intermédiaire de ces coulissiers, opèrent, eux aussi,
sur le marché en banque, font chaque jour des opérations considérables avec ces intermédiaires du marché
en banque, qu'il traite à la tribune si légèrement, quand
les agents de change les courtisent à la Bourse.

Du reste, M. Moreau, tout en combattant la loi, a
aussi plaidé un peu « pro domo sua » et n'a pas dû
être mécontent de la voir adoptée; car, en définitive,
elle tue le marché en banque : et ce sont les agents de
change qui profiteront le plus de la suppression de la
coulisse.

Le discours de M. André est ferme, logique, plein
d'arguments sérieux : mais les assemblées qui partent,
affamées de vacances, n'ont malheureusement pas d'o-
reilles.

LE LIBRE ÉCHANGE ET L EMPRUNT

L'emprunt est nécessaire, il est indispensable ; mais
c'est trop peu dire encore : il est **fatal** !

Oui, fatal. Car toutes les souscriptions patriotiques,

tous les projets de libération immédiate, sont de belles
et nobles illusions; mais des illusions vaines, aussi
vaines qu'elles sont belles et nobles.

Vous espérez retirer **trois milliards** de la circulation monétaire ; ajoutez-y même la circulation fiduciaire. Comptez, calculez. Se représente-t-on bien ce que
sont **trois milliards?** Quand on aura retiré cette
somme colossale de la circulation monétaire, de la masse
représentée par le papier-monnaie, que restera-t-il pour
payer, commercer, échanger, etc., etc.?

Ce qui restera? Nous le dirions si on ne l'avait déjà
deviné. Il reste le dénûment! c'est-à-dire une série de
crises, non pas de crises successives, mais simultanées :

Crise monétaire,

Crise financière,

Crise commerciale,

Crise industrielle.

C'est là, encore une fois, ce qui condamne tous les
projets laborieux, ingénieux, généreux qui se sont
fabriqués en ces derniers temps, car tous les bons ouvriers en la matière se sont mis à l'œuvre.

Qu'on le sache bien : on n'enlève pas **trois milliards** à une nation qui travaille, qui commerce, qui
produit, qui échange, qui a beaucoup dépensé et qui a
déjà beaucoup payé.

La nécessité de l'emprunt est évidente, nous l'avons
prouvé. Un des organes du gouvernement (M. Victor
Lefranc) l'a proclamée à la tribune, et — nous irons
plus loin — cet emprunt se prépare dès à présent,

La nécessité de l'emprunt est tout entière dans ce

fait que la Nation ne peut seule suffire à ses charges immédiates et qu'il faut, bon gré mal gré, avoir recours, nous ne dirons pas aux nations amies, mais aux nations qui ont foi en notre force, en notre grandeur, en notre avenir, en la vitalité inouïe qui renouvelle nos ressources, alors même qu'elles paraissent le plus épuisées.

Ainsi nous avons, au point de vue financier, besoin des nations étrangères, c'est-à-dire de leurs marchés.

Quelle objection capitale a soulevée le projet, si habile, si ingénieux pourtant de M. de Soubeyran? C'est précisément que tous les marchés des nations où les loteries sont interdites nous seront fermés.

Quelle objection capitale a soulevée le projet, si peu pratique, de l'impôt sur les valeurs mobilières? C'est précisément qu'il nous aliénerait les marchés étrangers et ruinerait le nôtre. Et l'Assemblée nationale vient malheureusement de voter cette loi.

Ainsi, tout ce qui pourra nous priver du concours financier des autres nations, tout ce qui pourra nous fermer leurs marchés, tout ce qui pourra, au point de vue commercial ou financier, au point de vue de leurs intérêts matériels, les indisposer contre nous, doit nécessairement nous être nuisible et funeste.

En un mot, à l'heure difficile où nous sommes, c'est une question vitale que de nous conserver à tout prix l'appui des nations, l'accès de leurs marchés, le secours de leurs capitaux.

Et vous avez dénoncé les traités de commerce ! !

Et vous avez, avant leur expiration, modifié les traités de navigation ! !

Et, de gaieté de cœur, vous vous êtes aliéné les sympathies de l'Angleterre, de la Belgique, de l'Autriche, etc. ! !

Vous les avez frappées, non point dans leur puissance, non point dans leur influence européenne, mais dans ce qu'il y a de plus sensible et de plus irritable : leurs intérêts matériels, leurs intérêts commerciaux, industriels, financiers ! !

Quelle faute !

Notre intention n'est point ici de soutenir, de défendre telle ou telle théorie économique.

Notre conviction est que, si nos traités de commerce ont nui à certaines industries qui n'avaient pas d'éléments de vitalité suffisants, ils ont contribué à développer largement le travail national et l'activité de notre production.

Nous ne nions pas les avantages de la protection ; mais nous affirmons ceux du libre-échange. Nous ne nions pas non plus les services rendus par les diligences, mais nous affirmons la supériorité des chemins de fer.

Une réaction protectionniste s'est produite. A notre sens les réactions ne valent rien. Elles n'ont qu'un temps : c'est là ce qui nous rassure.

Mais, puisqu'il s'agit de protection, qu'on nous permette de dire ce que, dans les circonstances où nous sommes, il convient de protéger.

Eh bien, lorsque nos capitaux — métaux ou papier, monnaie métallique ou fiduciaire, en un mot matière échangeable — ne nous suffisent pas ; lorsque nous avons, à tout prix, besoin des capitaux étrangers, ce sont ces capitaux étrangers qu'il faut protéger.

Il faut les protéger, il faut les attirer.

Singulier moyen de les attirer que de frapper dans leurs intérêts financiers et commerciaux les nations qui doivent nous fournir l'énorme appoint qui nous est nécessaire!

Ainsi, le libre-échange, qui vraiment a développé notre commerce et notre industrie, fût-il la pire des choses en temps normal, serait en ce moment la meilleure, la plus habile et la plus profitable.

On a dénoncé notre traité de commerce avec l'Angleterre. Qui s'étonnera que l'Angleterre soit mécontente, et que, mécontente, elle nous ferme son marché, qu'elle nous ferme sa Bourse?

Gare aux représailles!

On a notifié à l'Autriche les modifications qui seront apportées prochainement au traité de navigation que nous avons contracté avec elle. Sa réponse a été une marque formelle de mécontentement. Nous avons avec elle aussi un traité de commerce qui aura le même sort que celui avec l'Angleterre.

Gare aux représailles!

Nous avons un traité de commerce avec la Belgique, dont le marché financier est un des plus actifs.

Gare aux représailles!

Et l'Allemagne?

Et l'Italie?

En un mot, nous sommes à ce point habiles, qu'au moment où personne n'a besoin de nous, où nous avons besoin de tout le monde, nous semblons nous complaire à désobliger tous ceux qui peuvent, qui doivent nous obliger.

Concluons. Et ce n'est pas ici la conclusion d'un raisonnement plus ou moins éphémère que nous voulons donner, mais la solution d'un problème qu'on voudrait et qu'on ne peut supprimer. C'est aussi un conseil.

Vous avez dénoncé les traités de commerce. Vous vouliez recouvrer votre liberté : vous l'avez ! Le plaisir, c'est de l'avoir, cette liberté ; eh bien, la sagesse serait de n'en point user.

Summum jus, summa injuria, dit une maxime romaine ; nous voudrions qu'on se pénétrât bien de cette maxime toute française :

« L'extrême liberté est parfois l'extrême dépendance. »

PROJET DE LOI SUR LES VALEURS MOBILIÈRES

Voici le projet de loi sur les valeurs mobilières tel qu'il a été voté :

Art. 1ᵉʳ. *A dater du 1ᵉʳ avril* 1872, le droit de transmission de 15 cent. sur les titres au porteur de toute nature, établi par la loi du 23 juin 1857 et par l'article 11 de la loi du 16 septembre 1871, est fixé à 25 *cent.* annuellement. — Ce droit, ainsi que celui de 50 *cent.* sur la transmission des titres nominatifs, établi par l'article 11 de la loi du 16 septembre 1871, seront perçus à l'avenir sur la *valeur négociée*, déduction faite des versements restants à faire sur les titres non entièrement libérés.

Le taux d'abonnement au timbre des lettres de gage et obligation du Crédit foncier, fixé par l'article 27 de la loi du 8 juillet 1852, est fixé à 5 *cent. par* 1,000 *fr.*

Les titres émis par les villes, provinces et corporations étrangères, quelle que soit leur dénomination, et par tout autre établissement public étranger, *seront soumis à des droits équivalents à ceux établis par la présente loi*, et par celle du 5 juin 1850 sur le timbre. Ils ne pourront être cotés ou négociés en France qu'en se soumettant à l'acquittement de ces droits.

Un règlement d'administration publique fixera pour ces titres le mode d'établissement et de perception de l'impôt, dont l'assiette pourra reposer sur une quotité déterminée du capital.

Art. 2. Nul ne peut *négocier, exposer en vente ou énoncer dans des actes de prêt, de dépôt, de nantissement ou dans tout autre acte ou écrit*, à l'exception des inventaires, *des titres étrangers qui n'auraient pas été admis à la cote ou qui n'auraient pas été dûment timbrés au droit de 1 0/0 du capital nominal.*

Tout acte, soit public, soit sous seing privé qui énoncera un titre de rente ou effet public d'un gouvernement étranger, ou tout autre titre étranger non coté aux bourses françaises, devra indiquer la date et le numéro du visa pour timbre apposé sur ce titre ainsi que le montant du droit payé.

Chaque contravention à ces dispositions pourra être

constatée, *dans tous les lieux ouverts au public*, par les agents qui ont qualité pour verbaliser en matière de timbre; elle sera punie d'une *amende de 5 0/0* de la valeur nominale des titres qui seront négociés, exposés en vente, énoncés dans des actes ou dont il aura été fait usage. En aucun cas, l'amende ne pourra être inférieure à 50 fr.

Toutes les parties sont solidaires pour le recouvrement des droits et amendes. Une amende de 50 fr. sera encourue personnellement par tout officier public ou ministériel qui aura contrevenu aux dispositions qui précèdent.

Art. 5. Les 2 décimes ajoutés au principal des droits de timbre de toute nature par l'article 2 de la loi du 23 août 1871 sont applicables aux tables d'abonnement exigibles depuis la mise à exécution de cette loi, quelle que soit d'ailleurs l'époque à laquelle l'abonnement ait été contracté.

L'article 2 mérite d'attirer toute l'attention du public. Aussitôt la promulgation de la loi, *tous les titres étrangers non timbrés ne pourront plus se négocier en France, pas plus en banque qu'au parquet, sous peine d'amende.*

La conséquence de cette loi sera la baisse immédiate de toutes les valeurs se négociant en banque.

Fonds Américains titres non timbrés:

Fonds Espagnols   d°

5 0/0 Pontifical ;

5 0/0 Autrichien converti ;

5 0/0 Turc non timbré;

Obligations Autrichiennes 1865 ;

Lots Russes ;

Lots d'Autriche ;

Obligations à lots des villes étrangères ;

Actions et obligations des chemins de fer étrangers ;

Obligations des chemins de fer Autrichiens ;

    »   »   » Lombards;

    »   Guillaume-Luxembourg ;

    »   Sardes 1863 ;

    »   Méridionales ;

    »   Cordoue à Séville, etc., etc.

L'EXPOSÉ POLITIQUE DE M. THIERS

Après avoir voté le budget des dépenses et improvisé de nouveaux impôts que nous croyons malheureusement de nature à exercer sur le marché français la plus déplorable influence, l'Assemblée nationale s'est donné trois semaines de vacances.

Les représentants ont-ils réellement entendu prendre un mois de repos, ou bien ont-ils voulu consulter le pays de plus près, se retremper aux sources vives du mandat parlementaire?

Sans doute, l'intention de consulter leurs électeurs est entrée pour beaucoup dans la détermination qu'ils ont prise ; M. Thiers l'a, du moins, compris ainsi et le Président a trop de clairvoyance, est trop habile, a une trop grande connaissance des hommes et des nécessités parlementaires pour s'y être trompé ; aussi, a-t-il voulu, le jour même de la séparation, faire un exposé de la situation qui serait comme le point de départ de l'enquête toute personnelle et facultative que vont faire les députés de la nation.

M. Thiers a tenu à ce qu'avant de consulter leurs électeurs, les représentants considérassent certains points de la politique intérieure comme parfaitement acquis, comme autant de jalons qu'ils ne devaient pas perdre de vue, dans cette espèce de libre consultation qui ne sera, nous l'espérons bien, inutile, ni au pays, ni à l'Assemblée, ni au gouvernement lui-même.

Les paroles de M. Thiers ont embrassé tout à la fois nos finances, notre armée, notre situation intérieure, nos relations avec l'Europe.

En ce qui touche nos finances, le Président a fait allusion au désaccord qui existe entre la commission du budget et lui. Ce désaccord ne porte pas seulement sur des chiffres, mais sur les principes économiques. Ceux de la commission ne sont nullement ceux de M. Thiers. Le Président soit conviction raisonnée, soit obstination dans des vues qu'il croit justes, parce qu'il se les est formées de longue date, oubliant que les idées économiques ne sont que le reflet des faits sociaux, ne croit pas aux miracles du libre-échange ; il aime la liberté en politique ; il la déteste, dès qu'elle contrarie ses opinions personnelles en matière d'échanges commerciaux. Il espère que les députés reviendront convertis à ses doctrines ; mais nous avons la ferme conviction que, loin de se laisser ébranler dans leur intention de résister à

des tendances fatales, ils rentreront à Versailles plus résolus que jamais à faire prévaloir le principe de la liberté
commerciale.

Parlant de l'armée, M. Thiers a fait entendre un langage patriotique ; il a dit, et on ne saurait trop le répéter
bien haut, après lui, que l'armée comprend l'importance de sa mission et l'étendue de ses devoirs ; qu'elle
savait qu'elle doit être l'épée de la loi. M. Thiers a eu,
à ce propos, une parole très-heureuse et très-applaudie
quand il a dit que la loi était l'expression de la volonté
de la majorité.

C'est donc à la loi et à l'Assemblée qu'appartient l'armée, et, comme conséquence, tout gouvernement régulier
qui succédera au gouvernement actuel peut compter sur
son appui énergique et sur son dévouement.

L'armée donnera à l'Assemblée la force matérielle,
comme l'Assemblée donnera à l'armée la force morale.

Les paroles du chef du pouvoir exécutif dénotent, de
sa part, un retour aux vraies doctrines parlementaires, en même temps que la résolution bien arrêtée
de marcher d'accord avec la majorité de l'Assemblée nationale.

La situation intérieure est bonne ; le plus grand
calme, l'ordre le plus parfait règnent sur tous les points
du pays.

Quant à nos relations avec l'Europe, les appréciations de M. Thiers sont peut-être un peu optimistes ;
les puissances sont-elles bienveillantes? Elles nous
demandent l'ordre, la sagesse, sans doute ; mais

l'indifférence et l'égoïsme ne sont-ils pas au fond de leur politique !

Peu importe, du reste; avec le repos, avec le travail, nous aurons bien vite recouvré notre puissance et, avec elle, notre prestige. Les amitiés de l'Europe sont aux plus forts ; tâchons de ne plus l'oublier.

Mais ne faisons rien pour nous aliéner les puissances. Gardons-nous de les blesser dans leurs intérêts. En dénonçant les traités de commerce n'allons-nous pas nous créer des adversaires? ne rencontrerons-nous pas sur le terrain politique ceux que nous aurons faits nos adversaires sur le terrain économique ?

Il est difficile d'éviter de parler dans cette chronique du procès qui vient de tenir en éveil toutes nos passions politiques.

Les débats de l'affaire Trochu contre *le Figaro*, qui viennent de se dérouler devant le cour d'assises de la Seine; ont eu une portée plus haute que celle d'une simple affaire de presse : ils nous ont révélé des situations dont l'histoire qui retracera la journée du 4 septembre aura à tenir grand compte un jour.

Un des gouvernements les plus féconds en grandes choses qu'ait eus la France, mais dont il ne faut pas méconnaître les fautes, pour qu'elles servent de leçon à l'avenir et que la cruelle expérience que nous en avons faite ne soit pas perdue, s'est tout à coup effondré sans qu'il se soit présenté un seul homme, un seul cœur viril et ferme qui ait dit, en montrant l'Impératrice et le Prince impérial : « Ne touchez pas à cette noble femme, à cet enfant. » Lamartine a dit que 1848 a été la révolution du mépris ; le 4 septembre a été celle de la défaillance générale des caractères et de l'ingratitude.

SOYONS LOGIQUES

La loi sur les valeurs mobilières est toujours l'objet des préoccupations du monde financier, qui se demande comment une loi de cette importance, surtout par ses conséquences, a pu être présentée aussi imprudemment, discutée et votée avec autant de précipitation.

Nous nous rappelons tous encore l'éloquent discours de M. Thiers, disant au gouvernement de l'Empire, dans une discussion restée célèbre : « Il n'y a plus de fautes à commettre ! » Que n'aurait-il pas dit, à cette époque, si des fautes financières aussi graves que celles qui se produisent chaque jour avaient été commises ! Il semble, en vérité, que nous sommes entraînés par un esprit de vertige qui nous fait oublier les notions élémentaires du bon sens, de la logique, de la raison.

N'est-ce donc pas marcher à l'encontre du bon sens, que de dénoncer les traités de commerce, remanier les traités de navigation, réformer les tarifs postaux, et froisser ainsi les intérêts étrangers, alors que nous avons indispensablement besoin de l'étranger pour faire réussir le futur et immense emprunt de trois milliards ?

N'est-ce donc pas agir contre les lois de la logique que d'établir un véritable blocus financier pour toutes

les valeurs étrangères, alors que l'étranger peut, usant
de représailles, frapper nos propres valeurs, et porter
ainsi le dernier coup au crédit public de la France,
crédit, hélas, si affaibli, et qui a un si pressant besoin
d'être relevé !

N'est-ce donc pas agir contre la logique et le bon
sens que d'exclure des négociations françaises les valeurs étrangères, alors qu'il est si facile aujourd'hui de
se passer des marchés français en s'adressant sur toutes
les places de l'Europe qui recherchent, du reste, ce que
nous abandonnons, pour ainsi dire, de gaieté de cœur?

Supposer que les compagnies des Chemins Lombards
ou Autrichiens, par exemple, dont les titres se négocient
à Londres, à Vienne, à Francfort, à Berlin, payeront un
droit quelconque au gouvernement français pour avoir
le loisir de négocier leurs valeurs à Paris, c'est être bien
peu au courant des affaires de crédit.

Admettre un seul instant, que les gouvernements
étrangers tels que la Russie, l'Autriche, l'Italie, aujour-
d'hui surtout qu'ils n'ont plus besoin de nous, nous
payeront une redevance pour obtenir la négociation et
la cote de leurs titres en France, alors qu'ils jouissent
dans toute l'Europe de cette faculté, c'est avoir, en vérité, beaucoup de suffisance ou beaucoup de légèreté !

Cette loi n'atteint donc pas et ne peut atteindre les
Compagnies étrangères, ni les gouvernements étrangers,
ni les capitalistes étrangers : tous s'éloigneront de Paris
et s'adresseront aux autres marchés; et les capitalistes
français, porteurs de fonds étrangers, seront en définitive
les seuls, les plus immédiatement atteints, et sans nul

profit pour le Trésor public. On négociera à l'étranger
ce que l'on négociait jusqu'alors en France, et plus on
voudra frapper d'un ostracisme les valeurs étrangères,
plus le capitaliste les recherchera, car les moyens de se
les procurer ne lui manqueront pas.

Une autre raison doit attirer la plus sérieuse attention
de nos gouvernants sur l'inopportunité de la mesure si
malheureusement votée par l'Assemblée. Aussitôt la loi
promulguée, il est dit que personne ne pourra plus
négocier en France de valeurs étrangères, non cotées et
non timbrées ; de plus, les Compagnies et gouvernements
étrangers qui n'auront pas acquitté au Trésor les droits,
réclamés, seront immédiatement rayés des négociations
du marché français. Voilà donc des milliers de capitalistes français obligés de s'adresser à l'étranger pour
vendre leurs valeurs étrangères. Qu'arrivera-t-il, si au
moment de l'emprunt de 3 milliards, des capitalistes
français, n'ayant en portefeuille que des fonds étrangers,
et désirant les vendre pour les arbitrer contre l'emprunt,
ne veulent pas courir le risque des négociations à l'é-
tranger pour vendre leurs valeurs? Ils seront obligés de
garder leurs titres, et ne pourront souscrire à l'emprunt.

On comprend aisément combien les conséquences de
ce fait peuvent être funestes au crédit public.

Il est grand temps, répétons-le encore, que le gouvernement revienne sur une aussi fausse mesure : qu'on
le sache bien, ce n'est pas à la veille d'un emprunt
de 3 milliards, c'est-à-dire à la veille de la plus colossale opération financière qui, de mémoire d'homme,
ait été préparée, qu'on froisse impunément dans leurs

intérêts tous ceux qui peuvent nous aider ; qu'on s'expose aux représailles des gouvernements, qu'il faut d'autant plus ménager que leur concours nous est, aujourd'hui, indispensable. Que la loi atteigne les capitalistes et les gouvernements étrangers, ou bien qu'elle se borne à frapper seulement les capitalistes français, le résultat sera aussi désastreux : la loi provoquera partout, comme elle a déjà provoqué, du reste, des réclamations unanimes. Le gouvernement sait aujourd'hui ce que la France pense de cette loi, et il n'ignore pas certainement l'opinion de l'étranger, opinion que le *Morning Post* du 10 avril résumait en ces quelques lignes si significatives :

« *L'Assemblée a fait fausse route. Que le gouverne-*
« *ment français annonce son emprunt de 3 milliards,*
« *et il verra* l'immobilité des capitaux étrangers. »

Soyons donc logiques une bonne fois, et réfléchissons sérieusement aux conséquences funestes d'une loi votée, hélas ! par fatigue de corps et d'esprit.

Oui, soyons logiques avec nous-mêmes, avec notre situation financière : chaque jour qui s'écoule voit croître les embarras du Trésor et les verra se multiplier à l'infini, si des hommes plus habiles, plus rompus aux affaires de crédit, n'opposent pas à des mesures funestes des moyens plus efficaces et plus pratiques. Nous avons 3 milliards à payer, ne l'oublions pas, et nous commençons par ruiner notre crédit en affamant nos marchés, en effrayant et en éloignant de nous les nations étrangères par l'exagération de nos taxes nouvelles !

Les capitalistes étrangers iront porter leurs valeurs, leur or, et les bénéfices qu'ils nous donnaient, ailleurs que chez nous; et la France, isolée, abandonnée de tous, deviendra un pauvre pays, ressemblant à un oiseau dont on a coupé les ailes, et qui reste grelottant à la merci de la bise.

Après la guerre et les désastres, la famine d'argent; après la famine d'argent, la vraie famine : c'est-à-dire la ruine du marché français, si par un revirement heureux, le gouvernement ne conjure pas le danger en employant toute son influence pour faire rectifier une loi, adoptée avec tant de légèreté.

Espérons que le gouvernement, comprenant les véritables intérêts du Trésor et du pays, reviendra sur cette mesure : l'avenir de son crédit s'y trouve, pour ainsi dire, engagé : où trouverait-il son emprunt de 5 milliards, où pourrait-il le faire dans de bonnes conditions, s'il retirait au marché financier tous ses gains, et, au monde des affaires, aux capitalistes de tous les pays, le fruit de leurs opérations? Imposer les valeurs, c'est les amoindrir; les imposer à la veille d'un emprunt de 5 milliards, c'est porter un coup désastreux au crédit public et au crédit des particuliers : est-ce là ce que commande la logique des faits et de notre situation?

Nous ne le pensons pas.

LE BLOCUS FINANCIER

Nous n'aimons guère à nous mêler des choses de la politique. On n'en parle que trop, hélas! et nous sommes
arrivés à ce point de désirer presque une bonne loi bien
absolue, bien tyrannique, et bien politique celle-là! qui
défendrait qu'aucune question politique fût soulevée avant
que nos questions financières fussent complétement
épuisées.

La seule politique qui nous paraisse opportune et per-
mise est celle qui nous libérera de nos dettes, qui nous
procurera l'argent nécessaire pour les payer et qui rendra le moins lourd possible à la nation le fardeau des
charges que tant de maux et de désastres ont accumulées
sur elle.

Cette politique, la seule dont nous voulions nous occuper, et, pour tout dire, la seule patriotique, la seule
vraiment française, nous paraît être conduite de la façon
la plus opposée à nos véritables intérêts.

Et ce n'est pas à la légère que nous exprimons ces
craintes. Si nous avons si grand'peur qu'on ne nous
brasse de mauvaise politique, c'est qu'on nous prépare
de mauvaises finances.

Qu'on ne croie pas que nous nous attaquions à telle ou
telle loi, déplorable à notre avis. Une loi n'est qu'une
loi; il est fâcheux qu'elle soit mauvaise, mais on peut la
réformer, l'abroger. Ce qui nous effraye, ce ne sont point
les effets d'une mesure inopportune, dangereuse, c'est

l'ensemble des mesures économiques et financières adoptées depuis quelque temps, c'est le caractère des principaux projets votés par l'Assemblée, c'est, en un mot, le
système.

Et, ce système, nous l'avons défini dans le titre même
de cet article; si l'on n'y prend garde, la France va se
trouver en état de blocus, de blocus commercial et industriel, de blocus financier.

La France a plus besoin que jamais de ses exportations, de ses échanges, elle a besoin de papiers sur les
places étrangères. Bien! elle n'aura plus d'exportations,
plus d'échanges, plus de papiers. Nous dénonçons les
traités de commerce et nous nous mettons à confection-
ner des tarifs.

La France a besoin de l'appui, du concours des nations
voisines; elle a avec certaines d'entre elles des traités
de navigation qui facilitent les relations industrielles et
commerciales. Bien! plus de traités de navigation.

La France a besoin d'attirer sur son marché les financiers du monde entier; elle a besoin de trois milliards
qu'elle ne pourrait, elle, retirer de sa circulation monétaire ou fiduciaire; elle a besoin de prêteurs. Bien! mettons à la porte les financiers du monde entier, et les
milliards, et les prêteurs; et faisons une bonne loi sur
les titres de tout genre; que désormais ils aillent se négocier sur les marchés étrangers; fermons le nôtre et
décrétons qu'à l'avenir quiconque voudra nous apporter
son concours, ses titres, son argent, sera puni d'une
amende convenable.

N'est-ce pas là le blocus? Et c'est contre nous-mêmes

que nous le décrétons! Qu'eût rêvé de plus pernicieux
notre plus mortel ennemi, et ne croirait-on pas que ces
lois diverses, mais peu variées, sont des décrets datés de
Berlin?

C'est de Berlin aussi que, le 21 novembre 1806, Napoléon Ier datait le trop fameux décret qui déclarait toute
l'Angleterre en état de blocus et inaugurait le système
continental.

Frappée dans ce qu'il y a de plus sensible au monde,
les intérêts, atteinte dans son commerce européen, dans
son industrie, dans sa marine marchande, l'Angleterre
devait se résigner à tous les sacrifices pour conjurer sa
ruine. Son or lui procura ces victoires morales qui com-
pensaient bien les défaites du champ de bataille, jusqu'au
triomphe final de Waterloo.

L'Angleterre lutta contre Napoléon qui avait décrété le
blocus. Et nous, qui l'avons décrété pour la France,
contre qui lutterons-nous? où est notre or? où sont nos
victoires morales?

Nos victoires morales! Oui, avant que ces lois désastreuses ne fussent portées, nous avons obtenu une victoire morale, une grande. Au lendemain de nos revers,
au lendemain d'une invasion et d'une affreuse guerre
civile, nous avons osé ouvrir un emprunt de deux milliards; l'épargne française, les capitaux étrangers ont
afflué, et, à l'étonnement de l'Europe, à notre gloire aussi,
le succès de cet emprunt, plusieurs fois couvert, prouva
que la France était grande encore et son crédit intact.

Dieu sait, si cette opération eût échoué, quelles effroyables conséquences eût eues une telle défaite!

Nous écrivions à cette époque :

« Le succès ou l'insuccès de cet emprunt décidera de la prospérité ou de la ruine de notre pays. »

Il faut en dire autant de l'emprunt que nous devrons contracter bientôt, demain peut-être. Cette nouvelle expérience réussira-t-elle? ne fait-on pas tout ce qu'il faut pour en amoindrir les chances de succès? Nous avons, lors du dernier emprunt, remporté une grande victoire morale : prenons garde, prenons bien garde d'aboutir à un échec financier. Et si nous ne voulons pas être bloqués, ne proclamons pas le blocus de la France.

Pour des avantages si minces, si misérables, si douteux, si passagers, nous sacrifions les grands intérêts du moment, des avantages d'un caractère capital, immédiat, permanent. Dans une telle situation, nous dénonçons les traités de commerce, les traités de navigation, pour quelques industries mal nées, mal exploitées, qui souffrent. Nous faisons une loi sur les valeurs mobilières, pour recueillir, quoi? A peine quelques millions.

Ne ressemblons-nous pas à ces sauvages de la Louisiane dont parle Montesquieu : « Quand ils veulent avoir du fruit, ils coupent l'arbre au pied et cueillent le fruit? » Par grâce, ne coupons point l'arbre qui peut encore porter tant et de si belles récoltes!

LES DISCOURS DE M. GAMBETTA

M. Gambetta a tenu à ce que la tribune ne restât pas absolument muette pendant la durée des vacances parlementaires, et il a résolu de voyager et de discourir en Vendée et en Bretagne.

Il vient de haranguer la démocratie d'Angers.

Assurément nous ne trouvons pas mauvais qu'il fasse de la propagande au profit de ses idées, c'est son droit; mais il nous sera permis de lui dire qu'il en use mal et de ne pas être de l'avis de ces enthousiastes qui affirment qu'il unit la raison à la passion, la flamme au jugement, l'ardeur à la maturité. Qu'ils disent tout de suite qu'il réunit toutes les perfections : celles de l'homme d'État et celles de l'orateur; ce sera plus tôt fait; mais, hélas! ce n'en sera pas plus juste.

Ce qui préoccupe surtout M. Gambetta, c'est de démontrer que la cause républicaine s'identifie avec celle de l'ordre et de la paix sociale.

Nous croyons, nous aussi, que, sous toutes les formes de gouvernement, l'ordre et la paix publique peuvent être maintenus; mais ce dont ne nous convaincra jamais M. Gambetta, c'est que, par lui ou par ses amis les radicaux, la France puisse jouir de cet ordre, de cette paix d'où naît le sentiment profond de la sécurité individuelle et sociale.

Nous savons bien qu'on peut nous dire que nous nous trompons, que M. Gambetta et son groupe ne veulent le

progrès que par le jeu régulier des institutions démocratiques, par le développement des énergies intellectuelles
et morales, « s'épanouissant au soleil du droit et de la
liberté ; » mais nous n'en sommes pas plus rassurés ;
c'est là une question de tempérament encore plus que
de principe, et nous ne pouvons oublier les traditions de
violence, d'agitation, de désordre, qui ont rendu insé-
parables dans le passé les idées de révolution et de république.

Il se peut que M. Gambetta veuille rompre avec les sectaires, toujours brouillés avec le capital traité par eux
d'*infâme ;* nous sommes même convaincus qu'il ne songe
nullement à la liquidation sociale, qu'il réprouve le
progrès à la façon dont l'entendaient les héros de la
Commune ; mais il ne suffit pas de vouloir ; il y a des
situations qu'on n'est pas libre d'éviter, qui s'imposent
et nous dominent. M. Gambetta au pouvoir saurait-il,
pourrait-il faire de l'autorité? Son passé, son entourage
ne sont-ils pas pour lui comme une robe de Nessus dont
il ne saurait se débarrasser?

Les voyages même de M. Gambetta, ce besoin de grouper et de haranguer les populations ne sont-ils pas autant de motifs d'appréhensions et de défiances?

Pourquoi le tribun se tait-il à l'Assemblée nationale
et pourquoi, pendant les vacances parlementaires, se
fait-il le commis voyageur du radicalisme? C'est à ses
collègues qu'il devrait s'adresser, et non à des populations impressionnables, mobiles, faciles à émouvoir et
qui prodiguent leurs applaudissements bien plus aux
audaces de parole qu'aux bonnes raisons?

Il ne dépend pas heureusement de M. Gambetta de troubler par ses harangues *inter pocula* la situation politique.

Tout bien pesé et en dépit des fautes commises, au point de vue économique et financier, cette situation, il faut bien le dire, s'améliore. L'esprit public se calme; nos forces se reconstituent; la sécurité règne; chacun le sent, parce que tout, autour de nous, en rend témoignage.

Ce calme, cette paix, nous en sommes redevables à la prudence et à la fermeté du gouvernement de M. Thiers. Sans doute le Président de la république fait des concessions à la gauche; mais l'état des esprits n'exige-t-il pas qu'il essaye de gouverner avec tous les partis? La politique, ne l'oublions pas, n'est pas la science de l'absolu; elle s'inspire des circonstances. Ce qui est bon ici et aujourd'hui serait mauvais là et sera peut-être détestable demain.

M. Thiers n'a pas le génie de l'unité, mais il a celui de l'universalité; son talent n'est pas fait tout d'une pièce; c'est un heureux ensemble d'expédients ingénieux, d'habiletés et de bon sens. Ne nous plaignons pas trop. Jugeons l'arbre par ses fruits; or les fruits sont bons, puisque l'ordre et la paix, avant-coureurs de la reprise des affaires, régnent sur toute la surface du pays.

De nouvelles négociations en vue de la libération complète du territoire ne tarderont pas d'être reprises; le discours d'ouverture du Reichstag allemand a été des plus pacifiques; les relations de l'Italie et de la France sont redevenues amicales. Quelques bandes carlistes

parcourent le nord de l'Espagne; mais les élections
viennent de donner assez de force au roi Amédée pour
que nous puissions compter sur une répression prochaine. Nos vœux et nos intérêts sont ici d'accord; nos
espérances ne seront pas déçues.

LES INQUIÉTUDES DE LA BOURSE

Quand paraîtront ces lignes, l'Assemblée nationale
sera réunie à Versailles, et, après les vacances, il faut
songer au travail et aux affaires sérieuses. Si nos députés, pendant leur court séjour dans les départements,
ont bien voulu se rendre compte de la situation des esprits, de ce que l'on dit, non pas dans les journaux, non
pas dans les réunions publiques, ni dans les cercles officiels, mais, partout où l'on s'occupe d'affaires; s'ils ont
consulté les manufacturiers, les négociants, l'ouvrier,
l'artisan, le bourgeois, s'ils ont entendu ce qui se dit,
s'ils se sont rendu compte de ce que l'on pense, ils ne
seront pas étonnés de trouver le marché financier inquiet, hésitant, troublé, les valeurs les plus sérieuses
pouvant difficilement se relever : ils comprendront alors
la grandeur et les périls de ce malaise général.

Ce malaise, ces inquiétudes que les cours de la Bourse
rendent manifestes aux yeux les moins clairvoyants, ne
sont pas causés par une spéculation à la baisse, par des
spéculateurs éhontés. Quand le pays souffre, il est mal-

heureusement d'usage d'accuser la Bourse et les Banquiers, d'exagérer la situation, de voir tout en noir; de
semer des inquiétudes pour en tirer profit : ces attaques
seraient aujourd'hui injustes. La spéculation, fidèle à
l'origine de son nom, *speculum*, a, dans ses opérations
innombrables, fait de la Bourse un vaste miroir qui
reflète mathématiquement et trop exactement peut-être
les impressions générales.

Oui, la Bourse est inquiète; oui, malgré ce calme ap-
parent, cette quiétude somnolente, les esprits se demandent chaque jour ce qu'il adviendra le lendemain: quel
négociant oserait aujourd'hui traiter des affaires à longue échéance? Le découragement est tel que le lendemain même semble être un avenir trop éloigné. Un rien
effraye le marché; un rien surexcite les imaginations, et
cette perplexité de tous les instants cache de gros dangers, à la veille du colossal emprunt nécessaire pour la
libération du territoire et le payement de l'Allemagne.

Pourquoi ces inquiétudes?

Depuis six mois, de graves fautes financières ont été
commises, et on a indisposé la haute Banque et les
grands Banquiers; quand, il y a quelques mois, il s'est
agi de payer, par anticipation, 500 millions au gouvernement prussien, les banquiers français intervinrent;
les plus grandes Sociétés s'empressèrent d'offrir au gouvernement français leur argent, leur crédit. Le gouvernement accepta, puis refusa et traita directement avec
M. de Bismark.

Pour économiser des commissions et frais de banque
s'élevant à peine à quelques millions, on préféra se pas-

ser du concours de la haute Finance. Les conséquences de ce refus ne se firent pas longtemps attendre. La rente 5 pour 100 était alors à 96 francs. Depuis, la baisse a été générale et continue : le mécontentement des banquiers s'est traduit par des ventes considérables à la Bourse. Voyez les cours depuis cette époque : la rupture des négociations engagées entre le gouvernement et les banquiers a été le signal de la baisse, baisse qui depuis s'est considérablement accentuée.

Mais ce n'était pas assez de mécontenter la haute Banque, en négligeant ainsi ses services. Vint un projet de loi sur les valeurs mobilières, puis la dénonciation des traités de commerce, puis la dénonciation des traités de navigation, puis la réforme postale. Au lieu de consulter directement les plus intéressés dans ces formidables questions, le gouvernement, n'ayant en vue que les quelques millions à obtenir de suite, froissa de grands intérêts financiers et commerciaux par ces mesures inopportunes et indisposa contre lui tous ceux dont la plus grande force est de grouper autour d'eux les capitaux et les capitalistes du monde entier.

Si le gouvernement, alors que la rente 5 pour 100 était à 96 francs, avait profité des bonnes dispositions du monde des affaires et des banquiers; si, sacrifiant quelques frais de courtage et de commission, il avait accepté leur concours pour payer à la Prusse les 500 millions; si, profitant toujours de ces bonnes dispositions, intéressées peut-être, mais certainement utiles, il leur avait laissé entrevoir l'utilité de leur concours pour la réalisation de l'emprunt de 3 milliards, l'intérêt des

Banquiers eût été d'aider à la continuation de la hausse
ou, du moins, de maintenir la hausse acquise de la rente
5 pour 100. Alors, l'emprunt de 3 milliards eût été facilement effectué 10 pour 100 plus cher que le premier
emprunt de 2 milliards.

Or, sait-on ce que représentent 10 pour 100 de différence sur 3 milliards?

Trois cents millions.

Voilà ce que disent les chiffres : et voilà ce que coûtent au gouvernement des économies maladroites. Il
fallait intéresser la Banque à soutenir le cours de nos
fonds publics : le contraire a été fait.

La haute Banque mal impressionnée, les mesures
financières du gouvernement mal comprises, mal inter-
prétées, mal accueillies, telles sont les causes premières
de la baisse persistante de la Bourse. Et, malheureusement, aucune force ne vient faire contre-poids à cet
affaissement du marché!

Le gouvernement, dans l'intérêt du Trésor, doit désirer la hausse des fonds publics pour pouvoir émettre
son emprunt plus cher. Mais, pour faire monter les cours
de la rente, il faut acheter, acheter beaucoup. Où est
l'argent nécessaire pour effectuer ces achats? Quant aux
banquiers, leur intérêt actuel est de ne pas soutenir les
prix de la rente, de la laisser fléchir, pour pouvoir souscrire à l'emprunt meilleur marché et conséquemment
gagner davantage. Avec la rente 5 pour 100 à 87, les banquiers auront de plus grands bénéfices en souscrivant un
emprunt émis à 85 ou 86, que si le 5 pour 100 valant 95
ou 96 francs, l'emprunt était émis à 93 ou 94 francs.

Voilà un des côtés de cette malheureuse situation, côté peu patriotique sans doute; mais, il faut bien le dire, l'argent appelle l'argent; son concours s'acquiert et ne se donne pas; et de tout temps aussi et dans tous les pays, on a vu que les gouvernements les plus populaires ont été ceux qui ont pris pour base de leur conduite le développement des intérêts matériels de leurs peuples, la sauvegarde de leurs intérêts financiers. Erreur, dangereuse erreur, que de croire que, l'État étant en détresse, ceux qui possèdent lui fourniront à bon compte les capitaux dont il a besoin. Hélas! la Bourse a monté après Waterloo, c'est-à-dire après l'un des plus sanglants désastres de notre histoire, au milieu de l'effondrement de la patrie.

Pour remédier à cette indifférence générale, indifférence sévèrement, mais injustement qualifiée en haut lieu de coalition contre le crédit public; pour aider le gouvernement à relever les cours des fonds publics, les achats sérieux, c'est-à-dire ceux des capitalistes, seraient efficaces; mais malheureusement encore, si, pour des raisons financières, la haute Banque s'abstient, les raisons politiques, les craintes politiques, sont une des grandes causes de l'abstention du public.

Comme nous le disions en commençant cet article, le public est inquiet et n'a plus la sécurité du lendemain: pour lui, le provisoire c'est l'inconnu; et l'inconnu peut être la ruine. Nous ne savons où le provisoire politique peut nous conduire; mais, il faut bien le dire en se plaçant au seul point de vue des affaires, et — c'est à ce strict point de vue que nos gouvernements devraient se placer, car aujourd'hui les affaires commerciales et industrielles, les questions de finance dominent tout — le provisoire, c'est l'inquiétude, c'est le ralentissement des affaires, c'est le lendemain gros de périls, inspirant la défiance et le découragement.

Pour la Bourse, le provisoire ne *prévoit* rien et ne *pourvoit* à rien.

L'instabilité de la politique, l'indifférence de la haute Banque, les mauvaises lois financières et économiques, telles sont, pour nous résumer, les causes principales de la baisse de la Bourse, de l'inquiétude des esprits, de ce malaise général et indéfini qui chaque jour fait des progrès plus rapides et plus funestes.

NI ENTRAINEMENT NI DÉFAILLANCE!

Lorsqu'au lendemain de la guerre, la France, abattue, mutilée, sans commerce, sans industrie, sans finances, sans ordre, obligée de supporter les lois de son implacable vainqueur, lui abandonnait deux de nos plus belles et plus riches provinces, l'Alsace et la Lorraine, contractait l'engagement de lui payer, à titre d'indemnité, la somme véritablement fantastique de cinq milliards, la haute Banque, le monde des affaires, et les esprit les plus sages, les plus sensés, comprirent que l'avenir politique de la France était désormais intimement lié à son avenir financier ; que le crédit était le premier besoin du pays, car lui seul pouvait en amener la délivrance et était, lui seul, l'âme de la revanche. Aussi, malgré les ruines morales et matérielles, malgré les désastres publics et privés, chacun se mit courageusement à l'œuvre. La Bourse reflétant les sentiments et les impressions générales, reprit confiance : le 3 0/0 qui, pendant la guerre, était tombé à 50 fr., fut coté, à Lyon et à Marseille, au moment de la signature de l'armistice, 54, 55 et 56 fr. Nous ne parlons pas des cours de Paris, car, à cette époque, son marché financier n'existait, pour ainsi dire, que de nom.

La Commune arrive et avec elle ses crimes et ses hontes, la guerre civile après la guerre contre l'étranger. Quel était alors l'état de nos finances? Le Trésor public était épuisé ; les impôts ne rentraient pas ; et nous avons entendu l'ancien ministre des finances, M. Pouyer-Quertier, déclarer, dans un procès récent, que le chef du mouvement des fonds lui remit, lorsqu'il prit possession du ministère, le reliquat disponible « UN MILLION ! »

Devons-nous parler de la situation des départements occupés par l'ennemi? devons-nous parler de la situation administrative des autres départements? Jamais, jamais, on peut le dire, désordre ne fut plus complet qu'au lendemain de la guerre, que pendant la Commune ; alors nous entendions tous proférer à l'étranger ce cri sinistre de : *Finis Galliæ !* et nous n'étions plus, pour beaucoup, qu'une nouvelle Pologne, succombant sous les mêmes fautes, déchirée par les mêmes partis, fatalement appelée à mourir !

Eh bien, à cette époque encore, la Bourse ne perdit

pas courage ! et nos fonds publics, même après la Commune, se négocièrent entre les prix de 53 et 54 fr.

Si nous faisons ce triste retour sur notre histoire contemporaine, histoire qui semble déjà si vieille, bien
qu'elle ne date guère que d'un an, — car, hélas ! on
oublie vite, trop vite en France, et le bien et le mal, —
c'est que nous voulons prouver par des chiffres combien
sont grandes aujourd'hui nos défaillances, combien nous
nous laissons aller avec la même insouciance, la même
légèreté, au plus profond découragement, comme nous
nous laissons entraîner aux plus vaines espérances ! Il
semble que le temps où l'on vit n'est jamais l'heureux
temps ; les hommes ne savent ni ce qu'ils désirent, ni ce
qu'ils attendent du présent ; ils dévorent l'avenir et le
gaspillent avant de le posséder.

Certes, nous ne sommes pas optimistes ; certes, tout
n'est pas encore pour le mieux dans le gouvernement
actuel ; mais la justice veut qu'on lui reconnaisse ce qui
lui est véritablement dû : c'est-à-dire le rétablissement
et le maintien de l'ordre, si profondément bouleversé,
la délivrance d'une grande partie du territoire, et le
payement de deux milliards à l'Allemagne. Des fautes ont
été commises, mais elles peuvent être réparées, et, en
somme, nous avons tous aujourd'hui une sécurité relative, que nous étions loin de posséder, l'an dernier, à
pareille date !

Aujourd'hui cependant, la Bourse est inquiète, trou-
blée, fiévreuse ; nous avons, dans notre précédent numéro, cherché à expliquer les causes de ces inquiétudes ;
qu'elles soient provoquées par les fautes du gouvernement

qu'elles soient excitées par la crainte de l'inconnu, c'est-à-dire d'un régime provisoire, les cours actuels de nos fonds publics — presque au même niveau qu'immédiatement après la guerre et la Commune — nous paraissent aussi exagérés en baisse qu'ils l'étaient en hausse, alors que le 3 0/0 se négociait à 58 fr. et le 5 0/0 à 96 fr., après la réalisation de l'emprunt de deux milliards!

L'entraînement d'alors n'était pas plus justifié que la défaillance d'aujourd'hui.

Sans doute, il reste encore beaucoup à faire, et nous ne prétendons pas que la confiance doive être excessive: nous avons trois milliards à payer, c'est-à-dire deux cents millions de plus que la circulation générale des billets de la Banque de France ; le budget à équilibrer, l'armée à réorganiser, l'industrie et le commerce à développer; mais ne nous nuisons pas à nous-mêmes en ne résistant pas à la dépréciation de nos valeurs ; à quel taux voulez-vous que les pays étrangers nous prêtent si nous diminuons nous-mêmes notre crédit? Nous l'avons dit souvent: ne nous laissons pas aller au découragement qui énerve et qui tue, ne nous endormons pas non plus dans une confiance aveugle; ayons le courage d'envisager froidement le mal avec la ferme volonté d'y porter remède, de le réparer! Si l'histoire doit être pour tous un grand enseignement, n'oublions pas que nous nous sommes toujours relevés de nos malheurs! que nous avons toujours surmonté les plus grandes difficultés, les plus terribles obstacles! Jamais la France n'a été si redoutable au dehors qu'après les querelles des maisons de Bourgogne et d'Orléans, après les troubles de la Ligue, après les guerres civiles de la minorité de Louis XIII et de celle de Louis XIV. Dans les temps plus récents, la France n'a-t-elle pas retrouvé sa prospérité, sa grandeur, son crédit, après la grande révolution de 1789, après les jours de la Terreur! n'avons-nous pas vu après Waterloo le 5 0/0 français à 45 fr., et cependant, deux ans après, la Restauration empruntait en 1816 à 57 fr. 26 ; en 1817, à 57 fr. 50 ; en 1818, à 66 fr. 50 et 67 fr. ; en 1821, à 85 fr. ; en 1823, à 89 fr. 55 ; et le 5 0/0, tombé, répétons-le, en 1814 à 45 fr., était à 110 fr. en 1825 !

Et cependant, les charges qui pesaient à cette époque sur la France peuvent être mises en parallèle avec celles qui nous obèrent : la Restauration, avec les frais de guerre, paya plus de deux milliards; si nous ajoutons le milliard des émigrés, nous voyons qu'à une époque où les chemins de fer n'existaient pas, où les relations commerciales, les affaires de crédit étaient loin d'être aussi développées qu'aujourd'hui, la Restauration eut besoin de 3 milliards! elle les trouva, et en 1825 — le 4 mars — la rente 5 0/0 était cotée à 110 fr. 65, alors qu'elle était à 45 fr. lorsque, le 20 mars 1814, les étrangers étaient à Paris.

Plus tard, le 4 mars 1844, sous le règne de Louis-Philippe, le 5 0/0 s'éleva au cours de 126 fr. 30, tomba à 50 fr. le 5 avril 1848, et, le 7 janvier 1852, atteignait de nouveau les prix de 106 fr. 50.

Ces exemples du passé doivent être pour nous un encouragement pour le présent, une espérance pour l'avenir, en même temps qu'ils nous indiquent que si nous devons résister aux entraînements de la confiance, nous

devons non moins repousser les exagérations de la défaillance.

Oui, courage et confiance! relevons notre crédit : c'est
là notre premier devoir, le plus grand besoin de notre
pays! Mais il faut que le gouvernement ait la ferme résolution de renoncer à cette politique qui fait des concessions à tous et ne satisfait personne, qu'il laisse là,
s'il nous est permis de nous exprimer ainsi, cette politique d'antichambre et qu'il suive celle aux grandes idées
aux institutions fécondes, aux réformes utiles. Nous voudrions que le ministre des finances fût choisi parmi les
financiers les plus habiles et les plus pratiques ; que le
ministre des affaires étrangères fût mûri par l'étude des
hommes et l'observation des faits, qu'il eût vu et parcouru toutes les cours de l'Europe, et, prouvant sa véritable expérience, eût fait connaître par ses écrits les
coutumes, les mœurs de tous les peuples qu'il aurait
étudiés! Nous voudrions que le ministre de l'intérieur,
comme autrefois, dans les cours orientales, voulant se
renseigner par lui-même, se mêlât souvent à la foule
pour découvrir les abus, réprimer les injustices, encourager le bien, prévenir le mal!

Utopie! dira-t-on ; et cependant, depuis cinquante années, et depuis plus longtemps encore, sont-ils donc si
nombreux les ministres habiles qui ont gouverné les États!
Est-ce chez les sages que nous prenons le ministre des
cultes? est-ce chez les artistes que nous prenons celui des
arts? Non, non ! et, s'il y a des exceptions, on peut les noter,
car elles sont rares : le ministère n'est qu'un poste d'ambition où les ambitieux passent ; une faveur, un sourire,

un mot bien dit, un discours sonore mais vide, sont quelquefois les seuls titres qui conduisent à ce poste trop envié pour ses honneurs, et pas assez pour le bien qu'on y doit faire!

Les ambitieux vivent de la crédulité des autres hommes; c'est là leur prestige ; celui qui n'est rien devient tout s'il trouve quelqu'un qui, déjà parvenu, le prenne en amitié, ou lui paye des intérêts arriérés.

Voilà pourquoi les gouvernements, quels qu'ils soient, retombent toujours dans les mêmes erreurs : les hommes changent, mais l'ambition et l'incapacité restent.

Dieu merci, de nombreux et bons esprits partagent les idées que nous venons de développer et les propagent par la plume et la parole. Eux aussi pensent qu'il faut, aujourd'hui surtout, résister à la fois aux entraînements irréfléchis et aux défaillances funestes et stériles. Comme nous faisait l'honneur de nous l'écrire, il y a quelques jours, un des écrivains les plus éminents de notre temps, un de nos hommes d'État les plus distingués, M. le vicomte de la Guéronnière : « Le crédit est notre véritable élément de revanche. Mais pour qu'il se relève, il importe de le préserver de deux périls : l'entraînement et la défaillance. En soutenant ses efforts, sans encourager ses témérités, vous rendrez de vrais services au pays. »

Puissent ces paroles si sages et si vraies servir de guide à tous nos hommes politiques, et inspirer tous les actes du gouvernement!

Le crédit est une arme à deux tranchants, qui, selon les circonstances, blesse ou protége. Pour éviter ses entraînements ou ses défaillances, le concours de tous est

nécessaire ; et ce concours dépend de l'intelligence, de
la sagesse et de la fermeté du pouvoir.

LA SITUATION INTÉRIEURE ET EXTÉRIEURE

Nous sommes heureux d'avoir à constater que toutes
nos prévisions se réalisent.

Un vent de sagesse, de modération, de prudence souf-
fle sur tous les esprits, calme les impatiences, et donne
du courage aux faibles, de la résolution aux timides.
N'était M. Gambetta et ses discours, tout serait absolument rentré dans l'ordre ; mais le tribun radical tient à
la dissolution de l'Assemblée nationale ; il ameute les
esprits contre les représentants du pays. A peine sont-ils
réunis depuis une année qu'il leur intime l'ordre de rentrer dans leurs départements. Quelle secrète pensée l'agite ?
en quoi l'Assemblée nationale a-t-elle démérité ? Jamais
députés n'ont montré plus d'esprit politique, plus d'honnêteté. Quel si grand intérêt la France peut-elle donc
avoir à les voir disparaître et à se trouver de nouveau
placée devant l'inconnu ?

Voilà bien le radicalisme ! il ne se demande ni ce qui
convient le mieux au pays, ni ce qui est d'accord avec
les principes d'un bon gouvernement, ni ce qu'exige
l'ordre, ce dont les besoins de sécurité et de paix font
une loi aux hommes sages, aux bons citoyens ; il se laisse
aller aux emportements de sa passion, il ne s'inspire

que de la violence ; il ne sait ni attendre, ni préparer les résolutions sages, ni se taire, ni parler quand il faut ; il n'a de goût que pour les solutions imposées ; pour lui, le modèle des gouvernements, sous une forme ou sous une autre, c'est la dictature.

Hélas ! qu'il est loin de cette liberté dont il se fait le bruyant apôtre !

Faut-il s'étonner si l'opinion résiste, si les honnêtes gens sont anxieux et protestent, si la perspective de l'avénement aux affaires de M. Gambetta et de ses amis l'inquiète ?

Nous avons fait l'essai de ces gouvernants improvisés, qui ont provoqué la tempête et mis la main au gouvernail ; nous avons vu la France conduite à coups de décrets, surexcitée par des proclamations qui portaient le trouble dans les âmes, jetée dans les bras de la république radicale. Quels ont été les résultats de cette expérience douloureuse ? Il a fallu se rejeter bien vite dans le courant des idées saines, conservatrices, pratiques, pour arriver au port où le navire se radoube enfin, après de longs jours d'orages et d'aventures.

La session des conseils généraux n'aura pas fait beaucoup de bruit ; et nous nous en félicitons ; il s'est bien produit çà et là quelques conflits, quelques tentatives d'illégalité ; mais, à côté de cette petite tache sombre, qu'avons-nous vu ? Les hommes d'ordre se sont groupés, se sont disciplinés, ont montré plus de résolution. Le radicalisme n'a pas osé lever la tête, ou, s'il s'est montré, il a trouvé à qui parler.

Nous voudrions que ce fût là l'indice du réveil de

ce grand parti conservateur qui a pour lui la vraie force, la force qui féconde et qui dure, car il suit les inspirations de la raison, de la justice, du vrai patriotisme.

En même temps que prenait fin la session des conseils généraux, l'Assemblée nationale faisait sa rentrée. Toutes ses préoccupations vont se porter sur nos finances, sur notre réorganisation militaire et administrative. Tout fait espérer que les conflits stériles seront évités et que les projets d'interpellation qu'avaient fait naître quelques incidents politiques de ces derniers jours seront abandonnés.

En s'occupant exclusivement d'affaires, en écartant les débats irritants, l'Assemblée nationale répondra aux espérances, aux volontés du pays.

Que le gouvernement, de son côté, dirige avec netteté, avec fermeté, la politique intérieure, qu'il se tienne résolûment et sincèrement dans la vérité du régime parlementaire, qu'il aide à la formation d'une majorité sur laquelle il puisse s'appuyer et nous traverserons sans crise cette fin de session, que tout annonce devoir être très-laborieuse.

Voilà pour l'intérieur.

Si nous jetons nos regards sur la situation extérieure, nous nous convaincrons bien vite qu'il s'est produit une amélioration sensible,

Nous sommes en mesure d'affirmer que des négociations vont s'ouvrir relativement au payement des trois derniers milliards.

On a parlé d'une tension fâcheuse qui se serait pro-

duite subitement entre la France et l'Allemagne, mais
nous savons pertinemment que cette rumeur n'a rien de
sérieux. Il semble, au contraire, si nous en jugeons par
des symptômes qui trompent peu d'habitude, que le
gouvernement allemand ne repousse plus aussi formellement qu'autrefois l'idée d'évacuer les six départements
encore occupés avant l'époque fixée par les traités, c'est-à-
dire 1874.

III

(MAI 1873.)

GARDONS-NOUS DES FAUSSES NOUVELLES!

L'arrivée de M. d'Arnim va être le signal de la reprise
des pourparlers entre les deux gouvernements de Versailles
et de Berlin.

Ce qui fait le malheur des uns fait le bonheur des
autres, dit-on vulgairement; aussi nos *reporters*
cosmopolites ont-ils largement usé, à leur profit, de
cette maxime, par leurs nouvelles à sensation, la plupart du temps exagérées et mensongères, qui viennent
jeter le trouble dans les transactions du marché financier.

Dans ces dernières années, que de fausses nouvelles
ont été mises en circulation, et ont servi à enrichir les uns et ruiner les autres! Nous nous rappe-

Ions tous encore cette criminelle invention qui, au mois d'août 1870, alors que nos premières armées étaient déjà battues, a troublé la Bourse et mis en émoi les spéculateurs et les capitalistes. Une fausse nouvelle, et quelle nouvelle! — la prise de Saarlouis, quand nous étions vaincus à Wœrth et Forbach, — avait suffi pour faire monter la rente de 4 à 5 francs dans l'espace d'une demi-heure. Le lendemain, nous apprenions l'affreuse réalité. La déroute fut aussi complète à la Bourse que sur le champ de bataille.

Depuis ce temps, il semble que ces nouvellistes coupables se soient fait un jeu de la crédulité des naïfs, et Dieu sait de quelles fausses nouvelles nous avons été abreuvés pendant cette guerre terrible qui nous a vaincus, mais non soumis ni abattus! Et malheureusement, il semble que les leçons du passé ne soient pas assez sévères, puisque le présent pèche encore dans cette eau trouble.

On dit qu'il faut quelquefois savoir farder la vérité pour ne pas effrayer les esprits craintifs; mais il est rare que l'homme employant cette arme dangereuse sache l'utiliser sciemment : comme un acteur qui perd conscience de son emploi, il se trompe de marionnettes; il fait passer le mensonge quand le tour de la vérité arrive, *et vice versa.*

Nous n'en finirions pas, s'il nous fallait relater ici tous les bruits insensés, lancés à chaque instant comme ballons d'essai, et qui, toujours acceptés sans contrôle, font toujours aussi de nouvelles dupes! Au moindre propos, à la moindre alerte, à une démission donnée, non acceptée, à une querelle particulière de députés dont on fait de suite une question législative ; à une indisposition, à un rhume mal soigné, tout le monde est sur pied ; tout le monde court aux nouvelles ; tout le monde s'inquiète, s'agite, se démène ; et vite, les fonds baissent ou s'élèvent, suivant que la nouvelle s'aggrave ou que l'indisposition a bien ou mal tourné.

Voilà où le marché financier en est réduit, voilà comment, malgré les plus sérieux efforts, il perd chaque jour le peu de force et de puissance qui lui restait après la loi malheureuse et funeste sur les valeurs mobilières, loi qui lui a porté un coup si funeste.

Tâchons donc de nous appuyer sur une confiance réciproque qui puisse donner aux transactions une vigueur qu'elles n'ont plus ! Ne nous occupons des nouvelles qui nous sont si charitablement apportées par l'un ou par l'autre, que lorsque nous serons certains d'en connaître la source et d'en vérifier l'authenticité ! Sachons bien qu'à la veille d'un immense emprunt, de la plus colossale opération financière qui ait jamais été effectuée, un rien peut détruire les efforts de tous, un rien peut nous empêcher de mettre à exécution cette grande opération ; sachons bien qu'il est malheureusement des gens payés pour applaudir à notre crédulité renaissante et faire échouer la réalisation et le payement d'une dette que l'Allemagne aimerait mieux poursuivre que voir acquittée.

C'est donc à la raison de tous qu'il faut faire appel ; il ne s'agit, en ce moment, de nulle autre question que de celle-ci : « Faire notre emprunt et payer. » Que le Chef du gouvernement soit légèrement indisposé, qu'il devienne plus gravement malade encore : restons fermes, restons calmes. Pourquoi éveiller la susceptibilité, les espérances, les jalousies de tous les partis, en nous préoccupant déjà de lui trouver un successeur? Nous aurons le temps d'y songer quand la succession sera ouverte! Jusque-là n'oublions pas que l'avenir est notre maître; que nous lui appartenons, mais qu'il ne nous appartient pas; songeons d'abord qu'il nous faut sortir avec honneur des engagements que la France subit, mais que sa signature oblige à respecter. Il nous faut payer, et l'échéance de mars 1874 devrait être notre seule, notre unique préoccupation.

Lorsque nous en aurons fini avec l'étranger, lorsque la signature de la France sera libre et dégagée de ses entraves, alors il nous sera permis, en toute liberté, de songer à ce que nous deviendrons, à ce que nous voulons être, et nous pourrons y travailler. Mais, répétons-le sans cesse, mettons-nous en garde contre les faux bruits qui nous ont fait tant de mal, qui peuvent nous en faire tant encore; fions-nous au cœur de la nation, qui ouvrira ses trésors et permettra au pays d'y puiser à volonté.

L'emprunt de la délivrance devra être le véritable emprunt populaire ; donnons au peuple les plus grandes facilités pour souscrire; ce sera un gage de stabilité pour le pays, car les intérêts communs, toujours divisés par la cupidité de ceux qui possèdent et l'envie de ceux qui n'ont rien, se confondront, car tous posséderont; tous

voudront posséder, et, la rente montant, chacun trouvera dans cette hausse, et dans la mesure de ses moyens,
une part de bénéfices.

Le peuple, confiant ses faibles économies au Trésor
de l'État, n'ira pas se piller lui-même ; on évitera ainsi
le spectre de l'anarchie qui plane à chaque saison nouvelle sur nos têtes ; et la Bourse fiévreuse, inquiète,
agitée, se calmera, ne craignant plus l'ombre des Communes à venir ; les transactions deviendront plus faciles,
car elles seront à l'abri de craintes perpétuelles ; on
recevra froidement les mauvaises dépêches ; on appren-
dra avec calme l'indisposition d'un gouvernant ; la
sécurité de tous sera faite par tous ; mais pour que
ces espérances deviennent une réalité, gardons-nous,
répétons-le en terminant, des fausses nouvelles et ne
songeons qu'à la réalisation du grand emprunt populaire !

UN EMPRUNT POPULAIRE

Nous sommes à la veille d'effectuer la plus considérable opération financière que jamais nation ait osé
tenter. Il est indispensable qu'elle réussisse. Les conséquences d'un échec financier, à l'heure où nous sommes,
seraient incalculables.

Après les désastres militaires que nous avons subis,
après la paix onéreuse que nous avons signée, il sem-

blait que la France dût renoncer à toute influence en Europe. Il n'en a pas été ainsi; l'effet moral de nos défaites a été atténué, amoindri, par une victoire éclatante, une victoire financière : la souscription du dernier emprunt; et ce triomphe a suffi pour nous rendre un peu de notre ancien prestige.

Qui pourrait dire ce qui fût arrivé si l'émission de cet emprunt, destiné à payer la rançon de nos départements occupés, n'eût pas réussi? Notre crédit était anéanti, et nos ennemis, perdant toute confiance dans notre solvabilité, eussent nécessairement exigé des garanties, et quelles garanties!

Il ne s'est écoulé, depuis, que peu de mois; la situation s'est-elle modifiée? Nous devons encore; il faut payer ou sinon..... Nous nous arrêtons dans le champ des hypothèses, car la moins triste serait navrante.

Il importe donc, **il faut**, répétons-le à satiété, que le nouvel emprunt réussisse, que nous remportions encore une de ces victoires qui seules nous sont permises, une victoire financière, et qu'elle soit décisive. **Il faut** que, par tous les moyens en notre pouvoir, l'énorme emprunt que nous allons émettre soit entièrement couvert. Et quelle force ne nous rendrait-il pas s'il l'était plusieurs fois!

Tous les projets ayant pour but la libération du territoire ont été reconnus impraticables. Nous avons démontré combien était vaine l'illusion généreuse de la souscription *des Femmes de France*. Nous avons applaudi à ces nobles efforts, nobles mais impuissants. La vraie souscription, la seule réalisable, la seule pratique, c'est celle de

l'emprunt. La voilà, la grande souscription patriotique, celle à laquelle tout le monde doit contribuer,
celle qu'il faut rendre accessible à tous, celle qui doit
attirer aussi bien l'épargne du pauvre que les millions du
capitaliste.

Il faut que l'humble commerçant, le petit industriel, l'ouvrier même, puissent partager cet honneur
et cette joie, remplir ce devoir de délivrer le sol français.

Jamais occasion plus propice ne s'est présentée de dé-
mocratiser la rente, de la populariser.

Le crédit de la France, c'est le crédit de tous les Français. Que l'État emprunte à tous et que tous prêtent à
l'État. Mais il faut, avant tout, rendre possible cette
grande manifestation.

Admettez donc les plus petites souscriptions, réservez-
leur les droits de préférence les droits d'irréduction.
Favorisez-les par tous les moyens possibles. Naguère
nous applaudissions aux efforts de M. Magne lorsqu'il
créait des titres de rente de 5 francs ; nous ne saurions
trop applaudir celui, quel qu'il soit, qui entrera résolûment dans cette voie. Le trésor public doit être désormais l'unique Caisse d'épargne de la nation ; c'est là
qu'il faut que l'artisan, le laboureur, le prolétaire,
portent toutes leurs économies ; faites donc que ce
trésor leur soit ouvert et que leur modeste obole soit
aussi bien accueillie que la grasse souscription du riche
banquier.

Mais, en même temps, faites que le titre que vous
remettrez à l'humble souscripteur ne soit pas, entre ses

mains, un papier dont il ne puisse se servir que difficilement, une valeur sujette à des fluctuations incessantes. Que la rente soit pour lui de l'argent. Qu'il puisse la négocier, l'échanger aussi facilement qu'un billet de banque. Le crédit de la Banque de France serait-il donc supérieur à celui de l'État !

Que les coupons de votre rente puissent servir au payement des impôts.

Que vos trésoriers-payeurs, vos receveurs, vos percepteurs, qui s'emploient à placer des obligations foncières, des titres de toute nature, s'emploient aussi à négocier les titres de l'État ; qu'ils puissent sur ces titres faire des avances à un taux fixe, sans qu'il faille, quelle anomalie ! avoir recours à la Banque, à des Sociétés de crédit, à des prêteurs à la petite semaine.

Assurez la fixité des cours de cette rente qui représente notre crédit, c'est-à-dire notre richesse, notre confiance dans nos propres forces. Faites, par exemple, que le rentier n'ait plus à s'effrayer de ces brusques dépressions de cours qui se produisent après le payement de chaque coupon. Le petit capitaliste qui a de la rente ou en achèterait volontiers, ignore la cause de ces mouvements soudains et s'éloigne des valeurs qui en sont l'objet. Que, comme en Allemagne, vos intérêts soient calculés jour par jour, et ces dépréciations périodiques ne se produiront plus.

L'Emprunt doit être populaire, disions-nous, n'ayant en vue que son objet immédiat : le payement de notre rançon, la délivrance du territoire. Mais si nous portons nos regards au delà du présent, que de bienfaits n'avons-nous pas à attendre de ces réformes si pratiques, si simples, si faciles à appliquer !

La grande révolution de 1789 ne fit pas que détruire, elle reconstitua ; elle ne fut révolutionnaire que pour le régime qu'elle renversait, elle fut conservatrice pour celui qu'elle créa. De cette époque date le morcellement des terres ; et l'on peut dire que la vente des biens nationaux, l'accès de la propriété ouvert à tous, a intéressé la majorité des Français à la conservation de l'état de choses établi. Ce n'est point le paysan qui fait les révolutions, ce n'est point lui qui recherche le désordre et l'instabilité : son *lopin* de terre le fait conservateur. Eh bien, il faut que l'artisan, l'ouvrier, ait, lui, son *lopin* de rente ; cette expression triviale dit bien notre pensée. L'artisan-propriétaire, l'artisan-rentier sera conservateur et si la République fait prospérer son bien, augmente et conserve son avoir, ce sera la République qu'il tiendra à conserver. Pour fonder un gouvernement qui dure, il faut intéresser la nation tout entière à sa durée et à sa conservation. Avis donc à ceux qui veulent fonder.

Ces idées que nous développons ici, nous les avons exprimées il y a longtemps déjà. En janvier 1870, nous écrivions :

« En démocratisant la rente, en la popularisant, vous associez le peuple à votre gouvernement; il est engagé à vous soutenir, sinon par le devoir et la reconnaissance, du moins par le sentiment de l'intérêt. »

Ces conseils, nous les donnions à l'Empire, qu'ont renversé les événements plus encore que les hommes ; nous les adressons aujourd'hui au gouvernement actuel. Nous les renouvellerons encore et nous écrirons encore ce que nous venons d'écrire; car nous savons que trop souvent les suggestions funestes sont promptement écoutées, mais que les conseils simples et pratiques, les vérités vraies et utiles ont besoin d'être criés vingt fois pour être entendus une.

NOTRE RÉGÉNÉRATION MORALE

Depuis quelque temps, les précocupations publiques sont tournées vers les idées morales et religieuses.

Encore sous le coup des désastres qui l'ont frappée, la France, quoi qu'en puissent dire des esprits légers, mauvais observateurs ou intéressés à tromper le public, se recueille, s'étudie, recherche en elle et autour d'elle les causes de ses malheurs.

Le devoir de la presse est d'encourager ces bonnes tendances, de les aider, de féconder ce travail des intelligences; selon que ces heureuses dispositions seront bien ou mal dirigées, nous nous relèverons promptement ou nous retomberons lourdement sur le sol humide de notre sang et tout frémissant encore de nos défaites.

De très-bons esprits, qu'on ne saurait blâmer, recherchent notre régénération dans une meilleure instruction primaire, mieux distribuée, dans la reconstitution de notre armée, dans une reconstruction plus rationnelle de nos forteresses; c'est bien assurément; mais ce n'est pas assez. Quand on va au fond des choses, on s'aperçoit bien vite que nos désastres ont eu d'autres causes qu'une infériorité matérielle, et qu'en réalité, c'est le sentiment des grands devoirs incombant à l'homme et au citoyen qui nous a surtout manqué.

Ne réduisons donc pas à des questions de réorganisation militaire, d'armement, d'équipement, d'intendance et même de simple instruction primaire le problème de notre régénération ; allons à la fois plus loin et plus haut : allons droit aux âmes, aux caractères.

Si nous négligions ce grand devoir, nous serions d'autant plus coupables, que la France, dans le plan visiblement tracé par la Providence, est destinée à marcher à la tête de la civilisation, et qu'à moins de nous montrer criminels, nous ne pouvons méconnaître les desseins d'en haut.

La France a la plus admirable situation géographique, qui la met, pour ainsi dire, en contact avec le monde entier ; elle excelle à communiquer ses idées aux autres peuples ; sa langue est d'une merveilleuse clarté ; elle a toujours brillé dans la politique, dans les lettres, dans les sciences et les arts, du plus vif éclat ; on peut dire de nous que, sous tous ces rapports, nous sommes favorisés entre toutes les nations ; mais ces avantages demeureront stériles, si nous n'y ajoutons pas ces qualités, ces vertus que seuls nous pouvons nous donner et qui feraient à la fois notre fortune, notre puissance et notre honneur.

Recueillons-nous ; cherchons ce qui nous manque, et, après l'avoir recouvré, transmettons-en l'héritage à nos enfants.

Faisons revivre les croyances religieuses, si fortement ébranlées par le panthéisme, et sur lesquelles reposent les principes de la morale naturelle ou sociale; cessons d'être sceptiques, si nous voulons devenir forts et avoir le cœur à la hauteur des épreuves que nous réserve peut-être l'avenir.

Ce n'est pas en attaquant la religion, en pervertissant les idées morales, qu'on disciplinera les âmes, qu'on enseignera aux uns la charité, aux autres la résignation, à tous l'observation fidèle, la pratique du devoir, cet amour de la règle qui est le propre des natures droites, des âmes fières mais justes.

Guerre à l'incrédulité et au matérialisme! retrouvons le chemin de nos temples; ramenons nos enfants à Dieu, et la paix se fera partout : dans la nation, dans l'atelier, dans la famille.

Le grand mal de notre temps, celui contre lequel tous les honnêtes gens doivent réagir, c'est l'oubli de Dieu, c'est la méconnaissance du dogme de l'âme immortelle. On a voulu émanciper, éclairer les âmes, tout en éteignant cet autre flambeau sans lequel l'humanité se chercherait vainement dans d'épaisses et mortelles ténèbres : Dieu.

Terrible et désastreuse expérience, dont nous devons avoir la sagesse de ne pas refaire les frais !

Veillons sur l'enfance ; enrichissons-la des trésors qu'apportent avec elles les croyances et les vertus religieuses et morales. Disons-nous souvent que l'immoralité est sœur de l'incrédulité.

Jean-Jacques Rousseau se faisait une très-juste idée de

l'influence des parents sur les enfants quand il écrivait :

« Souvenez-vous qu'avant d'oser entreprendre de for-
« mer un homme, il faut s'être fait homme soi-même ;
« il faut trouver en soi l'exemple qu'il se doit proposer...
« Rendez-vous respectable à tout le monde... Vous ne
« serez point maître de l'enfant si vous ne l'êtes de tout
« ce qui l'entoure ; et cette autorité ne sera jamais suf-
« fisante, si elle n'est fondée sur l'estime de la vertu...
« Le mal que les enfants voient les corrompt moins que
« celui que vous leur apprenez. »

Oui, nous réparerons les maux que nous a faits la
guerre ; oui, nous retrouverons notre honneur et nous
ajouterons de nouvelles et glorieuses pages à celles que
conserve pieusement l'histoire ; mais faisons une guerre
acharnée à l'impiété, à la négation des grandes idées
morales ; faisons aux intérêts matériels la part, la large
part qu'exige la satisfaction des intérêts moraux eux-
mêmes, mais ne nous laissons pas asservir par des appétits sensuels et cupides et appliquons d'une main ferme
sur les blessures de la France les seuls remèdes qui
puissent la guérir.

Hâtons-nous si nous voulons épargner à notre malheureux pays de nouveaux malheurs.

Nous, pères de famille, donnons l'exemple de la piété
vraie, simple, éclairée ; par nos paroles, par nos actes,
propageons la bonne doctrine ; montrons Dieu au bout du
chemin ; veillons à ce que le flambeau des immortelles
espérances ne s'éteigne jamais et la France redeviendra
grande, puissante, honorée.

Aucun fait saillant à noter pendant la dernière décade politique.

On s'attend à ce que les négociations entre la France et la Prusse soient promptement reprises et heureusement menées à fin.

En Espagne, la guerre civile qui a éclaté dans les montagnes de la Navarre ne fait pas de progrès ; mais on n'entrevoit pas la fin prochaine de l'insurrection.

UNE REVANCHE PACIFIQUE — L'ALSACE ET LA CHAMPAGNE

Singulier esprit que le nôtre ! depuis plus d'un an que la paix est signée, nous déplorons amèrement la perte cruelle que nous avons faite de deux de nos plus belles provinces. Les pauvres annexés de l'Alsace-Lorraine sont toujours nos frères et nos cœurs sont pleins de pitié pour eux. Nous les aimons, nous les chérissons, et nous ne leur ménageons pas l'expression de nos sentiments : la tribune en retentit, et nos journaux ne cessent de prodiguer à ces Français d'hier — et de demain — les protestations de la fidélité la plus vraie et la plus pure.

Nous parlons bien entendu ici de tout ce monde qui gravite autour de Versailles, et de ce satellite de Versailles qu'on appelle Paris.

Oui, nous sommes, ici, pleins d'amour pour nos chers Alsaciens-Lorrains et nous ne le cachons pas, nous le proclamons et nous le crions.

Mais ne semble-t-il pas que cet amour soit quelque peu platonique? Nous enquérons-nous de ce qu'ils deviennent? en parle-t-on à la tribune? nos grands journaux nous en entretiennent-ils?

Eh bien, tandis qu'ici (ICI, c'est Versailles et Paris) nous nous répandons en protestations et en regrets, nous ignorons qu'alors que nous parlons, d'autres agissent et que plusieurs grandes villes de notre France, venant en aide à la sollicitude du gouvernement, font, sans bruit, de grands sacrifices, pour reconquérir pacifiquement cette Alsace-Lorraine qu'on nous a prise.

On n'en dit rien à la tribune, la presse n'en parle pas, et nous, qui n'écoutons guère que ce qui se dit à la tribune et s'écrit dans les grands journaux, nous ne savons rien des belles et nobles choses qui se font à quarante lieues à peine de nous.

Savons-nous qu'à Lille un grand nombre de familles alsaciennes, lorraines, ont trouvé un asile, des secours tout préparés, une assistance affectueuse, fraternelle? savons-nous que Nancy et Belfort ouvrent leurs collèges aux enfants de l'Alsace et de la Lorraine, gardent des emplois et du travail pour les réfugiés qui n'ont pas voulu être Prussiens? savons-nous qu'en Algérie les cultivateurs des provinces annexées trouvent des concessions réservées pour eux, une protection assurée et, par-dessus tout, un accueil sympathique qui leur rend le courage et la joie?

Savons-nous que les municipalités des villes voisines de la Lorraine et de l'Alsace vont au-devant des désirs des populations annexées, qu'elles les attirent, qu'elles les appellent, qu'elles les invitent, qu'elles leur envoient des députations officielles, qu'elles sont disposées à tous les sacrifices, qu'elles leur offrent des concessions gratuites, comme si les terrains de notre sol ne coûtaient pas plus que ceux de l'Algérie?

C'est ainsi que la ville de Châlons-sur-Marne a envoyé une délégation de son conseil municipal auprès des habitants de Bischwiller. C'est là un exemple entre vingt; mais nous le choisissons parce que c'est un exemple touchant, édifiant, des efforts que tentent nos cités pour faire rentrer dans le sein de la mère patrie les enfants qu'on lui a ravis. Nous le choisissons parce qu'il est bon qu'on sache ici quels sacrifices considérables certaines villes sont prêtes à faire et font, tandis que nous parlons. Et, entre toutes, Châlons s'est montré patriotique et généreux.

La population de Bischwiller est tout industrielle; ouvriers, fabricants, veulent immigrer dans leur chère France, y transporter leurs foyers, leurs familles, leur industrie, leurs manufactures : Châlons est allé au-devant d'eux. Venez, leur a-t-il dit, nous vous ouvrons les bras. Il vous faut de vastes emplacements pour vos filatures ? Vous les aurez; à vous nos terrains communaux! Vous avez un immense matériel à transporter? Nous prendrons à notre charge le plus gros de la dépense. Vous aurez besoin de capitaux? Bien, nous vous prêterons notre crédit, nous garantirons l'intérêt des sommes par vous employées. Nous faciliterons votre installation provisoire. Nous obtiendrons pour vos ouvriers, pour leurs familles des réductions de tarifs. Nous donnerons des terrains pour qu'il y soit élevé des cités ouvrières; nous facili-

terons la construction de ces cités ; nous vous donnerons
même une subvention annuelle de tant pour cent sur les
, capitaux employés.

Et il ne s'agit pas là de petits intérêts, de petites
sommes, de parcelles de terrains.

Quatorze des principaux industriels de Bischwiller sont
disposés à immigrer avec tout leur personnel, tout leur
matériel. Il y a quelques jours, ils ne demandaient que
l'espace nécessaire pour installer *trois cents* métiers ;
mais le mouvement s'étend, ce sont aujourd'hui *quatre
cents* métiers qui immigrent. Or il faut un hectare et
demi par cent métiers, c'est donc six hectares à céder à
titre gratuit pour l'exploitation industrielle seulement,
c'est-à-dire indépendamment des terrains nécessaires à la
construction des maisons ouvrières.

On mesure toute l'étendue des charges, des sacrifices matériels, financiers que Châlons consent à s'imposer pour recevoir les laborieux enfants de Bischwiller.

Ceux-ci hésitent, nous assure-t-on, non pas à quitter
Bischwiller et à fuir la domination prussienne ; mais
d'autres propositions leur sont venues, tant nos cités se
disputent à l'envi l'honneur de leur donner asile ! Ils hésitent entre Châlons et.... il serait impossible de deviner
le nom de l'autre ville objet de leurs irrésolutions. Eux,
Alsaciens, eux, habitants de l'Est, ils hésitent entre
Châlons et... cela va paraître invraisemblable, on ne
va pas nous croire, nous y croyons à peine..... entre
Châlons et Vire? Oui, Vire en Normandie, Vire dans le
Calvados !

Que les industriels de Bischwiller nous permettent de leur donner un conseil.

L'industrie de Bischwiller était naguère florissante. Il y a là des familles industrielles, manufacturières; il y a là des traditions de labeur, de fortune péniblement acquise, de richesses lentement et honnêtement constituées, traditions auxquelles s'attachent les noms des Kuntzer, des Rœderer, des Schwebel. Ces puissants industriels vont quitter l'Alsace devenue prussienne. C'est bien le sentiment patriotique qui les pousse, qui les excite, qui les entraîne, mais c'est leur intérêt qui les décide. Ces industries étaient prospères il y a peu de temps; elles veulent rester prospères. En plaçant la frontière entre elles et nous, le traité de paix leur a fait plus de tort que s'il les eût tout à coup transportées à cent lieues de la France; il leur a ouvert l'Allemagne, il est vrai, mais ils n'y ont ni débouchés, ni clientèle. Le patriotisme des industriels les provoque à revenir à nous; leur intérêt le leur commande.

Tout en cédant donc au mouvement généreux qui nous les ramène, qu'ils examinent, avant de choisir le point où ils doivent se fixer, quel est celui que leur véritable intérêt leur désigne.

Iront-ils à Vire? et d'abord connaissent-ils Vire, sa situation, son climat, son industrie, son commerce, sa population industrielle?

Vire est à peu près ce qu'est Bischwiller; ils n'y gagneront guère. C'est un petit chef-lieu d'arrondissement; sa population est à peine de 8,000 habitants; elle possède plusieurs filatures et des papeteries; elle n'est en communication avec le reste de la France que par une seule voie ferrée qui n'est livrée à l'exploitation que depuis le mois de juillet 1870 ; c'est l'embranchement d'Argentan à Granville. Les industriels de Bischwiller peuvent-ils attendre quelque avantage du voisinage de ce port? Aucun : la petite et la grande pêche sont les seuls éléments de son activité : sont-ce de vastes espaces qu'ils cherchent? Châlons leur en offre autant qu'ils en désirent. Mais, à vrai dire, ce qui manque à Vire, ce n'est ni l'espace, ni le vide, ni l'isolement. Enfin, qu'on nous le pardonne, nous avons de la peine à nous imaginer les graves et paisibles enfants de l'Alsace transportés dans la patrie des vaudevilles (vaux de vire), parmi les descendants d'Olivier Basselin. Nous redoutons pour les ouvriers alsaciens, sédentaires, attachés à leurs fabriques, à leurs patrons, à leurs foyers, le contact de la population industrielle du pays normand : population flottante, incertaine, nomade, qui voyage de Vire à Falaise, de Falaise à Rouen, de Rouen à Lisieux, de Lisieux à Elbeuf. Une dernière considération : la fabrication de Vire est précisément la même que celle de Bischwiller. Si les industriels de cette dernière ville trouvent là un avantage, ils s'abusent grandement.

Châlons, au contraire, leur offre une situation unique. Il s'agit ici, nos lecteurs ne l'oublient pas, de Châlons-sur-Marne. Cette ville est le centre d'un système de voies ferrées qui la met en communication avec toutes les parties de la France. Placée sur la grande ligne de l'Est, un embranchement qui s'ouvre à Blesme la rattache à la Franche-Comté, au Lyonnais, au Dauphiné, à la Pro-

vence; la ligne de Reims la met en relation directe avec
toutes les villes, toutes les provinces manufacturières du
Nord : Rethel, Sedan, Mézières, Laon, Amiens, Arras,
Lille, Valenciennes et la Belgique. Deux nouvelles lignes
vont la relier au centre de la France, la première tout à
fait directe d'Orléans à Châlons, la seconde aboutissant
à Orléans aussi par Épernay ou Romilly, Malesherbes et
Moret. A Châlons, la population ouvrière de Bischwiller
trouvera, non-seulement la sympathie qu'elle exciterait
partout en France, mais des mœurs calmes, paisibles, laborieuses comme les siennes. Là, point de contact dangereux, point d'agitation, point de tumulte. Le climat est
identique à celui que vont quitter les immigrants, qui n'y
trouveront point ces brumes dont le soleil de Vire se voile
trop souvent.

Les manufacturiers de Bischwiller réfléchiront; nous
sommes convaincus qu'ils ne ressembleront pas au poëte
qui

« ... De tant de héros va choisir Childebrand. »

et qu'ils n'opteront pas pour Vire. Ils apprécieront les rares et nombreux avantages que Châlons leur présente et
accepteront avec reconnaissance la généreuse hospitalité
que leur offre cette ville.

Quoi qu'il arrive, le spectacle auquel nous assistons est
fait pour nous consoler parmi tous nos maux. Peu à peu
nous allons ainsi, à force de bienfaits et de fraternité,
arracher au conquérant sa conquête, faire rentrer en nous
le meilleur des provinces qu'il nous a ravies : c'est-à-dire
leurs braves habitants, avec leur activité, leur travail,

leur industrie, leur production, qui étaient hier encore une gloire et une richesse nationales.

N'est-ce pas là, en attendant mieux, une revanche pacifique !

LES MARCHÉS DE LA GUERRE — LE DISCOURS DU GÉNÉRAL CHANZY

Il est toujours dangereux et toujours injuste de trop généraliser. Des fautes ou des crimes de quelques-uns il ne faut pas conclure à la culpabilité de tous. Aussi, regretterions-nous amèrement que l'Europe, qui a lu, comme nous, le discours sévère de M. le duc d'Audiffret-Pasquier sur les marchés contractés à l'occasion de la dernière guerre, portât sur notre moralité nationale, sur la façon dont nous comprenons en France la probité, un jugement absolu et sans appel.

Sans doute, il y a beaucoup à dire sur ce triste sujet et nous ne saurions flétrir avec trop d'indignation les individualités qui ont abusé des malheurs du pays, au point d'exploiter ces malheurs mêmes et d'extorquer au trésor épuisé des sommes qui auraient pu servir à mieux équiper, à mieux nourrir nos soldats, en présence de l'ennemi et au milieu des rigueurs d'un cruel hiver; mais il ne faut pas confondre les loups-cerviers qui se sont jetés sur la France comme sur une proie avec la grande masse du pays restée honnête, qui a souffert de ces exactions, en a fait les frais et est condamnée aujourd'hui à en gémir.

Nous croyons qu'il serait également injuste de faire
remonter aux gouvernements quels qu'ils soient la responsabilité de tels faits. Les gouvernements peuvent
manquer de prévoyance, être surpris par les événements; mais pourquoi favoriseraient-ils les fripons?
quel intérêt peuvent-ils avoir à dilapider les fonds de
l'État?

Au moment où les fraudes sont consommées, quels
moyens peut avoir un gouvernement de contrôler les actes
des fonctionnaires qui abusent de sa confiance?

Quand un employé est coupable vis-à-vis des chefs de
la maison qui l'a investi d'un mandat d'honneur, songe-
t-on jamais à faire remonter jusqu'à ces derniers la responsabilité de ses actes? Non.

Soyons donc justes; sachons faire taire la passion politique; ne troublons pas les jugements de l'opinion et
frappons sans pitié les prévaricateurs.

Voilà, suivant nous, la seule conclusion raisonnable à
tirer du discours de M. d'Audiffret-Pasquier; mais les
partis ne s'en contenteront pas; ils voudront frapper à
côté ou plus haut; pendant ce temps, l'attention se dé-
tournera des vrais coupables, qui riront de nos querelles
et recommenceront demain.

Quant à nous, nous ne formons qu'un souhait, c'est
qu'après avoir flagellé les marchés conclus au début de la
guerre, la commission n'apporte aucun ménagement
dans ses appréciations sur les traités signés sous le gouvernement de la Défense nationale. On s'attend, à cet
égard, à de graves révélations.

Puisqu'on a commencé à faire la lumière sur tous ces

tripotages, il faut aller jusqu'au bout, dussions-nous ava-
ler le calice jusqu'à la lie.

Un autre événement, qui contribuera à raffermir le sens
politique du pays, c'est le discours prononcé par le général Chanzy, en sa qualité de président de la réunion du
centre gauche.

Dès le premier jour, l'opinion a nettement formulé son
jugement; elle a dit : « Voilà le discours d'un honnête
homme. » Tel a été le jugement de Paris, la province y
a adhéré et le succès du général n'a fait que grandir
depuis.

On a reproché à l'ancien commandant en chef de l'armée de la Loire d'avoir trop oublié qu'il était un soldat ;
mais nous avouons que c'est par là que son discours nous
plaît. Le drapeau de l'ordre et de la conservation porté
par un soldat et opposé par lui au drapeau révolutionnaire, voilà certes un spectacle rassurant ; le pays y gagne
en sécurité, car il sent qu'au besoin la cause de la modération, de la conciliation, de la vraie liberté pourra
s'appuyer sur une brave et loyale épée, et qu'en tous cas,
elle a su conquérir un nouveau défenseur

Le général nous a dit ce qu'il voulait et pourquoi il le
voulait ; mais ce qu'il veut, il n'entend pas l'imposer à
la France. C'est là ce qui caractérise ce discours.

Nous ne doutons pas qu'il traduise exactement les sentiments du centre gauche. S'il en est ainsi, on ne peut
pas dire qu'il n'y a pas de majorité au sein de l'Assemblée
nationale.

Ce drapeau de l'ordre et de la conservation arboré par
l'honorable général, le centre droit, la droite, l'extrême

droite ne sauraient le renier. Il y a donc là un terrain commun sur lequel tous les partis qui ont horreur des procédés révolutionnaires, qui ne se placent pas au-dessus de la volonté nationale, peuvent se grouper.

Pour nous qui sommes mêlés au mouvement des affaires, qui avons l'inébranlable conviction que l'ordre seul, abrité derrière les grands principes de moralité, de religion, de famille, de propriété, peut nous rendre notre prospérité et notre ancienne splendeur, nous formons le vœu que tous acceptent ce commun rendez-vous que nous donne le président du centre gauche. Sincèrement, loyalement, nous devons faire tous nos efforts pour que, par tous les moyens honnêtes, la France se relève et reprenne son rang en Europe.

LA COMMISSION DES MARCHÉS ET L'EMPRUNT

Nous avons assisté aux séances de l'Assemblée nationale pendant les discussions sur les marchés conclus sous l'administration impériale, sous le gouvernement du 4 septembre et sous le régime actuel. Nous avons entendu le discours de M. le duc d'Audiffret-Pasquier, le discours de M. Rouher, les réponses et les répliques qui ont été faites. Disons-le bien haut : ces débats, ces discussions, ces reproches, ces fautes, ces crimes, ces hontes, nous ont plongé dans une tristesse profonde. Ce n'était pas, en effet, dans l'Assemblée elle-même, qu'il fallait recher-

cher l'impression produite par tous ces discours; ce
n'était pas, sur les bancs de la gauche, ou sur les bancs de
la droite qu'il s'agissait de trouver, pour ainsi dire, la
véritable physionomie de ces séances : non! Pendant que
des Français signalaient à des Français tant de hontes,
tant de dépravations, tant de défaillances, il fallait
savoir ce que l'on pensait de nous, dans cette tribune
diplomatique où se trouvaient réunis les ambassadeurs,
les ministres étrangers accrédités près de la France, as-
sistant à ces discussions où les plaies de notre malheureux pays étaient étalées au grand jour dans ce qu'elles
ont de plus hideux, car ces plaies, montrées à tous les
yeux, n'étaient autres que le mensonge, la dilapidation,
la concussion, le vol !

En entendant ces discours, nous nous demandions ce
que l'étranger, qui assiste à nos discussions, pouvait penser de nous. Que tel parti accuse tel ou tel parti de tous
ces crimes, de toutes ces hontes, la première et la plus
grande victime est la France, et non-seulement nous ne
guérissons pas ses maux, mais nous prenons un malin
plaisir à lui révéler de nouvelles plaies. Il ne nous suffisait pas d'avoir vu nos armées battues, d'avoir perdu
deux de nos plus belles provinces, d'avoir supporté l'invasion et l'occupation étrangère ; il ne nous suffisait pas
d'avoir vu la guerre civile et la Commune. Non! nos plaies
et nos malheurs étaient plus nombreux, plus grands : car,
à en croire M le duc d'Audiffret-Pasquier, l'administration tolérait les abus les plus scandaleux ; le contrôle n'existait pas ; de fausses vérifications ou de faux états de situation étaient produits : notre comptabilité, notre cour des

comptes elle-même commettaient de graves erreurs; en un
un mot, absence de contrôle, mensonges, dilapidations,
vols, voilà ce qui a été révélé dans une assemblée française; voilà les accusations que nous avons vu les partis
se jeter à la face les uns des autres; voilà, disons-le encore, ce qui nous a profondément ému, profondément
bouleversé, profondément humilié ; car, au-dessus de ces
luttes passionnées, au-dessus de ces haines vivaces, au-
dessus de ces allégations des partis, de ces emportements
nous n'envisagions que le crédit de la France, son avenir,
sa prospérité; et certes, qu'auraient fait de mieux nos
ennemis les plus acharnés que de faire connaître au
monde entier ces vices honteux de notre comptabilité publique, du contrôle de nos finances! que pourrait dire de
plus contre nous ceux qui veulent une France abaissée et
amoindrie, que de lui montrer comment on peut chez
elle gaspiller impunément les capitaux du public et du
Trésor, gaspiller ou détourner le matériel de l'Etat !

Et nous étalons ces misères au moment où nous avons
besoin de nous adresser à l'étranger pour trouver la plus
grande partie des 5 milliards qu'il nous reste à payer à
l'Allemagne! Que dirait-on d'un négociant qui, annon-
çant partout et bien haut, que sa comptabilité est mal
tenue; que de graves erreurs ont été commises ; qu'il a
été trompé ou volé par ses plus fidèles employés, voudrait
ensuite faire appel au crédit de ses amis et de ses clients
pour relever sa maison chancelante? Personne évidemment ne suspecterait l'honorabilité de ce négociant; on
serait ému au récit de ses malheurs, mais qui donc
voudrait lui confier un centime après de telles révélations?

A la place de ce négociant, mettons la France et réfléchissons froidement aux conséquences funestes que peuvent avoir pour nous des révélations aussi déplorables que celles faites à la tribune. On nous plaindra ; on accusera les gouvernants dissipateurs de la fortune publique ; on punira les coupables ; mais qui donc aura désormais confiance dans le crédit d'une administration aussi corrompue, renfermant dans son sein d'aussi grands abus !

M. Rouher n'a pas voulu laisser planer sur l'administration française d'aussi cruels soupçons. Son discours est celui d'un honnête homme ; c'est un acte de probité administrative : il a fait justice de ces attaques qui atteignaient même la cour des comptes, et les ministres qui ont eu l'insigne honneur de diriger les finances du pays : M. Rouher a montré le danger de semblables discussions, surtout lorsque la passion des partis l'emporte sur la passion de la vérité ; lorsqu'on fait passer l'intérêt de ses rancunes ou de ses amitiés personnelles avant l'intérêt public.

Puissent ces débats pénibles être à jamais terminés ! puissions-nous tous comprendre enfin qu'il ne s'agit plus aujourd'hui d'être de tel ou tel parti, mais qu'il faut être Français ; ce ne sont pas des discussions semblables à celles auxquelles nous avons eu la douleur d'assister qui relèveront notre pays ! Ce ne sont pas d'aussi tristes journées qui relèveront notre crédit et nous feront trouver les sommes qu'il faut payer à l'Allemagne !

Hélas ! que doit penser aujourd'hui de nous, au spectacle de nos faiblesses, de nos discussions, l'étranger qui nous a abandonnés, dans notre force. Nous ne savons pas ce que les partis qui malheureusement divisent le pays ont gagné dans ces derniers jours ; nous ne voyons que trop ce que le crédit de la France a pu y laisser de son prestige.

Ce ne sont pas, hélas ! des discussions semblables qui faciliteront notre emprunt — l'emprunt de la délivrance! — Ce ne sont pas de semblables révélations qui nous aideront à reconquérir un jour notre pauvre Lorraine et notre chère Alsace, qui, Françaises de cœur et d'âme, devraient rougir de nous s'il était vrai que l'administration de la mère patrie pût être suspectée de mensonges, de concussions et de vols.

NE DÉSESPÉRONS NI DE NOUS NI DE LA FORTUNE

Quand nous avons écrit les pages que l'on a lues plus haut, nous n'avions pas assisté à la séance, plus déplorable encore que mémorable du 22 mai ; et nous avons regretté d'avoir vu dépasser toutes nos craintes et trahir toutes nos espérances. Nous ne voudrions pas, nous financiers, nous qui ne devrions avoir d'autres soucis, à cette heure, que les intérêts matériels de la patrie, nous ne voudrions pas nous occuper de politique. Mais la politique nous violente, nous étreint, et, pour tout dire, compromet les intérêts du pays : il faut donc bien que nous en parlions.

N'eussions-nous gardé qu'un mot parmi tant de

paroles inutiles, nuisibles, ruineuses, prononcées hier
à la tribune, ce mot encore nous ferait la leçon :
« La politique, a dit M. le duc d'Audiffret-Pasquier, la
politique, c'est notre sang; la politique, c'est notre
ARGENT. »

M. le duc d'Audiffret-Pasquier a dit éloquemment une
vérité éloquente, il ne l'a pas dite complétement. Oui, à
cette heure, la politique c'est bien notre argent, mais c'est
notre argent qui s'en va. ·

La politique, c'est notre dernière ressource qu'on détruit, c'est la délivrance qu'on retarde, c'est le succès de
l'emprunt prochain que l'on compromet! La politique,
c'est ce qui nous dévore! Et, la dernière puissance, le
dernier prestige qui nous reste : notre crédit, menacé de
s'engloutir dans cet océan de récriminations, de menaces et d'insultes.

Depuis un siècle, nous disons, nous répétons, avec vérité, que l'Europe nous regarde. Oui, depuis 1789, elle
nous regarde, tantôt pour nous admirer, tantôt pour nous
épier. L'Europe nous regarde, nous le savons, et nous lui
offrons un tel spectacle! L'Europe nous regarde, nous
observe, afin de savoir si nous sommes encore dignes de
confiance, et si elle peut livrer à notre avenir ces ressources énormes, que notre seule richesse ne pourrait
nous donner, et que nous sommes contraints de demander à l'étranger.

Nous sommes pleins de respect pour l'Assemblée souveraine qui dirige nos destinées, et nous ne lui marchan-
dons point notre concours. Mais si les émotions qui
s'agitent, si les paroles qui se multiplient à la tribune,

sont un écho fidèle des sentiments de la nation, en quelle estime l'Europe peut-elle nous tenir?

Eh bien, disons-le, car la vérité le veut, si l'Europe nous juge sur nos drames parlementaires, l'Europe se trompe.

Ceux qui, dans l'Assemblée, ont cru devoir accumuler les invectives, les accusations, ranimer toutes les querelles du passé, ont fait une œuvre mauvaise, désastreuse, ils ont manqué à leur mandat et trompé les désirs, les vœux, les espérances, les vrais sentiments de la nation.

On ne rétablit point l'ordre, on ne reconstitue point la richesse et la prospérité d'une nation en ressuscitant les haines.

La nation dirait volontiers avec l'Évangile : « Laissez les morts enterrer les morts. » La France est lasse du passé, tous ses regards sont tournés vers l'avenir.

Que le régime impérial soit plus ou moins justement condamné, que lui importe, dès lors qu'il est condamné? Que les hommes de ce régime, que ceux du 4 septembre soient plus ou moins punis plus ou moins flétris, ce n'est point là son souci du moment. Elle ne compte pas ses morts, elle compte ses blessures, parce qu'elle veut les fermer, parce qu'elle veut vivre enfin.

Une monarchie écroulée, une dictature évanouie, ne sont point choses à l'intéresser; tout cela n'est pas la patrie, tout cela n'est pas le salut.

Les partis s'agitent beaucoup moins dans la nation que dans l'Assemblée. En un mot, la nation a plus de bon sens que ses représentants : ce n'est pas assez pour elle de la paix, elle veut l'apaisement.

Les gouvernements tombés sont coupables, nous dit-on ; ils l'étaient sans doute puisqu'ils sont tombés. L'Empire a mal fait ; le gouvernement de la Défense nationale a fait pis. Soit ! faisons mieux !

Si les luttes de la tribune n'avaient pour victimes que « ces simples escrocs » dont parlait M. Gambetta ; si le pays tout entier, son avenir, son crédit, n'en redoutaient aucune atteinte, à peine aurions-nous quelques paroles pour nous en plaindre. Si, parmi les orateurs qui viennent d'illustrer leur cause, mais non pas eux, nous ne voyions que des hommes affamés de justice et de vérité, nous leur dirions : « Vous avez raison, il faut que justice se fasse ; pourtant, l'heure n'est pas venue, et votre indignation est inopportune. » Mais la justice et la vérité nous apparaissent bien moins encore que l'égoïsme des partis et la vanité des personnes.

Le courage des uns est fait d'espérance, l'audace des autres est faite de crainte.

Il semble, en ce moment, que ceux à qui la volonté du peuple a donné la mission de tout reconstruire et de tout régénérer se complaisent à accumuler les ruines autour d'eux, pour se repaître ensuite jusqu'à satiété du spectacle de ces ruines qu'ils ont faites.

On se bat pour quelques centaines de millions volés à la France à l'heure où il s'agit de trouver des milliards. On n'est d'accord que pour chercher, que pour trouver les points où l'on se divise ; et tout le monde, non pas dans la nation, mais dans l'Assemblée, se détourne de ceux où l'on doit s'accorder.

« Il est patriotique de ne point s'abandonner à des

agitations stériles et perturbatrices. Ce devoir est plus impérieux lorsqu'on est en face d'un pays tant éprouvé, et que la quiétude d'un jour ne saurait rassurer sur les redoutables problèmes du lendemain. »

Qui prononçait ces paroles sensées? M. Rouher. Il savait bien que son discours ne pourrait avoir d'autre péroraison.

Et, à la fin de la fameuse séance de mercredi, M. de Belcastel fermait la discussion par ce mot décisif et profond :

« Les réclamations contre les hommes et les régimes tombés n'ajoutent rien à l'honneur du pays, toujours solidaire à quelque degré, devant l'étranger et devant l'histoire, du gouvernement qu'il a subi. »

Laissons donc de côté ces tristes querelles qui nuisent au pays et ne servent qu'à faire naître de nouvelles personnalités ou à ressusciter celles qui avaient disparu.

Que dirions-nous, nous Français, si la Prusse eût été vaincue, et qu'après sa défaite, nous la vissions ainsi se ruiner elle-même, en accusant son armée de lâcheté, ses généraux de trahison, ses ministres de concussions, ses employés de vol? et quelles risées n'aurions-nous pas pour ces vaincus incapables de porter le poids de leur infortune, et se noyant tour à tour dans les flots de leurs mutuels mépris?

La Prusse, qui a été plus prévoyante que nous, eût peut-être été plus sage, si elle eût eu à subir les mêmes malheurs.

Gouvernants, gouvernés, monarques, dictateurs, minis

tres, peuple, nous avons tous été coupables ! Nous sommes
malheureux ; tâchons d'être dignes ! Ne désespérons ni de
nous ni de la fortune. Sachons bien que si nous n'avons
pas confiance en nous-mêmes, personne n'y aura confiance, et offrons à cette Europe, qui nous regarde toujours, un spectacle plus édifiant que celui de nos hontes
et de nos misères.

Disons à l'étranger, ce qui est la vérité, que, si les
membres de notre Parlement compromettent, par leurs
divisions, le salut du pays, nos industriels, nos commerçants, nos laboureurs, nos artisans rassemblent leurs
efforts pour reconstituer la richesse de la France. Que
l'étranger sache que la nation tout entière est unie pour
le travail, pour le salut, que sa prospérité renaît, et que
dans ce Paris même, ce Paris déserté par les représentants
de la nation, ce Paris ruiné par la guerre étrangère et
la guerre civile, on ne retrouve qu'avec peine les traces
de ces affreuses tempêtes.

Que l'étranger sache que, si les hommes des régimes
qui sont tombés, ou de ceux qui veulent s'élever, se
déchirent à l'envi, nous sommes, nous tous, d'accord
pour vivre, renaître, prospérer et reprendre dans le
monde le rang qui nous est dû ; que l'apaisement est
fait parmi nous, et que nos batailles parlementaires ne
sont plus que des anachronismes.

SACHONS NOUS VAINCRE NOUS-MÊMES

Après d'ardents débats où beaucoup de vérités ont été dites par M. Rouher, quelques vérités et beaucoup d'injures par les adversaires de l'Empire, l'Assemblée nationale a voté un ordre du jour qui exprime toute sa confiance dans ses diverses commissions et sa résolution de poursuivre et d'atteindre toutes les responsabilités, avant comme après le 4 septembre.

A qui ont profité ces luttes véhémentes? à quoi ont-elles servi? Chacun, ainsi qu'il arrive toujours, est sorti plus aigri, plus irrité de ces combats passionnés, où l'emportement et la colère tiennent trop souvent la place de la raison et de la justice.

Comment ne comprend-on pas que jeter la boue sur le passé, que flétrir les anciens gouvernements, c'est insulter la France, la diminuer aux yeux de l'Europe, l'abaisser dans l'esprit des honnêtes gens et lui imprimer la honte au front?

Libre aux platoniques amants du parlementarisme d'échanger des félicitations puériles au sujet de la condescendance de la gauche, qui sent bien, elle aussi, que les commissions poursuivent et atteignent toutes les responsabilités, même celle de ses chefs; libre à eux de se plaire dans la contemplation du spectacle merveilleux que leur a offert une Assemblée se dirigeant toute seule, en dehors de l'intervention gouvernementale; tout cela ne nous console pas des tristesses de ces séances, où l'avilissement du pays semble avoir été l'unique préoccupation des orateurs.

L'Assemblée nationale et le gouvernement de M. Thiers n'étaient heureusement pas en cause dans ces débats, et leur autorité, Dieu merci, ne s'en est pas trouvée diminuée.

S'il nous fallait prendre parti pour quelqu'un dans cette mêlée discordante, nous applaudirions M. Hervé de Saisy disant à l'Assemblée : « Nous ne sommes pas ici pour entendre les injures des partis, mais pour sauver la France; » M. de Belcastel déclarant qu'il n'avait pas le goût des récriminations contre les hommes ou les régimes tombés; qu'à ses yeux « elles n'ajoutaient rien à l'honneur du pays, toujours solidaire à quelque degré, qu'on le veuille ou non, devant l'étranger et devant l'histoire, du gouvernement qu'il a subi. »

Le grand malheur de notre pays, c'est qu'il ne s'y rencontre guère, à des degrés divers, il est vrai, que des révolutionnaires.

Ceux-là professent hautement les doctrines de révolution et sont toujours prêts à les pratiquer par la provocation, la violence, l'insurrection; les autres se disent hommes d'ordre et ne savent défendre l'ordre que par des procédés révolutionnaires; nous ne savons ni compter sur le temps, ni user des droits que nous donnent les institutions. Détruire ou renverser pour rééditier un fragile monument que nous voudrons renverser demain : voilà à quoi nous passons notre temps; grands enfants qui jouons avec le feu, avec la poudre et que les plus terribles catastrophes ne guériront pas de leur folie.

M. de Belcastel a dit avec raison qu'aucun gouvernement révolutionnaire n'avait porté bonheur à la France. Les principes éternels de moralité, de vérité, de justice rendent seuls, en effet, les peuples forts et heureux.

Le passé n'est plus à nous, le présent incertain nous échappe; l'avenir est inconnu. Voilà ce qu'il ne faut pas ignorer et ce que nous devrions nous répéter chaque jour. Puissions-nous ne pas oublier, en avançant sur cette route pénible où nous ont jetés les guerres et les révolutions, tout ce que nous avons souffert, toutes les humiliations que nous avons subies!

Nos souffrances ne viennent que de nous-mêmes; elles sont l'expiation de cet oubli de toute raison, de toute sagesse où nous avait plongés une prospérité matérielle sans exemple dans le passé.

Sachons combler les vides de nos coffres et de nos cœurs.

Quant aux hommes coupables d'avoir trafiqué avec nos malheurs, d'avoir exploité non-seulement la France vivante, mais aussi la France écrasée ou morte en combattant, l'heure du châtiment a, nous l'espérons, enfin sonné pour eux.

Sans doute, nos humiliations nous paraîtront plus douloureuses encore en face de ces drames honteux où nous voyons des Français, pour arriver rapidement à la fortune, dilapider les fonds de l'État et appauvrir ainsi la patrie; mais c'est du moins la main de la justice qui atteindra les coupables; et de cette dure expérience sortira cet enseignement salutaire, à savoir qu'à l'avenir nous devrons avoir la sagesse de choisir les plus honnêtes

parmi les honnêtes, les plus intelligents parmi les intelligents; alors, si la revanche appelait aux armes la jeu-
nesse française, choisissant les esprits les plus éclairés,
les cœurs les plus honnêtes, nous ne craindrions plus
pour notre armée la famine, le manque de munitions et
de vivres et la honte des capitulations; si, au contraire,
notre pays ne veut poursuivre que les gloires et les
bienfaits de la paix, nous recouvrerons alors notre indépendance et notre puissance, notre liberté commerciale
et notre vieille renommée financière.

Riches ou pauvres, il est une propriété que nous
possédons tous, que personne ne peut nous ravir et
dont, malheureusement nous ne savons pas tirer
parti, c'est le droit de rester honnête homme. Peu
usent de ce droit; c'est que peu savent que ce qui
fait notre force, ce qui éclaire notre intelligence, c'est
la probité.

De nos jours, les hommes changent si souvent d'opinion et les choses de forme, qu'ils ressemblent à une
machine dont les ressorts sont détraqués; personne ne
s'entend à la faire marcher. Le gouvernement se ressent
lui-même de la lassitude des esprits et pourtant de la
force, de la vitalité du gouvernement dépendent la prospérité de nos finances, les forces vives de la nation, le
développement de toutes les branches du commerce
qui résument à elles seules la prospérité et la gloire du
pays.

Revenons donc au bon sens, à l'ordre, à la méthode,
à la saine discipline; ayons la volonté de nous vaincre
nous-mêmes et la France régénérée retrouvera des

II   7

citoyens utiles, des armées aguerries, un budget en
équilibre.

Cette victoire vaudra bien celle des champs de bataille.

———————

I V

(JUIN 1872.)

A PROPOS DU BUDGET DE 1873

Nous avons lu l'exposé des motifs du budget de
1873 et étudié les chapitres innombrables de ce budget. Les crédits demandés pour l'exercice 1873 s'élèvent
à 2,388,312,945 fr., soit, pour parler en chiffres ronds,
à 2 milliards 400 millions. C'est une nouvelle augmentation de 55 millions sur l'exercice 1872.

Ce sont là des charges énormes qui pèseront de longues
années encore sur le pays.

Aussi, pendant que les questions politiques nous
divisent, les questions financières devraient nous trouver tous confondus dans la seule pensée de diminuer les
charges qui nous obèrent, délivrer le territoire de
l'étranger et rechercher enfin, avec l'aide de toutes les
intelligences, les moyens d'augmenter la richesse, la
prospérité et le bien-être de la France.

Depuis longtemps nous voyons les ministres des
finances succéder rapidement aux ministres des finan-

ces : mais, si les ministres sont nombreux, les bonnes mesures financières sont rares. — Les gouvernements tombent, les ministres passent; mais les budgets restent et sont d'autant plus lourds, qu'il est tombé plus de gouvernements et plus de ministres. C'est le solde fatal de toutes nos révolutions. Tout ministre qui sombre est liquidé par son successeur : ce dernier trouve lui-même un liquidateur. Et qui paye les fautes de tous? C'est la France, c'est nous !

Si nous interrogions les chiffres de la dette publique, non seulement chez nous, mais chez tous les autres peuples; si nous examinions une à une les sommes qui les composent, en admettant même qu'elles aient toujours été très-régulièrement et très-loyalement employées, nous nous convaincrions aisément que les sacrifices qu'elles ont imposés ont rarement été proportionnés aux avantages qu'elles ont procurés. Aujourd'hui, nous ne voyons que trop se réaliser ce mot si profondément juste de M. Magne : « C'est la guerre, toujours la guerre qui redoit aux budgets. »

Ce n'est pas un reproche que nous entendons plus particulièrement adresser à notre temps; en effet, plus on étudie le passé, plus on arrive à cette conviction, que c'est le gouffre des guerres et quelquefois aussi des dilapidations, qui a absorbé nos finances. Ainsi se trouvent également justifiées ces paroles de Franklin : « L'expérience tient une école où les leçons coûtent cher. »

Depuis le commencement de ce siècle, la progression de nos budgets est significative.

En 1814, quand Napoléon 1er succombait à Waterloo, la dette consolidée était de 63 millions de rente : de 1814 à 1830, la Restauration qui eut à payer les frais de l'invasion a augmenté la dette d'environ 100 millions.

En 1848, le gouvernement de Juillet laissait une dette annuelle de 176 millions. La République de 1848 ajoute 54 millions de rentes, et au 2 décembre l'intérêt de la dette s'élevait à 230 millions.

Au 1er janvier 1868, en 16 ans, l'intérêt de cette dette s'élève au chiffre de 345 millions, ce qui représente environ 12 milliards en capital nominal.

Si nous prenons un autre terme de comparaison, nous voyons que :

De 1814 à 1830, les recettes ont été de 14 milliards 562 millions ; les dépenses de 15 milliards 930 millions.

De 1830 à 1847, les recettes s'élèvent à 21 milliards 914 millions ; les dépenses se chiffrent par 22 milliards 982 millions.

De 1848 à 1851, les recettes ont atteint 5 milliards 991 millions ; les dépenses 6 milliards 552 millions.

De 1852 à 1868 les recettes vont à 54 milliards 672 millions ; les dépenses à 55 milliards 271 millions. Pour 1869 et 1870, il a fallu ajouter 4 milliards 600 millions. Au moment de la déclaration de guerre, en 1870, nous arrivions à un chiffre total de 40 milliards.

Depuis cette époque, nous avons eu les frais de la guerre et de l'invasion, l'indemnité de guerre de 5 milliards, les désastres causés par la Commune : ces deux dernières années nous coûtent plus de 10 milliards !

Quand la Prusse sera totalement payée et que nous envisagerons notre budget général des dépenses, nous nous trouverons en présence d'un chiffre dépassant 50 milliards! En évaluant à 5 pour 100 l'intérêt dû à cet énorme capital, il faudra annuellement au pays 2 milliards 500 millions. Nous touchons déjà ce chiffre : les crédits demandés pour l'exercice 1873 s'élèvent à 2,588 millions : le futur emprunt de 3 milliards nécessitera une annuité de 180 à 190 millions sans amortissement.

En 1874, nous ariverons à 2 milliards 575 à 600 millions de crédits nécessaires annuellement.

Ces chiffres donnent le vertige, et nous sommes persuadés que si chacun des membres de l'Assemblée nationale comprenait combien le pays a besoin de sécurité, de repos, pour travailler, pour produire, et alléger ainsi les lourdes charges qui pèsent sur nous tous, nous n'assisterions plus à ces discussions passionnées, à ces luttes de partis, pendant que l'étranger, présent à nos querelles, attend sa rançon.

Que dirions-nous, nous Français, si la Prusse eût été vaincue, et qu'après sa défaite, nous la vissions ainsi se ruiner elle-même, en accusant son armée de lâcheté, ses généraux de trahison, ses ministres de concussions, ses employés de vol? Et quelles risées n'aurions-nous pas pour ces vaincus incapables de porter le poids de leur infortune, et se noyant tour à tour dans les flots de leur mutuel mépris?

La Prusse, qui a été plus prévoyante que nous, eût peut-être été plus sage, si elle eût eu à subir les mêmes malheurs.

Nous aurons encore à nous occuper du budget de 1875 : mais s'il est vrai de dire que les chiffres ont leur éloquence, que les chiffres parlent mieux que les discours les plus entraînants, ces 2 milliards 388 millions nécessaires au budget de 1873, nous indiquent notre ligne de conduite.

Plus de discussions politiques. Occupons-nous des affaires du pays.

Assez de paroles! Des actes et des faits.

Plus que jamais, il faut, aujourd'hui, que l'union de tous assure la sécurité de tous, il faut amener l'apaisement des passions, préserver les intérêts sociaux de la contagion des fausses doctrines, favoriser l'agriculture et le développement des travaux publics : il faut enfin que nous n'ayons tous qu'une seule préoccupation :

Travailler pour produire et produire pour payer.

LA NOUVELLE LOI SUR L'IMPOT DES VALEURS MOBILIÈRES

Nous avons étudié la nouvelle loi sur l'impôt des valeurs mobilières, nous l'avons retournée, palpée dans tous les sens; nous avons cherché dans chaque phrase, dans chaque mot, à découvrir le but que poursuivaient nos législateurs, nous demandant quelle était la ligne de conduite nécessairement prévoyante et sage qu'ils suivaient.

Nous l'avouons, nous ne comprenons ni les intentions du gouvernement, ni le but de la loi, ni la loi elle-même.

Qu'a-t-on voulu? — Trouver de nouvelles ressources? Il n'est que trop facile de prouver que la loi, loin d'augmenter les recettes du Trésor, ne fera que les restreindre sensiblement.

Sous l'Empire, les mêmes titres étaient soumis à un droit de 1 pour 100 du capital nominal : il y a peu de temps, en septembre, M. Pouyer-Quertier y ajouta 2 dixièmes. Quelles recettes ces droits divers représentaient-ils?

Supposons que nous ayons :

Une obligation russe,

Une obligation ottomane,

Et 5 francs de rente italienne, à faire timbrer.

Ces trois titres eussent payé au Trésor avant la dernière loi votée :

1 obligation russe (500 fr.)	6 fr. 00
1 obligation ottomane (500 fr.) . . .	6 00
5 francs rente italienne	1 fr. 20
Total. . .	13 fr. 20

Combien ces titres vont-ils désormais avoir à payer au Trésor? Le calcul est simple.

1 obligation russe	0 fr. 75
1 « ottomane	0 fr. 70
5 francs rente italienne	0 fr. 75
Total. . .	2 fr. 25

Ainsi, ce qui payait naguère	13 fr. 20
payera désormais	2 fr. 25
Perte pour le Trésor	10 fr. 95

Les mêmes titres produiront donc à l'État près de cinq fois moins qu'ils ne produisaient auparavant.

Et ce droit nouveau, même, est-on bien sûr de pouvoir le percevoir? Les titres étrangers n'iront-ils point se négocier ailleurs que sur la place de Paris? Nous en venons ici à l'application de la loi. Or la première condition d'une bonne loi est de pouvoir être appliquée. Que remarquons-nous dans celle-ci?

Un agent de change, un banquier, ne pourront coopérer à aucune émission étrangère sans que les titres souscrits par leurs clients soient assujettis au droit de timbre. Le rapporteur de la loi a, nous le savons, sur la remarque judicieuse et si pratique de M. de Soubeyran, établi cette distinction : le banquier, l'agent de change, qui auront simplement reçu, à titre d'intermédiaire, des souscriptions à une émission étrangère, n'auront fait qu'une affaire privée; au contraire si, par une annonce, une publication quelconque, ils ont attiré, provoqué cette souscription, celle-ci cesse d'être indemne et paye les droits de timbre.

Mais, dans ce dernier cas même, comment pourrez-vous atteindre ces souscriptions? Comment en constaterez-vous le nombre?

Irez-vous demander à l'agent de change communication de ses livres, de ses comptes, et réclamerez-vous de lui des révélations sur les opérations qu'il a faites? La loi lui interdit formellement d'en dévoiler quoi que ce soit.

Est-ce au banquier que vous irez demander de montrer ses livres? Alors c'est l'exercice. Que devient le secret des

affaires, ce secret qui est bien une partie de sa propriété? Ainsi le contrôle n'existe pas, et, dans un grand
nombre de cas, la loi peut être éludée ou ne saurait être
appliquée.

Une loi qu'on élude, une loi inapplicable dans sa pratique, une loi sans contrôle, sans sanction, est-ce bien
une loi?

Nous ne pouvons ici nous dispenser de faire une remarque qui n'est que bien peu rassurante pour les intérêts du pays. S'élève-t-il à la tribune une de ces questions politiques grosses de colère et de récriminations,
les orateurs sont nombreux, éloquents, et, hélas! ils sont
tous compétents.

Mais qu'un projet de loi financier de l'importance de
celui que nous examinons vienne en discussion, c'est à
peine si un ou deux représentants le trouvent digne de
leur talent oratoire et se donnent la peine de le discuter.

On délibère et on prend une décision sur une loi qui
porte atteinte aux ressources de l'État, qui peut avoir pour
notre marché financier les résultats les plus désastreux,
sans qu'il se soit rencontré une ou deux voix autorisées
pour signaler les dangers, les lacunes, les vices de cette loi.

Et des résolutions d'une telle gravité sont prises au
milieu de l'indifférence générale, des distractions et des
conversations! Il est vrai que, pour briller dans de telles
discussions, il faut, non-seulement être éloquent, mais
encore savoir, c'est-à-dire avoir appris, et être plus soucieux des intérêts publics que de sa réputation personnelle
et des triomphes d'un parti.

C'est ainsi, qu'à propos de la loi sur les titres étrangers, M. de Soubeyran et l'honorable M. Mathieu-Bodet, rapporteur de la loi, ont été les seuls qui aient porté à la tribune des observations pleines de justesse et pleines d'autorité ; l'un pour défendre la loi, l'autre pour la combattre.

Quand on se passionnera pour ces questions dont la solution est notre salut, quand, pour les discuter, des orateurs nombreux, ardents, instruits surtout, se succèderont à la tribune et préféreront aux succès politiques des triomphes plus modestes, mais plus profitables à la chose publique, alors nous n'aurons plus à regretter des mesures prises si légèrement et des lois aussi inutiles.

La nouvelle loi d'impôt sur les valeurs mobilières, comme ses deux aînées, est une loi à refaire.

L'ARMÉE DOIT ÊTRE UNE ÉCOLE D'AUTORITÉ ET DE DISCIPLINE

Notre siècle, et plus particulièrement notre temps, a surtout soif de grandes vérités morales. Si évidente que soit la nécessité de notre réorganisation matérielle, notre réorganisation morale, si nous pouvons nous exprimer ainsi, domine tout. Nous n'en voulons pour preuve que l'extrême attention avec laquelle l'Assemblée a écouté récemment Mgr Dupanloup et l'impression profonde que son discours a causée dans le pays.

Il s'agissait, non d'une thèse de religion, de morale, de philosophie ou de politique, mais de la loi militaire et, à ce propos, l'orateur chrétien a fait entendre de fermes conseils, un enseignement en quelque sorte prophétique. Ses paroles expliquent le passé et le présent et, selon qu'elles seront observées ou négligées, permettent d'entrevoir l'avenir.

Éducation et religion ne font qu'un; savoir obéir à la discipline est affaire d'éducation et, par conséquent, de religion, non de religion théorique, fantaisiste, mais de religion active, sincère, pratique. Ce qui fait la force et la grandeur des caractères fait, par la même raison, la force et la grandeur des États.

Mgr Dupanloup, parlant de l'armée, du soldat français, a trouvé des accents élevés, pathétiques, des paroles d'une éloquence vraiment sublime; c'est qu'il y a de secrètes affinités entre l'âme du prêtre qui défend la patrie céleste et celle du guerrier qui combat pour la patrie terrestre; l'un et l'autre se dévouent, luttent, triomphent ou succombent pour la plus grande, la plus noble des causes.

Les conquérants des temps modernes ne sont rien auprès de ces gigantesques conducteurs de peuples que nous montre l'antiquité mythologique et religieuse et sur le front desquels brillait l'auréole des envoyés du ciel, en même temps que leur main brandissait une épée invincible; c'est que ces derniers avaient des croyances; c'est qu'ils parlaient et agissaient en leur nom, et que sans les croyances il n'y a ni vie civile ni vie privée bien réglées.

Il ne suffit pas qu'une armée soit la simple expression matérielle de la force; il faut que les hommes sentent vivre son âme, battre son cœur; mais, pour cela, cette armée doit obéir à une volonté que dirigent seuls les principes vraiment chrétiens, les vérités immortelles qui font la gloire et le bonheur de l'humanité.

Mgr Dupanloup a très-heureusement démontré la nécessité, pour les grands pouvoirs publics, de favoriser le retour des générations actuelles à la foi et à la vertu, c'est-à-dire à l'héroïsme qui est la vertu fondamentale du soldat.

Tout son discours est là.

Mgr Dupanloup se rappelant une parole de M. Thiers, en 1848, a exprimé cette opinion qu'une société où tout le monde serait soldat deviendrait bientôt une société barbare; il a vu l'invasion, il a vu des troupes immenses, des chariots innombrables, des procédés de guerre jusqu'ici inconnus, des duretés impitoyables, des violences, des bombardements de ville sans défense, des incendies...; et il s'est dit : Non, les hommes ne sauraient être élevés en vue d'une œuvre aussi brutale; ayons une armée; mais qu'elle soit digne de nos temps civilisés; prenons garde de défaire la France, de toucher imprudemment à l'intelligence, à l'âme de la France.

Pour cela, que faut-il?

Faire de l'armée une grande école, une école de discipline, d'obéissance, d'autorité, sans laisser s'éteindre en l'âme du soldat le flambeau des sciences morales, cette double flamme qui éclaire l'homme et fait briller ses regards d'un éclat presque divin; la pensée et la foi.

« Une nation croyante est mieux inspirée quand il s'agit des œuvres de l'esprit, plus héroïque même quand il s'agit de défendre la patrie. »

Ces paroles de M. Thiers sont profondément vraies.

Avec le grand orateur chrétien, nous demandons, nous aussi, que la nouvelle loi militaire sauvegarde les études et laisse aux jeunes soldats le temps et la liberté de pratiquer leurs croyances, c'est-à-dire la liberté de leur conscience et de leur cœur.

Si on veut sincèrement que l'armée soit une école de discipline, de subordination aux pouvoirs légitimes, de fidélité au devoir et non un foyer de corruption morale, de scepticisme et d'impiété, il faut nécessairement que, sur les plis flottants de son drapeau, on lise, à côté du nom de la France, celui de Dieu.

Les journaux étrangers se préoccupent beaucoup de notre situation intérieure. Ils constatent l'accord qui règne entre l'Assemblée nationale et le gouvernement sur la plupart des questions fondamentales : loi de réorganisation du conseil d'État, loi militaire, et en tirent cette conclusion que, de part et d'autre, on a le plus sincère désir de concorde.

Nous sommes persuadés que cette bonne opinion qu'a de nous l'Europe contribuera à hâter la délivrance de notre territoire ; car il n'est pas possible qu'elle n'exerce pas une influence décisive sur les dispositions de la Prusse.

La loi sur la réorganisation de l'armée que l'Assemblée a hâte de voter est généralement considérée comme une loi d'ordre public et de régénération nationale, et non comme une menace pour aucun des États européens.

En dehors de ce qui regarde plus particulièrement la France, un seul événement provoque les réflexions de la presse européenne; nous voulons parler du voyage du prince Humbert à Berlin.

En Italie, comme en Prusse, on s'applique à ne pas exagérer l'importance de cette excursion princière.

Les divers organes de l'opinion publique en Italie ne peuvent consentir à lui donner un caractère politique et surtout un caractère hostile à la France. L'*Italie* ne s'explique pas que, selon quelques-uns, l'Italie ne puisse être amie d'une nation sans devenir l'ennemie d'une autre, de même qu'il lui est difficile de comprendre pourquoi elle doit subordonner ses actes les plus simples à l'agrément de ses voisins.

Donnons, dit-elle, aux événements leur véritable signification et n'allons pas chercher bénévolement midi à quatorze heures.

« Ce principe logique bien établi, nous ne pouvons que nous réjouir au fond du cœur d'un fait qui confirme plus solidement l'amitié de deux nations. »

A Berlin, on proteste contre la supposition qu'un traité puisse lier la Prusse à l'Italie. La *Gazette de l'Allemagne du Nord* affirme que l'union des deux États repose uniquement sur les sympathies des peuples, la similitude de leurs intérêts et la parfaite intelligence des devoirs mutuels et communs.

Quels sont ces devoirs mutuels et communs? Le journal allemand dit très-clairement qu'ils consistent à « veiller à ce que le clergé ne place pas son but en *dehors* ou *au-dessus* de l'État. » Et il ajoute avec une certaine arrogance : « Dans un siècle où les plus grandes puissances terrestres, appuyées sur un passé illustre et sur des actes bienfaisants, ont imposé elles-mêmes des limites à leur propre droit, un pouvoir ecclésiastique illimité est un anachronisme ; l'Empire brisera cet absolutisme :

« L'élite de l'armée allemande a défilé ces jours-ci devant les deux augustes hôtes de la cour impériale comme un magnifique tableau de la puissance et de la force de l'Empire, de cette force calme, qui est armée pour la sécurité de notre propre foyer et, s'il le faut, prête à secourir ceux de nos amis et de nos voisins qui tiennent comme nous à maintenir la paix du monde. »

Les nouvelles d'Espagne nous font pressentir que la présence du maréchal Serrano à Madrid n'aura pas les conséquences qu'avait fait craindre le mécontentement par lequel avait été accueilli le traité récemment signé avec quelques feuilles carlistes.

On ne croit plus à une crise ministérielle. Il y a plus : on ne doute pas que le maréchal ne fournisse au gouvernement et à l'Assemblée les explications les plus satisfaisantes soit quant au traité en lui-même, soit quant aux raisons qui l'ont déterminé à en accepter les conditions.

La pacification de la Navarre et de la Biscaye peut être considérée comme accomplie.

TROUVERONS-NOUS LES TROIS MILLIARDS?

Au moment où nous avons besoin de 5 milliards pour payer notre rançon, il n'est pas sans intérêt de nous reporter au commencement de ce siècle, alors que la guerre dévastait le continent, et de rappeler la facilité avec laquelle l'Angleterre trouva les capitaux qui lui furent nécessaires pour soutenir la lutte contre Napoléon Ier, soudoyer les autres nations pour les aider à nous combattre, et finalement à nous épuiser.

En vingt années, depuis le commencement de la Révolution française jusqu'à la paix de 1815, le gouvernement anglais a reçu près de 26 milliards du crédit, bien que les taxes qu'il a recouvrées dans le même temps aient dépassé annuellement, suivant le rapport de Mac-Culloch, la somme énorme de 1,500 millions sterl. Et pourtant, durant cette époque, qui devrait servir d'exemple et d'école pour la nôtre, son sol se couvrait de docks, de routes, de canaux ; chaque jour y voyait de nouvelles manufactures se fonder, s'accomplir de nouvelles entreprises. C'est par le travail que l'Angleterre s'est relevée ; c'est par le travail, et non par les haines et les discussions des partis, que son crédit s'est consolidé, au point de lui procurer des capitaux innombrables, presque fantastiques par leur chiffre, en égard surtout à l'époque où ces emprunts étaient contractés.

En 1804, l'échiquier emprunta 860 millions ; en 1805, il demanda 1 milliard ; en 1806, nouvel em-

prunt de 800 millions; en 1812, la guerre redouble
et les prêts s'élèvent à 1 milliard 570 millions; en
1813, à 1 milliard 400 millions; en 1814, à 800 millions; en 1815, enfin, à 1 milliard 680 millions. Ce
qui fait un total de **huit milliards 170 millions,** empruntés et trouvés de 1804 à 1815!

C'est grâce à sa foi en elle-même, à un travail persé-
vérant, c'est grâce aux facilités données par le gouvernement à son industrie, que l'Angleterre, ce « *peuple
de marchands,* » comme l'appelait trop dédaigneusement
Napoléon Ier, put trouver de telles ressources. C'est par
son labeur qu'elle les obtint; et, dans son patriotisme,
elle les réunit et les consacra sans crainte au service de
la patrie.

Ce peuple de marchands, auquel le grand Frédéric (qui
n'était pas, parait-il, un grand économiste), prédisait la
banqueroute dès 1775, parce que sa dette atteignait trois
milliards, a supporté sans hésitation, sans crainte, sans
murmures, une dette presque décuplée, parce qu'il s'a-
gissait de l'honneur, de la gloire du pays.

Et, ce qui est non moins remarquable, pendant cette
grande crise traversée par l'Angleterre de 1797 à 1845,
c'est la cote de sa rente 3 pour 100 au moment où, soutenant une lutte gigantesque, elle faisait appel au crédit.

Voici les cotes de nos rentes et des rentes anglaises aux
dates les plus importantes :

5 0/0 FRANÇAIS		5 0/0 ANGLAIS	5 0/0 FRANÇAIS		5 0/0 ANGLAIS
1797	6 95	54	1814	51 »	66
1798	17 »	48	1820	71 »	67
1800	47 »	60	1827	100 »	80

5 0/0 FRANÇAIS		5 0/0 ANGLAIS	5 0/0 FRANÇAIS		5 0/0 ANGLAIS
1804	55 »	55	1850	109 »	»
1807	76 40	64	1851	75 »	»
1809	86 »	67	1848	64 »	86
1812	82 »	62	1872	87 »	93

Ainsi, aujourd'hui, le 5 pour 100 anglais est 6 francs plus cher que le 5 pour 100 français.

Si nous nous rappelons que la France, elle aussi, pendant les vingt premières années de ce siècle, dut se procurer les capitaux nécessaires pour soutenir ses guerres gigantesques contre l'Europe ; qu'il lui fallut également trouver, après la chute de Napoléon Ier, plus de deux milliards, comme indemnité de guerre et pour satisfaire aux besoins de ses services publics, nous ne devons pas douter de la possibilité, sinon de la facilité avec laquelle nous trouverons les trois milliards qui nous sont nécessaires.

Existe-t-il, en Europe, trois milliards disponibles, et, s'ils existent, où faut-il aller les chercher?

Nous devons, avant tout, compter comme disponibles les fonds non employés par les particuliers, et qu'ils ont placés en dépôt dans les diverses banques de leurs pays. En un mot, les capitaux restés sans emploi et qui pourraient être consacrés à la souscription de l'Emprunt français, sont représentés par le chapitre des Dépôts et Comptes débiteurs des diverses banques et institutions de crédit.

Or, il y a en Europe au moins 6 milliards de disponibles. Nous ne parlons pas des États d'ordre secondaire et des innombrables Banques et Sociétés de crédit dont la situation nous est inconnue.

Si, de ces six milliards, nous retranchons le milliard disponible de la France, on voit qu'il reste encore environ cinq milliards que l'étranger peut nous prêter, si nous savons attirer ses capitaux.

Or, pour cela, deux choses sont absolument indispensables ; il faut : 1° que notre situation politique présente des garanties de stabilité, d'ordre et de sécurité capables d'inspirer la confiance ; 2° que l'étranger trouve plus d'avantage à nous prêter ses capitaux qu'à les laisser en dépôt dans les établissements financiers qui les détiennent actuellement.

Avant tout donc, qu'on nous fasse de bonne politique ; point de ces luttes parlementaires qui feraient croire à l'Europe qu'il y a autant de divisions et de discorde dans le pays que dans l'Assemblée. Point de ces mesures maladroites, pour ne rien dire de plus, qui nous aliènent la sympathie, l'intérêt, la confiance de nos voisins, telles que la dénonciation des traités de commerce, des traités de navigation, les lois sur les valeurs étrangères, etc., etc.

Enfin, il faut que le prêteur trouve, dans le prêt qu'il fait, une rémunération supérieure à celle qu'il trouve auprès de ses banquiers ; en un mot, que son argent lui donne un intérêt plus élevé que le taux de l'escompte des établissements où ces milliards sont actuellement déposés.

Donc, pas de craintes chimériques ; ce n'est point l'argent qui manque : nous trouverons nos trois milliards et au delà. Ils viendront chez nous, si nous savons les y faire venir ; il nous suffira de nous montrer plus forts, plus prévoyants, plus sages que nous ne le sommes et aussi un peu plus habiles.

LES ÉMISSIONS ET L'EMPRUNT FRANÇAIS.

Nous avons démontré qu'il existe actuellement en Europe un chiffre de milliards disponibles assez considérable pour que nous soyons rassurés sur le résultat de notre prochain Emprunt. Ces milliards, avons-nous dit, l'étranger nous les apportera, si nous savons les attirer. Déjà même, en prévision de la grande opération financière que nous devons prochainement effectuer, un grand nombre de capitalistes se sont mis en mesure de pouvoir souscrire à cet Emprunt. Les uns ont dégagé leurs capitaux employés dans des affaires peu productives, les autres ont préféré se contenter du petit revenu que leur donne le dépôt en Banque, plutôt que d'utiliser autrement leurs fonds sans emploi. Ils attendent l'Emprunt français. L'attendront-ils longtemps? C'est là une question grave et ce serait beaucoup risquer que de se prononcer pour l'affirmative.

Il est possible qu'ils attendent, mais si l'émission de l'Emprunt tarde trop longtemps, ne se lasseront-ils pas? Ne chercheront-ils pas à employer fructueusement des fonds qui restent presque inactifs entre leurs mains ou dans les caisses des maisons de Banque, renonçant aux avantages douteux d'une affaire ajournée à de trop longs délais?

Il faut se hâter, car ces milliards, dont nous avons fait le compte et qui sont libres aujourd'hui, pourraient bien ne plus l'être demain.

Nous n'en voulons pour preuve que l'empressement avec lequel, malgré le trouble des temps et le peu de sécurité des affaires, les capitaux de l'Europe se sont portés sur certains emprunts et certaines entreprises, depuis le commencement de l'année 1872.

Le chiffre des émissions effectuées pendant les quatre premiers mois de cette année ne s'élève pas à moins de 4 milliards 024,776,745 francs.

Voici les chiffres qui représentent la part de chaque État dans ce total vraiment énorme :

Angleterre.	686,879,500 fr.
Russie	582,572,500
Allemagne	454,668,750
Autriche-Hongrie	350,850,000
Italie	286,210,690
France	177,152,175
Suisse	67,497,750
Pays-Bas	12,580,080
Belgique	7,684,500
Principautés-Danubiennes	1,148,300
Amérique	1,437,752,500
Total	4,024,766,745.

Ainsi, en quatre mois, 4 milliards qui étaient disponibles ont été employés, soit un milliard par mois.

En supposant que l'activité des affaires n'augmente pas, que les émissions ne soient pas plus nombreuses, que les capitalistes ne soient pas plus pressés de tirer parti de leurs fonds, chaque mois qui s'écoule va faire disparaître un des milliards sur lesquels la France doit compter pour le succès de son emprunt. Car il est plus que douteux que le nombre des milliards qui cesseront d'être disponibles soit immédiatement compensé par un égal nombre de milliards qui deviendraient libres.

On le voit donc, ce serait une grande erreur de reculer, sous prétexte que l'Emprunt n'est pas pour nous d'une nécessité imminente, cette émission attendue depuis si longtemps. Il ne faut pas laisser se fondre les réserves d'argent auxquelles nous devons puiser, et permettre aux mille entreprises qui peuvent se fonder d'ici la fin de l'année de détourner à leur profit les capitaux sans emploi.

Plus tôt on fera l'emprunt, plus les souscriptions seront nombreuses, car depuis longtemps déjà, elles sont prêtes, et les capitalistes n'ont été que trop tôt avertis.

N BUDGET COMME TANT D'AUTRES

Il n'y a rien de changé en France, il n'y a qu'un budget de plus et quel budget !

De tous les reproches que l'on adressait à l'empire, lorsqu'on discutait ses budgets, il n'en est peut-être pas un seul que l'on ne puisse faire au budget que nous avons sous les yeux.

Rien ne ressemble au budget d'autrefois comme un budget d'aujourd'hui. Nous voyons bien l'accumulation considérable des charges que nous ont laissées et la guerre et la Commune ; nous voyons bien des impôts nouveaux ; mais nous cherchons en vain ces réductions considérables dans les services publics tant réclamées jadis par l'opposition.

Les ministères ont le même personnel ; leur état-major n'a guère changé ; la machine gouvernementale coûte toujours autant à faire fonctionner, et, pour qui ne suivrait point les événements, il serait difficile de faire une distinction quelconque entre l'administration d'une monarchie plus ou moins absolue et celle d'une république plus ou moins républicaine.

Là où on démontrait naguère que de grandes économies étaient possibles, nous ne trouvons point d'économie. Par compensation, les chapitres pour lesquels on réclamait autrefois des attributions de fonds beaucoup plus considérables ont été insensiblement accrus.

Des économies, devait-on en attendre beaucoup de la part d'un gouvernement dont le chef disait, et avec raison, il faut le reconnaître, il y a peu de temps :

« J'ai vu des tendances à réprimer, mais je n'ai pas vu un seul jour, depuis quarante ans, qu'il fût possible de réaliser cinquante millions d'économie sur le budget d'une année. »

Donc, de réduction, point.

D'augmentations, de ces augmentations indispensables que devaient subir certains chapitres si importants de l'instruction publique, de l'agriculture, des travaux publics, nous n'en voyons guère, nous n'en voyons que d'infimes.

Mais si les budgets se ressemblent, et par la modicité de certaines attributions et par une égale absence de réduction, ils se ressemblent plus encore par la manière même dont ils sont dressés.

La fameuse théorie des présomptions de recettes, ne la retrouverions-nous pas, en cherchant avec quelque attention, dans le tableau des recettes qui nous est présenté?

Il y a quatre ans, si nous avons bonne mémoire, M. Thiers lui-même n'a-t-il pas attaqué, avec son éloquence des grands jours et une étonnante vigueur, le procédé dont usaient les ministres du gouvernement impérial pour dresser leurs budgets. L'honorable Président de la république ne disait-il pas lui-même, il y a quelques jours à peine, qu'*il faut savoir lire dans un budget?* Oui, assurément, tous nos députés doivent savoir lire dans un budget, mais c'est un devoir pour un ministre des finances de rendre ces budgets faciles à lire.

Tout récemment encore, lors de la discussion à l'Assemblée nationale de l'emprunt de deux milliards, M. Thiers disait le 20 juin 1871 :

« Le secret des présentations budgétaires sous l'empire, c'était de diviser le budget vrai, — il n'y a de budget vrai que celui qui comprend toutes les dépenses de l'État; — le secret de ces présentations, dis-je, c'était de diviser le budget en plusieurs parties, de manière à rendre la totalisation difficile ou laborieuse au moins, et de tromper ainsi le pays sur la réalité et l'étendue de la dépense qu'il devait faire.

« Ces manières déplorables de présenter le budget, vous verrez que non-seulement elles sont condamnées, mais que de plus elles seront abandonnées, définitivement

abandonnées, dans le budget de 1872, quand il vous
sera présenté. »

. Et l'Assemblée nationale d'applaudir.

Le *Journal officiel* du 20 juin 1871 constate en effet
que ces paroles de M. Thiers ont été interrompues par
des : *Oui! Oui! — C'est vrai! — Très-bien! Très-
bien!*

Nous aussi nous avons applaudi à ces paroles, qui
n'étaient, pour ainsi dire, que la répétition d'un discours prononcé en 1868 au Corps législatif par M. Thiers,
discours dans lequel M. Thiers protestait, avec raison,
contre la *fabrication* et la *division* des budgets.

Nous retrouvons dans *Nos Aperçus financiers* quelques lignes écrites en juillet 1868, et qu'il nous semble
bon de rappeler :

« On doit surtout, disions-nous, s'attacher à présenter
aux députés de la nation des budgets dressés de telle
façon que, dès le premier examen, ils puissent saisir
l'ensemble des dépenses, l'ensemble des recettes, l'importance des déficits. Diviser la comptabilité, c'est un
expédient peu digne qui n'a d'autre but que de rendre
le contrôle moins sûr et d'éparpiller l'attention en la
portant sur des objets plus nombreux. »

Et nous réclamions surtout une classification claire,
logique et simple des dépenses.

De ces observations en est-il une seule que nous ne
puissions reproduire aujourd'hui?

Un exemple :

Nous voyons dans le budget actuel figurer au titre des
dépenses les chiffres suivants :

Dette publique et dotations.	1,128,611,879
Services généraux des ministères . . .	1,007,808,973
Frais de régie, de perception et d'exploi-	
tation.	240,233,191
Remboursements et restitutions, non-va-	
leurs, primes et escomptes. . . .	11,058,900
Total.	2,588,312,943.

Mais nous trouvons, à part, un certain compte de
capitaux remboursables à divers titres dont voici le
relevé :

Annuités diverses	4,475,823
Annuités à la Société générale algérienne.	4,500,000
Intérêts et amortissement des obligations	
trentenaires	2,100,040
Service des obligations de l'emprunt de	
250 millions.	17,754,000
Intérêts et amortissements des emprunts	
faits à la Banque.	212,700,000
Intérêts au chemin de fer de l'Est. . . .	16,250,000
Intérêts des capitaux de cautionnements .	8,900,000
Intérêts de la dette flottante du Trésor. .	50,000,000
Intérêts des sommes dues à l'empire	
d'Allemagne	130,000,000
Rachats des péages du Sunder des Belt . .	248,852
Redevances annuelles envers l'Espagne pour	
délimitation des frontières des Pyrénées.	20,000
Total	446,948,695.

Nous trouvons ici des sommes qui représentent des
engagements perpétuels et qui ont un caractère si évident
de permanence, qu'il nous est impossible de comprendre comment des charges de cette nature sont présentées
ainsi isolément.

Ne semble-t-il pas que ce compte soit un de ces *budgets spéciaux* dont M. Thiers signalait jadis avec tant d'énergie et de justesse les dangers et l'inutilité?

Ainsi, pour avoir le chiffre réel des dépenses, il faut additionner les deux totaux que nous avons donnés plus haut, c'est-à-dire les 446,948,095 francs et les 2,388,312,493 francs des dépenses portées au budget; soit : 2,935,261,038 francs.

Dans notre dernier numéro, nous disions que l'on arriverait en 1874 à 2,575,000,000 de crédits nécessaires annuellement. Nos prévisions ne sont-elles pas dépassées?

Dans ce chapitre des capitaux remboursables à divers titres, nous voyons figurer les 200,000,000 attribués à l'amortissement des sommes dues à la Banque; nous avons déjà exprimé notre pensée sur ce point. Mais nous ne saurions trop répéter combien nous déplorons un tel remboursement dans les circonstances actuelles surtout.

Ainsi, ce budget est bien loin de nous satisfaire : nous n'y trouvons rien de ce que nous espérions; mêmes agissements, mêmes façons de procéder, mêmes abus dont ne peuvent s'affranchir ceux-là mêmes qui les ont tant attaqués autrefois.

Nous n'avons ici examiné qu'un point faible de notre administration financière, nous n'avons même parlé que des dépenses; nous y reviendrons encore. Nous parlerons aussi des recettes, et cette étude nous prouvera une fois de plus que nous n'avons là qu'un budget comme tant d'autres.

M. THIERS SE DOIT AU PAYS

La France a un gouvernement; c'est là une vérité incontestable; mais ce qui n'est pas moins vrai, c'est qu'elle est toujours à la veille de n'en pas avoir.

Nous avons l'avantage d'être gouvernés par un homme d'État intelligent, énergique, habile, résolu; mais aussi cet homme illustre entre tous a les défauts de ses qualités; il sait ce qu'il vaut et n'entend pas qu'on le marchande; tout au plus consent-il à ce qu'on le discute.

Nous savons bien que les temps sont à la dictature; mais il y a une mesure à toutes choses : la dictature, le gouvernement personnel sont des gouvernements d'exception, et M. Thiers, qui est un grand esprit, qui aime la liberté, qui la veut pour lui, ne nous semble pas assez la vouloir pour les autres.

Il ne dit pas comme le poète latin :

Sic volo, sic jubeo; sit pro ratione voluntas;

il est trop habile pour cela; mais tout ce qu'il dit, tout ce qu'il fait aboutit en définitive, dans les circonstances solennelles, à ceci : « Faites ce que je vous dis; vous êtes libres de ne pas le faire; mais, dans ce cas, je m'en vais. »

Assurément, M. le Président de la république mérite tous les égards dus à un immense talent, à une science incomparable, à une profonde expérience des hommes

et des choses ; il parle guerre comme un général, et
mieux qu'un général, beaux-arts comme un grand ar-
tiste, finances comme pas un financier, instruction publique comme le plus éloquent, le plus disert, le plus
expérimenté des professeurs ; rarement il a été donné à
un homme d'unir à un plus grand bon sens un savoir
aussi étendu, un patriotisme plus éclairé ; M. Thiers
n'est pas un simple député, une individualité ordinaire ;
il est chef d'État, chef d'État constitutionnel ; ses pouvoirs sont nettement définis et il les a acceptés comme
tels. Dans une pareille situation, que doit-il donc faire ?
Il nous semble que son devoir est tout tracé. Il doit
éclairer l'Assemblée ; cela fait, il doit sacrifier au besoin
son opinion personnelle à celle des représentants du
pays, dont il a accepté d'être le délégué.

M. Thiers demande à avoir sa liberté devant l'Assemblée, comme il l'a toujours eue devant un roi vénéré.

Si c'est la liberté de faire entendre une parole sincère
et patriotique, il l'a ; si c'est la liberté de se retirer à
chaque froissement, il ne l'a pas ; M. le Président de la
république se doit à sa situation ; il est lié par les nécessités politiques, par la loi même de son institution :
il n'est pas un simple ministre qui se retire laissant un
roi au gouvernail ; il est le gouvernement lui-même ; il
a charge de la paix sociale, de l'ordre public ; il a accepté
cette mission et il doit la remplir, quelques déceptions,
quelques déboires, quelques amertumes qu'elle lui
cause.

La tâche du Président, c'est l'abnégation ; plus grande
est son intelligence, plus grand aussi est son mérite s'il

s'efface devant la volonté de l'Assemblée nationale ; il
est des circonstances où l'homme doit céder au citoyen.

Il ne suffit pas de croire qu'on a pour soi la raison, la
vérité ; l'Assemblée nationale croit, elle aussi, les posséder ; elle ne peut se retirer comme M. Thiers ; c'est là
ce qui fait sa faiblesse ; le Président de la république
doit avoir la magnanimité de ne pas en abuser et de se
montrer supérieur à toutes les critiques, supérieur à lui-
même.

La situation, hélas ! ne se prête pas aux coups de
théâtre, aux impatiences, aux petits triomphes d'amour-
propre. Plus que jamais, il importe que notre pays soit
gouverné. Or ce résultat est-il atteint par ces secousses
continuelles qui agitent l'opinion dans ses couches les
plus profondes ?

Nous ne le pensons pas.

Pourquoi ? Parce que ce qui ressort de ces crises, c'est
l'affaiblissement, l'amoindrissement de tous : de l'Assemblée, qui passe sous les fourches caudines du Président,
du Président que ces victoires à la Pyrrhus minent dans
son autorité et son prestige, en laissant derrière elles des
rancunes prêtes à éclater et à se venger au premier
jour.

Ceux qui se plaignaient du silence de M. Thiers, de
son abstention dans la discussion de la loi militaire
sont-ils satisfaits aujourd'hui ? Nous en doutons. Mécontents de ce qu'il ne parlait pas, ils le sont bien plus aujourd'hui qu'il a parlé. Et peut-être sont-ce ces impatiences qui l'ont déterminé à se jeter dans la mêlée.

Ce qui ajoute à la gravité de la situation, c'est le

triomphe du parti radical dans les élections du 9 juin ;
triomphe qui en fait présager de nouveaux plus com-
plets, plus significatifs encore.

Cela s'explique : les radicaux sont disciplinés ; ils votent comme un seul homme, sur un signe de leurs
chefs; les conservateurs non-seulement sont divisés; mais
bon nombre d'entre eux, obligés de choisir entre la légitimité et la république, se jettent dans les bras de cette
dernière ; en fin de compte, telle sera toujours l'attitude
de la bourgeoisie. Nous en avons les preuves dans l'élection du Nord, qui a donné quarante mille suffrages de
plus à M. Derégnaucourt qu'aux dernières élections.

Les conservateurs ou restent divisés, ou s'abstiennent,
ou votent pour le radical plutôt que d'abandonner les
principes de ce vieux tiers état qui a fait la révolution
française, et d'où ils descendent en droite ligne, tout prêt
à recommencer 89, 1830, 1848, etc.

Les radicaux le savent bien ; aussi les voilà qui se
ruent de nouveau contre l'Assemblée, dont ils demandent
la dissolution. Nous qui avons horreur des crises, des
tumultes politiques, de l'inconnu, qui estimons qu'a-
près tout l'Assemblée joue un rôle honnête, le rôle de
gens qui, ne pouvant être grands, savent se borner à être
prudents et sages, nous lui conseillons de rester à son
poste. Le temps apaisera bien des émotions, effacera
bien des distances, amortira bien des chocs, supprimera
bien des difficultés. C'est notre grand maître à tous.

Délivrer le pays de la présence de l'étranger et faire
le plus de bien possible sans viser aux solutions qui
engagent l'avenir; travailler, éviter les conflits, for-

mer l'esprit public en l'éclairant; voilà notre tâche.

Nous recommandons ce modeste programme à l'Assemblée, à M. Thiers, à tout le monde.

LES BUDGETS COMPARÉS — 1869-1870-1873

C'est une grande et dangereuse illusion de croire qu'il suffit que la forme du gouvernement soit changée pour que tout dans ce pays se trouve soudain régénéré.

Les révolutions, si justes, si logiques qu'elles puissent paraître à certains esprits, suppriment des trônes et des hommes, elles ne suppriment point les nécessités, les besoins d'une nation.

On croit avoir tout dit quand on a parlé du « *gouvernement à bon marché.* » Mais de même qu'il faut à chaque individu une quantité *minima* de nourriture et d'air respirable, il faut à chaque nation, pour s'administrer, pour se gouverner, pour entretenir sa prospérité ou retrouver les forces qu'elle a perdues, il lui faut, disons-nous, un nombre *minimum* de millions. Cette somme est naturellement peu variable et ce n'est point sans danger qu'on tenterait de la réduire.

Aussi, n'avons-nous point épargné nos félicitations à nos ministres quand, il y a six mois, lors de la discussion du budget de 1872, nous les avons vus renoncer courageusement à leurs anciennes théories et repousser des réductions qu'ils réclamaient jadis. De telles réductions seraient funestes et ils l'ont compris. Mais qu'on ne vienne pas nous dire que tout est transformé, amélioré, fécondé, ressuscité ; que jamais avant ce temps personne n'avait songé à mettre de l'ordre dans nos finances ; que les abus ont cessé et qu'enfin nos ressources sont administrées d'après une méthode tout récemment découverte.

Dans un récent article nous avons démontré que la confection même du budget ne nous semblait pas fort différente de ce qu'elle était sous l'Empire ; nous avons retrouvé les mêmes pratiques, les mêmes procédés, et nous croyons que, pour être appliqués par un gouvernement nouveau, ils n'en sont pas devenus moins sujets à la critique.

Nous dirons plus, le budget actuel ressemble si bien à un budget dressé sous l'Empire, que c'est faire preuve d'une certaine perspicacité que de distinguer l'un de l'autre.

Prenons, par exemple, le chapitre des services généraux des ministères dans le budget de 1873, et comparons-le à celui des derniers budgets de l'Empire, des bugets de 1869 et 1870.

Pour 1869, le budget du ministère de la justice s'élevait à 35,334,625 francs, pour 1870 à 35,343,025 francs.

Pour 1873, il est de 35,403,340 francs, soit 68,715 francs de plus qu'en 1869 et 60,315 francs de plus qu'en 1870.

Pour 1869, le budget du ministère de l'intérieur s'élevait à 59,016,935 francs et pour 1870, à 59,414,345 francs.

Pour 1873, ce même budget est de 85,698,955 francs, soit 26,200,000 francs de plus.

Le budget de l'Algérie était de 14,616,000 francs en 1869 et 1870. Il est, pour 1873, de 24,496,169 francs.

Le budget du ministère de l'agriculture, du commerce et des travaux publics était de 90,857,003 francs en 1869 et de 97,500,653 francs en 1870; — pour 1873, les budgets réunis du ministère des travaux publics et du ministère de l'agriculture et du commerce, s'élèvent à 100,785,520 francs à titre ordinaire seulement, c'est-à-dire, sans tenir compte d'une somme de 47,157,495 francs, affectée à des travaux extraordinaires.

Les budgets réunis du ministère de la maison de l'Empereur et des beaux arts, de celui des cultes et de celui de l'instruction publique s'élevaient, en 1869, à 84,653,462 francs et, en 1870, à 85,438,008 francs.

Pour 1873, le budget du triple ministère de l'instruction publique, des cultes et des beaux-arts ne dépasse pas 97,101,368 francs, soit 11,669,350 francs de plus qu'en 1870, augmentation bien minime, si l'on songe à tout ce qui a été dit depuis quatre ans sur l'instruction publique, gratuite, obligatoire, sur l'instruction secondaire, sur l'enseignement technique, etc., etc.

Mais poursuivons. Voici venir un service dans lequel on réclamait sous l'Empire à grands cris de larges réductions; il nous semblait, à nous, même dès lors, qu'elles étaient possibles. Nous voulons parler du ministère des affaires étrangères. En effet, si, sous le régime impérial, il paraissait facile de réduire les traitements du personnel diplomatique, de réduire de beau-

coup ce personnel lui-même, combien ces réductions ne
doivent-elles pas être plus praticables sous un régime
républicain, après les changements qui se sont accomplis
en Europe. Est-ce bien le moment pour la France de se
faire représenter avec autant de pompe qu'autrefois? est-il
bien nécessaire d'entretenir des représentants auprès des
gouvernements qui n'existent plus? Pourquoi des ambassadeurs là où suffiraient des ministres plénipoten-
tiaires, des ministres là où ce seraient assez de simples
chargés d'affaires, de moindres agents même? On devait
s'attendre à voir le budget de ce ministère beaucoup moins
chargé : qu'est-il arrivé?

En 1869, ce budget s'élevait à 15,164,200 francs, en
1870, il était de 15,161,200 francs. En 1873, il est de
14,998,500 francs. Ainsi, sur ce chapitre on n'a pas
trouvé moyen d'économiser plus de 1,162,700 francs!

Quant au budget de la marine, il ne présente sur celui
de 1870 qu'une diminution de 14,000,000 à peine.

Ainsi, sauf les 67,000,000 dont s'est accru le chapitre
de la guerre, qui était de 575,000,000 en 1870, sauf les
charges qui résultent des derniers événements, quelles
modifications importantes trouvons-nous dans le nouveau
budget? où sont les larges réductions si énergiquement
réclamées jadis sur les services inutiles? où sont, d'autre
part, ces vastes augmentations que les services d'une importance capitale, comme celui de l'instruction publique,
par exemple, devaient recevoir? Nous les cherchons en
vain. Maintenant que nous avons devant nous les budgets
de l'ancien régime placés près de ceux du nouveau, leur
ressemblance nous frappe!

Il n'y a de changé que la main qui les a dressés.

C'est qu'il n'en peut être autrement ; c'est que les réductions, les augmentations qui semblaient si faciles au
député sur son banc de la gauche, lui paraissent impraticables maintenant qu'il les voit de son banc de ministre.
Et, en vérité, nous n'avons que bien peu de chose à espérer
de ce côté. Il n'y a plus d'illusion possible. Ce n'est pas des
faibles modifications apportées à tel ou tel chapitre du
budget que nous devons attendre le salut de nos finances ;
la parcimonie de nos ministres ne nous rendra que quelques sommes insignifiantes, elle n'enrichira point la
France. Ce qui doit et nous sauver et nous ramener à la
prospérité, c'est une politique sage, prévoyante et ferme,
que ni les questions de partis, ni les préférences personnelles ne sauraient faire dévier. Il ne faut pas osciller
de droite à gauche et de gauche à droite ; mais bien marcher résolûment dans la voie du progrès et des améliorations utiles au pays : il faut savoir ce que l'on veut, où
l'on va ; ce que l'on veut devenir. Ajoutons, enfin, une
ligne de conduite politique, nette, franche, sincère, loyale,
aussi bien à l'intérieur qu'à l'extérieur du pays. C'est
cela seul qui peut nous rendre notre crédit, notre confiance et notre espoir dans l'avenir.

LES ÉLECTIONS DU 9 JUIN

Le parti républicain avancé l'a emporté dans trois élections sur quatre le 9 juin dernier.

Ce résultat a vivement ému le parti conservateur, qui a senti la nécessité de se grouper, d'agir avec plus d'unité et de force et d'obliger le gouvernement à compter avec lui.

Dans ce but, ses chefs se sont réunis, ont demandé une audience de M. Thiers, qui leur a déclaré que, lui aussi, il était conservateur, mais qu'il entendait pratiquer autrement qu'eux la politique de conservation ; il ne leur a pas caché qu'à ses yeux la politique de conservation, dans les circonstances actuelles, ne consistait pas seulement à ne pas combattre la république, mais à la soutenir résolûment. M. Thiers leur a demandé un programme discuté en séance publique, voté, et qui formulerait nettement, au nom de l'Assemblée nationale, une politique conservatrice, telle que la veulent les représentants du pays.

Les délégués se sont retirés, convaincus qu'ils ne parviendront jamais à s'entendre sur ce point avec M. le Président de la république.

Que va-t-il résulter de cette scission, car il ne faut pas se dissimuler que c'est d'une rupture qu'il s'agit ?

M. Thiers a dit aux délégués que la situation actuelle n'était guère propice aux expériences constitutionnelles ; qu'il ne fallait pas songer à agiter le pays, au risque de compromettre la grande et patriotique tâche de la libération du territoire.

MM. les délégués ont-ils été convaincus par la parole de M. Thiers? Nous en doutons ; car le *Journal des Débats* a publié une note comminatoire qui fait pressentir de nouveaux orages.

Nous les regretterions profondément.

Ce n'est pas à la veille du jour où la France sera délivrée de l'étranger, et ce jour, on ne saurait en douter, est prochain, qu'il faut recommencer les vaines querelles de la politique. Nous l'avons souvent dit dans ce journal, et sous bien des formes ; plus que jamais telle est notre opinion.

Au surplus, ces élections du 9 juin, qui ont si profondément ému la droite, ne sont pas considérées comme un triomphe du radicalisme par les organes habituels du parti républicain.

Les élus, disent-ils, veulent, il est vrai, une république démocratique ; mais cette politique doit rester modérée, sage, prudente.

Cette affectation des journaux républicains à diminuer le bruit qui s'est fait autour des candidatures de MM. Déregnaucourt, Barni et Paul Bert a une signification dont il faut tenir grand compte ; elle prouve que le parti républicain sait que la France est avant tout un pays d'ordre et de liberté légale ; qu'il tient à passer pour modéré, pour maître de lui-même, à être considéré comme capable de gouverner dans le sens des intérêts matériels et moraux du pays ; nous ne nous en plaindrons pas pourvu que ses actes soient toujours conformes à ses paroles.

Quant à nous, nous nous réjouissons de ces déclarations, dont les conséquences sont importantes. Nous aimons à y voir la preuve que le parti républicain, jusqu'ici partisan des procédés de violence, des coups de force, est disposé à se discipliner; il y gagnera la force morale nécessaire à tous les partis qui aspirent au gouvernement.

Jusqu'à présent, les républicains n'ont été que des instruments d'émeute et de révolutions; ils n'ont guère inspiré que de légitimes défiances. Le moment serait-il venu pour eux de se montrer sous un jour nouveau? La société peut-elle compter sur eux comme sur un solide appui?

L'avenir et un avenir prochain nous dira ce que nous devons craindre ou espérer.

V

(JUILLET 1872.)

RETOUR D'ALLEMAGNE ET DE BERLIN

A la veille d'effectuer notre grand Emprunt de trois milliards, et au moment où nous allons, pour ainsi dire, récupérer notre indépendance et notre liberté, j'ai cru nécessaire de faire un voyage de quelques jours en Allemagne, pour me rendre compte, à Berlin même, des appréciations et des impressions de nos vainqueurs sur notre situation politique et financière. J'arrive donc de Berlin, après avoir traversé Cologne, Dusseldorf, Hanovre, et être rentré à Paris par Francfort, Darmstadt, Carlsruhe, Strasbourg.

Jamais voyage ne m'a plus vivement impressionné. Depuis longtemps, je connaissais l'Allemagne : en 1866, quelques mois après la guerre contre l'Autriche, je me trouvais à Berlin; c'est dans cette ville que j'ai continué ce que j'appellerai mon éducation financière; et, je l'avoue, nos financiers français ont beaucoup à apprendre des financiers allemands; c'est là que j'ai vu dans tous ses développements, cette philosophie pratique des Allemands, et comment l'Allemagne maniait avec la même dextérité et la même sûreté les soldats et l'argent, ces deux forces de notre époque; comment elle entendait ses affaires financières, comment les banquiers dirigeaient les affaires du crédit.

∴

L'Allemagne d'aujourd'hui n'est plus la même : une transformation complète est opérée chez elle, aussi bien au point de vue politique qu'au point de vue financier. En 1866, l'observateur le moins attentif aurait vu immédiatement que l'Allemagne ne poursuivait qu'un but, n'avait qu'une idée : cimenter son unité avec les autres pays allemands, et développer cette union en tenant toujours en éveil le sentiment national contre la France; on sentait alors que la Prusse, forte, compacte, organisée, à la tête de l'Allemagne, se préparait à une invasion, et que, pour elle, cette guerre contre la France, était inévitable dans un temps plus ou moins éloigné. Nous avons vu malheureusement comment l'Allemagne était prête et comment aussi notre imprévoyance a entraîné nos revers.

Aujourd'hui, après cette guerre funeste, l'Allemagne, qui sait bien qu'elle n'a été victorieuse que par le nombre des soldats qu'elle a pu mettre en ligne, et parce qu'elle était prête alors que nous ne l'étions pas, veut faire croire à l'étranger, qui l'observe, qu'elle n'a plus rien à craindre ; mais cette confiance n'est qu'apparente ; les plus petits faits, les moindres détails, le prouvent jusqu'à l'évidence. Les Allemands ne doutent pas que nos revers, loin de nous abattre, nous forceront à travailler davantage, à étudier plus sérieusement, à ne plus nous bercer d'illusions et de chimères. Ce qu'ils redoutent, c'est notre union autour d'un gouvernement puissant, fort, respecté de tous les partis ; ce qu'ils désirent, ce sont des luttes intestines, des dissensions entre nos nombreux monarchistes et les républicains multicolores ; ce qu'ils voudraient, ce seraient de nouvelles divisions qui, agitant et ruinant notre pays, leur permettraient à eux, Allemands, de rester plus longtemps en France.

« On voudrait croire ici à des divisions intérieures dans votre pays, me disait un personnage étranger que j'ai eu l'honneur de voir à Berlin ; parlez-leur de l'esprit qui vous anime, qui vous pousse à reconnaître vos fautes pour les réparer ; parlez-leur de votre volonté ferme et arrêtée de vous réorganiser, de vous préparer, de vous transformer ; dites-leur que tous ces partis, qu'ils prétendent exister en France, ne sont qu'une fiction, qu'inventions de journaux, et vous les verrez modifier leur langage et leurs appréciations à votre égard. Ce qu'ils désirent, ce sont vos querelles de partis; ce qu'ils redoutent, c'est votre union ! »

Ce sont là des paroles profondément vraies, et nous avons vu qu'elles portaient juste. Ce qui a fait la force de l'Allemagne et des Allemands, c'est ce sentiment national qui les a groupés autour de l'homme et du gouvernement qu'ils ont crus le plus capables de les mieux gouverner, de les mieux diriger et conduire.

.·.

Nous nous figurons, en France, que l'unité de l'Allemagne n'est qu'une fiction ; que tous les princes dépossédés après la guerre de 1866 ont encore leurs partisans. Erreur profonde. « Nous sommes tous Allemands, me disait un Hanovrien, et, en définitive, nous sommes gouvernés à meilleur compte, à meilleur marché, par un seul que par une foule de petits souverains auxquels il fallait compter des budgets considérables, sans pour cela gagner davantage. »

L'unité des Allemands est faite et est bien réelle, et on ne peut faire un pas dans ce pays, sans que tout rappelle Dieu, le roi, la patrie. Les plus petits détails de la vie démontrent combien ces sentiments sont vifs et

profonds ; il n'est pas jusqu'aux poteaux en bois qui se
trouvent aux passages à niveau des chemins de fer, qui
ne soient peints aux couleurs nationales, noir et blanc.
Et cependant les idées socialistes commencent à s'y propager, et peut-être, sans s'en douter, l'Allemagne, qui est
monarchiste, a-t-elle, tout au moins au point de vue
théorique, plus de républicains chez elle que nous-
mêmes qui sommes en république. L'*Internationale* travaille les populations ouvrières, et dernièrement, un
député allemand, M. Bebel, a pu, en plein parlement,
s'écrier : « qu'en fait de gouvernement, il ne reconnaissait que la république ; en économie politique, que le
socialisme ; en religion, que l'athéisme. » Il est vrai de
dire que, pour ces paroles, M. Bebel a été arrêté et
condamné à la prison. Les questions religieuses soulevées ces jours derniers au parlement, au sujet des
jésuites et des corporations religieuses, ont beaucoup
ému les esprits. Les discussions ont été des plus vives.
M. de Bismark a pu obtenir ce qu'il demandait : l'expulsion des jésuites de l'Allemagne ; mais ce n'a pas été
sans peine et sans voir s'élever dans ces débats une
opposition assez sérieuse qui pourrait bien en enfanter
d'autres plus sérieuses encore. Dès les premières discussions, la question religieuse passait au second plan, et la
lutte, portée sur le terrain politique, s'établissait entre
les libéraux et les conservateurs.

Il ne faut pas douter qu'un courant d'idées nouvelles
traverse l'Allemagne : au contraire de ce qui se passe
chez nous, les classes ouvrières restent calmes ; ce sont
les nobles et les bourgeois qui se remuent. L'Allemagne,

après s'être occupée du dehors, regarde maintenant chez elle. Qui sait si ces préoccupations nouvelles ne sont pas, suivant une belle parole du saint-père prononcée justement au sujet des discussions religieuses en Allemagne, « la pierre qui tombe et qui renversera le colosse ? »

* *

Nous ne savons malheureusement pas assez, en France, ce qui se passe en Allemagne : les journaux allemands, sur huit colonnes de leur feuilles, en contiennent cinq consacrées à ce qui se passe chez nous ; nos journaux français ne savent de Berlin et de l'Allemagne que ce que leur disent les rares dépêches publiées par nos agences. Achetez n'importe quelle gazette allemande : vous y trouverez toujours trois ou quatre dépêches de Paris, plusieurs correspondances parisiennes, des articles de fond sur toutes nos questions de politique, de finance, d'administration intérieure. A Berlin, on a le soir même le bulletin de notre Bourse du jour, le résumé de nos débats à l'Assemblée nationale, et, le lendemain matin, les journaux allemands ont déjà commenté, apprécié, discuté ce que nous avons fait la veille. En France, savons-nous ce qui se passe au Reischstag? savons-nous ce qui se passe à la Bourse de Berlin? Et cependant, que de faits intéressants, que de nouvelles dont nous pourrions tirer un utile profit! combien peu de personnes connaissent les discours prononcés par le prince de Bismark, et au sujet du budget allemand, et au sujet de l'armée, et au sujet de l'organisation de l'Alsace-Lorraine ! Lorsqu'on lit un journal allemand, on reste frappé des renseignements sérieux qu'il contient : vous n'y trouverez pas de discussions puériles sur ce que fait M. Z. ou madame Z., sur les duels du voisin, sur les démissions données ou refusées, ou acceptées, sur les menus de tels ou tels dîners. Hélas ! que de temps nous perdons à nous occuper de futilités, et comme nous nous soucions peu de savoir ce qui se passe à dix lieues de nous !

Ce n'est pas dans les journaux allemands que nous trouverions des révélations sur l'état des forts, sur les armements, sur les perfectionnements de l'artillerie; leur patriotisme n'est pas vantard, mais positif et pratique.

Nous disons ce que nous devrions taire et ne songeons nullement à apprendre ce qu'il importe que nous sachions.

Sait-on qu'à ce moment, il y a dans toute l'Allemagne une fièvre inouïe de spéculation? Spéculation qui s'est portée d'abord sur les valeurs mobilières et qui est loin de se calmer : chaque jour, des émissions nouvelles, des affaires nouvelles, et chaque jour aussi, des faillites et des ruines nouvelles; spéculation sur les terrains, sur les immeubles : une maison qui valait 100,000 thalers en 1866 en vaut maintenant 700,000. C'est une folie, un véritable délire. On nous montrait telle maison qui, en quelques jours, en quelques heures, avait été achetée, vendue, rachetée et revendue encore, avec des différences de 30, 40 et 50,000 thalers. Des Sociétés immobilières se sont fondées ; des banques nouvelles ont

été créées. Les affaires financières, aussi bien que les
entreprises commerciales de Berlin, sont bouleversées :
c'est une fureur, une frénésie.

*
* *

La population de Berlin a considérablement augmenté : elle dépasse aujourd'hui 800,000 âmes, c'est-
à-dire qu'elle a presque doublé depuis dix années ; de
grandes améliorations ont été faites dans la ville : des
monuments nombreux y ont été construits; on sent que
tout ce qui a été fait, aussi bien dans les monuments que
dans les musées, converge vers ce seul point : « montrer
à l'Allemand qu'il est fort, et, s'il ne l'est point, qu'il
doit l'être! » Vous ne trouverez pas à Berlin ces mille
et un petits riens qui amusent et séduisent, vous n'éprou-
verez aucune de ces jouissances intérieures ; vous n'y
rencontrerez pas ce je ne sais quoi qui vous charme
et vous attire. Non ! tout y respire la force, et, si je puis
m'exprimer ainsi, l'égoïsme national. A côté de palais
splendides, des maisons de chétive apparence ; à côté de
promenades magnifiques, des rues sales, mal pavées, où
serpentent de larges rigoles très-profondes, et que l'on
traverse sur des planches grossières. Les promenades
favorites des Berlinois sont *Thiergarten* et le jardin zoolo-
gique. *Thiergarten* a la prétention d'être à Berlin ce
que le Bois de Boulogne est à Paris ; mais dans *Thiergarten* les allées sont mal entretenues ; en face d'une
villa magnifique, vous trouvez une mare d'eau stagnante

et fétide. En somme, de grandes choses incomplètes; on pourrait comparer Berlin à une immense statue dont l'ensemble impressionne, mais dont les détails inachevés ont besoin d'être dégrossis.

*\
**

L'attitude des Allemands à l'égard des Français qui viennent en Allemagne depuis la paix est très-curieuse à étudier. Le peuple, la classe ouvrière, les marchands, les industriels, vous accueillent très-cordialement et ne désirent qu'une chose : renouer des relations avec la France ; la bourgeoisie est plus réservée : elle semble ne savoir quelle contenance observer vis-à-vis de vous; la classe élevée, l'aristocratie, vous reçoit avec une urbanité parfaite et, pour peu que vous séjourniez dans la ville, on vous accueille avec un empressement qui n'a rien d'affecté, on vous accable d'invitations, de politesses. Je dois dire que fort peu de Français vont maintenant en Allemagne : les villes d'eau sont remplies d'étrangers de tous les pays ; on n'y rencontre aucun de nos compatriotes; à Berlin, j'ai eu la curiosité de consulter la liste des étrangers arrivés depuis huit jours dans la ville : je n'y ai pas trouvé dix Français. Un de mes amis m'avait accompagné dans ce voyage; et, chaque fois que nous nous promenions dans un lieu public, on nous observait avec curiosité; on cherchait à lier conversation avec nous; on semblait étonné de nous voir. Eh bien, je dois le dire : pendant tout notre séjour, nous avons pu remarquer la politesse et les égards de tous.

Notre ambassade française jouit à Berlin de la plus haute considération. M. le vicomte de Gontaut-Biron et le personnel de l'ambassade sont fort appréciés, estimés et considérés. Aussi leurs rapports avec le gouvernement allemand sont-ils des plus courtois ; au moment où tant de reproches sont faits à notre personnel diplomatique à l'étranger, nous éprouvons une véritable satisfaction à constater que l'ambassade française à Berlin est composée d'hommes instruits et habiles.

.·.

Si je n'étais tenu à garder la plus grande réserve et la plus entière discrétion, j'aurais bien des détails à fournir sur toutes les négociations financières, sur notre emprunt futur : mais il convient de garder le silence sur beaucoup de faits qui tous, du reste, sont à la louange et à l'honneur du gouvernement, et de M. Thiers en particulier.

Les Allemands professent une sorte de vénération pour M. Thiers. M. de Bismark admire ce vieillard qui, après une longue existence consacrée tout entière au service de son pays, n'a pas hésité à le servir encore. Cette vénération est-elle sincère? M. de Bismark seul pourrait répondre à cette question. Toujours est-il, et bien des faits m'ont démontré ce que j'avance, que, sous des apparences de bienveillance, la Prusse, qui se vante près de tous les gouvernements étrangers de soutenir le

gouvernement de M. Thiers — voudrait nous voir tous
désunis et livrés aux partis lorsqu'elle aura touché ses
5 milliards. La fermeté de M. Thiers, qu'ils louent tout
haut, les préoccupe, et, si j'ose m'exprimer ainsi,
M. Thiers est, pour M. de Bismark, un *fin matois* qu'il
caresse, mais dont la politique lui donne à réfléchir,
car ce que M. de Bismark redoute, avant tout, je ne
cesserai de le répéter, c'est l'union de tous les Français,
la trève des partis.

Quant à l'opinion publique, elle nous a paru sympathique, sans aucune réserve, à M. Thiers.

La situation financière de l'Allemagne mérite aussi
notre plus sérieuse attention. Malgré les deux milliards
que nous avons payés, les impôts n'ont pas été diminués,
les emprunts de la guerre sont toujours en cours, le
prix de toutes choses a considérablement augmenté. Les
loyers, les maisons, les hôtels, les objets de première
nécessité, tout, en un mot, a presque doublé de valeur.
Il se produit en Allemagne le même mouvement qui a
eu lieu en France, après 1852 et 1859. C'est la vie à
outrance.

Aussi notre situation financière est-elle l'objet de
l'étonnement de l'Allemagne, qui admire la prodi-
gieuse facilité avec laquelle nous nous relevons de nos
désastres.

**

Il est un fait certain, incontestable, c'est que, en ce moment, en France, les impôts rentrent d'une façon inespérée ; leur rendement, pour la plupart d'entre eux du moins, dépasse, et sensiblement même, les estimations. Il faut en conclure que le commerce et l'industrie de la France se relèvent décidément des épreuves de la dernière guerre et du coup fatal que leur ont porté les excès de la Commune.

Comme le fait justement remarquer un journal étranger, si l'on compare le bilan de la Banque de France au 14 décembre de l'année dernière avec le bilan de ce grand établissement de crédit au 20 juin dernier, on se convaincra tout d'abord de l'amélioration survenue depuis six mois dans la situation monétaire de la France. L'encaisse est, depuis ce laps de temps relativement assez court, en augmentation de 100 millions : 756 millions contre 655 millions. La circulation des billets a diminué par contre de 65 millions. Les avances faites à la ville de Paris pour contribution de guerre, qui s'élevaient à fr. 201,500,000, n'atteignent plus que 65 millions et ont diminué, par conséquent, de fr. 138,500,000. Les avances sur effets publics français, sur obligations et actions de chemins de fer, etc., tendent à décroître constamment, permettant ainsi à l'encaisse métallique de se reconstituer d'autant.

Bien qu'au premier moment, le monde financier de

Berlin n'ait pas paru décidé à prendre part à l'emprunt, ses dispositions nous semblent aujourd'hui complétement changées, et il n'est pas douteux pour nous que de nombreuses souscriptions nous arriveront d'Allemagne. Nous croyons même pouvoir affirmer que des ordres considérables sont déjà donnés dans ce sens.

J'aurais encore bien des choses à dire sur l'Allemagne, mais il est des questions bien délicates sur lesquelles une prudence toute patriotique m'oblige à me taire. Peut-être les appréciations qui précèdent, et qui sont le résultat d'observations impartiales, et dictées par l'unique désir d'être utile à mon pays, ne plairont-elles pas à tout le monde. Elles sont pourtant l'expression de la vérité.

La France, Dieu merci, a, elle aussi, le sentiment de sa grandeur ; elle sait à quelles conditions les peuples deviennent puissants et prospères et elle vient de faire la triste expérience des catastrophes dans lesquelles peut s'abîmer une nation qui a une confiance trop aveugle dans sa supériorité politique et morale. Ces grandes qualités sont noyées, pour ainsi dire, au milieu d'une foule d'aimables petits défauts, qui, dans les temps de prospérité, semblent être autant de qualités, mais qui deviennent autant de périls dans les temps de crise.

Défions-nous de ces défauts, et ne perdons jamais de vue les conditions qui font la véritable supériorité d'un peuple, en politique, en administration, en industrie, en finances. Quand nous aurons la foi en Dieu, des croyances religieuses bien affermies, quand nous aurons le respect de l'autorité et que le calme et la froide raison auront pris la place des entraînements de la parole, quand toutes nos forces intellectuelles, au lieu de s'éparpiller sur des futilités ou des chimères, convergeront vers un but unique, le bien et la grandeur du pays, alors la France, qui possède tant de ressources, saura les utiliser et reprendre sa véritable place dans le monde ; et, n'en doutons pas, elle retrouvera promptement, à l'intérieur comme à l'extérieur, le respect et la considération qu'on accorde toujours à un peuple qui s'est relevé en sachant profiter des leçons de l'adversité.

L'IMPOT SUR LES VALEURS MOBILIÈRES

La discussion qui a eu lieu dans la séance du samedi 29 juin a été décisive. Nous voudrions qu'il nous fût donné d'assister à beaucoup de séances aussi graves, aussi bien remplies, aussi dignes du Parlement d'une grande nation.

Combien nous nous sentions loin de ces fêtes désastreuses de la politique, où toutes les personnalités trouvent leur triomphe, où la patrie n'essuie que des revers !

Là, les hommes les plus compétents, ceux dont

l'expérience est universellement reconnue, les *hommes d'affaires* auxquels les affaires n'ont point enlevé le don de la parole, sont venus exprimer, suivant leur conscience, les opinions qu'ils croyaient les plus favorables aux intérêts du pays.

Intérêts, affaires, voilà ce dont nous voulons qu'on parle, voilà ce dont nous voudrions avoir à nous occuper exclusivement.

Lorsqu'on voit la tribune occupée par des hommes tels que MM. Magne, Pouyer-Quertier, Bocher, Rouher, André et Descilligny, on peut être assuré qu'elle ne l'est point sans profit pour la France.

Après un discours de M. Rouveure sur un contre-projet tout à fait en dehors de la question qui occupait l'Assemblée, M. Magne a pris la parole.

Son retour a certainement été l'événement de la séance, et tout le monde s'est félicité d'entendre de nouveau cette éloquence claire et simple qui expose si lucidement des idées à la fois grandes et justes.

Laissant de côté les théories de M. Rouveure, M. Magne est entré immédiatement au cœur de la question. Il a analysé les diverses nécessités du Trésor et a démontré qu'en fin de compte, une somme de cent dix-sept millions est absolument indispensable, sans compter même quelques dépenses, dès aujourd'hui certaines, qui viendront s'y ajouter. La création du nouvel impôt lui paraît donc absolument nécessaire.

Non-seulement cet impôt lui semble nécessaire, mais il lui paraît juste. Il sait que la propriété mobilière paye, et ce qu'elle paye ; mais il affirme que le *revenu* mobilier, en ce moment, ne paye rien à titre d'impôt du revenu.

Nous ne discutons pas, nous résumons.

M. Magne cite les paroles du Président de la république : « Eh bien ! oui, c'est un impôt qu'il faudra adopter ; il est dangereux, il est mauvais, je n'en voudrais point, mais l'opinion publique est si impérieuse, qu'il faut bien lui céder. »

Et M. Magne a ajouté que ce n'était pas seulement à l'opinion publique qu'il fallait céder, mais encore au motif qui la détermine.

Son argument principal en faveur du nouvel impôt est celui-ci :

« Il s'agit, en ce moment, de niveler notre budget, de mettre en état les finances publiques ; c'est-à-dire de faire ce que le crédit peut désirer le plus vivement. Qui profitera particulièrement d'une bonne situation financière, qui souffrirait d'une difficulté dans les finances? Les valeurs mobilières. »

Et la Rente, s'écrie-t-on !

La Rente, M. Magne l'a toujours défendue ; il la défend encore ; il sait très-bien qu'on n'y touche pas impunément : « Imposer la Rente d'une main, c'est s'obliger à payer de l'autre, c'est se frapper soi-même, c'est jouer le rôle d'un marchand qui commence par déprécier sa marchandise avant de la mettre en vente. »

Et ce traitement exceptionnel de la Rente ne pourra que profiter aux autres valeurs, car c'est elle qui les porte et, quand la Rente monte, tout monte. Rendre la Rente indemne du nouvel impôt, c'est donner aux valeurs mobilières une notable compensation de la charge nouvelle qu'on leur impose.

Après M. Magne, M. André démontre que, frappées par la loi française, les Compagnies étrangères préféreront renoncer à des bénéfices qu'on leur ferait payer trop cher, et fuiront notre marché, que, par conséquent, de ce chef, toute recette sérieuse échappera au Trésor. Il poursuit et expose les idées que nous avons émises ici même touchant l'application de la loi, et il montre qu'une grande partie de la matière imposable sera soustraite au fisc, que les constatations seront difficiles et les pénalités illusoires.

M. Pouyer-Quertier demande que la loi qui frappe « les actions, obligations, titres d'emprunt, quelle que soit d'ailleurs leur dénomination : Sociétés, Compagnies, Entreprises, Corporations, Villes, Provinces étrangères, ainsi que tout autre établissement public étranger, » que la loi qui les frappe, disons-nous, soit également applicable aux fonds d'États étrangers.

L'argument principal de notre dernier ministre des finances est celui-ci : La rente française paye sur les marchés de l'étranger autant que les valeurs nationales du pays, les fonds d'États étrangers doivent donc être sur nos marchés assujettis aux mêmes droits que nos propres valeurs.

Mais M. Bocher a démontré fort clairement que, de même que la rente française devait rester exempte par des considérations étrangères à la nécessité de l'impôt lui-même, les fonds d'États étrangers devaient être affranchis de toute espèce de charges.

Que, dans une situation prospère, on décrète l'égalité complète de toutes les valeurs mobilières devant la loi, cela pourrait sembler juste et équitable. Mais, dans une situation prospère, on n'aurait point recours à une telle mesure. Si juste, si équitable encore qu'elle puisse paraître, n'est-ce pas une imprudence rare que de la décréter au moment où nous avons besoin d'attirer à nous les capitaux de l'étranger?

M. Bocher a répété, avec une autorité que nous voudrions avoir, tout ce que nous ne nous sommes pas lassé de dire et de redire dans ces colonnes.

M. Rouher, après lui, a prouvé clairement que notre Rente ne pouvait pas attendre des nations étrangères un traitement plus favorable que celui qui accueillerait chez nous les fonds publics de ces nations.

Il faut, a-t-il dit, laisser sur le marché français toute liberté aux rentes des autres États, de manière à ne pas exposer la rente française à être frappée d'un impôt de 2 ou 3 p. 100 lorsqu'elle se présentera pour être négociée sur les marchés étrangers.

On le voit, c'est l'argument de M. Magne, qui, excluant la rente, exclut également les fonds d'États des grandes nations dont nous attendons le concours pour la souscription du prochain emprunt.

Nous ne voulons pas terminer ce court résumé sans saluer de notre sympathie le financier éminent, le ministre habile qui, chaque fois qu'il a pris en main la direction de nos finances, les a rendues plus prospères. M. Magne n'a jamais été un homme de parti; il ne représente pas plus un régime qu'un autre, son nom est avant tout l'expression d'un système d'ordre, de prudence, de régularité et surtout d'honnêteté dans l'administration des ressources du pays.

Ce nom, pour lequel les hommes politiques de toutes nuances ne peuvent avoir que du respect, est, pour le monde des affaires, synonyme de prospérité, d'activité, de travail. Qu'on nous permette de rappeler ce mot prononcé tant de fois dans des temps plus heureux : « M. Magne, c'est la hausse ! »

Et en effet si, comme nous l'espérons, M. Magne revenait prochainement aux affaires, on verrait la Bourse l'accueillir par une hausse générale. Or, si, à la veille de notre emprunt, il nous était donné de voir tout à coup la rente monter de cinq francs, ce qui arriverait indubitablement dans le cas où notre vœu se réaliserait, ce serait un bénéfice qui se chiffrerait par millions.

Puisse pareille fortune nous advenir !

L'ALLEMAGNE

Il est difficile de parler d'autre chose que de la nouvelle convention qui vient d'être signée entre la France et l'Allemagne ; et cependant il nous faut revenir sur les impressions que nous a laissées notre rapide mais instructive excursion dans les contrées d'outre-Rhin, en Allemagne, à Berlin, à Francfort, à travers ces riches plaines du Rhin dont la moitié, la plus belle peut-être, il y a un an à peine, était encore française et dont l'aspect jette l'âme dans une profonde et inénarrable tristesse.

Aussi bien, ce traité, qui nous prouve que nous sommes encore sous la main du vainqueur, trouve, comme celui de Francfort, comme nos revers, son explication naturelle et logique dans ce que nous avons vu en Allemagne, et il est difficile de comprendre qu'il ne se soit rencontré personne avant la guerre qui ait pressenti le dénoûment fatal d'un conflit où toutes les chances étaient pour l'Allemagne contre la France.

Le Français quelque peu clairvoyant qui parcourt l'Allemagne, aussitôt la frontière franchie, est frappé d'un fait qui se reproduit partout et toujours, dans les petits comme dans les grands centres : c'est que les populations allemandes sont essentiellement calmes, réservées, patientes, unies dans un dur labeur. La politique les travaille peu ; elles ignorent les intrigues, les luttes intérieures, ces conflits perpétuels où s'épuise la virilité d'un peuple, ces distinctions subtiles, ces lignes de démarcation profonde que la passion creuse entre les partis, entre les groupes, entre les hommes même. Quand on a habité Berlin vingt-quatre heures et qu'on ouvre un journal français, un journal de date récente ou ancienne, on croit rêver ; on ne s'explique pas que d'aussi futiles querelles puissent occuper à la fois et paralyser l'activité d'un grand peuple, surtout lorsqu'on jette autour de soi un regard observateur et que l'on constate le profond abîme qui sépare les mœurs politiques des deux pays.

Le Français voyage peu, ou, s'il voyage, il n'observe

pas ; ou, s'il observe, il ne voit que ce qui le frappe su-
perficiellement, ce qui le distrait ou l'égaye; il ne tient
pas assez compte des faits politiques et économiques; il
ne remonte pas aux causes ou ne cherche nullement à
en déduire les conséquences nécessaires. Avant la
guerre, nous allions peu en Allemagne; depuis nous n'y
allons plus du tout. Nous détestons avec raison nos vainqueurs ; nous nous souvenons des exactions commises,
des massacres, des incendies, des pillages inutiles ; nous
maudissons ce peuple qui nous a humiliés et si durement frappés; encore une fois, nous avons raison. L'Allemagne a commis des actes qui déshonorent les peuples
comme les individus; à cet égard, elle s'est couverte
d'opprobre; elle a fatalement rendu impossible la réconciliation entre les deux peuples et provoqué l'idée d'é-
pouvantables représailles; en démembrant la France,
elle a ouvert la porte aux éternelles revendications ; mais
est-ce une raison, pour nous Français, de ne pas voir,
de ne pas juger, de ne pas nous instruire? Le premier
devoir de deux combattants, celui que dictent le bon sens,
la prudence, l'intérêt, n'est-il pas de connaître son adver-
saire, d'imiter ce qui le rend fort, de chercher ses côtés
faibles pour le saisir et le frapper? Croit-on que l'isolement nous profitera? Est-il sage, est-il politique de se tenir à l'écart et de ne vouloir systématiquement rien voir,
ni rien apprendre ?

L'Allemagne d'aujourd'hui nous donne la clef de sa
supériorité dans la dernière guerre et l'explication de nos
revers; elle se prépare, comme avant 1870, dans le calme,
la réflexion et le travail; elle a ses sectes et ses chefs

d'école ; cependant, on peut dire qu'elle ignore les divisions, les partis multicolores, les prétendants, les drapeaux divers ; pour elle, les hommes ne sont que des instruments, et les meilleurs sont ceux qui servent le mieux et directement les intérêts de sa prospérité et de sa grandeur ; elle ne se passionne pas pour les mots, mais pour les choses ; elle se propose un but : sa puissance, et elle y marche sans hésiter, sans s'arrêter aux fleurs du chemin, aux jolis papillons qui nous amusent ; elle a le sentiment de sa mission, de sa dignité, de sa force ; peu lui importe qu'on l'aime, qu'on la craigne et même qu'on l'admire ; ce qui domine chez elle, c'est une passion calme et froide, toujours vivace, toujours grande, « un immense égoïsme national, » des préoccupations nationales constantes et irrésistibles, un amour du pays qui ne sommeille jamais ; elle a l'amour de l'ordre et de la règle, le respect inné et *voulu* de l'autorité. L'Allemand aime son pays ; il n'aime son empereur que parce qu'il sait que le chef de l'État et les siens aiment l'Allemagne, ne pensent, n'agissent, n'administrent, ne gouvernent qu'en vue de l'Allemagne, se désintéressent de tout, dans la vie privée comme dans la vie publique, excepté de l'Allemage. Il règne entre ce peuple et son gouvernement une union indissoluble, intime, raisonnée. Jamais d'attaques violentes, et encore moins de calomnies et d'injures contre les représentants de l'autorité ; pas un murmure, pas un propos, pas un geste ; la critique reste calme et réfléchie ; pas un trouble extérieur, pas un cri, pas de rixes ; nulle part, le honteux spectacle d'un homme ivre ou se livrant, à jeun, à des extravagances de gestes ou de paroles. L'Allemagne est une immense et intelligente machine dont tous les éléments, intelligents eux-mêmes, fonctionnent avec une régularité mathématique qui ne se dément jamais. Certes, nous ne prétendons pas que ce soit là l'organisation modèle que doit poursuivre un peuple, mais nous pouvons affirmer qu'il serait bien puissant l'État qui saurait se plier à une organisation aussi savante, aussi parfaite sans enchaîner l'élan, le goût, l'imagination, les grâces de l'esprit.

Tel est l'idéal que nous rêvons pour la France.

Bossuet a dit du peuple romain « qu'il a été entre tous le plus fier, le plus hardi, le plus zélé dans ses conseils, le plus prudent dans ses maximes, le plus avisé, le plus laborieux, le plus patient ; que sa milice fut la meilleure, sa politique la plus prévoyante, la plus ferme, la plus suivie qui fut jamais.

« Le fond d'un Romain, pour ainsi parler, était l'amour de la liberté et de la patrie. Une de ces choses lui faisait aimer l'autre ; car, puisqu'il aimait la liberté, il aimait sa patrie, comme une mère qui le nourrissait dans des sentiments également généreux et libres. »

C'est l'ensemble de ces vertus qui a fait triompher Rome de Carthage, de la Grèce et de cette Macédoine d'où des légions jusque-là invincibles étaient descendues sur l'Asie, répandant dans tout l'Occident la terreur qui suit toujours les conquêtes rapides. Il arriva que la puissance macédonienne, si orgueilleuse, si sûre d'elle-même, subit le sort de Carthage ; Thèbes, un jour, fut prise ; l'armée de Philippe fut écrasée par Flamininus qui imposa au roi la dure condition de renoncer à toutes ses conquêtes, hors de la Macédoine, de réduire sa flotte à cinq vaisseaux, son armée à quelques milliers d'hommes.

Voilà l'exemple que ne devrait jamais oublier la France.

Pour vaincre la Macédoine moderne, elle doit avoir les grandes et nombreuses qualités que Bossuet reconnaissait au peuple romain.

C'est pour les avoir négligées que nous subissons aujourd'hui les cruelles exigences d'un vainqueur, et que nous nous trouvons de nouveau en présence d'un traité qui nous fait sentir si durement le poids de notre imprévoyance et de nos fautes.

IL FAUT SOUSCRIRE!

S'il est un fait qui doive nous consoler au milieu de nos malheurs et nous faire espérer de meilleurs jours, c'est bien l'empressement des capitalistes du monde entier à prendre part à notre immense emprunt de 3 milliards 500 millions.

Le monde financier se recueille ; il se trouve en présence de la plus colossale opération faite de mémoire d'homme dans un pays éprouvé par les plus terribles revers qui puissent atteindre une nation.

Nous pourrions dire comme François Ier après la bataille de Pavie : « Nous avons tout perdu fors l'honneur ! » et l'honneur, pour la France, c'est la fidélité qu'elle apporte à remplir ses engagements, et cette fidélité est elle-même la source de son crédit.

Nous avons pu perdre des batailles ; nous pouvons être divisés sur des questions de politique intérieure ; nous pouvons désirer, les uns la monarchie, les autres la république ; mais le point sur lequel nous sommes tous d'accord, c'est le respect scrupuleux des engagements contractés, c'est la ferme volonté de réparer nos fautes et de payer nos dettes.

Les affaires publiques ne doivent pas suivre d'autres règles, une autre marche que les affaires privées. Elles ne présentent pas un risque qui n'engendre une exigence ; elles ne font pas naître une crainte qui ne commande une précaution.

Depuis le commencement de ce siècle, notre pays a eu des destinées bien diverses. Plusieurs gouvernements nous ont dirigés tour à tour ; mais le premier devoir de chacun d'eux a été de respecter les engagements pris, les promesses faites ; la restauration a succédé au premier empire ; la république de 1848 a pris la place des d'Orléans ; nous voyons aujourd'hui le gouvernement de M. Thiers succéder à l'empire et au gouvernement du 4 septembre.

Les créanciers de tous nos gouvernements ont toujours été scrupuleusement reconnus par eux, car ils n'ont pas contracté avec tel ou tel ministre, tel ou tel pouvoir, mais avec l'État, qui ne meurt ni ne change.

Pour nous, c'est la résolution de garantir le payement intégral des créances sous le poids desquelles, en 1814 et 1815, notre fortune publique semblait près de succomber, qui a été en réalité le fondement, le point de départ de notre crédit. Et l'on pourrait dire qu'il a toujours été facile, depuis, de constater, par le cours des emprunts,

la confiance que nos divers gouvernements ont inspirée,
non-seulement aux capitalistes mais au pays lui-même.

Ainsi, en 1816 et en 1817, la restauration empruntait
du 5 p. 100 à 57 et 58 fr., c'est-à-dire qu'elle ne reçut
que 56, 57 et 58 fr. pour 100 fr. ; elle reçut, en 1818,
66 et 67 fr. pour 100 fr. ; en 1821, 87 fr. 07 ; en 1823,
89 fr. 55 ; enfin, en 1824, le cours du 5 p. 100 dépassa
le pair.

En 1831, les cours fléchissent de nouveau ; l'emprunt
de cette année ne s'adjuge qu'à 84 fr. ; en 1833, le
5 p. 100 remonte au pair, et en 1844, un emprunt en
3 p. 100 put atteindre jusqu'à 84 fr. 75, ce qui équiva-
lait à 141 fr. 25 pour un emprunt en 5 p. 100 ; tandis
qu'en 1848, l'emprunt en 5 p. 100 ne s'est donné qu'à
75 fr. 25.

Sous l'empire, nous avons vu le 3 p. 100 se négocier
à 75 fr., ce qui représentait du 5 p. 100 à 125 fr. ; et
le dernier emprunt, conclu après nos premières défaites
par M. Magne, à 60 fr., représentait du 5 p. 100 à 100 fr.

Ces chiffres offrent le tableau exact de l'histoire de
notre crédit. Ils prouvent que, sous quelque régime qu'ait
vécu la France, sa fidélité aux engagements contractés
a perpétuellement ajouté à la confiance qu'elle inspirait
déjà.

Le crédit de la France n'a pas seulement pour fondement la prospérité publique, mais la loyauté nationale.
L'étranger peut douter de notre esprit politique, de notre
sagesse, de notre prudence : il ne doute point de notre
solvabilité.

L'emprunt de 3 milliards 500 millions sera souscrit,

n'en doutons pas ; et, s'il nous est permis d'exprimer une crainte, c'est celle de le voir beaucoup trop souscrit.

Autre chose est de souscrire un emprunt ; autre chose, de le solder.

Expliquons-nous :

Que faut-il pour que l'emprunt soit souscrit ? On demandera, sans doute un premier versement du dixième ou du quinzième ; c'est-à-dire un capital variant de 250 à 350 millions ! ·

Or, si un capitaliste étranger versait entre les mains du gouvernement 350 millions, l'emprunt serait *souscrit*, mais serait-il *soldé ?*

Évidemment non, tant que les versements ultérieurs ne seront pas effectués. Et, fût-il souscrit dix fois de la sorte, il ne serait pas soldé une fois ! Voilà l'écueil, et voilà pourquoi il est nécessaire que, non-seulement l'emprunt soit souscrit, mais classé, pour que les versements ultérieurs ne subissent aucun retard.

Nous avons prouvé qu'il existait, au 1ᵉʳ mai dernier, près de 6 milliards disponibles et inactifs dans les caisses des établissements publics de l'Europe : nous n'avons pas compté toutes les réserves, épargnes, etc., des particuliers. Nous n'avons pas non plus tenu compte de l'argent qui peut devenir disponible tout d'un coup par des réalisations immédiates : ventes de valeurs, de marchandises, d'immeubles, rentrées de créances !

En calculant sur 6 milliards, et en admettant que ces 6 milliards se déplacent, notre emprunt serait souscrit quinze fois !

On verrait aussitôt se produire une hausse formidable

sur nos titres ; mais ce serait une hausse sans portée sérieuse, car la spéculation seule en profiterait ; on revend-
rait ce qu'on aurait souscrit, n'ayant en vue que le bénéfice de la prime.

L'emprunt aurait été souscrit : il ne serait pas classé.

C'est ce qui est arrivé pour l'emprunt ne la ville de
Paris, souscrit trente-six fois en 1869, et sur lequel, en
1872, il reste 6 millions de versements en retard. Les
titres de cet emprunt ont fait 40 fr. de prime, ils font
aujourd'hui 65 fr. de perte.

L'emprunt municipal de 1871 a subi le même sort ;
il a été souscrit quatorze fois, a fait 20 fr. de prime, et
perd aujourd'hui 55 fr. sur son prix d'émission.

Nous ne devons pas nous exposer à semblable mécompte
pour notre grand emprunt national, car les conséquences
des déceptions que nous viendrions à éprouver seraient
autrement graves. Si nous ne pouvions, à heure fixe,
trouver les sommes nécessaires pour effectuer les payements convenus, l'œuvre de la libération complète du
territoire, serait entravée, compromise, ou tout au moins
différée.

Ce que nous devons donc tous désirer, c'est, plutôt que
le grand nombre des souscriptions, la sécurité qu'elles
offriront, et l'empressement que les souscripteurs apporteront à faire les versements exigibles sur les rentes
souscrites. Ce qu'il faut au gouvernement, ce sont des
versements de souscripteurs sérieux et non pas des versements de spéculateurs. Les premiers souscriront et verseront régulièrement pour garder le titre ; les autres ne
verseront qu'une fois pour revendre au premier bénéfice.

Aussi, que voyons-nous depuis deux mois? Les spéculateurs se sont préparés ; ils ont vendu à découvert des rentes anciennes à des cours bien plus élevés que le taux probable de la prochaine émission. Or les cours de nos rentes viendront à se niveler ; alors, ils souscriront à l'emprunt, réaliseront un bénéfice, puis rachèteront leurs rentes anciennes. Leur opération se trouvera tout naturellement liquidée avec avantage pour eux, et sans nul profit pour le trésor. Si on calculait le chiffre de ventes effectuées, depuis plusieurs mois, dans ces conditions, on reconnaîtrait qu'elles représentent plus du double du chiffre de l'emprunt prochain.

Ceux qui doivent être les souscripteurs sérieux, ce sont les rentiers, ceux qui gardent leurs titres. Eux, ont acheté sous l'empire du 5 p. 100 à 65, 70, 75 fr. ; ont souscrit à l'emprunt Magne de 1870, à 60 fr. ; ont acheté du 5 p. 100 à 83, 85, 87, 90 et même 96 fr. Ils perdent aujourd'hui sur leurs achats de rente : songent-ils à vendre en ce moment? Évidemment non. Ils comptent l'argent qu'ils ont disponible et qu'ils emploieront à leur premier versement de l'emprunt actuel. On peut être assuré que les souscriptions de ces capitalistes seront suivies de versements ponctuels : ressources certaines, sécurité entière pour l'avenir.

Nous ne voulons pas nier les avantages sérieux que les gouvernements peuvent quelquefois attendre de la haute spéculation ; les exemples sont nombreux. La spéculation est utile, bonne même, si l'on veut, mais elle ne l'est que dans de certaines limites, hors desquelles elle peut être dangereuse. Les véritables soutiens du crédit public sont et seront toujours ceux qui n'opèrent qu'avec les ressources dont ils disposent sûrement, ceux qui achètent un titre plutôt en vue d'un placement sérieux et d'un revenu certain que d'une opération de bourse.

Ne serait-il donc pas possible de s'assurer le plus grand nombre de ces souscripteurs en les favorisant?

Et comment les favoriser!

En accordant à tous les porteurs de rentes anciennes un droit de préférence et d'irréductibilité sinon pour la totalité de l'emprunt, du moins pour une forte partie.

Ouvrons le budget de 1873 (page 398); nous y voyons que le Trésor a à payer annuellement, pour la dette consolidée, 541,718,561 fr., soit, pour parler en chiffres ronds, 542 millions, qui représentent en capital près de 12 milliards de rentes 3 0/0, 4 0/0, 4 1,2 0/0, 5 0/0, c'est-à-dire un chiffre quatre fois plus élevé que le montant total de notre emprunt.

Si un droit d'irréductibilité était accordé aux porteurs des rentes anciennes qui représentent près de quatre fois plus que le chiffre de notre nouvel emprunt, il suffirait d'attribuer 25 fr. de rente nouvelle à chaque 100 fr. de rente ancienne, pour que notre emprunt soit souscrit et bien souscrit.

Quelle serait la conséquence d'une pareille mesure sur le marché?

Aussitôt on verrait une hausse énorme se produire sur toutes les rentes anciennes qui entraîneraient à leur suite les cours de l'emprunt nouveau : ceux, en effet, qui posséderaient des rentes anciennes, les garderaient pour jouir de leur droit de préférence et d'irréductibilité;

ceux qui n'en auraient pas, chercheraient à s'en procurer pour acquérir ce droit et en user.

Quant aux spéculateurs, ceux qui par leurs ventes,
leurs arbitrages, ont déjà déprécié les rentes anciennes,
pour obtenir à bas prix l'emprunt nouveau, comment
feraient-ils pour se procurer leurs titres vendus à découvert?

Il leur faudrait racheter à tout prix, et ces rachats
forcés ne feraient qu'accélérer encore le mouvement de
hausse. Et ils n'auraient d'autre moyen de couvrir en
partie leurs pertes, que d'acheter, en même temps que
des rentes anciennes, de l'emprunt nouveau.

Nous savons quelles objections un tel projet peut soulever, mais il n'en est pas une seule que les membres
du gouvernement n'aient réfutée eux-mêmes à la tribune.
Ce sera de la protection, dira-t-on! combien de fois ne
nous a-t-on pas répété qu'il était de notre devoir, dans
les circonstances où nous sommes, de protéger le travail
national, la production nationale, les intérêts nationaux.
Et les gouvernements étrangers, ajoutait-on, devaient
tenir compte des événements accomplis, de la situation
critique de la France, et ne songeraient pas à se forma-
liser de nos justes efforts!

Qu'y a-t-il donc de plus national que cet emprunt!
n'est-ce pas là la vraie souscription nationale qui doit
délivrer le sol?

Les nations étrangères souscriront moins peut-être,
mais elles ne nous apporteront que des demandes et des
souscriptions sérieuses; et ne pourroit-elles d'ailleurs
donner un libre cours à leurs sympathies pour nous, en

achetant des rentes anciennes pour se procurer de l'emprunt nouveau !

Quelles que soient les objections que l'on puisse nous opposer, il n'en est aucune qui tienne devant cet argument capital :

Qu'arriverait-il si nos vainqueurs d'hier se rendaient souscripteurs de 2 milliards à notre emprunt et si, au moment où un nouveau versement serait appelé, ces 2 milliards de titres étaient tout à coup rejetés sur notre marché? Comment arrêterait-on la dépréciation subite qui se produirait sur tous nos fonds publics? Où trouverions-nous alors les ressources nécessaires pour faire face à des engagements impérieux, urgents?

Les statistiques ont prouvé que la totalité de notre dette consolidée se trouve répartie entre plus de deux cent mille personnes : que ces deux cent mille rentiers souscrivent notre emprunt, et nous n'aurons pas à redouter un cataclysme financier qui, nous le souhaitons, ne se produira jamais.

Les idées que nous venons d'exposer sont simples et faciles à appliquer, et peut-être d'autres que nous voudraient-ils les réaliser eux-mêmes; mais on n'ose! Dans de tels moments, on redoute les responsabilités et cette méfiance qui accompagne toute expérience nouvelle.

Ce que nous demandons, on ne le fera peut-être pas pour l'emprunt prochain ; mais nos regrets seront tempérés par la consolation de savoir ces idées partagées par des personnages d'une haute compétence, par l'espoir aussi de les voir, dans un avenir prochain, entrées dans la pratique.

Quoi qu'il arrive, quelque décision que l'on prenne, nous répéterons sans nous lasser ce mot qui contient notre salut :

Il faut souscrire!

Il faut souscrire, car si, par malheur, l'emprunt national n'obtenait pas tout le succès désirable, notre crédit public subirait l'échec le plus désastreux que l'on puisse imaginer, et cet échec compromettrait le crédit des particuliers eux-mêmes.

Il faut souscrire, car, à une heure si solennelle, l'étranger ne doit pas faire plus pour sauver la France que le patriotisme français.

Il faut souscrire, car cette souscription est le véritable plébiscite qui doit réunir tous les suffrages de la nation. C'est un grand vote qui doit agiter le pays, non pour le diviser, mais pour le sauver.

L'EMPRUNT ET LES IMPOTS NOUVEAUX

Le traité avec l'Allemagne a été voté ; pas une voix ne s'est fait entendre, soit pour l'approuver, soit pour le blâmer ; nous subissons encore la loi du plus fort ; en de telles circonstances, la résignation silencieuse convient seule à un grand peuple malheureux qui a le sentiment de sa dignité et l'habileté de réserver l'avenir.

Puis est venue la présentation du projet de loi d'emprunt.

La France va emprunter, pour achever l'œuvre de sa libération, l'énorme somme de 3 milliards 500 millions ; il résulte même de tous nos renseignements que l'opération est très-prochaine.

Le monde financier presse le gouvernement pour qu'elle ait lieu sans retard ; aussi, ne faut-il pas s'étonner, si la perspective de ce grave événement paralyse en ce moment toutes les transactions ? chacun ménage et rassemble ses fonds ; il faut se procurer les sommes qui permettront de participer à l'emprunt et, cela fait, il faut les tenir en réserve pour les jeter, au moment solennel, dans les caisses de l'État.

L'attitude de la presse, dans des circonstances aussi graves, est, il faut le reconnaître, noble et digne.

L'épreuve par laquelle va passer notre crédit doit décider, pour ainsi dire, des destinées de la France. Qu'arriverait-il, en effet, si l'emprunt n'était pas souscrit, ou ne l'était que dans des conditions qui feraient douter de la puissance de notre crédit ?

Au premier rang, parmi les journaux qui se sont signalés par une attitude patriotique, nous plaçons le *Constitutionnel*, dont le directeur M. Gibiat, s'inspire avant tout des principes conservateurs, base de tout bon système financier comme de tout ordre social, la *Presse* dont le directeur M. de la Guéronnière fait taire ses sentiments personnels, ses vues politiques particulières pour pousser à l'union des partis, à la suspension de nos discordes et de nos luttes.

Il est vrai qu'on ne parle que d'ajourner les conflits et que nous préférerions qu'on prêchât enfin l'accord ab solu de tous les gens de bien sur le seul terrain des principes libéraux et conservateurs; mais le sentiment qui anime ces honorables publicistes n'en est pas moins élevé. Leur but, et il faut les en féliciter, c'est d'assurer le succès de la souscription libératrice.

« Gouvernement, majorité, minorité, dit M. de la Guéronnière, nous ne devons avoir qu'un seul but dont aucun autre intérêt ne saurait nous distraire : réunir dans le Trésor français les ressources nécessaires pour que le traité signé le 29 juin par le comte d'Arnim et le comte de Rémusat puisse recevoir sa complète exécution. Accordons-nous donc les uns aux autres l'armistice du patriotisme comme un témoignage de suprème piété envers notre mère commune : la France.

« A partir du jour où M. de Goulard, ministre des finances, a saisi l'Assemblée du projet d'emprunt de trois milliards, pour assurer et peut-être devancer la libération du territoire, nous sommes tous placés dans cette obligation absolue d'aider le gouvernement de notre pays à faire triompher le crédit national.

« Je ne sais plus quel est son nom, quelle est sa forme, s'il répond à mes sympathies, s'il satisfait ou s'il blesse mes convictions. Peu m'importe! S'il combattait devant l'ennemi, je serais avec lui, et son drapeau serait le mien. Malheureusement nous avons renoncé à vaincre et nous avons dû subir la loi des vaincus. Nous ne pouvons plus que nous racheter. Mais le rachat d'un pays, trahi par la fortune, est encore plus sacré que sa gloire, et l'entraver serait le plus grand des crimes. »

Qui ne penserait ainsi, qui refuserait à notre grand

pays l'obole de l'apaisement et de la paix intérieure, alors qu'il lui faut presque 4 milliards pour s'arracher aux dures et humiliantes étreintes de l'étranger, et que ces 4 milliards on ne peut les obtenir que de la paix, de l'ordre et du concours donné par tous les bons citoyens à l'œuvre de réparation si énergiquement poursuivie par M. Thiers.

Il est impossible de séparer cette question de l'emprunt de celle des impôts qui doivent permettre de faire face aux charges financières que cette vaste opération va imposer au pays.

Nous n'avons que des éloges à donner à l'Assemblée nationale pour le zèle avec lequel elle étudie ces matières si difficiles à la fois et si délicates.

Nous ne sommes pas de ceux qui prétendent qu'elle y consacre trop de temps.

D'excellents travaux survivront à ces discussions instructives où toutes les théories sont passées au creuset d'une étude consciencieuse et approfondie.

L'impôt sur le chiffre des affaires qui, pendant le discours de M. Desselligny, semblait rallier l'Assemblée, a finalement été repoussé par elle.

Le gouvernement a renoncé à l'aggravation de l'impôt sur le sel et de l'impôt foncier pour s'en tenir à la proposition consistant à frapper de nouveaux centimes additionnels toutes les contributions directes.

Ces discussions sur les nouveaux impôts ne nous ont pas seulement frappé par le soin et le travail qu'y apporte l'Assemblée nationale, mais aussi par l'esprit d'union et de concorde qui n'a cessé de les dominer.

De part et d'autre, pour ne pas troubler la bonne harmonie entre les pouvoirs, des concessions ont été faites ; mais il faudra bien s'arrêter dans ce travail d'élimination et procéder à un vote affirmatif.

Il importe au succès même de l'emprunt qu'avant son émission, l'État donne aux souscripteurs les garanties qu'ils sont naturellement en droit d'exiger. Or en quoi consistent ces garanties, sinon dans le vote des impôts qui doivent assurer le service des intérêts de la dette?

Tout nous fait espérer, au moment où nous écrivons ces lignes, qu'il en sera ainsi. Mais cette condition essentielle du succès ne sera elle-même remplie qu'à la condition qu'aux luttes de systèmes ne viendront pas s'ajouter des débats politiques, qui retentissent toujours douloureusement dans le monde des affaires dont ils paralysent l'élan, en le faisant douter de la sécurité de l'avenir.

N'a-t-on donc pas assez parlé de monarchie et de république? Quand on disserterait encore pendant dix années, en serions-nous plus avancés? Monarchistes et républicains s'entêteront toujours dans leurs systèmes, et ne renonceront jamais à leurs préférences.

Ce qui importe c'est de faire que la politique du gouvernement, que son attitude vis-à-vis des partis, que ses principes d'administration soient autant de gages donnés à l'esprit libéral et conservateur, à la paix publique; c'est que nous puissions travailler en paix.

Quand donc comprendra-t-on que le pays est rassasié de discussions politiques, qu'il est las des sophismes, des exagérations, des mensonges des partis.

L'injure et la passion ne remédieront pas aux maux
de la France; les intrigues des partis n'ont jamais relevé
un peuple.

LES ENSEIGNEMENTS DE L'EMPRUNT

De cet immense emprunt de 5 milliards qui s'accom-
plit et obtient le plus prodigieux succès dont fasse mention l'histoire financière du monde entier, nous devons
tirer des enseignements utiles. Loin de nous laisser
fasciner par les illusions, nous devons chercher dans ce
succès une leçon, une espérance, une ligne de conduite.

Une leçon! et, en effet, ces 5 milliards nous démontrent, dans leur brutale éloquence, combien est douloureux le legs des guerres, des profusions, et des révolutions : ils nous disent que nous devons clore à jamais
l'ère des folies et des fautes, et qu'une nation, aussi
forte, aussi puissante, aussi respectée qu'elle puisse être,
n'est jamais arrivée à l'apogée de sa force et de sa
grandeur, et qu'elle n'est qu'un colosse aux pieds d'argile, quand elle s'endort sur les succès du passé, sans
prendre garde aux déceptions de l'avenir. Sachons tous
que cette guerre à jamais funeste nous coûte 10 milliards! 10 milliards! combien serait différent le sort
de notre génération, si d'aussi fortes sommes aussi
cruellement dépensées, avaient été employées à augmenter et à alimenter la production nationale, développer le

commerce, fonder des institutions de crédit, améliorer l'agriculture, donner un plus grand bien-être à ceux qui travaillent et qui souffrent. Nous trouvons des milliards pour la guerre, nous ne trouvons pas assez de millions pour l'instruction publique. Nous trouvons des milliards pour les armées, nous sommes toujours à bout de ressources quand il s'agit du budget de l'instruction publique, de cette véritable armée elle aussi, qui fait d'un enfant un homme.

Une espérance! car si nous savons profiter de nos malheurs, nous devrons au crédit public aussi bien notre affranchissement que notre régénération. Quand un peuple peut emprunter cinq milliards après en avoir dépensé autant dans une guerre désastreuse contre l'étranger, et dans une guerre civile couronnement criminel et sanglant de toutes nos calamités; quand sa signature est si recherchée et si respectée, c'est un témoignage qui prouve que ses adversités sont passagères et que sa grandeur est impérissable.

Une ligne de conduite! A quoi serviraient, en effet, les leçons de l'expérience, si nous ne nous efforçions pas, dans l'avenir, de suivre des errements opposés à ceux qui nous ont perdus! Ne nous livrons pas aux hasards des révolutions : au lieu d'appartenir à un parti, soyons et restons Français; n'ayons qu'un seul but, qu'une seule pensée : la grandeur et la richesse du pays. Plus de dépenses inutiles : ayons une armée solide, bien organisée, prête à tous les événements.

Au lendemain des désastres qui marquèrent la fin du premier empire, lorsque la Restauration eut à payer, après 1814, près de deux milliards tant en indemnité qu'en frais de guerre, un grand citoyen, dont le nom personnifie les principes d'ordre, de probité, de patriotisme, le baron Louis, disait aux ministres, ses collègues, ces paroles mémorables, que nous ne saurions trop rappeler : « Gouvernez bien et vous ne dépenserez jamais autant d'argent que je pourrai vous en donner ! »

Il a tracé, dans ces paroles, les devoirs de l'homme d'État, surtout au temps où nous sommes. Et ces devoirs se confondent avec ceux que nous impose le succès même de l'emprunt. Il faut que la France réponde par sa sagesse, par ses habitudes d'ordre, de travail et d'économie, à la confiance des capitaux européens, et plus notre emprunt sera couvert, plus nous devrons être sages.

Le crédit de la France survit, Dieu merci, à tous nos désastres; lui aussi est une noblesse, et noblesse oblige.

LES ENSEIGNEMENTS DES RÉVOLUTIONS

Les époques révolutionnaires, les temps agités sont fertiles en enseignements de toute sorte ; le mal qui s'y fait est assez grand, pour que nous apprenions à profiter, du moins, des leçons qui s'en dégagent.

Ce qui plaît malheureusement en France, c'est l'esprit de fronde et de dénigrement ; les gens qui défendent le pouvoir sont difficilement écoutés ; les journaux qui se vouent à la défense des principes d'ordre et de conser-

vation ne sont pas populaires et ne trouvent que peu de
lecteurs même parmi les plus honnêtes gens ; nous
aimons qu'on écorche un peu le voisin ; nous sommes
agacés, nous aussi, d'entendre toujours dire : Aristide
le Juste; il nous faut de temps en temps des lambeaux
de l'honneur du prochain ; nous voudrions tous être
fonctionnaires et nous détestons les gens en fonctions ;
l'attaque, l'opposition nous séduisent, nous attirent ;
renverser ceux qui nous protégent et assurent notre
sécurité pour ouvrir toutes grandes les portes de l'inconnu par lesquelles passeront peut-être les incendiaires,
les assassins, les pillards, n'est qu'un jeu pour des
esprits aussi bizarres, aussi fantasques que les nôtres.

Faut-il donc s'étonner si les pratiques de l'opposition
trouvent chez nous de si nombreux, de si ardents appro-
bateurs? Faire de l'opposition, c'est-à-dire paralyser
l'action bienfaisante de l'autorité, dénaturer ses intentions et ses actes, la saper par des insinuations malveil-
lantes et mensongères, imaginer des mots qui ne signifient rien, mais qui frappent par leur nouveauté et
finissent par vous tuer, réussit toujours en France. Les
ambitieux, les violents, les mécontents, les déclassés le
savent bien.

Sous la Restauration, la minorité, d'abord faible, est
devenue une majorité redoutable ; arrive une révolution.
Sous Louis-Philippe, le même fait se reproduit ; nouvelle
révolution. Après 1851, nous voyons *les cinq* au Corps
législatif. Au bout de vingt ans, ces cinq deviennent une
petite légion. Troisième révolution.

Et à chacune de ces révolutions, qu'est-il arrivé ?

C'est que la minorité opposante est devenue majorité gouvernementale et conservatrice et qu'aussitôt une opposition plus âpre, plus violente, plus agressive, plus ardente a surgi des entrailles même de l'opinion, dirigeant ses coups contre l'opposition ancienne qui a osé devenir majorité et n'a pas craint, une fois au pouvoir, de se faire conservatrice.

Quand on va au fond des choses, on ne tarde pas à reconnaître que notre histoire, comme celle de tous les peuples en possession des libertés modernes, est là tout entière.

Nous ne maudissons pas ces libertés ; nous constatons un fait.

Les changements de gouvernements, les révolutions ne nous satisfont même pas; une finie, une autre se prépare et recommence. On avait cru que le suffrage universel remédierait à cette instabilité, servirait de soupape de sûreté à ces violences ; il n'en a rien été ; le suffrage universel n'a pas seulement donné des électeurs, il a donné des soldats à la révolution ; il a enregimenté des légions d'émeutiers ; il a discipliné les adversaires de l'ordre social ; il les a aidés à se compter, en présence d'un parti conservateur nombreux, mais inerte, qui a imaginé la maxime : *Aide-toi le ciel t'aidera*, mais ne sait pas s'en servir et en laisse la pratique à ses adversaires.

La minorité républicaine, sous l'Empire, dont M. Gambetta est aujourd'hui l'expression la plus marquante, défend le pouvoir ; mais derrière elle, nous voyons s'agiter le radicalisme, le socialisme, le communisme, qui sait si, un jour, nous ne serons pas obligés de défendre Gambetta contre Pyat, Pyat contre un Ferré ou un Rigault quelconque?

Puisque les conservateurs ont leur destinée bien tracée, qui est de s'atteler au char de tout gouvernement, parce que qui dit gouvernement dit protecteur de l'ordre et de la propriété, pourquoi ne se sont-ils pas ralliés résolûment au premier dont la chute a entraîné la série des catastrophes politiques auxquelles nous avons assisté depuis 1793?

Nous n'en serions pas où nous en sommes, obligés de louvoyer entre des écueils, incertains du lendemain et nous demandant si nous serons mangés par celui-ci ou par celui-là. Au lieu de grimper dans le char des oppositions qui les conduit fatalement aux catastrophes, qu'ils se décident donc à défendre effectivement tout pouvoir honnête sous lequel la société trouve aide et protection ; qu'ils se disent donc une fois pour toutes que les chefs opposants, les meneurs des partis se moquent d'eux. Veulent-ils donc éternellement faire la courte échelle aux ambitieux, aux coureurs de portefeuille, à tous ceux, et ils sont nombreux en France, que tente la dictature?

Puisque les pratiques des plus ardents libéraux arrivés au pouvoir ressemblent à celles du gouvernement qu'ils ont renversé, que gagnent les soldats qui suivent des chefs aussi oublieux ou aussi peu convaincus? A eux les lourds impôts, les perturbations industrielles et financières, les ruines de toutes sortes qu'accumulent les révolutions; aux autres les profits, les fonctions, les portefeuilles.

12

Assez de dupes comme cela ; coupons court aux révolutions ; améliorons et ne détruisons pas ; défions-nous des médiocrités ambitieuses et aimons notre pays pour lui-même, en honnêtes gens, en bons patriotes.

L'Assemblée nationale a voté les impôts qui doivent servir à payer la rançon de la France ; les luttes engagées entre divers systèmes ont cessé ; nous nous en applaudissons d'autant plus qu'elles dégénéraient trop souvent en luttes de parti.

L'Assemblée a fini par accorder à M. Thiers l'impôt sur les matières premières, sacrifiant ses convictions économiques aux dures nécessités du temps.

Aujourd'hui l'emprunt est souscrit ; chacun a apporté le fruit de ses épargnes pour aider à la délivrance du sol national ; l'élan a été immense et le succès de l'opération est pour la France un titre d'honneur aux yeux de l'Europe.

VI

(AOUT 1872)

LES MILLIARDS DE L'EMPRUNT

Il y a déjà plus de quarante ans, lorsque le budget de la France atteignit pour la première fois le chiffre d'un milliard, on raconte qu'un jeune député, devenu depuis ministre et homme d'État célèbre, répondit aux mem-

bres de l'opposition qui trouvaient ce chiffre exorbitant :
« Vous vous étonnez que nous soyons arrivés à un budget d'un milliard : eh bien, saluez-le, ce milliard !
vous ne le reverrez plus ! »

Ce jeune député était M. Thiers. Il lui était réservé
d'avoir à équilibrer le plus lourd de tous nos budgets, et
à effectuer deux emprunts qui dépassent, par leur chiffre, tout ce que l'imagination pouvait rêver, et que
M. Thiers pourrait encore nous faire saluer, car, il faut
bien l'espérer, nous ne les reverrons plus.

En une année, réaliser un premier emprunt de
2 milliards 200 millions, souscrit plus de deux fois; réaliser ensuite un second emprunt de 3 milliards 500 millions, et recevoir près de 44 milliards, c'est obtenir le
succès le plus inouï dont fasse mention l'histoire financière d'aucun peuple, et il est facile de comprendre
cette « sorte de stupéfaction » que, suivant l'expression
du ministre des finances, nous a causée ce résultat.

Oui, le crédit public obéit à des lois qui étaient jusqu'ici inconnues. On compte aujourd'hui les milliards
comme autrefois les millions. Rappelons-nous le temps
où la France en était réduite, au commencement du
consulat, quand le Trésor avait 100,000 francs à payer,
à ne savoir où les prendre ! Rappelons-nous encore que,
l'an dernier, au moment de l'armistice, le chef du
mouvement des fonds du ministère des finances apportait à M. Pouyer-Quertier « **un million !** » C'était
là tout l'argent qui nous restait disponible après tous
nos désastres.

Oui, nous avons le droit d'être heureux et fiers d'un

semblable succès : mais nous avons le devoir de consolider cette grande victoire par notre conduite, par notre sagesse, par notre prudence. Ce n'est plus seulement d'après la balance de ses revenus et de ses besoins qu'il faut apprécier la fortune et la puissance d'un peuple, c'est bien plutôt selon le degré de sagesse, de justice et de loyauté des actes de son gouvernement, car son caractère et sa conduite lui ouvrent ou lui ferment toutes les mains des capitalistes de l'Europe et du monde entier.

D'autres nations ont supporté, comme nous, de grandes épreuves : leur crédit était atteint; leurs ressources étaient amoindries : l'Angleterre, dont le 3 0/0 se négocie à 92 fr. aujourd'hui, l'avait vu tomber à 60 fr. au moment des guerres du premier empire ; la Russie empruntait, il y a quelques années, à 8 et 10 pour cent, alors que son 5 0/0 se négocie maintenant à 95 !

L'Amérique, dont le 6 0/0 vaut 104, était à 40 et 45 pendant la guerre de sécession : quelles luttes terribles tous ces pays n'ont-ils pas eu à surmonter ?

Leur crédit s'est relevé, grâce à la sagesse de leurs gouvernements, grâce au travail, à l'union et à la concorde de tous. C'est là ce que nous ne devons pas perdre de vue et ce sont de tels exemples qui doivent nous guider.

L'an dernier, nous empruntions à 82,50 ; cette année, nous recevons 84,50. Ces prix sont excessivement bas, et notre conduite seule pourra les relever.

Cependant, ne nous préparons pas de déceptions. Il ne faut pas oublier que la spéculation a pris une large

part dans cet emprunt ; que telle personne a souscrit 3,
4, 5 et 10 fois le montant de ce qu'elle désirait obtenir,
en consacrant à la souscription tous ses fonds disponibles ; que la prime faite sur l'emprunt quelques jours
avant l'émission avait surexcité tout le monde ; la souscription a été une véritable course au clocher; on a souscrit d'autant plus que l'on prévoyait que l'emprunt serait
d'autant plus couvert, et les souscriptions d'autant plus
réduites.

Toutefois, s'il est vrai que la part prise à l'emprunt
par la spéculation a été grande, que les demandes ont
été grossies d'une manière artificielle dans la prévision
d'une réduction inévitable, ne peut-on pas dire aussi
que cette exagération volontaire témoigne clairement du
désir qu'avaient les souscripteurs de prendre la plus
large part possible à l'emprunt? Cette part est minime
aujourd'hui, en présence de l'énorme réduction faite :
mais peut-on douter de la satisfaction que tous eussent
éprouvée si, au lieu d'être aussi réduite, leur souscription n'eût subi qu'une diminution légère?

Malgré la spéculation et malgré les spéculateurs, le
résultat de l'emprunt prouve évidemment la confiance
du monde entier dans le crédit, dans la loyauté et la
solvabilité de la France. Le spéculateur est, du reste,
d'habitude clairvoyant : s'il est confiant, ce n'est pas par
sentiment, mais par calcul, et, s'il·a souscrit à l'emprunt, c'est qu'il y a vu une excellente affaire dont il
désire tirer profit. Les faits, d'ailleurs, donnent raison
aux prévisions de tous : l'emprunt, émis à 84,50, vaut
aujourd'hui 89,50, ce qui représente déjà une prime de

plus de 200 millions sur les cours d'émission, et sur un
effectif de 690 millions environ.

Dans quelques mois, lorsque plusieurs versements
mensuels, exigibles à partir du 21 septembre prochain,
auront été effectués, il sera facile de juger plus froidement cette colossale opération ; le travail de la spéculation sera terminé ; le titre commencera à se classer dans
le portefeuille ; nous verrons ce que valent ces milliards
envoyés en France par toutes les nations du monde.

Jusqu'alors, pas d'illusions ! Soyons aussi sages, aussi
prudents que modestes, d'autant plus modestes même,
que nous prenons plus de force pour nous relever de nos
malheurs.

On a offert 44 à 45 milliards pour 3 milliards et
demi, à raison d'un premier versement de 14 fr. 50.
Supposez que ce versement eût été de 7 fr. 25, ce n'est
pas 45 milliards, mais 90 milliards qui auraient été
offerts.

Supposez, au contraire, que le premier versement eût
été de 29 fr., la souscription se serait élevée à 22 milliards et certainement à moins. L'expérience prouve que,
dans les souscriptions d'emprunts publics, plus le premier versement est faible plus le chiffre de la souscription totale est élevé ; tandis que plus le premier versement est fort, moins le total de la souscription est élevé.

Ne nous laissons donc pas aveugler par ces chiffres
fantastiques ; la réalité, la voici : dans l'état actuel des
choses, 600 millions environ, montant du premier
versement de 14 fr. 50, sont entrés et restent dans les
caisses de l'État : l'important aujourd'hui est de payer

exactement les versements exigibles, c'est-à-dire près de 150 millions par mois, jusqu'au mois d'avril 1874.

Quand tout sera soldé, quand nous ne devrons plus rien à l'Allemagne, nous serons rentrés en possession de nous-mêmes, et nous pourrons nous permettre quelques joies, quelque enthousiasme.

Jusque-là, pleins de confiance dans l'avenir, soyons calmes, modestes et sages, et surtout travaillons. Travaillons, et n'oublions pas que, si la spéculation a une grande part dans les milliards de l'emprunt, le reste représente la somme de travail et d'industrie accumulée depuis des années par la France laborieuse et économe.

Sachons gré à tous ceux, Français ou étrangers, qui, dans cet immense emprunt national, nous ont aidés, mais évitons de voir une question de politique dans cet empressement des capitaux. « L'argent n'a pas d'odeur, » disait un empereur romain. On pourrait dire aujourd'hui qu'il n'a pas de couleur. Dans la politique des affaires et des capitaux, il n'y a ni gauche ni droite.

Au-dessus de tous les partis, il en est un qui sauvera toujours la Patrie : le Parti du Travail.

APRÈS L'EMPRUNT

Après le succès colossal qu'a obtenu l'immense opération qui vient de s'accomplir, il est bon, une fois faite la part du premier moment tout entier à la joie, à l'étonnement, à l'admiration, il est bon de se recueillir et de dégager de ce grand fait la moralité qui en doit ressortir.

Comme l'a fort bien dit M. de Goulard, si, à la vue des chiffres gigantesques auxquels se sont montées les souscriptions, on a éprouvé tout d'abord un vif enthousiasme, l'énormité même du résultat a fait naître des inquiétudes sérieuses.

En effet, tous ces milliards donnent le vertige, et l'on ne saurait mesurer dans ces sommes fabuleuses, ni la part du réel, ni celle du fictif. Quelle est la valeur absolue des souscriptions recueillies, quels sont les souscripteurs, quelles garanties présentent-ils? On n'en peut rien savoir encore. C'est ici le cas, plus que jamais, d'appliquer le *Nil admirari* d'Horace, que Stendhal traduisait si bien ainsi : *Pas d'enthousiasme !*

Mais, non plus, pas de craintes exagérées !

Si la spéculation nous effraye à juste raison, il faut cependant se rendre bien compte des motifs qui l'ont décidée à intervenir si ardemment dans la souscription des 45 milliards.

Les spéculateurs n'ont d'autre but que de réaliser en peu de jours un gros bénéfice sur le montant des titres de rentes qui leur seraient attribués après la répartition. Pour s'assurer un certain nombre de coupures, ils ont, à mesure que le chiffre des souscriptions semblait grossir, à mesure que les probabilités en faveur de l'emprunt devenaient plus certaines, ils ont, disons-nous, doublé, triplé, quintuplé leur mise, faisant ressource de tout, épuisant leurs dernières réserves. Une telle âpreté, un tel acharnement ne peuvent se justifier que par l'espérance bien ferme d'un bénéfice considérable. Évidemment les spéculateurs étaient convaincus que les titres de l'emprunt seraient vivement recherchés et qu'il y aurait à réaliser une prime considérable. Cette confiance de la spéculation a-t-elle rien qui doive nous inquiéter, et n'est-elle pas, au contraire, le signe certain de notre crédit? L'emprunt eût-il trouvé autant de faveur auprès de la spéculation, si celle-ci avait pensé qu'il n'en trouverait aucune auprès du public?

On s'effraye aussi lorsqu'on voit que l'étranger va détenir entre ses mains près des trois cinquièmes de notre emprunt. Mais, là encore, nous croyons qu'il n'y a aucun danger sérieux. Faut-il rappeler tous les titres que nous avons à la confiance des nations? nos créanciers ont-ils jamais perdu? n'avons-nous pas toujours tenu nos engagements?

Il n'est que trop facile de s'expliquer pourquoi l'Allemagne s'est montrée si empressée à souscrire. Outre l'intérêt direct qu'elle avait à ne pas laisser échouer l'émission des 5 milliards, croit-on qu'elle n'avait pas des motifs sérieux de s'intéresser dans nos fonds d'État? Cette Allemagne, toujours si bien informée, croit-on qu'elle ne connaisse pas nos ressources? Et ses soldats qui, hélas! ont parcouru la France, ont pu voir de leurs yeux quelles richesses, quels éléments de prospérité elle renferme. Ils ont beaucoup emporté, dit-on, mais ils savent bien, eux, ce qu'ils ont laissé, ils savent bien surtout quelles populations laborieuses mettent en œuvre et multiplient sans cesse les ressources de notre admirable pays.

On nous a prêté, malgré toutes nos fautes, malgré
nos luttes intestines, malgré les divisions dont nous donnons perpétuellement, depuis deux ans, le triste tableau.
Ce n'est pas à un gouvernement affectant telle ou telle
forme, absolu ou libre, empire ou république, que l'Europe a prodigué ses capitaux, c'est à la France qui produit, qui travaille et qui ne désespère jamais d'elle-
même.

Le succès de l'emprunt s'explique suffisamment par
ces grandes causes, mais il serait injuste de ne pas
rendre à chacun la part de gloire qui lui revient dans
cette victoire nationale. Si l'émission de 1872 a rencontré une telle faveur, c'est que celle de 1871 avait
réussi de manière à prouver combien était encore puissant notre crédit : en un mot, le succès de l'emprunt
de 1871 a fait pour une bonne part le succès de l'emprunt de 1872. Le mérite en revient tout entier à l'habile
ministre des finances, M. Pouyer-Quertier, qui dirigea
et mena à bien cette expérience décisive.

Aujourd'hui la situation de la France est aussi favorable qu'on peut le désirer, après les terribles événements qui sont venus fondre sur elle; nous venons d'obtenir une belle récolte; le calme et l'ordre renaissent
dans la nation, nos finances se rétablissent, nos budgets,
si lourds qu'ils soient, s'équilibrent, la délivrance du
territoire est assurée et prochaine, enfin l'activité des
affaires se ranime partout. Oubliant les luttes politiques,
étouffant toutes les passions de parti, nous pouvons
trouver en nous-mêmes de quoi rendre au pays sa force
et sa grandeur. Ce que nous ont fait perdre nos vices,

nos fautes et nos folles colères, nous devons le redeman-
der au travail, et au travail seulement.

LA VITALITÉ DE LA FRANCE — VACANCES DE L'ASSEMBLÉE NATIONALE

L'emprunt a été couvert douze fois ! c'est un succès
formidable ! c'est une ovation pour la France ! c'est une
victoire ! c'est une revanche !

Voilà ce que nous lisons dans les journaux français
depuis dimanche dernier, jour de l'ouverture de l'emprunt.

Ces acclamations prouvent que, malgré nos malheurs,
malgré nos déceptions, malgré tout le tort que nous ont
fait nos illusions, nous sommes encore le peuple des
joies irréfléchies, des enthousiasmes fébriles.

M. le ministre des finances, tout en cédant peut-être
un peu, malgré lui, à l'entraînement général, a essayé
de lutter contre ces exagérations des premiers jours lorsqu'il a dit : « Nous aurions tort de tirer vanité de ce
succès ; nous commettrions une faute regrettable si nous
ne savions pas rester dans le rôle modeste qui constitue
notre véritable dignité et qui est notre sauvegarde. »

Non, ce n'est pas un fol orgueil, c'est encore moins de
la vanité que nous devons ressentir en présence de ce
chiffre colossal, en effet, de souscriptions ; l'orgueil et
la vanité nous ont fait assez de mal pour que nous ayons
en défiance leurs fatales inspirations ; cherchons-y plutôt

d'utiles leçons et rendons-nous compte de la vérité.

La vérité, c'est que notre pays vient de faire preuve d'une vitalité qui dépasse tout ce qu'on attendait; c'est qu'il inspire confiance au monde entier.

La vérité, c'est que la France aurait suffi seule pour couvrir et au delà l'emprunt de trois milliards.

Oui, M. le ministre des finances a pu dire justement qu'il constatait avec fierté ce que vaut la parole de la France, cette parole qui appelle à elle tous les capitaux de l'Europe, tous les capitaux qui cherchent leur garantie dans la bonne foi et dans la loyauté avec lesquelles un peuple tient ses engagements.

Ce que nous aimons aussi dans son discours, c'est cette invocation à Dieu, ces remercîments à la Providence qui, en nous donnant, cette année, une récolte abondante, nous a fourni le plus précieux de tous les gages, en permettant au patriotisme français d'ajouter encore à la grandeur de son sacrifice.

Maintenant, sachons regarder en face ce chiffre de 43 milliards et demandons-nous comment il a été obtenu.

Le gouvernement a voulu payer l'étranger avec du papier étranger; dans ce but, il a attiré dans ses caisses par de nombreuses souscriptions extérieures une foule de valeurs étrangères. Pour y réussir, il a largement favorisé les souscripteurs allemands; il leur a accordé une commission très-élevée sur les résultats de leurs souscriptions; de plus, il a autorisé les banquiers allemands à recevoir des souscriptions sur dépôt de valeurs mobilières.

Ces facilités ont entraîné des abus.

Après les souscripteurs apportant de l'argent, sont venus les souscripteurs sur dépôt de bonnes valeurs; puis ceux qui n'apportaient que des valeurs douteuses; puis les souscripteurs sans argent.

Pendant que nous vidions nos poches, l'Allemagne souscrivait sans déposer de valeurs et sans verser d'argent.

Or que va-t-il arriver? C'est que l'Allemagne ne gardera pas l'emprunt; elle le revendra au plus vite avec une prime énorme; et elle le revendra à qui? A la France qui, sous forme de commission et de prime, ajoutera encore au lourd fardeau de sa rançon.

C'est là le côté fâcheux de notre grande opération financière.

Si nous l'avons fait ressortir, ce n'est pas pour diminuer l'importance du résultat et atténuer le sentiment de satisfaction avec lequel il a été accueilli, mais pour que nous ne nous endormions pas, comme nous l'avons fait trop souvent, dans de décevantes illusions; c'est parce qu'il importe que la vérité soit toujours connue, parce que notre rôle est d'éclairer, d'enseigner et non de donner à la vanité nationale des satisfactions décevantes, dangereuses et puériles.

L'Assemblée nationale est entrée en vacances; ses travaux vont demeurer suspendus pendant plus de trois mois. Cette décision a été prise sur un rapport de M. Saint-Marc Girardin rédigé au nom de la commission de prorogation.

M. Saint-Marc Girardin est académicien; on ne s'en douterait guère à la lecture de son travail, écrit en un style dont les ombres de Bossuet et de Fénelon ont s'étonner et même s'indigner ; mais ne nous arrêtons pas à des détails de grammaire ; constatons seulement avec satisfaction que les sentiments conservateurs du Président de la république y sont hautement affirmés. M. Thiers, au sein de la commission, a renouvelé ses déclarations qu'il se prononçait énergiquement contre toute pensée de dissolution et contre toute politique radicale.

Le pacte de Bordeaux est pour lui la charte qui lie mutuellement le gouvernement et l'Assemblée. Quant à l'avenir, il sera ce que voudra le pays ; à cet égard, M. Thiers entend n'engager ni sa politique, ni celle de l'Assemblée nationale.

La majorité a accueilli avec satisfaction ces déclarations, qui témoignaient d'un accord absolu entre elle et M. le Président de la république ; elle a applaudi à ce langage du chef du pouvoir ; elle y a vu le gage du triomphe des idées d'ordre et de conservation dont M. Thiers, il faut bien le dire, s'est, dans ces derniers jours, et à l'occasion des troubles qu'ont causés les grèves des bassins houillers du Nord, montré l'énergique défenseur.

C'est sous l'influence de ces pensées d'apaisement que l'Assemblée nationale a quitté Versailles ; mais elle n'a pas voulu interrompre ses travaux sans décider qu'à la reprise de ses séances, le 11 novembre prochain, elle appellerait sur son œuvre, par des prières publiques, dans les églises et les temples, les bénédictions de Dieu, de celui qui, comme le dit la Bible, frappe et guérit, perd et ressuscite.

La majorité et la gauche se sont associées à cette pieuse pensée.

Nous sommes heureux, pour notre part, de voir la religion associée, dans cette limite, à la politique ; la protection de la Providence est visible ; elle nous donne l'esprit de paix, de sagesse, de conciliation ; nous avons une année d'abondance ; ce sont là des biens qu'on ne saurait méconnaître sans ingratitude.

C'est toujours, d'ailleurs, un beau spectacle que celui d'un grand peuple aux pieds des autels, bénissant Dieu et invoquant son appui et sa miséricorde. Rien ne prouve mieux qu'il en est digne.

LES EMPRUNTS DE LA GUERRE ET LES EMPRUNTS DE LA PAIX

La dette publique de la France s'élève aujourd'hui à plus de 20 milliards.

Sur ces 20 milliards, un seul à peine a été consacré aux œuvres de la paix, à l'exécution des grands travaux publics, canaux, chemins, irrigations, creusement et endiguement des rivières ; tout le reste a été affecté au remboursement des dépenses causées par des guerres, à l'entretien de nombreuses armées, au payement d'indemnités de guerre, à acheter un peu de gloire militaire ; car, non-seulement la France a payé, vaincue, elle a payé, victorieuse ; selon un mot resté célèbre, elle était assez riche pour payer sa gloire !

N'est-il pas temps que nous nous arrêtions sur cette pente dangereuse ?

Ce n'est pas que l'énormité de notre dette nous effraye ; sans doute, si elle devait s'accroître encore, il y aurait péril pour la fortune publique ; mais, étant ce qu'elle est et devant rester ce qu'elle est, son poids ne dépasse pas nos forces.

C'est un milliard d'intérêts à payer et, par conséquent, un milliard d'impôts à ajouter à ceux que rend nécessaire la gestion des grands services publics ; la somme est énorme ; mais, grâce à la fécondité de notre sol, à nos habitudes de travail, à l'activité de notre commerce, aux progrès incessants de notre industrie dont le monde entier est tributaire, il ne nous est pas impossible d'y faire face.

Néanmoins, tous nos efforts doivent tendre à éteindre progressivement cette dette.

Pour un État, comme pour un individu, il n'y a de situation normale que celle où il vit de son revenu, où, à l'aide de ce revenu seul, il fait face à ses dépenses. L'état de débiteur ne devrait être qu'une très-rare exception, justifiée par des nécessités pressantes, des cas de force majeure, des considérations politiques ou économiques de premier ordre ; car, pour nous servir des expressions de Turgot, « il n'y a pas de raison qui puisse prévaloir contre l'impossible. »

Le fardeau de la dette, considérablement amoindri, l'impôt affecté au payement de ses intérêts sera lui-même proportionnellement diminué et nos ressources auront retrouvé une élasticité suffisante pour que nous puis-

sions songer à substituer aux emprunts de la guerre les ·
emprunts de la paix.

A l'avenir, si nous sommes sages, si nous savons nous
préoccuper de ce qui est utile et non de ce qui brille et
ne jette qu'un éclat éphémère, nous renverserons la
proportion ; les travaux de la paix, seuls productifs, seront substitués aux œuvres de destruction qui ne laissent
derrière elles que des remords, des ruines et des lar-
mes.

Ainsi que les maisons de commerce, les peuples ont
un capital social, réalisé ou latent, qui ne devrait être
employé qu'à obtenir la plus grande somme de produits
et de bien-être. Que dirait-on de grandes industries qui,
au lieu de s'enrichir mutuellement, en consacrant leurs
capitaux à multiplier leurs relations d'échange et de bon
voisinage, les utiliseraient à se quereller pour des raisons souvent futiles, à se nuire, à s'entre-détruire, à se
ruiner? On dirait qu'elles sont insensées et on aurait
mille fois raison.

Il faut espérer que, profitant des leçons du malheur et
des conseils de l'expérience, nos hommes d'État s'en
tiendront à l'avenir aux dépenses productives.

Ne perdons pas de vue que la France économise annuellement le tiers de sa production agricole, qui est de
six milliards, soit deux milliards, et que, plus on aug-
mentera sa production, plus on accroîtra ces réserves de
l'avenir : « Pâturage et labourage sont les mamelles de
l'État. » Qu'au lieu de six milliards de produits, elle en
ait sept, huit, et la richesse publique s'accroît d'autant.

Il en est de même de la production industrielle qui

donne, elle aussi, un bénéfice de deux milliards; qu'on l'augmente par tous les moyens possibles et ce chiffre de deux milliards pourra être aisément dépassé d'un tiers.

La France est, de tous les peuples, celui qui peut avoir la dette la plus lourde sans en être écrasé. Son revenu total se chiffre par douze milliards de francs; sur ces douze milliards, deux peuvent être prélevés annuellement pour l'extinction de notre dette publique.

N'est-ce pas là une situation exceptionnelle qui permet d'entrevoir un facile amortissement des vingt milliards, en même temps qu'elle démontre avec quelle facilité nous pourrions grever l'avenir, mais en vue seulement des dépenses utiles, des travaux de la paix qui ajouteraient encore à l'étendue de nos ressources, de nos bénéfices annuels.

Pouvant économiser deux milliards annuellement sur nos douze milliards de revenus, quel temps nous faudrait-il pour amortir vingt milliards? Dix ans, quinze ans au plus, en ne prenant pour base d'évaluation que notre production moyenne ordinaire.

Que sera-ce donc si nous réussissons à élever cette moyenne, si nous consacrons notre épargne à améliorer nos chemins de fer, à en accroître les réseaux, à développer notre industrie par le perfectionnement de son outillage, à favoriser notre marine marchande, à créer et à entretenir de nombreux chemins, à améliorer notre navigation fluviale, à multiplier les écoles régionales d'agriculture, à favoriser les concours agricoles, à fonder des instituts agronomiques, des sociétés d'agriculture, à pratiquer le drainage sur une grande échelle, à assurer la plus grande liberté des transactions, à accélérer les transports, à les faciliter, à stimuler les transactions, à satisfaire, en un mot, à tous les besoins généraux et individuels. Napoléon Ier, en favorisant la culture de la betterave, Parmentier en nous donnant la pomme de terre, ont plus fait pour le bonheur de la nation que les plus grandes politiques.

Ces vérités sont vieilles de plus de deux siècles ; Sully, Colbert, Quesnay, Duhamel, Rozier, Raynal, Trudaine, Mirabeau, Dupont de Nemours, Condorcet, Turgot, tous les économistes les ont proclamées; notre malheur a voulu que la politique, science facile et qui se contente trop souvent d'expédients, ait eu le pas sur la science économique : dès lors tout a été compromis; les déficits ont succédé aux déficits; le gouffre des découverts s'est creusé; les dépenses improductives se sont accumulées, et, au lieu d'une réserve de vingt milliards, nous avons une dette d'égale somme.

L'œuvre des économistes du dix-huitième siècle est à recommencer; elle est rendue plus difficile par les erreurs et les fautes commises, et qu'il nous faudra réparer avant d'asseoir le nouvel édifice de notre prospérité et de notre grandeur; mais elle n'est pas au-dessus du génie de la France, de son activité, de son énergie, de son courage.

M. THIERS A TROUVILLE. — L'ENTREVUE DES TROIS EMPEREURS

L'emprunt s'est effectué avec un succès dont l'histoire des emprunts publics n'offre pas d'exemple ; l'Assemblée nationale a interrompu ses travaux pour trois mois ; le gouvernement est en vacance ; le plus grand ordre règne sur toute la surface du pays : voilà, en quelques mots, le tableau de la situation. Ni Paris, ni Versailles ne sont la capitale de la France ; c'est la plage de Trouville sur l'Océan qui a le privilége de concentrer l'attention européenne.

M. Thiers s'y repose des fatigues du gouvernement en se promenant sur le bord de la mer, en écrivant, dit-on, un livre d'art et de philosophie politique, en présidant des expériences de tir faites avec des engins de nouveau modèle.

La vie politique du pays n'est cependant pas interrompue.

Le parti radical entreprend une campagne dissolutioniste ; mais nous ne voyons pas que l'opinion publique se prête à ces tentatives d'un des partis extrêmes.

Le terme des travaux de l'Assemblée, sans être fixé par un texte formel, est aujourd'hui connu de tous ; les meneurs du parti radical ne l'avanceront pas d'un seul jour ; quand la France sera réorganisée et délivrée de l'occupation étrangère, l'assemblée aura accompli son œuvre ; jusque-là, elle devra rester à son poste et les bons citoyens l'y maintiendront.

A côté de ces tentatives d'agitation, nous constatons un travail des esprits qui se traduit par des bruits politiques, des nouvelles dont quelques-unes pourraient bien devenir des vérités.

On parle de la création d'une seconde Chambre, de constitution définitive, de réformes administratives.

Le Parlement anglais vient de suivre l'exemple de l'Assemblée nationale; il a clos sa session à la suite d'un discours qui ne saurait rester inaperçu.

La reine s'y félicite de l'heureuse issue du conflit anglo-américain; le chiffre de l'indemnité n'est pas fixé, mais les deux peuples sont d'accord sur les principes fondamentaux qui doivent présider à la rédaction de la sentence arbitrale. On peut donc considérer cette question, qui a été un moment si menaçante, comme définitivement réglée.

Un autre passage du discours de la reine sollicite plus spécialement notre attention; c'est celui qui a trait à la dénonciation du traité de commerce avec la France. Il en résulte que les négociations provoquées par les votes récents de l'Assemblée nationale ne sont pas interrompues, et, malheureusement aussi, que nos négociateurs doivent s'attendre à rencontrer chez nos voisins d'Outre-Manche de très-vives résistances.

En Turquie, des changements importants viennent d'avoir lieu parmi les conseillers du sultan. Ces changements font présager l'inauguration d'une politique intérieure nouvelle. Mahmoud-Pacha a cédé la place à Midhat-Pacha, partisan d'une politique progressive et libérale, plus en harmonie que celle de son prédé-

cesseur avec les idées qui l'emportent aujourd'hui en
Europe.

Mais le fait qui domine la situation à l'étranger, c'est
la prochaine entrevue des trois empereurs d'Allemagne,
d'Autriche et de Russie à Berlin. Faut-il y voir une menace pour la France? Oui, si notre politique n'est pas
sincèrement une politique de paix.

Il ne faut pas se dissimuler, en effet, que l'Allemagne
agrandie doit vouloir occuper en Europe une situation
fondée sur un véritable droit, et ne dérivant pas d'un
simple fait. Cette situation, elle l'obtiendra de la Russie
et de l'Autriche, si ces puissances consentent à lui garantir l'intégrité de ses possessions territoriales actuelles.
Dans ce cas, il faut bien reconnaître que toute tentative
de la France en vue de troubler l'état de choses européen
tel que l'ont constitué les traités que lui a imposés l'Allemagne, se heurterait contre la coalition des trois États.

A ce point de vue, la conférence des trois empereurs
n'est rien moins que favorable à notre pays. Il ne nous
servirait de rien de chercher à nous le cacher à nous-
mêmes. Il est plus digne d'un grand pays de se placer
en face de difficultés que l'habileté commande de ne pas
amoindrir et de ne pas exagérer. Quoi qu'on en puisse
dire, les arrière-pensées de revanche que l'on suppose à
la France, la forme républicaine de son gouvernement
donnent beaucoup à penser à l'Europe inquiète et notamment aux trois États que travaillent sourdement, depuis plusieurs années, des agitations révolutionnaires.

Cependant il ne faudrait pas voir dans cette entrevue
une nouvelle *Sainte-Alliance;* gardons-nous du prestige

de certains mots. La Sainte-Alliance a eu sa raison d'être en un temps où la France représentait seule la révolution, où elle promenait seule à travers l'Europe les idées de 1789; mais aujourd'hui, ces idées ont pénétré au sein des cabinets jadis voués à l'absolutisme et si on allait au fond des choses, on verrait les pratiques révolutionnaires encore plus en honneur à Berlin, à Saint-Pétersbourg, à Vienne qu'à Paris.

LE REPOS

Après la période laborieuse pendant laquelle nous nous sommes préparé à l'emprunt national, et auquel nous sommes heureux d'avoir pu prendre une large part, un peu de repos nous était bien permis. Nous en avons profité.

Pendant ces quelques jours, notre pensée se reportait en arrière; nous mesurions l'œuvre accomplie depuis deux ans. Nous revoyions la France après ses premiers désastres, alors que tout semblait désespéré.

Comment pourrait-elle se relever? Comment pourrait-elle satisfaire aux engagements énormes qu'elle venait de signer? Quelle apparence y avait-il qu'elle pût trouver, même à un taux usuraire, les sommes colossales qui devaient payer sa rançon?

Aujourd'hui, cependant, après dix-huit mois de labeur, la nation se réorganise peu à peu; l'autorité se consolide en dépit des luttes politiques; les passions s'apaisent; les cinq milliards ont été souscrits dans deux magnifiques emprunts, et le crédit de la France est toujours debout.

La Providence nous est évidemment venue en aide : ne l'oublions pas.

Pour la première fois, depuis le jour où les malheurs de la France ont commencé, nous respirons, nous nous reposons.

On se reprend à l'espoir, à la confiance. Après la guerre étrangère et la guerre civile, on croyait la France condamnée à périr. Aujourd'hui la tranquillité est partout : tranquillité précaire, peut-être, mais réelle pour le moment. Et ce repos auquel tout le monde aspire, aussi bien dans le monde politique que dans le monde des affaires, en est la meilleure preuve.

Mais ce repos doit renouveler nos forces, non pas les engourdir. Il doit nous apporter plus que des réflexions consolantes, plus que la satisfaction des malheurs réparés ; nous devons y puiser une nouvelle énergie pour achever l'œuvre commencée.

En effet,

Que d'institutions à créer et à développer !

Nous avons une loi sur l'armée ; mais la loi faite, c'est l'armée même qu'il faut former.

Et l'instruction publique ?

Et nos chemins de fer d'intérêt général ou local ?

Et nos canaux ?

Et la dette à amortir ? Et nos impôts énormes à atténuer le plus possible ?

Et nos finances à réorganiser ?

Et notre personnel administratif à modifier?

Nous avons à reconstituer l'épargne en même temps que la prospérité matérielle du pays. Cet emprunt même, dont nous avons droit de tirer quelque fierté, n'est pas encore classé : les versements seront-ils régulièrement effectués?

Songeons que près des neuf dixièmes de nos titres sont entre les mains de la spéculation et de l'étranger, qu'il va falloir les leur reprendre, et cela dans les meilleures conditions possibles.

Sachons bien que si beaucoup a été fait, il reste encore beaucoup plus à faire, et, ne prenons de repos que pour nous remettre à l'œuvre avec une ardeur plus grande : ne gardons du passé que les souvenirs qui nous peuvent servir de leçons ou d'encouragements et tournons-nous résolûment vers l'avenir.

————————

LES CONSEILS GÉNÉRAUX — L'ORDRE MATÉRIEL EN FRANCE ET EN EUROPE

La session des conseils généraux s'est ouverte lundi 19 août; la plupart des anciens bureaux ont été réélus; le même esprit d'ordre et de conservation, de modération, d'apaisement et de concorde anime ces assemblées locales, et tout fait présager que leurs travaux ne seront signalés par aucun incident que les hommes qui placent l'habileté dans le bon sens aient à regretter.

La politique sera exclue de ces délibérations où les intérêts départementaux doivent être seuls en jeu; la loi organique des conseils généraux veut qu'il en soit ainsi, et cette année, comme l'année dernière, nous en avons la ferme conviction, la loi sera fidèlement, scrupuleusement observée.

A Bordeaux, à Lyon, à Marseille, les présidents des conseils et les préfets ont fait entendre des paroles de conciliation. Dans quelques départements, les ministres en exercice, comme MM. de Goulard et Dufaure, auxquels est échue la présidence, ont provoqué eux-mêmes, par leur propre langage, ce silence si désiré de la politique.

Dans la Dordogne, M. Magne a prononcé de sympathiques paroles, accompagnées de protestations de respect à la loi et au règlement qui ont été accueillies par les applaudissements de ses collègues.

Dans le Cher et dans l'Yonne, les présidents de l'an dernier, qui appartenaient au parti conservateur, ont été remplacés, il est vrai, par des républicains d'une nuance assez accentuée ; mais il n'y a rien, dans ce fait, dont il faille s'alarmer ; il ne faut voir là qu'un simple déplacement des votes ; mais la loi n'en conserve pas moins son empire, et ni le conseil du Cher, ni celui de l'Yonne ne deviendront des assemblées nationales au petit pied.

L'activité gouvernementale sommeille. A Trouville, M. Thiers goûte, au milieu des fêtes locales et de la foule d'étrangers que sa présence a attirés dans cette ville de bains, ce repos relatif qui est, en France, le lot de tous les chefs d'État. Il est difficile, chez nous, pour celui que les événements appellent au pouvoir, d'échapper aux visiteurs, aux discoureurs, aux flatteurs de la puissance, aux ambitieux de places, d'honneurs et d'argent. M. Thiers en fait, en ce moment, l'ennuyeuse expérience ; c'est là l'épine du pouvoir.

Nous faut-il parler de l'incident qui a troublé les joies des baigneurs de Trouville ; nous voulons parler de la manifestation de quelques jeunes gens qui, par leurs cris intempestifs, à bord d'un petit yacht, ont soulevé une petite tempête dont le petit bruit commence à se calmer ? Peut-être a-t-on attaché trop d'importance à cette équipée de jeunes gens sans portée politique et qui ont voulu se donner la satisfaction puérile d'émouvoir l'opinion et d'agacer les nerfs républicains du pouvoir.

Assurément, nous ne trouvons pas mauvais que l'autorité empêche et réprime les cris séditieux : la France a le besoin le plus urgent, le plus absolu de sécurité et de calme ; mais la répression doit être proportionnée au délit et on ne voudra pas tuer une mouche avec la massue d'Hercule.

Ce serait inutilement agiter le pays et ajouter une faute à celle commise par des jeunes gens inconscients de l'acte qu'ils ont commis que d'exagérer la portée d'un fait isolé et auquel l'habileté et la vérité conseillent de ne donner aucun caractère politique.

Les gouvernements ne doivent pas s'émouvoir aussi facilement que l'opinion ; d'ailleurs, nous ne voyons pas la nécessité d'un exemple, et s'il ne faut pas se montrer faible, les circonstances n'exigent pas non plus qu'il faille faire étalage de force et fracas d'autorité.

En France, l'ordre matériel n'est pas troublé ; mais il

n'en est malheureusement pas ainsi dans toute l'Europe.

Dans le Royaume-Uni, des désordres d'une extrême gravité ont éclaté à Belfast et à Dublin ; il a fallu employer la force et recourir aux dernières rigueurs pour venir à bout de l'émeute.

A Belfast, les passions religieuses étaient en jeu ; à Dublin les boulangers s'étaient mis en grève. Dans deux autres villes, à Exster et à Maidston, c'est l'application de la nouvelle loi sur les cabarets qui vient de provoquer une émotion populaire.

Les élections générales vont avoir lieu en Espagne ; on croit que les monarchistes radicaux ouvertement protégés et patronnés par le gouvernement obtiendront la majorité et une majorité assez nombreuse pour que le pouvoir puisse efficacement s'appuyer sur elle, ce que n'avait pu faire le précédent ministère qui n'avait pour auxiliaire qu'une majorité incertaine et flottante.

C'est bien certainement le 6 septembre qu'aura lieu, à Berlin, l'arrivée des trois empereurs. L'empereur d'Autriche fera d'abord une visite au roi de Saxe ; il sera de retour à Vienne le 13.

On avait parlé d'une entrevue à Weimar entre les empereurs d'Autriche et de Russie, entrevue qui devait réduire à néant tout ce qui aurait pu se faire à Berlin sous l'influence de M. de Bismark ; c'est là une nouvelle erronée ; après leur réunion à Berlin, les trois empereurs se sépareront, sans plus se soucier de remplir le programme de fantaisie que quelques nouvellistes se plaisent à leur tracer.

Ce que nous ne pouvons malheureusement pas dé-
mentir, ce sont les armements qui se poursuivent en
Prusse, ce sont les immenses préparatifs que cette puissance fait sur notre frontière, et, à Belfort même, sur
notre territoire; mais nous ne pensons pas qu'il faille
s'en alarmer et croire à des arrière-pensées de guerre.
La Prusse craint la revanche; elle prévoit le jour où une
crise viendrait se produire chez nous, par suite du chan-
gement du chef de l'État, et elle prend ses précautions.
D'autre part, les protestations de la plus vive sympathie
nous sont adressées par l'empereur de Russie.

La véritable, la seule question pour la France est de
savoir si l'Autriche et la Russie consentiront à sanctionner les possessions territoriales actuelles de la Prusse.

En Turquie, le cabinet réformateur dirigé par le nouveau grand-vizir Midhat-Pacha vient de se compléter par
la nomination de Sadick-Pacha, qui a laissé d'excellents
souvenirs de son précédent passage aux affaires, comme
ministre des finances.

VII

SEPTEMBRE 1872,

LES CHEMINS DE FER TURCS ET LES FINANCES DE L'EMPIRE OTTOMAN

La création de chemins de fer en Turquie inaugure
une nouvelle ère de prospérité pour l'empire ottoman
et pour tout ce qui touche à l'Orient et nous compre-

nons la faveur qui s'attache aujourd'hui au crédit de ce pays.

La Turquie a joué un rôle considérable dans l'histoire, et l'avenir lui réserve de brillantes destinées. Aujourd'hui, en effet, le percement de l'isthme de Suez vient de rétablir l'antique route de l'Inde vers l'Arabie, l'Asie Mineure et la mer Égée, et l'Orient est relié désormais à l'Occident par la vapeur sur terre et sur mer. La situation en Europe de la Turquie permet à cet État de servir de lien entre l'Occident et l'Orient; la Turquie occupe, en Europe, les vastes contrées comprises entre l'Adriatique, la mer Noire et l'Archipel; en Asie, tout le territoire compris entre la mer Noire, l'Archipel, la mer Rouge et le golfe Persique, c'est-à-dire ces riches pays dont « le souvenir immortel est consacré par l'histoire sacrée comme par l'histoire profane. »

Soit qu'on envisage l'empire ottoman comme étendue, soit qu'on l'étudie sous le rapport de sa population et de sa situation géographique, soit enfin que l'on considère sa puissante production et la fertilité de son sol, on est frappé de sa grandeur et l'on se rend compte des prodigieuses ressources qu'il renferme.

Le mouvement commercial de la Turquie devient chaque jour plus considérable. Ses importations pour l'Angleterre et la France dépassent 300 millions par an; chaque année, ses relations augmentent dans de notables proportions avec l'Allemagne, l'Italie, la Suisse, la Belgique, la Hollande; aujourd'hui, Constantinople est le troisième port commercial de l'Europe; il vient, par son importance, immédiatement après Liverpool et Londres;

son transit et son trafic dépassent celui de Marseille.

A côté de ces immenses ressources, qui ne demandent qu'une exploitation intelligente, nous remarquons combien les impôts sont peu élevés en Turquie. L'impôt par tête n'y atteint pas 20 francs, tandis qu'il dépasse 55 francs en Angleterre, et atteint près de 40 francs en Autriche. Son budget total, en recettes et en dépenses, est la sixième partie du budget de la France, et le quart environ du budget de l'Autriche. Nous faisons ces deux comparaisons à dessein, parce que la population de la Turquie, de l'Autriche et de la France est à peu près égale. Une grande marge est donc laissée encore à l'accroissement des recettes, accroissement dont l'importance prochaine est inévitable, en raison surtout des modifications profondes apportées récemment dans les services financiers du pays. Création d'établissements de crédit, construction de chemins de fer, amélioration des voies ordinaires de communication, établissement du monopole du sel et du tabac, timbre des effets de commerce, abaissement graduel des droits de douane, réduction du tarif postal : telles sont les réformes et améliorations introduites dans le système économique et financier de l'empire ottoman ; telles sont les mesures qui, infailliblement, seront pour le Trésor public une source de revenus considérables.

Réalisant un nouveau pas de l'empire ottoman vers l'Europe, les chemins de fer concédés par la Porte en 1869 avaient pour principal but le raccordement de Constantinople avec le réseau autrichien par la Bosnie. Ce programme est encore le même aujourd'hui, et se trouve déjà en partie réalisé. Son exécution est divisée, au point de vue de la construction du réseau, entre le gouvernement lui-même et une société concessionnaire, tandis que l'exploitation de tout l'ensemble du réseau est réunie dans les mains d'une seule et même compagnie, de nationalité française, et ayant à Paris son siège social.

La société de construction a été chargée d'exécuter les chemins de fer suivants :

1° La ligne directe de Constantinople à Philippopoli, par Andrinople ; c'est la tête de la grande voie internationale qui doit mettre Paris à trois jours de la capitale de l'empire ottoman ;

2° Les embranchements d'Andrinople à Enos et à Bourgas qui vont établir entre l'archipel et la mer Noire une communication précieuse. Évitant à beaucoup de navires le voyage de la mer Noire, cette voie leur procurera une économie de temps de huit à dix jours.

3° L'embranchement de Uskub à Salonique, c'est-à-dire au port unique sur lequel la Hongrie peut déverser ses produits dans la direction du Sud.

4° Un tronçon isolé qui va de Benjaluka à la frontière autrichienne.

5° Une ligne allant d'Andrinople vers Schumla, c'est-à-dire raccordant le réseau avec le chemin de fer de Rutchuk à Varna, et par suite avec les voies ferrées du reste de l'Europe.

L'exécution de toutes ces lignes est en bonne voie. 500 kilomètres sont à peu près terminés, et, dans deux ans, le réseau entier sera en exploitation. Les moyens financiers d'exécution consistent principalement dans la mise en circulation de 1,980,000 obligations. Une partie de ces titres a été émise en Autriche, en Turquie, en Hollande et en Allemagne, avant la guerre de 1870. Le solde sera dans quelques jours offert au public dans les mêmes pays, et en Italie, ce pays ayant également pris goût aux valeurs ottomanes. L'emprunt émane directement du gouvernement ottoman qui en fait le service, sans que les porteurs aient à s'occuper de la bonne ou de la mauvaise fortune de l'entreprise.

En vertu du nouveau traité, le gouvernement a affermé le réseau à construire moyennant une redevance fixe de 8,000 fr., tant que les recettes kilométriques resteront au-dessous de 20,000 fr. Au delà, il y a partage des bénéfices entre l'État et la Compagnie exploitante.

L'émission des obligations des chemins de fers turcs est donc appelée à un très-grand succès, succès d'autant plus grand, que tous ceux qui se sont intéressés aux fonds ottomans depuis plusieurs années réalisent aujourd'hui des bénéfices considérables. Et, en effet, si ceux qui ont souscrit au premier emprunt ottoman de 1860, émis à 312 fr. 50 rapportant 50 fr. ont économisé et capitalisé le revenu prodigieux qu'ils recevaient, non-seulement aujourd'hui leur capital est triplé, mais il s'est amélioré de 15 % environ, puisque les titres émis à 312 fr. 50 valent presque 360 fr., soit 50 fr. de prime.

De même pour les emprunts de 1863, 1864, 1865, les intérêts ont été régulièrement servis ; l'amortissement a fonctionné avec une régularité parfaite, et la simple capitalisation du revenu aurait déjà doublé le capital employé.

Quant aux obligations de l'emprunt de 1869, émises à 305 fr. rapportant 30 fr., remboursables à 500 fr., elles sont maintenant à 330 fr., soit en hausse de 25 fr. Le même succès attend les obligations des chemins de fer turcs. Ajoutons, comme le faisait remarquer avec raison un de nos confrères, que « les chemins de fer transformeront la Turquie au point de vue économique. Au point de vue politique, ils la souderont définitivement à l'Europe, ils accroîtront son influence sur les principautés vassales, ils porteront les lumières et la civilisation chez des populations isolées, ils doubleront la valeur de certains impôts qui se payent encore en nature. »

LES CHEMINS DE FER DE LA VENDÉE

I

Depuis bien longtemps déjà nous avons entrepris une œuvre que nous entendons poursuivre avec persévérance. Si nos forces ne nous trahissent pas, nous l'achèverons au grand profit du pays. Il s'agit d'intérêts nationaux, de l'avenir économique, financier, commercial et industriel de nos grands centres de production, de la prospérité de nos plus riches provinces.

Nos lecteurs n'ont pu se méprendre sur le but que nous nous proposions en étudiant, avec un soin presque minutieux, la situation des chemins de fer du midi de la

France, des divers réseaux des Charentes, des lignes d'intérêt local des Vosges, de Vitré à Fougères, de Seine-et-Marne, etc., etc.

Nous n'avons pas encore dit tout ce que nous pensons sur l'utilité de ces excellentes entreprises. Nous reviendrons encore sur chacune d'elles avec le même soin, la même précision de détails et de renseignements. Mais nous voulons dès à présent porter notre attention et attirer celle du public sur toutes les entreprises de transports dont la nécessité nous semble évidente, dont la prospérité nous semble assurée.

Nous consacrerons donc aujourd'hui un travail tout à fait général et sommaire tout à fait superficiel, pour ainsi dire, à une de ces lignes qui nous paraissent appelées à prendre un développement considérable.

Nous voulons parler des chemins de fer de la Vendée.

Nous l'avons dit et répété : notre premier réseau est achevé. On trouvera assurément d'importantes améliorations à apporter dans le système et le régime de nos grandes voies ferrées. Certains parcours trop longs seront redressés et des sections nouvelles rendront le trajet plus direct entre les points extrêmes de notre territoire. Mais ce ne sont là que des modifications de détail que le temps amènera de lui-même, dont les compagnies sentiront la nécessité et qui s'accompliront par la force des choses.

Mais combien de villes, de cantons, de départements, de provinces mêmes, nos lignes principales de chemins de fer ne délaissent-elles pas? On parle déjà du troisième réseau, lorsque le second est à peine achevé.

Ne se plaint-on pas chaque jour que notre système de canaux et de routes est incomplet?

Or, dans la construction, dans l'exploitation des routes et des canaux, n'est-ce pas l'état qui a la plus grande part?

Que peut faire l'État à cette heure où tant et de si lourdes charges pèsent sur lui? Peut-il avec les crédits dont dispose le ministère des travaux publics parfaire, nous ne dirons pas en quelques mois, mais en quelques années, le régime de nos voies navigables et de nos routes? Non, assurément.

Les chemins de fer, eux, sont livrés à l'industrie privée; ils peuvent se créer, s'établir, se construire, s'exploiter, sinon sans le concours moral de l'État, du moins sans son concours matériel et immédiat. Ils doivent, pour le moment, suppléer à l'insuffisance de nos voies de communication par eau ou par terre.

Qu'on jette un coup d'œil sur la carte de l'Angleterre; que l'on compte le nombre infini de ses rivières navigables, de ses canaux, de ses routes, de ses voies ferrées, et, tenant compte de ses conditions géographiques, qu'on la compare à la carte de la France; on comprendra ce qu'il nous reste à faire et combien il est urgent de porter toute notre attention sur la question capitale des transports.

Car, dans toute affaire commerciale ou industrielle, le prix de transport doit être nécessairement compris dans le prix de revient. Combien de marchandises ne peuvent se présenter sur la place de Paris parce que les moyens de communication sont si coûteux qu'elles arriveraient dans des conditions trop onéreuses pour pouvoir soutenir la concurrence de produits plus favorisés.

Et venons-en tout de suite à notre sujet.

Supposons que les chemins de fer de la Vendée n'existent pas. Supposons que le réseau en exploitation ne soit pas construit, que ce qui est concédé ne doive pas être exécuté. Transportons-nous en un mot à la veille du jour où cette Compagnie a commencé à fonctionner.

Une marchandise quelconque a été déchargée aux Sables-d'Olonne : elle est à destination de Paris : quel trajet devrait-elle faire, sans cette voie ferrée dont nous parlons ?

Il lui faudrait d'abord se rendre par voie carrossable des Sables-d'Olonne à la Roche-sur-Yon ; de là par voie ferrée remonter à Nantes, de Nantes à Angers, d'Angers à Tours, de Tours à Paris, soit 558 kilomètres.

Par les lignes de la Vendée la même marchandise n'aura à parcourir, des Sables-d'Olonne à Paris, que 484 kilomètres : soit une différence de 54 kilomètres.

Supposons maintenant qu'une denrée quelconque soit envoyée de Bressuire vers Paris, étant admis que le chemin de la Vendée n'existe pas. Cette matière transportable devrait remonter par Cholet jusqu'à la Poissonnière et Angers, être dirigée sur Tours, Orléans et Paris, soit un parcours de 445 kilomètres.

Par le chemin de fer actuel de la Vendée la même denrée n'aurait à parcourir que 360 kilomètres pour gagner Paris : soit une différence *minima* de 85 kilomètres.

Prenons un troisième exemple au hasard et supposons

qu'un chargement parte de Thouars, un des points principaux de la nouvelle ligne ; ce chargement suit la route que jusqu'ici ont été obligées de prendre toutes les marchandises à destination de Paris. Il faut le transporter par roulage de Thouars à Bressuire, puis de Bressuire à Paris par voie ferrée : soit environ 471 kilomètres dont 26 par les voies ordinaires. Sur la nouvelle ligne, ce chargement n'aura à parcourir par voie directe et rapide que 380 kilomètres.

On peut, d'après les chiffres que nous venons de citer, calculer exactement l'économie d'argent et de temps que la nouvelle ligne doit procurer, économie considérable lorsqu'il s'agit de grandes quantités, soit comme volume, soit comme poids, à transporter.

Ce que nous venons de dire pour trois des points principaux des chemins de fer de la Vendée est absolument vrai, sans aucune exception, pour toutes les localités qui se trouvent placées sur la ligne des Sables-d'Olonne et de la Roche-sur-Yon à Tours.

Mais prenons une autre partie du réseau.

La compagnie des chemins de fer de la Vendée a conclu avec la compagnie de Poitiers à Saumur un contrat d'exploitation pour 98 ans.

Un mot nous suffira pour faire comprendre toute l'importance de cette voie. Nous ne nous servons ici que d'arguments tellement simples et évidents qu'ils doivent être saisis sans le moindre effort d'attention.

La ligne de Poitiers à Saumur mesure 100 kilomètres. Sans cette ligne, si un négociant, un industriel, voulait envoyer de Poitiers à Saumur, un chargement quelcon-

que par voies rapides, ce chargement devrait remonter
jusqu'à Tours, soit déjà 100 kilomètres auxquels il faut
ajouter les 61 kilomètres qui séparent Tours de Saumur :
en tout 161 kilomètres : différence, plus de 60 kilomètres, c'est-à-dire, plus de 15 lieues sur un petit parcours
de 40 lieues, ce qui représente une économie nette d'environ 38 pour 100.

On sait quelle est la richesse des pays traversés par
les chemins de fer qui nous occupent ; mais, si bien
qu'on le sache, nous croyons qu'il ne sera pas inutile de
le montrer par le menu et d'énumérer toutes les sortes,
toutes les quantités de matière transportable qui alimen-
teront l'exploitation de la ligne. Ce sera là le sujet d'une
prochaine étude.

En attendant, qu'il nous suffise de donner un aperçu
rapide de la situation de la compagnie.

Cette situation est en pleine prospérité.

La concession entière des chemins de fer de la Vendée
mesure une étendue de 270 kilomètres, auxquels viennent s'ajouter les 100 kilomètres de la ligne de Poitiers
à Saumur : en tout 370 kilomètres.

L'exploitation est ouverte complétement sur les sections des Sables-d'Olonne à la Roche-sur-Yon et de la
Roche-sur-Yon à Bressuire, c'est-à-dire sur une longueur
de 124 kilomètres.

On va livrer à la circulation les 75 kilomètres qui séparent Bressuire de Chinon ; le reste de la ligne, jusqu'à
Tours, est en voie de construction, et les travaux sont
poussés avec activité.

La partie exploitée a donné jusqu'ici les meilleurs résultats et la progression dans les recettes se maintient malgré l'ouverture toute récente de sections importantes.

Du 1ᵉʳ janvier 1872 au 25 août dernier, les recettes brutes ont été de 308,087 fr. 42 centimes ; en 1871, elles étaient de 292,388 fr. 83 centimes. Et il est important de noter que, dans ce laps de temps, il a été livré à la circulation 31 kilomètres de voie qui n'ont pas encore atteint leur moyenne normale d'exploitation.

Dès aujourd'hui, la progression des recettes assure et au delà le rendement kilométrique nécessaire.

Toutes les considérations que nous venons d'exposer justifient la faveur qui s'est attachée aux titres de la compagnie des chemins de fer de la Vendée. Ses actions se cotent aujourd'hui à 600 francs, c'est-à-dire avec une prime de 100 francs. Ses obligations sont à 265 francs et, à ce taux, elles constituent un placement des plus avantageux et en même temps des plus sûrs. Quelle garantie, en effet, une pareille entreprise n'offre-t-elle pas ?

Le capital de la société est représenté par 24,000 actions de 500 francs libérées de 350 francs. Les subventions de l'État s'élèvent à 25 millions et demi.

Elle n'a émis que 68,565 obligations sur lesquelles il en est 26,000 dont les intérêts et le remboursement incombent à la compagnie de Poitiers à Saumur. Reste donc 42,585 obligations qui, pour un parcours de 260 kilomètres, ne représentent pas plus de 157 obligations par kilomètre. Eh bien, que l'on prenne ce nombre total des obligations émises par nos grandes compagnies et que l'on calcule à combien d'obligations chaque kilomètre sert de garantie, on verra que le chemin de fer des Vendées offre un gage aussi grand, sinon de beaucoup supérieur,

Nous le répétons, nous voyons là non-seulement une entreprise pleine d'avenir, mais une affaire excellente et un placement fructueux et certain.

Nous avons voulu éclairer sur cette valeur ceux qui nous lisent; nous allons leur soumettre des détails plus précis et des arguments tout à fait décisifs.

II

Nous avons exposé la situation actuelle de la compagnie de la Vendée et nous avons fait ressortir, en nous plaçant au point de vue purement financier, les avantages et les garanties que présentent les titres de cette entreprise.

Quelques exemples nous ont suffi pour montrer quelle lacune les chemins de fer de la Vendée remplissent dans le système des voies ferrées de l'ouest de la France. Il reste démontré que toutes les marchandises à destination ou en provenance des localités desservies par cette ligne seront transportées avec une économie considérable de temps et d'argent.

L'établissement de cette ligne répond donc à un besoin évident, urgent et cette considération seule suffirait pour donner pleine confiance dans l'avenir de la Compagnie. Toute entreprise qui satisfait à une nécessité semblable, qui a un tel caractère d'utilité, doit infailliblement prospérer.

Mais il est bon de se rendre compte des éléments d'exploitation que le nouveau chemin de fer trouvera sur son parcours. Plus ces éléments seront nombreux, plus la prospérité de la ligne sera certaine, plus ses bénéfices seront grands.

Le réseau de la Vendée se compose de deux lignes principales :

L'une qui, partant des Sables-d'Olonne, aboutit à Tours, en passant par la Roche-sur-Yon, Bressuire, Thouars, Loudun et Chinon. Elle mesure 250 kilomètres, sans compter les 20 kilomètres du tronçon de raccordement entre Thouars et Montreuil-Bellay.

La seconde ligne est celle de Poitiers à Saumur et pour laquelle la compagnie de la Vendée a conclu un traité d'exploitation avec la compagnie créatrice.

Cette ligne mesure 100 kilomètres.

LIGNE DES SABLES D'OLONNE ET LA ROCHE-SUR-YON

A TOURS.

Cette partie du réseau traverse, sur son parcours de 250 kilomètres, les départements de la Vendée, des Deux-Sèvres, de la Vienne et d'Indre-et-Loire, c'est-à-dire trois de nos provinces les plus fécondes et les plus riches ; la Vendée, le Poitou et la Touraine.

Dans le département de la Vendée que la voie parcourt dans sa plus grande largeur, depuis les Sables-d'Olonne jusqu'à la limite est, c'est-à-dire sur une étendue de 100 kilomètres environ, le nouveau chemin de fer coupe transversalement les arrondissements des Sables-d'Olonne, de la Roche-sur-Yon et de Fontenay-le-Comte. Il absorbera donc la plus grande partie des transports de la province. Or ce n'est certes pas la matière transportable qui fait défaut.

Nous ne devons tenir compte, ici, que des productions qui s'exportent en dehors du pays. Elles sont considérables. Les richesses minérales du sol en constituent une notable part. Ce sont les mines de plomb argentifère de Talmont (à 15 kilom. des Sables d'Olonne), les mines de houille actuellement en exploitation aux environs de Chantonnay (station de la ligne), de la Chataigneraie, de Vouvant, auxquelles il faut ajouter une mine d'antimoine. Il y a encore là de magnifiques carrières de marbre, de granit, de pierres de taille, de pierres meulières. A Seillé et aux environs de La Chaire on trouve du pétro-silex, du cristal de roche, et d'excellent kaolin; l'argile à faïence et à poterie, la marne et le gypse abondent dans le pays. Les marais salants, exploités en grand, forment encore une source abondante de produits à exporter.

La pêche à la sardine pratiquée surtout par les marins des Sables et de Saint-Gilles-sur-Vie, ainsi que la pêche à la morue, fournissent des quantités importantes de transports.

L'industrie manufacturière peu développée encore dans le pays et qui n'attendait, pour prendre de l'extension, que la création des voies rapides, compte cependant de nombreux et vastes établissements. On trouve aux abords mêmes des principales localités, des tanneries, des corderies, des fabriques de chapeaux, d'étoffes et de toile commune.

La production agricole n'offre pas de moindres ressources. La récolte du froment excède de beaucoup les besoins de la population; une notable partie est, par conséquent, envoyée sur les marchés voisins. Les vignes dont, en 1854, le rendement annuel était estimé 265,000 hectolitres, en donnent aujourd'hui plus de 300,000. Le lin, le chanvre, les fruits, les bois alimentent encore, dans une proportion considérable, le mouvement d'exportation du pays.

Enfin, l'élève des bestiaux et surtout celui des mulets dont cette province approvisionne presque toute la France et le nord de l'Espagne forment un objet de trafic dont il convient de tenir compte.

Le mouvement des voyageurs sur la ligne doit être nécessairement considérable si l'on considère combien vont en attirer les bains de mer des Sables-d'Olonne et les nombreuses sources d'eaux minérales parmi lesquelles nous citerons celles de Rocheservière, de Réaumur, de la Gilardière, du Pouet, etc., etc.

Au sortir du département de la Vendée, la ligne pénètre dans celui des Deux-Sèvres où elle parcourt de l'ouest à l'est l'arrondissement de Bressuire par Cerizay, Bressuire et Thouars. C'est la partie septentrionale de ce que l'on appelle le Bocage.

Là, comme dans la Vendée, nous trouvons des richesses minérales de premier ordre, des mines de fer, une importante mine de houille à Saint-Laurs, une mine d'antimoine dans le canton de Thouars, des carrières de marbre, de granit, de meulière, de grès.

A Châtillon on trouve des pierres transparentes qui rappellent les topazes de Bohême.

L'industrie manufacturière est en plein développement. C'est à la Peyratie dans l'arrondissement voisin de celui de Bressuire que se trouvent les forges de la Meilleraie, d'où il sort de la fonte de moulage et du fer forgé. Les peaux mégissées et chamoisées, la préparation des cuirs, la ganterie si estimée du pays, la distillation des eaux-de-vie ; telles sont les principales branches de l'activité industrielle de la contrée.

Là encore fleurit l'élève des bestiaux, bœufs gâtinaux, bœufs bourets, bœufs du marais, bœufs engraissés dans le pays même pour être exportés ensuite, et bœufs maigres, qu'achètent, pour les engraisser, les éleveurs de Normandie. Comme ceux du département voisin, les mulets sont renommés dans l'Europe entière et de nombreux haras, créés déjà depuis longtemps dans le pays, assurent la conservation de la race. Le commerce des vins et des eaux-de-vie est des plus actifs ; ces dernières sont d'une qualité supérieure et passent dans le commerce comme d'excellentes eaux-de-vie de Cognac. Depuis dix ans, la production a augmenté de plus d'un tiers. Enfin, les graines de lin, de trèfle, de luzerne, les fourrages, les bois, les vinaigres, fournissent à l'industrie des transports des ressources nombreuses et surabondantes.

Presque toutes les villes situées sur le parcours ou à proximité du chemin de fer de la Vendée jouissent d'une activité industrielle et commerciale qui ne peut aller qu'en se développant. Bressuire a des fabriques de tiretaines, de flanelles, de serges rasées et drapées, de basins, de siamoises, de mouchoirs façon Cholet, de belles carrières de granit, un marché fort suivi de céréales et de bestiaux. A Argentan on fabrique les étamines, les toiles, serges et cadis; on y trouve des vanneries et un commerce actif de chanvre, de vins et de bois. Châtillon-sur-Sèvres a des foires très-fréquentées qui ont pour principal objet le commerce des moutons. Enfin, c'est sur le marché de Thouars que l'on vient acheter ces mulets si renommés dont nous parlions plus haut.

Le chemin de fer de la Vendée n'emprunte au département de la Vienne que 30 kilomètres situés tout entiers dans l'arrondissement de Loudun. Ce parcours, si petit qu'il soit, ne sera cependant pas un des moins productifs. Les vins blancs de Couture et de Loudun sont estimés, les eaux-de-vie de cette partie de la province rivalisent avec celles de Cognac, de Saintes et des Deux-Sèvres. Le miel et la cire y sont un objet de commerce important, ainsi que les graines fourragères, le froment, les bœufs et les porcs gras. A Loudun et dans les environs se trouvent d'importantes fabriques de draps, de toiles, de dentelles communes et des orfévreries renommées pour le fini et la délicatesse du travail.

En quittant la Vienne, le chemin de fer de Vendée pénètre dans cette luxuriante et plantureuse Touraine, dont nous croyons inutile d'énumérer les richesses de toute nature.

On le voit, il est difficile d'imaginer sur un trajet re-

lativement peu étendu plus de ressources, plus d'éléments de vitalité. D'un bout à l'autre de la ligne, on chercherait en vain un arrondissement, un canton qui doive
rester improductif pour l'entreprise ; partout on rencontre
l'activité, le travail et la vie.

LIGNE DE POITIERS A SAUMUR.

Sur cette seconde partie du réseau, la matière transportable et les objets d'exploitation ne sont pas moindres.
Nous avons déjà montré quels bénéfices la ligne fera
réaliser au commerce sur toutes les marchandises qui,
de nos provinces du centre, devront être dirigées sur
Saumur, Angers, Nantes et la Bretagne, comme sur
celles qui auront à faire le trajet inverse.

Aux richesses locales que nous avons déjà énumérées
en partie, du moins pour ce qui concerne le département
de la Vienne, il faut ajouter les transports de toute nature amenés à Poitiers d'Angoulême, de Limoges, de
Guéret et de toutes les localités intermédiaires, par les
différentes lignes de la compagnie d'Orléans et qui em-
prunteront la voie directe de Poitiers à Saumur pour gagner la grande ligne de Paris à Nantes.

Il n'y a donc pas seulement là une question d'intérêt
purement local, mais aussi d'intérêt général. Or les
arrondissements traversés par cette ligne, c'est-à-dire
ceux de Poitiers et de Loudun dans la Vienne, celui de
Saumur dans Maine-et-Loire suffiraient seuls à assurer à
la nouvelle voie un trafic largement rémunérateur.

Nous ne citons que pour mémoire le tronçon de raccordement entre Thouars et Montreuil-Bellay qui a pour
objet d'établir une communication entre les deux parties
du réseau.

Ainsi, à quelque point de vue que l'on se place, que
l'on considère l'utilité de la ligne, les services qu'elle
doit rendre, les débouchés qu'elle ouvre aux pays traversés ou que l'on envisage uniquement les ressources que
ces pays présentent à l'exploitation, il apparaît clairement que bien peu d'entreprises ont été plus sagement
conçues et ont réuni plus de chances de succès, plus de
garanties d'avenir. Il était nécessaire, pour le bien démontrer, d'entrer, comme nous l'avons fait, dans des
détails qui peuvent sembler un peu minutieux, mais qui
ne manqueront pas de frapper les esprits sérieux.

C'est là un de ces placements que nous aimons à con-
seiller, et, aux conditions actuelles, les titres du chemin
de fer de la Vendée nous paraissent offrir, pour le présent
comme pour l'avenir, de nombreux avantages qu'il est difficile de trouver réunis. A tous les gages de sécurité qu'ils
présentent, ne convient-il pas d'ajouter la confiance
qu'inspirent les noms des administrateurs de la compagnie, noms entourés de la considération générale, et
auxquels s'attache une réputation de talent et d'expérience depuis longtemps consacrée.

L'ENTREVUE DES TROIS EMPEREURS

Les séances des assemblées départementales sont closes.

Partout, même dans les départements où l'esprit révolutionnaire est le plus habituellement surexcité, le plus grand calme a présidé aux délibérations. Quelques conseils ont émis des vœux politiques ; mais ces vœux que la loi interdit seront annulés par une décision gouvernementale, et il n'en sera plus question ; le silence se fera et tout rentrera dans l'ordre. Il est à désirer que nous apprenions enfin à respecter la loi, c'est-à-dire l'expression de la volonté de tous ; c'est là la base de l'édifice social et nous n'approuverons jamais assez énergiquement le pouvoir lorsqu'il tiendra la main à ce que partout et toujours, par tous les moyens possibles, force et raison restent à la loi.

Toutes ces tentatives des volontés individuelles pour échapper à la loi commune sont criminelles au premier chef ; ce qui fait la force des institutions anglaises et américaines, c'est que nul ne songe à éluder la décision du législateur ou que, la loi violée, l'opinion publique flétrit aussitôt celui qui l'a transgressée.

Quand nous en serons là, nous aurons atteint le but jusqu'ici vainement cherché, et dont les révolutions nous ont constamment éloignés : la stabilité de nos institutions politiques.

En dehors de la clôture de la session des conseils généraux, un seul fait sollicite et absorbe en ce moment l'attention du monde politique ; nous voulons parler de l'entrevue des trois empereurs.

Tout confirme les appréciations que nous formulions dernièrement au sujet de cette réunion des trois plus grands souverains de l'Europe centrale.

Les monarques eux-mêmes la représentent comme une garantie du maintien de la paix ; mais à quelles conditions ? Pour que la paix soit garantie, faut-il que les possessions territoriales actuelles de chacun des trois grands États soient maintenues ? Y aura-t-il entre les souverains un contrat écrit ou tacite qui sera, pour eux, la garantie solidaire de l'état de choses créé par des guerres où l'Autriche et la France ont dû se courber sous les exigences du vainqueur ?

S'il en est ainsi, nous ne comprendrions pas la présence du souverain d'Autriche au congrès de Berlin, nous ne comprendrions pas non plus l'aquiescement de l'empereur Alexandre ; nous comprendrions encore moins les témoignages de sympathie que la Russie et l'Autriche prodiguent depuis quelques jours à la France ; car c'est bien contre la France que seraient dirigées les délibérations des trois empereurs.

Nous avons lu, à ce propos, avec un vif intérêt les articles que M. H. de Pène, cet esprit si distingué, vient de publier dans *Paris-Journal*. L'écrivain constate qu'à l'entrevue de Berlin il ne s'élèvera pas une voix, dans le conseil des empereurs, pour plaider la cause de la France, inséparable de la cause du vrai repos de l'Europe ; que l'empereur Guillaume, en annexant la Lorraine et l'Alsace a gagné plus de deux millions d'âmes, mais pas un cœur; qu'il s'est affaibli en s'agrandissant ; et que si nous ne vivions pas à une époque d'aveuglement et de vues courtes, il s'élèverait sans doute une voix, à Berlin même, pour rappeler M. de Bismark et son maître à la sagesse politique et les engager à rendre à la France ce qu'ils lui ont pris. »

Cette déclaration que les trois empereurs ne se réunissent que pour assurer la paix du monde ne le rassure guère. Est-ce qu'on ne fait pas la guerre pour assurer la paix du monde ?

« Tel, dit avec un grand bons sens M. de Pène, le médecin qui vous saigne est censé vous ouvrir la veine pour assurer votre santé. Quand la guerre fatale a éclaté en 1870, c'était aussi pour *assurer la paix du monde*, menacée, selon la Prusse, par l'ambition française, et, selon la France, par l'agrandissement militaire de la Prusse et l'accroissement inquiétant de son influence.

« Lorsque nous avons fait, au contraire, avec bonheur et gloire, les campagnes de Crimée et d'Italie, c'était toujours pour assurer la paix du monde, qui ne pouvait, disions-nous, s'accommoder de la domination autrichienne en Italie et des ambitions de la Russie en Orient.

« On pourrait multiplier à satiété les exemples d'où il résulte qu'il n'y a rien au monde de moins rassurant que cette formule dans la bouche de souverains militaires : « Nous nous réunissons pour assurer la paix du monde. » La paix du monde est trop souvent l'antiphrase sous laquelle on dissimule des projets qui ne sont rien moins que pacifiques. Je ne dis pas qu'il y ait pour le moment une guerre près d'éclater à l'horizon ; je soutiens seulement que si l'on veut nous faire considérer d'un œil riant l'entrevue de Berlin, il ne faut pas se borner à dire que les princes qui y prennent part ont pour but la paix du monde. Nous attendrons des explications moins vagues pour nous endormir dans l'optimisme des radicaux et des officieux relativement à ce congrès d'empereurs qui, jusqu'à présent, ne nous dit rien qui vaille.

« M. de Bismark doit s'apercevoir aujourd'hui qu'il s'est trompé dans la cruauté de ses calculs sur la France, tandis qu'il la tenait sous ses pieds.

« Il comprend certainement que la paix du monde ne saurait avoir pour de longues années l'odieuse paix de Francfort pour base, et que le pays qui paye cinq milliards en un tour de main, en sortant d'une double guerre étrangère et civile, et tout emmaillotté qu'il est dans les limbes constitutionnels de l'essai loyal, est un pays avec lequel tôt ou tard, l'Allemagne aura de nouveau à compter. Il doit sentir que l'Alsace et la Lorraine sont mal soudées à l'agglomération du nouvel empire germanique, et que s'il ne trouve moyen de cimenter les pierres de son édifice par quelque combinaison nouvelle où l'on verrait vraiment le génie chez lui à la hauteur de la fortune, ceux qui ont aujourd'hui l'âge d'homme ne mourront point sans doute avant d'avoir vu s'écrouler l'œuvre éphémère des canons de M. de Moltke. »

S'emparer des populations comme d'un bétail, pour M. de Pène comme pour tout esprit élevé et qui a conservé quelque chose d'humain, ce n'est plus moderne, c'est de la barbarie pure :

« Le grand politique de l'Allemagne, en nous imposant, comme couronnement d'une guerre conduite d'une façon si habilement moderne par les siens, une paix barbare comme celle de Francfort, semble avoir été dupe lui-même de son fameux axiome : « La force prime le droit. »

« Or, la force est justement ce qu'il y a de plus faible au monde, parce que la force d'aujourd'hui peut être la faiblesse de demain. L'exemple de la France vaincue devrait au moins profiter à son vainqueur. Il n'y a pas de droit contre le droit, il peut toujours y avoir une force contre la force.

« Si la grandeur réelle de M. de Bismark était égale à la grandeur de ses triomphes, ne pouvant exterminer la France et arracher sa page du livre des nations, il ne lui aurait pas imposé une paix qui ne pouvait être que la guerre, dans dix ans ou dans cinquante ans, du moment que la France ne veut mourir ni de ses propres fautes ni du coup que son vainqueur lui a si impitoyablement asséné.

« Pour que l'assurance de la paix du monde pût résulter du traité de Francfort, il aurait fallu, en même temps qu'on arrachait de la France l'Alsace et la Lorraine, empêcher le soleil de dorer désormais nos champs et nos vignobles, frapper de stérilité nos cerveaux et réduire nos bras à l'impuissance, exproprier de son génie propre et de son courage ce peuple laborieux, intelligent et vaillant, transporter en Allemagne la fécondité de notre sol, tarir nos fleuves, « ces routes qui marchent, » comme disait Pascal, nous imposer l'ignorance et le sommeil, détruire nos chemins de fer et nous interdire d'en construire d'autres, abolir le goût, l'élégance et la langue de la France, courber notre esprit sous le joug de l'abrutissement, éteindre enfin ce que Dieu lui-même a allumé et détruire l'effet des prodigalités de la Providence envers notre nation.

« Du moment que le traité de Francfort ne pouvait pas accomplir cette œuvre d'anéantissement, ce fut une faute grave de le vouloir si dur et si injurieux.

« Voulez-vous opprimer le corps sans danger pour vous même, arrachez-en d'abord le cœur. Sinon, déliez-vous! »

C'est pourquoi nous dirons, nous aussi, à la Prusse, même aux trois empereurs : Défiez-vous!

On ne garantit la paix du monde que par la justice, le respect du droit.

Au lieu de sanctionner le traité de Francfort, les trois monarques devraient protester et engager la Prusse à se départir d'exigences qui, tôt ou tard, seront le point de départ d'une conflagration nouvelle.

Inutile d'ajouter que nous n'attendons pas d'eux tant de sagesse.

L'anniversaire du 4 Septembre n'a été célébré nulle part. Le gouvernement avait eu le bon goût d'interdire les manifestations projetées. La plupart des préfets et notamment le préfet de la Marne, ont publié, à ce sujet, de remarquables circulaires où ils ont exposé l'inutilité et le danger de ces prétendues fêtes nationales, si chères aux uns parce qu'elles sont humiliantes pour les autres et qui ne rappellent que les triomphes quelquefois sanglants et désastreux, souvent éphémères des partis.

LES VALEURS A LOTS ET LA LOI DE 1836 — NÉCESSITÉ D'UNE RÉFORME

L'émission des obligations à lots des chemins de fer turcs, qui vient d'obtenir un franc et légitime succès, rappelle que des réformes sont urgentes dans la législation financière qui nous régit.

La loi du 21 mai 1836 qui interdit les loteries, en France, subsiste encore, et cette loi s'applique, non-seulement aux jeux de hasard, mais encore à toutes les émissions de valeurs donnant, en plus de l'intérêt fixe, des droits à des tirages au sort de primes et de lots.

Sous le gouvernement impérial, on ne fit exception à la loi de 1836 que pour les valeurs émises avec l'autorisation gouvernementale ou 'en vertu de traités de commerce avec des gouvernements étrangers ; c'est ainsi que nous avons vu émettre les obligations de l'emprunt mexicain, de fâcheuse mémoire, les obligations à lots du Canal de Suez et de plusieurs villes étrangères, et précédemment déjà, les obligations foncières et communales du Crédit foncier de France, remboursables par voie de tirage au sort trimestriels avec lots; ensuite une quantité, aujourd'hui considérable, d'obligations de chemins de fer et autres, remboursables à un prix plus élevé que celui de leur émission, c'est-à-dire avec prime; et enfin, les nombreux emprunts de départements, de villes et de communes dont la plupart sont, à la fois, pourvues du triple attrait du revenu, de la prime au remboursement et de lots semestriels. En un mot, autorisées ou non, tolérées ou défendues, les valeurs à lots se sont acclimatées en France ; c'est par millions qu'elles sont entrées dans tous les portefeuilles, et on comprend combien il est important que notre législation détermine enfin, par une loi, ce qui, jusqu'aujourd'hui, était laissé à l'initiative, au bon vouloir et aussi à l'arbitraire du gouvernement.

Sous l'Empire, pendant que les obligations à lots de villes françaises et étrangères se négociaient ouvertement en bourse, au parquet des agents de change, des émissions d'autres valeurs à lots, non moins solides, non moins sérieuses, étaient interdites.

Si nous avons bonne mémoire, l'émission de l'emprunt de la ville de Madrid, par le Crédit lyonnais, fut prohibée, par ordonnance du Préfet de police, le jour même où la souscription était ouverte ; les journaux furent invités à ne pas s'occuper d'une opération interdite par la loi de 1836, et il nous souvient que nous critiquâmes alors cette intervention. Plusieurs de nos confrères furent poursuivis, et le *Messager de Paris* doit se rappeler la condamnation qui, plus tard, le frappa pour avoir inséré, dans ses colonnes, l'annonce d'une émission de valeurs étrangères à lots.

Au commencement de janvier 1870, une pétition avait été adressée au Sénat pour faire cesser cette fausse situation. Une des honorables maisons de banque de Paris, MM. Monteaux, intéressés dans l'emprunt de la ville de Madrid, et obligés de renoncer à cette opération par suite de l'arrêté du Préfet de police, avaient adressé au Sénat une pétition à l'effet :

1° De dénoncer l'illégalité de cet arrêté ; 2° et subsidiairement, de demander qu'une loi nouvelle vînt du moins réglementer et sanctionner, pour l'avenir, les opérations financières relatives aux valeurs à primes et à lots.

Dans la séance du 15 février 1870, le Sénat avait repoussé la première partie de la pétition de MM. Monteaux et avait favorablement accueilli la seconde.

Le rapport avait été fait de la manière la plus remarquable par M. le Procureur général près la Cour des Comptes, comte de Casabianca; et voici quelles étaient les conclusions de ce rapport, adoptées par le Sénat :

« Nous pensons, comme le pétitionnaire, dit M. de Casabianca, qu'il est indispensable de faire cesser par une réglementation précise les doutes qui se sont manifestés dans une question où de si grands intérêts, se trouvent engagés.

« A notre avis, le moyen le plus simple, le plus rationnel, consisterait à introduire dans la loi de 1836 une disposition additionnelle qui, à l'exemple de ce qui a lieu pour les loteries destinées à des actes de bienfaisance ou à l'encouragement des arts, permettrait au gouvernement d'autoriser les emprunts émis sous les conditions déterminées par le traité de commerce avec la Belgique.

« Toutefois, cette autorisation ne pourrait être accordée que par une loi. Nous mettrions ainsi notre législation en harmonie avec nos conventions internationales, et le gouvernement ne serait plus placé dans la nécessité toujours pénible de déroger pour un intérêt spécial à une loi qui repose sur un grand principe de morale.

« Votre commission, tout en repoussant la plainte di-

rigée par le sieur Monteaux contre l'arrêté qui lui a été
notifié, est d'avis que la question générale, traitée dans
sa pétition, est digne de toute la sollicitude du gouvernement.

« Sous ces réserves, votre commission a l'honneur de
vous proposer le renvoi de la pétition aux ministres de la
justice et des finances. »

Le renvoi à ces deux ministres a été en effet prononcé; et,
depuis cette époque, la question reste toujours en suspens.

Aujourd'hui encore, la loi de 1836 subsiste entière ;
évidemment, appliquée aux valeurs rapportant intérêt et
donnant des lots, non-seulement elle est une mauvaise
mesure, mais elle met en contradiction les doctrines
professées autrefois par les soutiens les plus fervents du
gouvernement actuel.

En effet, lorsque la première émission des obligations
à lots des chemins de fer turcs eut lieu à l'étranger, les
concessionnaires s'adressèrent au gouvernement impérial
pour obtenir l'autorisation de négocier ces titres sur le
marché français, et de faire l'émission en France. Cette
autorisation leur fut refusée. Les concessionnaires de-
mandèrent alors conseil aux principaux jurisconsultes
qui rédigèrent une consultation tendant à démontrer que
l'émission projetée ne pouvait être, en aucune façon,
assimilée à une loterie, et qu'elle ne tombait pas sous
l'application de la loi de 1836.

Cette consultation que nous publions plus loin fut signée, entre autres avocats distingués, dont les connaissances spéciales en ces matières font autorité, par M° Odi-
lon Barrot, aujourd'hui vice-président du Conseil d'État;

par M° Grévy, président de l'Assemblée nationale ; par
M" Crémieux, ancien ministre sous le gouvernement du
4 septembre; par M°ˢ Clément Laurier, Sénard, Allou,
Lachaud, Le Blond, Plocque, etc., etc.

Il n'est donc pas douteux, pour nous, que la loi de
1836, commentée par d'aussi éminents jurisconsultes,
ne peut être appliquée aux émissions de valeurs à lots,
et nous espérons qu'à la prochaine session, une loi nouvelle sera présentée à la sanction de nos législateurs. Ce
serait, en effet, une étrange contradiction que de voir le
gouvernement de la République refuser une liberté demandée énergiquement à l'Empire, par les sommités du
parti républicain, la liberté des affaires, et repousser une
réforme utile dans une question où, suivant l'expression
si vraie de M. le Procureur général comte de Casabianca,
« de grands intérêts se trouvent engagés. »

Nous avons toujours été convaincu qu'une des libertés
les plus précieuses devait être la liberté des affaires. Et
lorsque nous constatons que la loi de 1836 subsiste encore et reste applicable à des émissions de valeurs à lots,
c'est démontrer qu'il nous reste beaucoup de libertés nécessaires à obtenir, nécessaires surtout parce qu'elles
sont fécondes et fructueuses.

L'émission des obligations à lots des chemins de fer
turcs s'est donc faite seulement à l'étranger ; le syndicat chargé de cette émission n'a pas voulu s'adresser au
marché français, par suite du maintien de la loi de 1836 ;
et il attend que cette loi soit réformée pour faire coter
et négocier officiellement, chez nous, ces obligations.
Sur ce point encore, l'intérêt bien entendu du Trésor

public exige une prompte réforme de cette loi surannée. Il existe, en effet, 1,980,000 obligations à lots turques : le jour où ces obligations pourraient librement se négocier en France, elles auraient à payer au Trésor un droit de timbre de cinq francs par titre, soit au total 9,900,000 fr. Voilà donc, rien que pour une seule affaire, une recette de 10 millions environ, que le Trésor public aurait pu facilement encaisser, et que cette loi de 1856 lui fait perdre.

Ce qui suffirait, du reste, à démontrer combien cette loi de 1856, appliquée aux valeurs à primes et à lots, est mauvaise, c'est la facilité avec laquelle il est possible de l'éluder. Une émission est-elle interdite en France ? Les journaux étrangers se chargeront bien de vous apprendre qu'elle est ouverte à l'étranger ; ils vous en diront les conditions ; ils feront connaître les maisons où l'on peut souscrire.

Ainsi, pour prendre un exemple, dans cette opération des obligations à lots des chemins de fer turcs, les journaux français se publiant à Paris ou en province, n'ont pu insérer l'annonce de l'émission.

Par contre, des journaux, ayant une rédaction française, qui n'ont leurs abonnés qu'en France, qui s'impriment à Bruxelles, Vienne, Genève et autres villes, et se distribuent librement en France, par les mêmes voies que les journaux français, ont pu, en toute sûreté, faire ce qui nous était interdit : c'est-à-dire indiquer aux capitalistes français, toutes les conditions de l'emprunt à lots.

Et nous payons pourtant l'impôt sur le papier, des droits

de poste augmentés; nous avons un cautionnement, toutes charges que ne supportent pas les journaux français qui s'impriment à l'étranger.

Est-ce politique, est-ce juste?

La loi de 1836 doit être modifiée, et, nous en avons la conviction intime, elle le sera. C'est une erreur de comparer à une loterie, à un jeu de hasard une valeur rapportant intérêt, remboursable à période fixe, et donnant des lots. A notre avis, la loi de 1836 doit se borner à interdire les loteries proprement dites; en d'autres termes, ces opérations où l'on sacrifie d'une manière irrévocable une petite somme pour se créer une chance aléatoire; mais cette prohibition ne doit pas s'étendre aux emprunts dont les combinaisons financières offrent aux prêteurs l'avantage de pouvoir être favorisés par le sort, sans être exposés à perdre ni le capital ni les intérêts de la somme déboursée.

LES RÉSULTATS DE L'ENTREVUE DE BERLIN

Le pays continue à jouir du calme le plus absolu; les banquets commémoratifs des grandes dates révolutionnaires ont été très-sagement interdits: partout où un conflit a surgi entre l'administration et les radicaux, ces derniers ont dû céder à la loi; à Lyon, tout est rentré dans l'ordre; les écoles congréganistes, supprimées illégalement par le conseil municipal, se sont rouvertes par décision administrative ; le gouvernement, il faut lui en savoir gré, a fait preuve, dans ces circonstances, d'une énergie qui a déconcerté les agitateurs et qui préviendra, pour l'avenir, des difficultés que sa faiblesse n'eût pas manqué de provoquer.

Le bruit des fêtes auxquelles a donné lieu l'entrevue des trois empereurs, à Berlin, commence à se calmer.

Décidément, le résultat de cette rencontre des trois souverains de l'Europe centrale n'est pas de nature à inspirer de l'inquiétude aux autres peuples et notamment à la France.

L'entrevue paraît avoir eu un caractère essentiellement militaire et, pour ainsi dire, personnel, amical, de souverain à souverain.

Les trois chefs d'État voulaient se voir ; ils se sont vus ; l'empereur d'Allemagne tenait à couronner l'œuvre de ces dernières années, en réunissant à Berlin trois empereurs, afin, sans doute, de frapper l'imagination de ses peuples ; il a réussi ; c'est une satisfaction qu'a reçue son orgueil ; mais en quoi cette sorte d'exhibition princière servira-t-elle ses desseins?

Sous ce rapport, nous croyons que nous n'avons pas à nous préoccuper de l'avenir ; il n'y a eu, à Berlin, ni traité, ni même tentative de négociations.

La *Gazette de Spener* l'a affirmé et le grand chancelier de l'empire d'Allemagne a eu soin de le déclarer lui-même. Répondant à une députation du conseil municipal de Berlin qui lui apportait le diplôme de bourgeois de cette ville, il a déclaré en propres termes que l'entrevue des souverains était, il est vrai, la reconnaissance éclatante du nouvel empire allemand, mais qu'elle n'a nullement pour but de poursuivre des projets politiques particuliers. Un autre journal qui exprime assez souvent la pensée du cabinet de Berlin, la *Gazette de Cologne*, a déclaré, à son tour, que l'Allemagne ne songeait pas à faire des conquêtes, qu'elle n'avait nullement le désir de s'annexer les provinces allemandes de la Russie et de l'Autriche et qu'elle n'a pas non plus l'intention de s'emparer de la partie allemande de la Suisse, ni de la Hollande, ni de la Belgique. La *Gazette* a ajouté que la présence des souverains étrangers à Berlin, à l'occasion des manœuvres de l'armée allemande, prouve jusqu'à l'évidence que les intentions de l'Allemagne sont pacifiques; « le nouvel empire ne poursuit pas d'autre but que de forcer le monde à rester en paix, et il y parviendra sans verser une goutte de sang. »

Reconnaître l'empire allemand ce n'est pas s'engager à le défendre s'il était mis en péril; voilà en quoi l'entrevue n'a aucun caractère politique, aucune signification qui puisse froisser la France ou exciter ses défiances.

La même feuille dit que l'Allemagne en s'emparant de l'Alsace-Lorraine, n'est pas entrée dans la voie des conquêtes, mais qu'elle a seulement repris ce qui lui appartenait, et que les Allemands, à l'exception de quelques têtes folles comme il y en a partout, ne songent pas à reprendre les autres pays d'origine allemande qui ont fait à une époque très-reculée, partie du saint-empire germanique.

Ainsi, nous voilà rassurés; M. de Bismark et quelques journaux allemands ont parlé; les souverains eux-mêmes ont déclaré qu'ils ne souffriraient pas qu'on tentât d'humilier ou de froisser la France. D'ailleurs, ne savonsnous pas par notre propre expérience et celle des autres peuples, que les rencontres fastueuses, les poignées de mains officielles, ces embrassements, ces échanges solennels de décorations ne prouvent que l'extrême facilité avec laquelle princes et États se laissent aller aux illusions les plus mensongères. Nous aussi, nous avons vu en 1867, tous les souverains de l'Europe à Paris ; nous avons pu croire à leur amitié, à la durée de leurs alliances ; combien le rêve a-t-il duré ?

Le monde peut donc continuer à vivre en paix ; l'épée de Damoclès d'une guerre européenne n'est pas suspendue sur nos têtes ; continuons à travailler, à nous réorganiser, à nous tenir en repos ; ce n'est pas du dehors que viendront les obstacles à notre régénération politique.

La France n'a pas eu de représentants officiels aux entrevues de Berlin : mais un certain nombre de journaux avaient envoyé des rédacteurs dans la capitale de la nouvelle Allemagne. Quelques-uns d'entre eux n'ont rien vu, rien observé ; ils sont allés à des fêtes; ils se sont crus sur nos boulevards de Paris ; d'autres, au contraire, se sont rendu compte des mœurs et des habitudes de ce peuple dont, nous autres Français, nous avons à recevoir plus d'une leçon. Leurs lettres auront rectifié bien des idées fausses, semé quelques idées justes, qui germeront, il faut l'espérer, et jeté dans les esprits des clartés nouvelles sur l'état de civilisation de ces races du Nord que, jusqu'ici, pour notre malheur, nous avons trop dédaignées.

Pour en finir avec l'entrevue de Berlin, nous dirons qu'il n'y a eu ni programme arrêté de questions à résoudre, ni entente générale sur la nécessité de se concerter à l'avenir, dans toutes les questions internationales, ni délibération sur telle ou telle question, ni engagements pris et qu'il n'y aura à l'adresse des autres gouvernements, ni dépêches identiques, ni communications arrêtées en commun, tout au moins dans leur sens général. Les phrases ne servent jamais à grand'chose et elles engagent.

A nos yeux, c'est là la plus sûre garantie de paix qui pût sortir de ces entrevues; tout indice d'une entente étroite nouée entre les souverains eût donné de l'ombrage aux puissances laissées en dehors de ce concert restreint qui eût été considéré comme une nouvelle Sainte-Alliance, c'est-à-dire comme une menace pour l'Europe.

Le danger de voir renaître la Sainte-Alliance ne paraît pas être le seul auquel nous venions d'échapper. Le spectre de l'*Internationale* vient de s'évanouir; la débâcle de la fameuse association est complète.

Une sorte de réaction contre les principes exécrables de cette lugubre bande de sectaires s'est faite dans les esprits; la raison a repris son empire. Comment en serait-il autrement en présence de déclarations pareilles :

« Il est nécessaire de courber toutes les classes sous la dictature du prolétariat.... A ceux qui osent déclarer qu'il n'y a pas de question sociale nous répondrons : Les fusilleurs de droite et les fusilleurs de gauche nous sont également ennemis, et les Gambetta ne nous sont pas

moins odieux que les·Thiers! Il ne peut y avoir d'autre
rapport entre le prolétariat et la bourgeoisie que le
combat. »

Le formulaire de l'*Internationale* ne mentionne-t-il
pas « l'abolition du droit d'héritage, la confiscation de
la propriété de tous les émigrants et rebelles. »

A la Haye, qu'avons-nous vu? Les membres eux-
mêmes du congrès se sont déclarés la guerre. Les uns
voulaient l'organisation politique du prolétariat, c'est-à-
dire la destruction des classes bourgeoises, l'établissement de la Commune, l'abolition de l'État ; ils demandaient au congrès un témoignage de sympathie en faveur
de l'insurrection du 18 mars, ils voulaient que les délégués consacrassent par leurs votes les principes de la
Commune.

La défaite de ces forcenés a été complète ; les socialistes économistes sont demeurés maîtres du champ de bataille ; mais ces derniers eux-mêmes restent sans cohé-
sion et sans force ; ils se sont disloqués, disséminés et on
ne sait plus où sera le siége du futur conseil général ?
Sera-ce à Londres ? Sera-ce à New-York ?

Ce qui est certain c'est que le congrès est dispersé ; en
fait, il n'y a plus que des sections, un éparpillement de
schismes ; l'Italie rentre chez elle et veut y rester ; de
même de l'Angleterre, de la Suisse, de l'Espagne.

C'en est donc fait de l'Internationale, tout au moins de
celle que nous connaissons par ses abominables forfaits.

Encore un congrès qui a avorté comme avortera toujours tout ce qui voudra conspirer contre l'honnêteté et
la raison.

LE CLASSEMENT DE L'EMPRUNT

Le premier versement, sur l'emprunt de 3 milliards 500 millions, est exigible depuis le 21 de ce mois. Cette échéance, et toutes celles qui lui succéderont jusqu'à parfait payement de l'emprunt, c'est-à-dire jusqu'au 21 mai 1874, doivent être l'objet de la préoccupation constante du Gouvernement. Qu'arriverait-il, en effet, si les versements exigibles tous les 21 de chaque mois ne s'effectuaient pas régulièrement? Comment le gouvernement pourrait-il faire face aux engagements qu'il a contractés envers l'Allemagne.

Aujourd'hui, on peut juger plus froidement le colossal résultat de l'emprunt. Il a été souscrit 43 milliards : mais il n'est entré en réalité dans les caisses publiques que 14 francs 50 par 5 francs de rentes. Or, 14 francs 50 versés sur un capital de 84 francs 50, représentent, sur un capital total de 3 milliards 500 millions, un versement de 601 millions. Il reste donc 2,900,000,000 fr. à verser au Trésor en 20 mois, soit 145 millions par mois.

Des 43 milliards de l'emprunt, il ne reste donc effectivement que 601 millions, montant du premier versement; et 145 millions à recevoir pendant 20 mois à partir du 21 de ce mois.

Telle est la vérité, tels sont les chiffres.

Or la première condition du succès complet de cette immense opération, c'est d'en assurer le classement dans les portefeuilles sérieux et non dans les mains des spéculateurs.

Un capitaliste qui possède 10,000 francs de rentes à 5 pour 100 fera plus exactement ses versements mensuels qu'un spéculateur qui est acheteur de 10,000 francs de rentes. Le premier, en effet, ne conserve en mains que ce qu'il peut payer et solder aux échéances convenues ; le spéculateur, au contraire, n'a souscrit, acheté, ou conservé des rentes que pour les revendre avec un bénéfice de 1,2, 1 ou 2 ou 3 pour 100. Voilà pourquoi nous avons toujours regretté que des facilités trop grandes aient été données, lors de la souscription, aux demandes des spéculateurs, tandis que la véritable épargne du pays, les petits capitalistes, n'ont pu obtenir qu'une infime partie des rentes qu'ils ont demandées.

Pour arriver au classement de l'emprunt, les moyens ne manquent pas. Il faut tout d'abord accorder les plus grands avantages à ceux qui veulent libérer leurs titres par anticipation. Il faut ensuite que le gouvernement apporte le plus grand soin à ce que les versements exigibles le 21 de chaque mois, soient ponctuellement effectués, et qu'au besoin, le ministre des finances exerce, à l'égard des retardataires, les droits que la loi d'émission de l'emprunt lui a conférés : « A défaut de payement d'un terme échu dans le délai d'un mois, le montant du certificat est exigible en totalité, et, en outre, le ministre peut déclarer le porteur déchu de son droit et faire effectuer la vente de la rente représentée par le certificat, pour le remboursement de la somme due au Trésor. » Telle est la loi, et, répétons-le, pour assurer le parfait classement de l'emprunt, il faut faire savoir au public que l'on est fermement résolu à appliquer cette loi.

Et, en effet, supposons qu'un porteur de 5,000 francs de rentes ne veuille pas effectuer les versements aux termes exigibles, et ne consente à les payer au Trésor qu'à l'expiration des 20 mois.

Le premier versement sur 5,000 francs de rentes est de 14,500 francs. Les versements mensuels sont de 3,500 francs. A l'expiration des 20 mois, le Trésor percevrait 6 pour 100 d'intérêt sur 70,000 francs, pendant une période moyenne de 10 mois, soit exactement 3,500 francs. Mais le Trésor aurait, par contre, à payer la totalité des coupons d'intérêts échus sur les 5,000 francs de rentes. Or, du 21 septembre 1872 au 21 mai 1874, il y a six échéances d'intérêts trimestriels, de 1,250 francs chacun, soit, au total, 7,500 francs.

Ainsi, le Trésor public, à l'expiration des 20 mois de délais de versement, aurait à payer au porteur d'un certificat de 5,000 francs de rente 7,500 francs d'intérêts échus sur son titre ; il n'aurait, par contre, à recevoir, comme intérêts de retards, que 3,500 francs. Bénéfice net, 4,500 francs pour un souscripteur n'ayant effectué qu'un seul versement, celui exigé lors de la souscription. On comprendra facilement quels abus le maintien d'une pareille situation pourrait entraîner. Sans débourser un centime, on pourrait faire de nombreux bénéfices au détriment du Trésor.

Nous n'avons pas besoin de faire remarquer combien il importe de rendre irréalisables des gains de cette nature, aussi coupables que faciles.

Le devoir du gouvernement nous semble tout tracé.

Au lieu de frapper d'un intérêt uniforme de 6 p. 100 tous les versements en retard, ne devrait-on pas prélever un intérêt proportionné au nombre des versements arriérés? Ainsi, un souscripteur qui aurait 5 mois de versements en retard payerait plus que celui qui n'en aurait qu'un ou deux : celui qui aurait laissé s'accumuler cinq, six, sept versements payerait un intérêt de retard d'autant plus élevé que les versements auraient été plus retardés. De cette façon, plus de fraudes possibles; plus de ces bénéfices honteux, et, ce qui est important pour le Trésor, les versements mensuels deviendraient alors d'autant plus réguliers que les souscripteurs auraient à craindre, en retardant leurs versements, d'avoir à payer des intérêts supérieurs à ceux qu'ils ont à recevoir.

Par compensation, et dans le même ordre d'idées, il serait sage de favoriser et de provoquer les versements par anticipation.

De même que les versements en retard entraîneraient une augmentation de l'intérêt perçu par le Trésor, de même les versements anticipés devraient recevoir une bonification d'intérêt proportionnée au nombre des versements effectués d'avance. Celui qui anticiperait trois versements recevrait un intérêt plus élevé que celui qui n'aurait seulement anticipé que d'un ou deux termes : celui qui aurait payé par anticipation cinq, six, sept termes recevraient un intérêt d'autant plus élevé que les versements auraient été plus avancés.

L'idée que nous soumettons à qui de droit est simple, d'une application facile: elle est surtout équitable. Son premier résultat sera de mettre fin à ces bénéfices illicites que nous signalions plus haut : ensuite, elle contribuera efficacement au recouvrement rapide de l'emprunt, recouvrement d'autant plus rapide qu'il n'y aura pas un souscripteur qui ne cherche à profiter des avantages attachés aux versements anticipés. Enfin, la mesure que nous proposons d'appliquer déterminera le classement prompt et certain de l'emprunt parce que tout le monde aura intérêt, non-seulement à ne pas différer les versements, mais à les anticiper dans la plus large proportion.

A tous les points de vue, l'efficacité d'une semblable mesure serait assurée.

La loi, en effet, confère bien au ministre le droit de faire vendre les titres sur lesquels les versements n'auraient pas été faits. Mais, comment exercer ce droit sur une forte quantité de titres? Une vente semblable ne jetterait-elle pas une perturbation profonde sur le marché et n'amènerait-elle pas une dépréciation considérable sur les cours de tous nos fonds publics, et sur presque toutes les autres valeurs?

Nous nous résumons:

Il faut, d'une part, augmenter proportionnellement le taux des intérêts à percevoir par le Trésor sur les versements en retard, en raison du nombre des termes échus et non payés.

D'autre part, il faut augmenter proportionnellement la bonification des intérêts faite aux versements par anticipation, en raison du nombre des termes anticipés.

La souscription de l'emprunt a été dans son ensemble,

un grand triomphe. Mais il n'est de véritables victoires
que celles dont les conséquences sont réelles et durables.
Nous ne devrons nous réjouir du succès de l'emprunt que
le jour où l'on sera parfaitement certain que tous les
versements s'effectueront d'une manière régulière, aux
époques fixées, sans qu'il soit besoin de recourir à des
rigueurs impuissantes peut-être; et, ce jour, nous le
verrons certainement.

Ce qu'il faut à l'État pour suffire à ses lourdes charges,
c'est de l'argent, toujours de l'argent. Or l'argent ne
vient que par le travail, l'ordre, l'économie, la paix.

Éloignons donc de nous toutes les préoccupations
qui ont si longtemps entravé l'œuvre de la reconstitution
nationale. Travaillons pour produire, travaillons pour
acquitter les dettes du présent, pour préparer les richesses de l'avenir. Et si, aujourd'hui, les sympathies de
l'Europe nous reviennent, si l'on se préoccupe maintenant de cette France que l'Allemagne croyait avoir
abattue et ruinée, c'est que nos passions politiques s'a-
paisent, que l'ordre renaît, que nous travaillons.

Cette conduite est bonne au point de vue politique;
au point de vue financier, elle est la seule qui soit sage,
la seule qui puisse à la fois, consolider notre crédit, assurer le parfait classement de nos emprunts, et nous
conduire, dans un avenir prochain, à l'allégement des
charges qui pèsent encore sur nous.

NÉCESSITÉ D'UNE POLITIQUE CONSERVATRICE

Le Président de la République est de retour de Trouville à Paris ; l'accueil qui lui a été fait à son départ et à
son arrivée a été des plus sympathiques. M. Thiers s'est
installé à l'Élysée ; presque tous les ministres ont, à leur
tour, quitté Versailles ; c'est, de la part du gouvernement, comme une prise de possession anticipée de la
vraie capitale, de celle que désignent les traditions, l'histoire, de glorieux comme de tristes souvenirs, que désignent surtout les nécessités politiques, gouvernementales
et administratives, la prise de possession anticipée de
Paris.

Nous voulons croire que l'Assemblée nationale non-
seulement ne trouvera pas mauvais que le gouvernement
ait pris cette initiative, mais qu'elle l'imitera.

Sous ce rapport, il nous semble, que l'unanimité est
facile. Que n'en est-il de même sur plusieurs autres questions essentielles qui divisent profondément l'Assemblée ?
La France est placée sous le régime républicain parlementaire ; mais ce régime est-il définitif ou provisoire ?

Premier point sur lequel tout le monde est divisé.

Les hommes qui s'en tiennent à la légalité, qui se souviennent avec raison des paroles prononcées, des engagements pris, disent que l'état politique actuel est provisoire ; qu'il faut le changer en un ordre de choses définitif.

Ainsi parlent les radicaux de l'extrême gauche et de
l'extrême droite ; car, il y a, hélas, des radicaux de ce

côté. Seulement, les radicaux de gauche sont très-pressés
d'en finir; ils crient à tue-tête: la dissolution! la dissolution! A tout prix ils veulent une Constituante; ils croient
que la France est à eux et que la majorité leur appartiendra
dans la prochaine assemblée: de là leurs impatiences.

Les radicaux de droite font moins de bruit; ils se con-
tentent d'exprimer des vœux et des espérances. Nous rendons, du reste, hommage à leur sagacité et à leur patriotisme.

A côté de ces deux catégories de députés qui affirment
que nous vivons sous un régime essentiellement provisoire, s'en place une autre: le parti de l'essai loyal qui a
commencé avec M. Thiers pour noyau et qui, aujourd'hui,
embrasse près des trois quarts de l'Assemblée. Ce parti
veut l'essai loyal et, s'il réussit, il veut la conservation de
la République.

C'est encore, si on veut, du provisoire; mais, de ce
provisoire-là tout le monde peut prévoir la fin, comme
tout le monde peut pressentir le résultat de l'essai loyal.

Essayer loyalement de la République c'est évidemment
faire tous ses efforts pour l'acclimater; et si l'Assemblée
nationale et le gouvernement s'y prêtent et se donnent
un mutuel concours, il est bien certain que la République peut être considérée comme faite, sauf le *consensus
populi* dont nous comprendrions d'autant moins qu'on ne
tînt pas compte que, dans les conditions où il serait demandé, le pays ne le refuserait certainement pas.

Comment résisterait-il à la triple pression de l'Assemblée et de ses représentants, du gouvernement et, il
faut bien le dire, de la force des choses?

Qu'on lise les discours, circulaires, lettres des députés, leurs réflexions sur les actes de l'Assemblée, sur leurs votes, sur la situation, et on se convaincra que, pour la grande majorité, les représentants du pays se rallient à la politique de M. Thiers.

Quelques-uns se prononcent pour la monarchie; mais ils se divisent dès qu'on leur demande pour laquelle.

Dernièrement, un homme de cœur, aux sentiments élevés, M. de Carayon-Latour a essayé de faire croire à la fusion des orléanistes et des légitimistes; mais ses affirmations ont été accueillies par les protestations de la presse légitimiste. Appelé à se prononcer, le seul journal qui défende les intérêts de la famille d'Orléans, le *Journal de Paris*, n'a donné que des explications assez obscures, mais d'où se dégage, pourtant, un certain respect pour le suffrage universel et la souveraineté nationale qui n'est pas dans le *credo* du comte de Chambord.

En de pareilles circonstances, le devoir des bons citoyens est nettement tracé. Que leurs idées, leurs principes, leurs goûts les portent ou non à la République, ils doivent s'entendre pour donner à la France des institutions essentiellement conservatrices, qui assurent l'ordre et affermissent les bases de toute société civilisée. Nous les adjurons d'oublier les points qui les divisent, pour ne se souvenir que de ceux qui les unissent; c'est le bon sens et l'instinct même de la conservation qui leur conseillent cette attitude.

Notre ennemi nous guette; il profitera de toutes nos fautes; il compte sur nos divisions; déconcertons ses calculs, décourageons ses espérances par notre union, notre esprit de concorde et notre intelligence politique.

Le moment semble venu de donner cette immense satisfaction au pays. Ainsi que l'a fait très-justement remarquer M. de la Guéronnière dans la *Presse*, il est
certain qu'entre le départ de Versailles et le retour de
Trouville, il y a un progrès réel de confiance et d'apaisement. Tous les fâcheux présages ont été heureusement
trompés; les radicaux se sont montrés prudents; peut-
être n'ont-ils été qu'habiles, comme tous les partis qui
aspirent au pouvoir. Les sommités des partis monarchiques ont écrit quelques lettres, lancé des circulaires;
mais le découragement perce dans ces exposés qui ne
semblent écrits qu'en vue de satisfaire des consciences
honnêtes et fidèles qui veulent, avant tout, dégager leur
responsabilité et s'assurer les applaudissements des gens
de cœur. Comme le dit encore la *Presse*, ces épîtres n'ont
pas peu contribué à ramener vers la République toute
cette masse flottante de la nation que le fait accompli
domine et que les causes vaincues éloignent : « C'est donc,
à l'heure présente, la République qui est en vogue.
D'abord, elle existe en fait. Ensuite, elle se personnifie
dans un chef qui s'applique à la rendre acceptable, en
l'assimilant aux mœurs, aux habitudes et aux intérêts
d'une société dont toutes les couches sont déjà péné-
trées des influences de la démocratie, mais qui ne la
conçoit encore que dans un pouvoir pour ainsi dire
personnel, où l'homme compte plus que les principes
et où la révolution reste supérieure à la liberté. »

Le sentiment de la France entière se dégage de tous
les faits dont nous venons d'être les témoins; partout on

apprécie justement ce que M. Thiers a fait pour apaiser le pays, pour réorganiser notre armée et nous aider à réparer nos désastres. Le Président de la République n'est pas encore le gouvernement, mais il est déjà le pouvoir incontestable et incontesté ; il renoue la chaîne brisée par une révolution ; « il refait au palais de l'Ély-« sée le lit que le 4 septembre avait défait et il s'y cou-« che. »

Nous ne voulons pas terminer cette chronique sans mentionner les nobles paroles prononcées à Vouziers par le général Chanzy, lors de l'inauguration du mausolée élevé en souvenir des soldats morts pendant la guerre de 1870-1871. « Nos jours de fête d'autrefois sont main-« tenant des jours de deuil ; nous les choisissons pour « nous souvenir. »

Nobles paroles qui réveillent de grandes tristesses mais font présager les nouvelles destinées de notre pays, s'il sait travailler avec fermeté et sagesse à sa régéné-ration.

VIII

(OCTOBRE 1872)

LA VÉRITABLE SITUATION

L'engouement irréfléchi qui avait suivi l'émission de l'emprunt est tombé : l'illusion des 43 milliards s'est évanouie ; mais à l'entraînement de la veille a succédé

une défaillance non moins exagérée, non moins générale. La hausse avait été rapide : la baisse a été fou-
droyante, et l'on redoute pour notre crédit public deux
dangers contre lesquels il est bon de se prémunir :
l'excès de la confiance, l'excès de la défiance.

Pendant la période de hausse, tout semblait souriant.
Les 43 milliards prouvaient, disait-on, l'abondance inouïe
des capitaux; le ministre des finances lui-même restait
stupéfait en présence du résultat de l'emprunt; — aujourd'hui on s'écrie que tout est perdu; la confiance
d'hier était folle; la défiance est à l'ordre du jour. Et
la Bourse, que la hausse avait enivrée, semble aujour-
d'hui accablée par la baisse. On en est arrivé à douter
même de la possibilité de payer totalement l'emprunt
de 5 milliards, et une crise monétaire apparaît à l'horizon.

Ce tableau est beaucoup trop sombre.

Quelle est en somme la véritable situation?

Nous avons 5 milliards à payer à l'Allemagne en deux
années environ.

Sur ces 5 milliards, 600 millions ont été versés lors
de la souscription à l'emprunt; deux versements de
145 millions chacun auront été effectués, le 11 de ce
mois, soit 290 millions; près de 200 millions ont été
payés par anticipation. En récapitulant ces trois sommes,
nous arrivons à un chiffre de 1090 millions, encaissés
déjà sur l'emprunt de 5 milliards 500 millions. Il reste
donc 2 milliards 400 millions à fournir par l'épargne,
en deux ans, soit environ 100 millions par mois. Telle
est l'exacte vérité, tels sont les chiffres.

Une telle situation est-elle au-dessus des forces du pays?

Nous ne le pensons pas.

Doit-elle provoquer une crise monétaire, une crise de capitaux, comme on semble le redouter? Nous ne le pensons pas davantage.

En effet:

Nous avons eu, cette année, grâce à Dieu, une récolte magnifique, qui nous permet de vendre à l'étranger l'excédant de ce qui est nécessaire aux besoins du pays. Nous avons entendu estimer ces excédants par des hommes compétents, au chiffre énorme de 1500 millions. Si nous faisons la part de l'exagération, et que nous réduisions ces 1500 millions à 1 milliard, nous serons peut-être plus près de la vérité. Il est vrai que cet argent ne rentrera que vers la fin de l'année; mais ce sont là, en tous cas, des ressources certaines, sur lesquelles on peut compter, pour ainsi dire, à date fixe.

D'autre part, les échéances de coupons des valeurs étrangères feront rentrer en France des sommes importantes dues aux capitalistes français par les gouvernements étrangers.

L'Italie, la Russie, la Turquie, l'Autriche, et tant d'autres pays ont emprunté chez nous, cinq ou six milliards; la France était alors le grand réservoir des capitaux du monde entier. Les arrérages de ces dettes, s'élèvent à plus de 500 millions, qui entreront en France, à époque fixe, en janvier et en juillet. En deux ans, nous pouvons compter sur une nouvelle ressource de près d'un milliard, ainsi obtenue.

En deux années, rien que par le produit de l'excédant de nos récoltes, et par la rentrée des arrérages dus à la France par les gouvernements étrangers, voilà donc 2 milliards 500 millions qui retourneront naturellement à l'épargne française.

Nous avons calculé plus haut qu'il nous fallait, en deux ans, 2 milliards 400 millions; soit 100 millions par mois. Les chiffres que nous venons de citer prouvent qu'une telle situation n'a rien dont le pays puisse s'effrayer.

Reste la crise monétaire, ou, pour mieux dire, la crise des capitaux.

Or, sur ce point, quelle est encore la vérité?

L'encaisse métallique de la Banque de France s'élevait, au 19 septembre, à 780 millions; la circulation des billets était de 2,596 millions. C'est-à-dire que la proportion de l'encaisse métallique est inférieure de 50 pour 100 au montant de la circulation des billets.

Est-ce donc là une situation si mauvaise, si compromise?

On semble oublier, en vérité, que la France a traversé, il y a quelques années, des crises financières, bien plus dangereuses, bien plus terribles.

Le 18 janvier 1864, au moment d'une crise qui frappait, comme aujourd'hui, tous les marchés de l'Europe, l'encaisse métallique de la Banque était de 152 millions; la circulation était de 827 millions. La proportion de l'encaisse à la circulation était donc de 55 pour 100 inférieure à la circulation des billets.

En d'autres termes, en 1864, nous avions environ

550 fr. de billets émis en proportion de 100 fr. en or; tandis qu'aujourd'hui nous avons à peine 300 fr. de billets en circulation pour 100 fr. en or.

Si nous ajoutons qu'à cette époque l'escompte était à 7 0/0, et qu'il est aujourd'hui à 5 0/0, on conviendra que la situation n'est incontestablement pas si mauvaise, aussi dangereuse qu'on se plaît à le dire. Si, en 1864, la Banque a pu avoir 827 millions de billets en circulation avec 152 millions d'encaisse, elle pourrait aujourd'hui avec 780 millions d'encaisse, porter la circulation à 4 milliards 243 millions, c'est-à-dire 1840 millions de plus que le chiffre de la circulation actuelle.

C'est là une comparaison mathématique qui démontre bien clairement que nous n'avons pas à craindre, même après tous nos désastres, des embarras financiers tels, que nous ne puissions les conjurer.

Si l'on se rappelle encore que, aux termes de la loi, la Banque de France peut porter l'émission de ses billets jusqu'à 3 milliards 200 millions, c'est-à-dire 800 millions de plus que sa circulation actuelle, on verra que les ressources sont toutes prêtes pour parer à un danger qui est encore bien éloigné, et qui, nous en sommes convaincus, ne se présentera pas.

Il ne se présentera pas, tant que nous jouirons du calme et de la sécurité, tant que nous serons sûrs de notre lendemain, tant que le gouvernement saura préserver les intérêts publics et privés des périls dont les menacent les agitations démagogiques. Oui, il importe, avant tout, que le pouvoir ait assez d'énergie pour étouffer à leur début toutes les tentatives de désordre et toutes les manifestations de nature à porter atteinte à l'ordre public et à l'intérêt de la France.

UN CRI DE COLÈRE — M. GAMBETTA A GRENOBLE

La France poursuivait, dans le calme et la paix, l'œuvre de sa réorganisation : les partis se rapprochaient ; l'entente commune et la conciliation n'étaient pas seulement sur les lèvres mais aussi dans les cœurs ; chacun faisait volontiers le sacrifice de ses opinions particulières au bien général, lorsqu'un cri de colère inattendu s'est fait entendre ; c'était, sans doute, un monarchiste exalté qui malmenait la République ; non, c'était un républicain qui se plaignait de la République, et ce républicain passionné, violent, c'était M. Gambetta.

M. Gambetta, faut-il donc le dire aussi de lui, n'a rien oublié, ni rien appris ; c'est toujours le même homme ; ses procédés de discussion, si on peut appeler ainsi ses véhémentes amplifications, n'ont pas changé ; tel il était sous l'Empire, tel nous le voyons sous la République.

La France ne demande qu'à travailler en paix ; elle supplie les partis de lui donner la sécurité, c'est-à-dire l'assurance du lendemain ; elle veut que les lois soient obéies, que les arrêts du suffrage universel, quels qu'ils soient, soient respectés ; elle est confiante ; elle tente loyalement d'asseoir un régime dont le passé lui a appris à se défier, et c'est en ce moment qu'un membre de l'Assemblée nationale fait le procès à ses collègues, au gouvernement, aux classes sociales qui ne lui donnent pas des électeurs, qu'il récrimine contre les lois de son pays, qu'il provoque des craintes, des hésitations, une véritable perturbation morale !

Nous n'hésitons pas à le dire : c'est là une faute politique.

Si tel est le manifeste du parti radical, les honnêtes gens, les hommes de sens sont prévenus ; ils savent où les mènent ces républicains exaltés qui parlent de sagesse et n'ont que la haine et la vengeance au cœur.

Que signifie cette déclamation passionnée contre la loi sur les réunions publiques qui n'a pas empêché l'orateur de parler devant 700 auditeurs ?

Être sage « pour le moment » et attendre un peu, quelques mois... Voilà le mot d'ordre de M. Gambetta.

La France est la proie des conservateurs libéraux, constitutionnels, *des sycophantes*, des couards ; mais patience ; le flot de la démocratie monte et le triomphe de la République *sérieuse, définitive* et *progressive* est imminent.

La conclusion de M. Gambetta qui prêche la paix avec des paroles d'une extrême violence, c'est qu'il n'y a rien à attendre *des gens de Versailles* et qu'il n'y a plus qu'à jeter « quelques pelletées de terre sur le cadavre qui a nom l'Assemblée nationale. »

A un certain point de vue, peut-être ne faut-il pas regretter que cette harangue soit venue éclairer de ses reflets les tendances démocratiques.

M. Gambetta nous montre une fois de plus qu'il ne domine pas son parti, qu'il en est l'esclave.

Soit qu'il ait craint qu'un autre que lui, plus heureux ou plus sagace, s'emparât de la direction du parti radical, soit qu'il ait cru devoir donner des gages à la fraction extrême dont il attend une nouvelle dictature, il a plus parlé en député radical qu'en homme politique.

A-t-il voulu creuser un abîme entre le parti conservateur, grossi des républicains modérés, de tous les hommes qui veulent l'ordre, le travail et la paix et sa candidature à la présidence?

Il ignore donc que les conservateurs ont pour eux le plus grand nombre, l'autorité morale que donnent la soumission aux lois, l'amour du pays, le bon sens?

D'ailleurs, l'Assemblée nationale n'est pas ce cadavre sur lequel l'agitateur jetait l'autre jour sa pelletée de terre... oratoire; elle n'est ni dans la tombe, ni près de la tombe; le discours de M. Gambetta ajoutera à sa vitalité; plus que jamais elle voudra mener à bien l'œuvre qu'elle a commencée avec tant de dévouement, d'abnégation, de patriotisme; elle relèvera, elle réorganisera notre malheureux pays, tenant également tous les impatients à distance.

Comment expliquer cette sorte de coup de tonnerre de l'orateur radical, au milieu du calme et de la sécurité universels? Qui l'a provoqué?

On a dit que ce manifeste a été exigé de M. Gambetta par ses amis politiques qui lui ont enjoint de rompre avec tout ce qui, de près ou de loin, tient à l'Assemblée nationale, de ne plus rien ménager, de faire enfin entendre la voix de la démocratie pure. M. Gambetta, dans

ce cas, n'aurait que trop docilement obéi ; mais nous
doutons que ses amis et lui atteignent le but qu'ils se
proposent.

M. Gambetta ne s'est pas contenté de prendre à partie
l'Assemblée nationale, de vanter les hauts mérites du
personnel radical que nous voyons à l'œuvre à Lyon, à
Marseille, il a parlé de classes, d'une certaine classe di-
rigeante qui se levait pour arracher aux mains défaillantes
de la bourgeoisie les destinées de la France.

Quel anachronisme ! Où sont les classes sociales dans
un pays où tous ont les mêmes droits, et sont soumis
aux mêmes devoirs, où la grande marée démocratique a
confondu dans le passé tous les intérêts, rapproché les
citoyens, groupé les intelligences, vivifiant et confondant
toutes choses, sous l'éternelle loi du progrès?

On assure même que M. Gambetta aurait dit que « la
République ne pouvait subsister avec M. Thiers à sa tête ; »
qu'il fallait substituer aux hommes aujourd'hui au pouvoir « une nouvelle couche sociale : celle des travailleurs. » Ces paroles ne figurent pas dans les textes publiés
par les feuilles radicales ; mais elles ont été, assure-t-on,
entendues par des personnes présentes et nous ne doutons malheureusement pas, pour notre compte, qu'elles
aient été prononcées ; elles étaient en situation et dans la
gamme de l'orateur.

Cette sorte de manifeste du parti radical ; cet exposé
de principes fait à tous ceux qui veulent l'ordre, la liberté, le progrès, la paix, leur fera comprendre l'étendue
des périls où nous plongerait une indifférence coupable.

Il faut veiller, veiller sans cesse, lutter par le vote, par la presse, combattre le bon combat et ne pas plus désespérer de la vraie liberté en présence des agitations radicales, que nous n'avons désespéré de la fortune de la France au milieu de nos désastres.

NÉCESSITÉ D'UN CONSEIL SUPÉRIEUR DES FINANCES

A M. CIBIAT DIRECTEUR DU *CONSTITUTIONNEL*

Paris, 9 octobre 1872.

Monsieur le Directeur,

Le *Journal officiel* publiait, ces jours derniers, la liste des membres formant le nouveau conseil supérieur de la guerre. Le gouvernement avait pris l'initiative de cette nouvelle organisation dont les malheureux événements de ces dernières années, ont démontré la nécessité. Si, en effet, avant de déclarer la guerre, l'Empire avait eu autour de lui un conseil supérieur composé des illustrations militaires et administratives du pays, peut-être eût-on vu assez à temps que nous n'étions pas prêts ; que nos arsenaux manquaient du nécessaire ; que l'armée n'était pas aussi fortement constituée, aussi bien équipée qu'on le croyait ; bien des malheurs auraient été évités : nous n'aurions pas eu la douleur de voir la France envahie, meurtrie, déchirée, et nos deux belles et patriotiques provinces, l'Alsace et la Lorraine, appartiendraient encore à la mère-patrie.

Le conseil supérieur de la guerre était une nécessité, et, sur ce point, du moins, les malheurs du passé nous auront indiqué et nos fautes et les moyens de les réparer.

Cette institution nouvelle n'est cependant pas une innovation. Depuis longtemps déjà, le ministère du commerce et des travaux publics a, auprès de lui, le conseil supérieur du commerce, de l'agriculture et de l'industrie. Au ministère de l'instruction publique,

existe également le conseil supérieur de l'instruction publique. Tous
deux donnent leur avis au gouvernement sur les questions se rattachant à ces deux départements ministériels ; tous deux ont la mission d'éclairer, de surveiller, de développer la marche des affaires
qui leur sont confiées ; et, dans ces deux conseils, nous remarque-
rons les noms de généraux, de financiers, d'industriels, d'économistes, d'agriculteurs, de membres de l'Institut, etc. Les services rendus par eux ont été très-importants : les ministres ont trouvé dans
leur concours de puissants et sages auxiliaires.

Eh bien ! le gouvernement de M. Thiers, qui vient de prendre
l'initiative de la création d'un conseil supérieur de la guerre, ne doit
pas s'arrêter en si bon chemin. La création d'un conseil supérieur
des finances est aussi nécessaire, aussi impérieusement commandée
par les événements, par la situation financière du pays, par la situation du crédit de l'État et des particuliers.

La réorganisation de l'armée, le développement du crédit public,
voilà les deux éléments de notre puissance nationale. Si l'administration de la guerre est mauvaise, mauvaise sera notre armée ; si
l'administration de nos finances est mauvaise, notre crédit en souf-
frira ; et lorsque le crédit d'un pays est en souffrance, le commerce
languit, les industries périssent, les armées disparaissent, faute de
subsides suffisants pour leur entretien.

Il existe, dans notre système financier, et il serait puéril de le
dissimuler, un vice dont on chercherait vainement à cacher la gravité.
La guerre nous a légué de lourdes charges. L'emprunt de 5 milliards
est souscrit, mais il n'est pas payé. Et quand il sera payé, notre
situation financière n'aura pas, en définitive, beaucoup changé. Au
lieu de devoir à l'Allemagne, nous aurons emprunté 5 milliards au
public, aux capitalistes de tous les pays ; nous leur en devrons toujours non-seulement le capital, mais encore les intérêts. D'autre part,
les impôts sont lourds, les dépenses considérables, les économies
difficiles. Nous marchons vers un budget de 3 milliards. Pour combler chaque année un budget semblable, il faut se procurer les ressources nécessaires, que des impôts nouveaux pourraient facilement
fournir, sans une administration financière intelligente, habile, honnête, sans le travail, l'union, la concorde entre tous.

Le danger de notre époque, danger qui est la conséquence même
de tout gouvernement parlementaire, c'est qu'on cherche dans celui

qu'on veut investir d'un pouvoir important, moins son aptitude
spéciale, ou même son mérite réel, que certaines sympathies politiques, dont les manifestations sont si souvent trompeuses et varia-
bles. Pour entrer dans une carrière quelconque, il faut suivre des
cours, passer des examens que l'État lui-même exige; il faut posséder une masse de connaissances qui se perfectionnent et se déve-
loppent d'abord par les études théoriques, plus tard par la pratique.
Voilà pour le bas de l'échelle administrative. Mais, plus vous appro-
chez de ces fonctions si enviées, plus haut vous aspirez, moins l'État
est exigeant. Un député qui s'est montré docile et dévoué est, du
jour au lendemain, reconnu apte à tout. On en fait, suivant les circonstances, soit un ambassadeur, soit un ministre. Une crise politique se produit-elle, la plupart du temps arrive au ministère des
finances un homme qui est tout autre chose qu'un financier; cela
s'est constamment pratiqué sous le régime parlementaire.

Voilà pourquoi, et nous l'avons dit bien souvent, malgré les révolutions, malgré les variations de notre politique, les hommes ont
changé, mais la routine est restée. Depuis un demi-siècle, tant de
gouvernements se sont succédé en France, il a fallu tant démolir et
tant rééditier, qu'il est resté peu de temps pour faire, à proprement
parler, de l'administration.

Certes, la tâche d'un ministre des finances n'est pas facile. Eût-il
une administration bien organisée, d'une régularité parfaite, un
ordre admirable régnât-il dans la comptabilité du Trésor, il ne pourra
jamais pourvoir à tout ce qu'exige la bonne administration des
finances. Il ne nous est pas permis aujourd'hui d'avoir de l'incertitude ou de l'hésitation, relativement aux idées de crédit, aux systèmes d'impôts. Le crédit public a pris un développement inconnu :
Il faut non-seulement lui donner une assiette solide par de bonnes
lois financières, mais encore prévoir les dangers de l'avenir : car en
matière de finances surtout, prévoir c'est pouvoir.

Dans le système financier de la France, chacun le reconnaîtra avec
nous, il y a beaucoup de choses à améliorer, à réformer, à créer.
Toutes les sciences exactes ont fait de rapides progrès en France depuis le commencement du siècle. Où en sommes-nous sur les questions économiques, sur la réforme des impôts? Quels sont les nouveaux procédés financiers ? Est-ce que l'inégalité des impôts, par
exemple, n'est pas flagrante ?

Or eussions-nous un ministre qui, à la fermeté de Sully, joindrait la science d'un Colbert, la persévérance éclairée d'un Turgot, le génie du baron Louis, que le temps lui manquerait pour accomplir l'œuvre des réformes financières, car la politique malheureusement, et les débats parlementaires absorberont une grande partie des moments qu'il devrait consacrer à ces difficiles études, à ces grandes réformes.

Nous avons un conseil supérieur qui assiste le ministre de la guerre;

Nous avons un conseil supérieur qui assiste le ministre du commerce;

Nous avons un conseil supérieur qui assiste le ministre de l'instruction publique;

Pourquoi n'aurions-nous pas, de même, un conseil supérieur qui assisterait le ministre des finances?

Ce conseil supérieur des finances devrait être composé de personnages complétement indépendants, par leur position, exclusivement recommandables par leur mérite personnel; d'hommes d'expérience et de savoir qui approfondiraient les problèmes multiples touchant à cet immense réseau des finances, et dont les travaux seraient mis sous les yeux des Chambres; et celles-ci auraient à résoudre les questions sur lesquelles ministres et conseillers ne seraient pas d'accord.

Il faudrait soumettre au conseil supérieur des finances tout ce qui se rattache au développement de la richesse publique; il faudrait lui confier le soin d'examiner si nos impôts sont équitablement répartis; si nos grandes régies financières ne laissent rien à désirer; lui laisser l'initiative de déléguer souvent plusieurs de ses membres, en vue de vérifier de *visu* la situation financière de certains départements, faire en un mot ce que faisait le grand Colbert, suivant lui-même l'exemple de Sully: « Surveiller par soi-même. » Et ce n'est pas seulement en France, mais encore sur les marchés étrangers que le conseil supérieur aurait à étendre ses investigations; de même que nous avons des attachés militaires près de toutes les cours de l'Europe et du monde entier, de même nous devrions avoir des attachés financiers sur les places financières du globe.

Tous les marchés sont aujourd'hui solidaires, et quand une surveillance active sera exercée, tant à l'intérieur qu'à l'extérieur du pays, pour tout ce qui se rapporte aux finances et au crédit, le ministre des finances et le conseil supérieur auront bien mérité du pays, car ils auront placé sous leur constante protection les efforts du travail, en sauvegardant, pour nous servir d'une expression du duc d'Audiffret, « toutes les fortunes trop souvent exposées aux illusions de la théorie, aux méprises de l'ignorance, et aux caprices de la politique. »

Agréez, monsieur le Directeur, l'assurance de mes sentiments distingués et dévoués.

ALFRED NEYMARCK.

RETOUR A LA MODÉRATION — M. GAMBETTA A ANNECY

Nous aurions pu nous montrer beaucoup plus sévère pour les exagérations révolutionnaires de M. Gambetta; mais nous avons voulu tenir compte des circonstances où son discours a été prononcé, des excitations d'une foule très-diversement composée et à laquelle l'orateur a par trop sacrifié les grâces et la modération du langage; nous pressentions, du reste, que M. Gambetta, une fois remis en présence de lui-même et la réflexion aidant, reviendrait à des idées plus modérées et plus saines. C'est, en effet, ce qui est arrivé à Annecy. Dans cette ville, l'orateur radical a prononcé trois nouveaux discours dont la forme, tout au moins, sauf quelques mots injurieux avec calcul à l'adresse de l'Empire, laisse peu à désirer. Il a prêché l'ordre, la modération, le respect de la loi; il a porté un toast à M. Thiers, pas de très-bonne grâce, peut-être, et avec des circonlocutions, avec une accumulation d'épithètes recherchées qui accusaient surtout ce que l'orateur ne voulait pas diré ; et cependant, nous sommes loin d'être satisfait de ces nouvelles harangues destinées évidemment à atténuer le mauvais effet produit par le discours de Grenoble.

Dans le chef-lieu de l'Isère, M. Gambetta s'était laissé aller à la fougue de ses idées, n'avait imposé une contrainte ni à la violence de ses sentiments, ni aux ardeurs d'une verve toujours prompte à s'enflammer ; à Annecy, il n'a dit que ce qu'il voulait dire et comme il voulait le diré ; il a médité, réfléchi, pesé, calculé ; il nous a donné un programme, le programme de l'âge d'or radical.

Ce n'est pas qu'il ait essayé de pallier, d'effacer ou d'expliquer ce qui avait paru, même à ses amis, excessif et dangereux dans sa harangue de Grenoble ; il s'est borné à nous définir le radicalisme, le gouvernement révolutionnaire tel qu'il le comprend.

En apparence, ce programme n'est pas très-menaçant ; mais s'il ne l'est pas dans les mots, il l'est dans les choses.

Ce n'est évidemment pas, est-il besoin de le dire, la République conservatrice que nous donnerait M. Gambetta, en ce qui touche les relations de l'État avec les fonctionnaires publics, la magistrature, l'armée, le clergé.

D'abord, la République qu'aspire à diriger l'orateur radical, renouvellera le personnel gouvernemental ; puis elle fera table rase de la magistrature.

Ne faut-il pas que l'État soit *réorganisé à tous les degrés?*

Ne faut-il pas que les tribunaux soient *indépendants?*

Et par quel moyen leur assurer cette indépendance?

« En y introduisant à pleins bords le flot démocratique.»

Quant à l'armée, rien de plus facile que de la mettre en harmonie avec les autres institutions : « on respectera *parfaitement* les *droits de l'intelligence* et de la hiérarchie. »

Puis viendra « une refonte *complète* de toutes les lois. »

On voit que M. Gambetta se prépare une rude besogne ; à l'opposé du parti conservateur qui veut le progrès, mais sans secousses, par de lentes transformations, lui, ne conserve rien.

Il porte la cognée sur la religion : « Il faut, a-t-il dit, que, dans la commune, dans l'armée, dans l'administration, la politique soit débarrassée de cette domination occulte et étrangère *qui pervertit tout.* »

On comprend l'émotion qu'ont dû causer de telles déclarations.

Certes, nous ne sommes pas ennemis des réformes mûrement préparées, rendues nécessaires par le long fonctionnement de certains mécanismes mis hors d'usage par le temps et les changements naturels apportés dans les idées et les mœurs d'un peuple; mais la démolition systématique de tout ce qui est nous inspire une singulière défiance, pour ne pas dire une antipathie profonde. De telles transformations ne sauraient s'accomplir sans entraîner avec elles une perturbation, une secousse dont les intérêts matériels se ressentiraient longtemps.

Le programme radical a provoqué d'importantes déclarations du Président de la République au sein de la commission de permanence. M. Thiers n'a pas seulement

blâmé énergiquement les violences de langage de l'o-
rateur radical ; il en a hautement répudié les théories.

Le Président de la République est un trop bon observateur des faits pour admettre la distinction des classes.
Il n'y a dans la nation que la nation.

Avec le code civil et le code pénal, il n'y a qu'une société.

« Distinguer dans la nation, c'est provoquer la guerre
de classe à classe ; il n'y a en France que des Français,
des citoyens qui ne peuvent se distinguer que par le mérite et la sagesse ; et celui qui imagine des catégories,
des classes pour ne s'attacher qu'à une seule devient fac-
tieux et dangereux. »

Ce langage résolu et net a vivement impressionné les
honorables membres de la commission; il a satisfait
M. de Broglie et ses amis politiques ; mais, chose surpre-
nante, le blâme de M. Thiers n'a pas trop courroucé le
parti radical. Les idées, les théories de M. Gambetta ne
seraient-elles acceptées, même par les siens, que sous
bénéfice d'inventaire?

M. Thiers n'a pas moins énergiquement condamné les
scènes d'intolérance qui viennent d'avoir lieu à Nantes, à
l'occasion des pèlerinages catholiques. C'est toujours du
même côté que viennent les atteintes portées à la liberté,
les violations du droit.

Comme toujours, nous avons pu admirer chez
M. Thiers ce bon sens ferme et lucide, cet esprit si souple, si ingénieux, cette netteté d'idées, cette foi profonde
dans les grands principes sociaux que nous n'hésitons

jamais nous-mêmes à défendre ici parce que sur eux repose l'édifice social dont une saine morale est comme le ciment impérissable.

Cette foi, le pays la partage; il ne veut pas du programme radical; il accepte les progrès que le temps et l'expérience apportent avec eux, parce qu'il sait qu'avec eux l'ordre et le calme sont assurés; mais il repousse tout ce qui serait un obstacle au libre développement de la fortune publique et privée, tout ce qui entraverait l'œuvre de sa régénération.

Nous voudrions n'avoir que des éloges à adresser au pouvoir; mais l'incident de l'arrestation du prince Napoléon nous oblige à formuler un blâme que nous croyons mérité. Si les lois sont insuffisantes, qu'on en fasse de nouvelles; mais qu'on n'y supplée pas par des mesures administratives que ne provoquait, du reste, aucun péril public.

Le prince Napoléon aurait pu, comme il l'avait déjà fait, en diverses circonstances, informer le gouvernement de ses intentions; toutefois il était dans son droit, non en s'introduisant, mais en rentrant en France; aucune loi d'exil ne l'a atteint; il n'est donc, comme tout Français, justiciable que du droit commun. Il ne conspirait pas; on ne lui imputait aucune menée ténébreuse; quelle nécessité impérieuse armait, dès lors, le pouvoir? Pourquoi le scrupule qui l'a arrêté lorsqu'il s'est agi de la réunion de Grenoble, ne l'a-t-il pas empêché d'envahir le domicile privé de M. Maurice Richard, offrant l'hospitalité au prince?

Si nous voulons tous la vraie paix, celle des esprits

comme celle de la rue, sachons l'abriter sous la loi, la
loi inexorable, mais protectrice du droit : *Sub lege li-
bertas et pax !*

LE BUDGET DE LA VILLE DE PARIS

La ville de Paris a un budget supérieur à celui de bien
des États. Si élevé qu'il soit, ce budget ne nous effraye
pas et jamais, depuis que nous avons étudié ici même la
situation financière de la ville, nous ne nous sommes
plaint du chiffre considérable des dépenses. Peut-être en
était-il d'exagérées, mais toutes ou presque toutes étaient
productives et la progression des recettes prouvait sura-
bondamment que ce n'était pas en vain que l'on consacrait
des capitaux énormes à l'embellissement, à l'assainisse-
ment de Paris.

L'exposé financier que vient de publier M. le Préfet
de la Seine ne saurait changer notre opinion et nous
sommes biens éloignés de lui reprocher les sommes qu'il
a consacrées aux travaux indispensables, aux nécessités
urgentes.

Cet exposé financier ne nous satisfait cependant pas
pleinement. La première condition d'un document de
cette nature et de cette importance est d'être clair. Or,
après l'avoir lu et relu, nous ne nous trouvons pas suffisamment éclairés, et, malgré la confiance qui règne dans
ces lignes, nous ne nous sentons pas très-rassurés.

L'administration de la ville a beaucoup trop à compter avec le hasard, et il nous serait difficile de définir la ligne de conduite qu'elle a suivie.

Ce qui nous apparaît surtout ce sont les déficits dépassant ce qu'on avait prévu ; des présomptions de recettes non justifiées et qui apportent de nouveaux troubles dans nos finances municipales. C'est surtout le défaut de méthode, de règle. Ces budgets ne reposent pas sur des bases solides ; l'inconnu, le douteux, l'aléatoire y ont trop de part. On vit, pour ainsi dire, au jour le jour, cherchant la veille le moyen de parer aux difficultés du lendemain. Enfin l'administration de la ville semble avoir suivi, depuis deux ans, un système dangereux : le système des expédients.

Les questions municipales ne sont point étrangères à M. Say. Ce n'est pas d'aujourd'hui qu'il les étudie. On se souvient encore de ces articles sévères où il prouvait naguère que rien ne pouvait échapper à son œil attentif, que tous les services de la ville lui étaient également connus et qu'il en pouvait signaler toutes les défectuosités en découvrir toutes les plaies. L'éminent écrivain du *Journal des Débats* a eu la bonne fortune d'être appelé à porter lui-même le remède là où il avait vu le mal, et il a accepté cette périlleuse mission. Nous ne doutons pas qu'il l'accomplisse à notre grande satisfaction ; mais nous pensons qu'il doit, s'il veut mener cette tâche à bonne fin, chercher une route moins incertaine que celle qu'il a suivie jusqu'à ce jour.

Le budget de 1870 présente un déficit supérieur à celui qu'on prévoyait. Le déficit de 1871 s'élève à 35 mil-

lions. L'emprunt de 1869 a produit de nouveaux mécomptes et n'a rendu que 39 millions sur 45 qu'il devait
donner; le recouvrement de cet emprunt, en raison des
bas cours persistants des obligations de la ville, s'opère
dans les conditions les plus défavorables. Les payements
sur lesquels on comptait ne se font pas. La ville a des
dettes à échéances fixes auxquelles il va falloir satisfaire..

Il faudra payer:

En 1873.	20,544,527 fr.
En 1874.	20,572,739
En 1875.	15,809,019
En 1876.	13,747,741

L'échéance de 1873 est imminente. Pour y faire face,
pour consolider aussi en partie le déficit antérieur, on se
dispose à faire un nouvel emprunt de 55 millions.

C'est ce système des petits emprunts qui nous paraît
d'une pratique regrettable. On sait que, si le crédit est
une ressource puissante, il faut se garder d'en abuser et
surtout d'en mal user. Or l'illusion n'est guère possible
dans la situation actuelle. L'emprunt de 1869 se recouvre
avec une lenteur et une peine désespérantes. Celui de
1871, malgré ses succès de souscription, a-t-il pu jusqu'ici se faire classer? Non. Et ce crédit déjà si fatigué,
ne craint-on pas de l'ébranler par des sollicitations répétées, successives? Et où s'arrêtera-t-on dans cette voie?
Faut-il s'attendre encore à de nouveaux mécomptes qui
produiront de nouveaux déficits, qui à leur tour enfan-
teront de nouveaux emprunts? Ce serait l'expédient érigé
en système.

Le budget de 1873 nous fournit une nouvelle preuve de la trop grande illusion qui semble régner dans les conseils de la ville. On se montre facilement satisfait des recettes qu'on suppose, d'une loi sur la fraude qui assurera, dit-on, la rentrée intégrale de ces recettes, enfin d'un excédant de 1,645,095 fr. de ces recettes sur les dépenses. Savoir compter et bien compter est assurément chose excellente; mais il faut être certain de la réalité de ce que l'on compte. Bien tenir des livres et bien dresser des budgets n'est pas suffisant; mais il faut avoir soin de n'inscrire sur ces livres et ces budgets que des ressources certaines, des dépenses utiles, fructueuses et bien motivées.

Des immeubles payés en 1863, 190,000 fr., par la ville de Paris, lui rapportent aujourd'hui six cents francs. Est-ce là un produit, est-ce là une recette sérieuse? Ainsi voilà un capital qui rapporte un tiers pour 100 à la ville, tandis qu'elle paye des intérêts considérables pour les capitaux qu'on lui prête, intérêts beaucoup plus élevés qu'on ne le croit, en tenant compte de l'amortissement et de la perte de capital.

C'est là un fait anormal auquel il serait fâcheux qu'on ne pût remédier.

Nous nous souvenons que M. Haussmann dépensait énormément; s'il n'hésitait pas à augmenter les dépenses utiles mais fructueuses, rendant avec usure ce qu'il leur consacrait, il faisait aussi tous ses efforts pour atténuer les dépenses improductives et empêcher qu'elles se renouvelassent régulièrement.

L'on a eu tort de laisser subsister, d'accroître même

des dépenses stériles alors qu'on déclare ne pouvoir rien accorder aux dépenses si nécessaires, si productives et si salutaires en même temps, qui ont pour objet les grands travaux d'utilité publique et d'embellissement.

Qui de nous n'a observé que les troubles ont commencé à éclater sous l'empire à dater du jour où la suspension de ces travaux a livré un nombre énorme d'ouvriers au chômage, au mécontentement, à l'inaction, à toutes les mauvaises passions que le labeur éloigne, que l'oisiveté nourrit? Ces dépenses-là, il faut les faire, quoi qu'il en coûte; elles rendent en repos, en sécurité, en argent même, dix fois plus qu'elles ne représentent.

Cependant la prospérité renaissante de Paris, l'affluence des étrangers qu'il attire, la reprise sensible qui s'est fait sentir dans le mouvement des affaires, cette activité incroyable après tant d'épreuves, tant de désastres, tout indique qu'on ne saurait faire trop de sacrifices pour rendre à la grande ville ses attraits d'autrefois et son ancien prestige.

Nous terminerons en souhaitant, avec M. Léon Say, que l'éloignement du chef de l'État ne se prolonge pas, et que bientôt sa présence parmi nous et celle de nos représentants viennent encourager les efforts de cette population si laborieuse, si industrieuse et si digne d'intérêt.

LES ÉLECTIONS DU 20 OCTOBRE

Les élections du 20 octobre peuvent-elles être considérées comme l'expression de la pensée politique de la France, au moment où nous sommes?

Nous ne prétendons pas diminuer la valeur de cette manifestation de l'opinion publique, dans sept départements; mais nous ne voulons pas davantage qu'on en exagère la portée. L'important, en politique, c'est de bien observer les faits pour asseoir des jugements justes, des appréciations exactes et surtout pour formuler des prévisions certaines.

Les élections du 20 octobre ont-elles, comme quelques-uns l'ont dit, un caractère vraiment modéré et conservateur? Nous comprenons que le gouvernement ou ses amis le disent ou le fassent dire; la politique a des nécessités impérieuses qu'il faut satisfaire sous peine de se heurter à des difficultés qui deviendraient de véritables périls; mais l'écrivain que préoccupent plus les intérêts de la vérité que les nécessités de la défense n'est pas obligé d'avoir recours à ces compromis. Essayons-donc de nous dégager de ces liens et de juger les faits en hommes de sens et non en hommes de parti.

Ce qui fait le sens d'une élection, ce n'est pas tant le caractère, les opinions personnelles du candidat que le sens que les électeurs ont entendu donner à sa candidature. A ce point de vue, est-il bien exact de dire que, dans les départements du Calvados, de la Gironde, des

Vosges, d'Indre-et-Loire, d'Alger, la majorité ait entendu donner son adhésion à la politique conservatrice?

Évidemment non.

Sans doute, les députés de ces cinq départements appuieront M. Thiers; mais cette adhésion ne prouvera qu'une chose, c'est que la politique du Président les satisfait, pour le moment, tout au moins; quant à leurs idées, à leurs principes, ils restent debout; à cet égard, on peut affirmer qu'ils ne se sentent nullement entamés. Viennent des circonstances où ils seront obligés de se montrer tels qu'ils sont et l'on verra ce que pèsent pour eux et M. Thiers et sa politique et son gouvernement.

Si ces députés ne sont pas conservateurs, sont-ils radicaux?

Là encore, il faudrait s'entendre.

Si par radical on veut dire l'homme prêt à verser dans la Commune, à faire table rase de tout ce qui est debout pour lui substituer nous ne savons quelles institutions mal définies ou qu'on n'ose définir, nous ne croyons pas que l'épithète puisse être appliquée à MM. Crémieux, Paris, Nioche, Caduc.

Si nous examinons ce qui s'est passé dans l'Oise, nous nous convaincrons que là, du moins, et très-certainement le radicalisme a été battu.

Dans le Morbihan, c'est bien l'élément monarchique et clérical qui l'a emporté.

Peut-on tirer des élections du 20 octobre des indices pour les futures élections générales? peut-on en conclure qu'elles seront modérées plutôt que radicales? peut-on affirmer, au contraire, que lorsqu'il s'agira de choisir

entre les républicains de la vieille école, les républicains
fossiles, comme on les appelle spirituellement et justement, et les hommes de l'avenir, la France donnera la
préférence aux revenants de la Terreur? Il y aurait de la
témérité à vouloir sonder l'avenir. Cependant, nous avons
assez confiance dans le bon sens des masses pour penser
qu'elles se rallieront au drapeau de la modération, de
l'ordre, de la liberté, du progrès social.

Ce qui nous inquiète, ce qui même nous effraye, c'est
l'indifférence des honnêtes gens, c'est le peu d'empressement qu'ils apportent dans l'accomplissement de leurs
devoirs civiques. Qu'on ne s'y trompe pas, c'est là le danger de l'avenir.

Quand le suffrage universel s'abstient dans une société
politique qui a pour base le suffrage universel, on peut
prédire, pour ainsi dire, à jour fixe, la chute de l'édifice,
sans parler de l'inconvénient immédiat de laisser passer
le pouvoir aux mains des minorités violentes.

N'est-il pas déjà assez déplorable qu'en France, les opinions extrêmes, systématiques, exagérées, soient à peu
près seules assurées du succès? faut-il leur faire la partie encore plus belle en désertant le champ de bataille?

Combien *la Presse* avait raison lorsqu'elle disait : « Le
parti conservateur déserte l'urne du scrutin, comme le
18 mars il a déserté les rangs de la garde nationale
quand on le conviait à prêter main-forte à l'exécution des
lois : cette désertion a enfanté la Commune, cette Commune qui, après avoir mis le feu aux monuments publics,
pourrait bien, ô conservateurs! incendier vos maisons,
vos magasins, vos boutiques! »

Il ne faut pas se le dissimuler : l'abdication du parti conservateur serait une calamité publique. Nous n'avons cessé de faire appel à son patriotisme ; plus que jamais il est urgent qu'il se groupe, qu'il se compte, qu'il mesure ses forces.

Il ne suffit pas de vouloir le bien, d'être animé des intentions les plus droites, les plus pures ; il faut lutter, il faut vaincre.

Quand tous les hommes d'ordre, les hommes qui ne se préoccupent que de la paix et de la prospérité publiques, de la renaissance des affaires, du retour de la confiance, voudront résolûment se placer en face de leurs adversaires, combattre pied à pied, corps à corps, ce jour-là, la cause pour laquelle nous luttons triomphera, car elle ralliera, même dans le camp opposé, ceux qui savent honorer le courage des convictions et les loyales ardeurs du combattant.

NÉCESSITÉ D'UN CONSEIL SUPÉRIEUR DES FINANCES

NOUVELLE LETTRE A M. GIBIAT, DIRECTEUR DU *CONSTITUTIONNEL*

Paris, le 16 octobre 1872.

Monsieur le Directeur,

Vous avez ouvert les colonnes du *Constitutionnel* à une lettre de M. Alfred Neymarck, directeur du journal *le Rentier*, dans laquelle il demande la création d'un conseil supérieur des finances, qu'il considère comme aussi nécessaire que le conseil supérieur de la guerre, dont la feuille officielle a publié récemment la liste des membres.

M. Alfred Neymarck fait remarquer que le conseil supérieur de la guerre n'est pas une innovation ; que, depuis longtemps, le ministre du commerce et des travaux publics a, auprès de lui, le conseil supérieur du commerce, de l'agriculture et de l'industrie, et qu'au ministère de l'instruction publique existe également le conseil supérieur de l'instruction publique.

M. Alfred Neymarck voudrait, en définitive, que le conseil supérieur des finances, qui assisterait le ministre, fût composé de personnages complétement indépendants par leur position, exclusivement recommandables par leur mérite personnel; des hommes d'expérience et de savoir qui approfondiraient les problèmes multiples touchant cet immense réseau des finances et dont les travaux seraient mis sous les yeux des Chambres ; et celles-ci auraient à résoudre les questions sur lesquelles ministres et conseillers ne seraient pas d'accord.

Comptant, monsieur le Directeur, sur votre impartialité, j'ose espérer que vous voudrez bien ouvrir aussi vos colonnes à la réponse que croit devoir faire à la lettre de votre honorable correspondant un de vos plus *anciens abonnés*, qui a déjà été l'objet de votre bienveillance particulière à l'occasion de l'un de ses récents écrits.

On comprend l'institution, à l'instar du conseil supérieur de la guerre, de l'instruction publique, du commerce et des travaux publics, d'un conseil des finances composé des hommes les plus instruits dans le mouvement des ressorts administratifs et dans les diverses branches du service, tel que fut le conseil créé par Colbert, et qu'à son imitation institua le baron Louis. (Voir le tome IV, page 478, du *Système financier de la France*, par M. le marquis d'Audiffret.)

Ce conseil, qui réunirait tous les chefs de service, délibérant *sous la présidence du ministre*, sur les questions difficiles ou générales, conservant ainsi l'unité de vues et d'action dans les différentes parties du travail, et éclairant, par d'utiles débats, l'opinion du gouvernement sur les choses et sur les personnes, ne pourrait que faire pénétrer l'ordre et la lumière dans tous les détails des revenus, des dépenses et des services de trésorerie et établir la fixité des bons principes d'économie politique et l'harmonie générale de tous les mouvements de la vaste administration des finances.

Mais, en attendant qu'on songe à rétablir une semblable institution, il est à observer que le conseil que M. Alfred Neymarck propose de créer *tout à fait différent de celui que je viens d'indiquer puisqu'il serait composé de personnages complétement indépendants par leur position*, existe en réalité.

Ce conseil supérieur qui étend ses investigations aux recettes comme aux dépenses, porte également un examen scrupuleux sur la bonne administration des finances, sur le crédit de l'État, sur le développement de la richesse publique, sur la répartition des impôts, sur nos grandes régies financières, etc., etc.; ce même conseil, qui entre dans le détail de toutes choses, qui approfondit toutes les questions, qui ne néglige rien, en un mot, de ce qui peut contribuer au bien du pays, se nomme : *la Commission du budget*. Impossible de trouver un conseil supérieur *plus indépendant*, plus à même de résoudre toutes les questions se rattachant aux intérêts du Trésor et au vaste ensemble de la fortune publique.

A côté de ce conseil supérieur, omnipotent, apparaît le conseil d'État, lui aussi, composé d'hommes spéciaux, de savoir et d'expérience, rompus aux affaires administratives, et appelés à résoudre toutes les questions de législation, de contentieux, de finances, d'impôts, etc., etc., et dont le travaux incessants sont souvent mis sous les yeux des Chambres.

Or, je le demande, comprendrait-on, en présence d'une commission du budget, d'un conseil d'État, un conseil supérieur des finances institué de la manière indiquée par M. Alfred Neymarck? Ce serait une vraie superfétation qui ne pourrait que créer des embarras, des conflits, et porter atteinte à la souveraineté de l'Assemblée nationale, dont émanent et la commission du budget et le conseil d'État.

A l'appui de ce qui précède, je crois devoir extraire les lignes suivantes de l'important et savant ouvrage de l'éminent et vénérable marquis d'Audiffret, cité déjà plus haut, ancien directeur de la comptabilité des finances, ancien pair de France, ancien sénateur.

Si, comme le dit M. Alfred Neymarck, il y a dans le système financier de la France beaucoup de choses à améliorer, à réformer, à créer, il verra, par ce qui suit, que toutes les investigations sont favorisées, toutes les questions sont clairement posées et livrées au grand jour des débats parlementaires. Le respect et l'autorité qui

s'attachent à la plume de M. le marquis d'Audiffret, feront mieux
juger la question que tout ce que je pourrais dire :

« ..... Pour éclairer les résolutions des pouvoirs et l'opinion du
« pays sur le budget de chaque exercice, dit M. le marquis d'Au-
« diffret, le gouvernement public, à l'ouverture de chaque session
« des Chambres, publie de volumineux documents, qui exposent, dans
« leur ensemble et jusque dans leurs moindres détails, la situation
« générale des finances et celle de tous les services de l'État.

« L'analyse du système administratif est présentée par branche
« de service ; les résultats de chaque article sont exposés avec les
« développements les plus étendus ; les demandes de fonds et les dis-
« positions spéciales sont débattues et justifiées par les ministres, qui
« les proposent dans des rapports particuliers et dans des notes cir-
« constanciées ; enfin, toutes les incertitudes sont dissipées, toutes
« les investigations sont favorisées, toutes les questions sont claire-
« ment posées et livrées au grand jour des débats parlementaires par
« cette élaboration préparatoire des éléments de la délibération de
« la loi annuelle des finances.

« Ce grand travail dévoile à tous les regards la politique intérieure
« et extérieure le mécanisme de l'administration civile et l'organi-
« sation militaire de la France ; il associe étroitement l'influence de
« l'opinion publique à la force du pouvoir exécutif pour assurer le
« système de gouvernement adopté par la majorité des Chambres,
« par la volonté du ministère et par la sanction du souverain. Le
« budget renferme donc à lui seul dans sa puissante centralisation
« l'exécution de toutes les lois de l'État, l'affermissement des insti-
« tutions et la conservation des garanties constitutionnelles. »

Il serait superflu d'ajouter un mot de plus aux pensées si judi-
cieuses de celui qui, depuis plus de soixante ans, a si bien fait comprendre la situation générale des finances et le mécanisme de l'administration, et qui sur toutes les matières d'économie politique
s'est montré un esprit aussi brillant qu'infatigable.

Daignez agréer, monsieur le directeur, avec l'expression de ma
vive gratitude, l'assurance de mes sentiments les plus distingués.

F. SANCHOLLE.

RÉPONSE A LA LETTRE QUI PRÉCÈDE.

Paris, 29 octobre 1872.

Monsieur le Directeur,

Un honorable correspondant combat ma proposition. Il trouve que la Commission du budget et le Conseil d'État sont suffisants ; que le Conseil supérieur des finances dont je demande l'institution ne serait qu'une « vraie superfétation. »

Je vous demande la permission, monsieur le directeur, de répondre aux objections qui me sont faites.

Et tout d'abord qu'est-ce que la commission du budget?

Tous les ans, le gouvernement, par l'entremise du ministre des finances, fournit à la Chambre le détail des ressources nécessaires, des dépenses à faire, des économies à réaliser; il fournit, en un mot, les Comptes annuels des dépenses et des recettes de chacun des ministères. Tous ces documents sont coordonnés par le ministre des finances et publiés dans un volumineux ouvrage qui est distribué à tous les députés. Puis, le ministre des finances fait son exposé financier à la Chambre. L'Assemblée choisit alors dans son sein une commission appelée « Commission du budget, » qui examine les budgets de chacun des ministres et les soumet à l'approbation de la Chambre.

En quoi, je le demande, la commission du budget a-t-elle un rapport quelconque avec le conseil supérieur des finances? La commission du budget examine également les comptes du ministère de la guerre, de l'instruction publique, de l'agriculture et du commerce; et cependant ces ministères sont pourvus de conseils supérieurs, tandis que le ministère des finances, qui de même est contrôlé par la commission du budget, en est dépourvu.

Les fonctions du « Conseil d'État » ne peuvent être comparées à celles que remplirait le conseil supérieur des finances.

D'après la nouvelle loi, la mission du Conseil d'État consiste à donner son avis :

1° Sur les projets d'initiative parlementaire que l'Assemblée nationale juge à propos de lui renvoyer ; 2° sur les projets de loi préparés par le gouvernement, et qu'un décret spécial ordonne de soumettre au Conseil d'État ; 5° sur les projets de décret, et, en général, sur toutes les questions qui lui sont soumises par le Président de la république ou par les ministres.

Il est appelé nécessairement à donner son avis sur les règlements d'administration publique et sur les décrets en forme de règlement d'administration publique.

Il statue souverainement sur les recours en matière contentieuse administrative, et sur la demande d'annulation pour excès de pouvoir formée contre les actes des diverses autorités administratives.

En quoi ces attributions ont-elles un rapport quelconque avec le conseil supérieur des finances ?

Mes arguments subsistent donc en entier, et j'ajoute que cette création d'un conseil supérieur des finances composé en partie de personnages distingués, choisis dans la finance, le haut commerce, l'industrie, a toujours été réclamée, comme une nécessité impérieuse, par tous ceux qui se sont occupés de questions économiques et financières.

M. le marquis d'Audiffret, dont mon contradicteur a cru pouvoir invoquer l'autorité, et qui en a une très-grande en ces matières, demandait dans son savant ouvrage la création d'un *conseil supérieur d'impôts* « aux recherches et aux méditations duquel on confierait les diverses parties de la richesse publique. . . . .

« . . . . . Pour atteindre ce but, dit-il, il serait nécessaire de confier à
« des membres permanents de ce nouveau conseil financier le soin
« d'arrêter les principes et de fixer les bases d'un système général
« de contributions publiques, fortement conçu et sagement consacré
« par *leur savoir, leur expérience et leur indépendance de carac-
« tère* [1].

« Pour accomplir une tâche aussi étendue et aussi difficile que celle
« de pratiquer et de développer tous les moyens matériels de puis-
« sance et de richesse nationale par les combinaisons des tarifs finan-
« ciers, ce n'est pas assez de placer dans les mains d'un homme
« d'État des fragments de travail empruntés à divers ministères; il
« faut élargir la base sur laquelle s'appuient ses méditations et

[1] Marquis d'Audiffret. *Examen des revenus publics*, t. II, p. 58.

« étendre la sphère de ses idées à toutes les parties de notre système
« de contributions publiques. . . . .

. . . .

« Dans cette combinaison nouvelle, nous voulions conserver au
« gouvernement toute la puissance de ses ressorts politiques, en
« réservant la présidence de ce conseil au ministre des finances, et
« en le faisant assister par un vice-président et par des conseillers à
« peu près inamovibles.

« Les études et les travaux de ce corps supérieur d'hommes éclai-
« rés et indépendants nous paraissent devoir donner comme au *bureau*
« *de commerce* établi chez nos voisins cet esprit de suite, cette fixité
« de principes qui sont les premières conditions de leur succès;
« nous aurions pu ainsi rectifier l'inégalité des charges publi-
« ques, etc.

« ..... La plus haute pensée, le regard le plus étendu auraient su
« calculer avec exactitude les véritables effets de la législation des
« droits directs et indirects demandés à toutes les classes de la so-
« ciété, sur les destinées de notre industrie agricole et manufactu-
« rière, de notre commerce, de notre navigation, de notre puissance
« maritime, enfin sur l'avenir de la force nationale et de la fortune
« publique [1]. »

Je pourrais prolonger ces citations empruntées à M. le marquis
d'Audiffret. Dans ses *Essais sur l'organisation des finances*, page
571, tome III, dans ses *Notes historiques sur Colbert*, page 447,
tome IV, dans ses *Souvenirs sur le comte de Villèle*, page 305,
tome IV, l'éminent écrivain réclame l'organisation d'un conseil supérieur des finances, tantôt pour établir l'uniformité de jurisprudence
sur toutes les matières, tantôt pour éclairer et seconder les efforts
du ministre dans toutes les mesures relatives à la protection du
commerce et de l'industrie dont les intérêts sont, aujourd'hui surtout, intimement liés à ceux du Trésor public.

Dans ses *Souvenirs sur le comte de Villèle*, M. le marquis d'Audiffret démontre quels services considérables rendit au commerce et
à l'industrie le conseil supérieur institué par M. de Villèle.

« On vit dès lors s'élever, dit-il, avec une étonnante rapidité, la
« valeur des propriétés mobilières et immobilières, et se préparer la

[1] Marquis d'Audiffret. Chap. II, *Dépenses publiques*, t. III, pages 92 et 93.

« renaissance de notre navigation marchande et de nos possessions
« coloniales, etc., etc. » (Page 398, tome IV.)

A l'époque où le marquis d'Audiffret réclamait d'aussi sages réformes, et traçait, pour ainsi dire, un avenir nouveau à notre administration financière, la France était à l'apogée de sa grandeur : nous
n'avions pas, comme aujourd'hui, un budget de près de 3 milliards,
pour parler en chiffres ronds ; les impôts n'atteignaient pas le chiffre
où ils sont arrivés; on ne connaissait pas alors les emprunts de 2 et 3
milliards ; la fortune mobilière était loin d'avoir acquis l'importance
qu'elle possède ; les questions de monnaie métallique ou fiduciaire,
de libre-échange, de protection, d'escompte, ne réclamaient pas,
comme aujourd'hui, une prompte solution.

N'entendons-nous pas répéter, à tout moment, que le chef de l'É-
tat, que le ministre des finances ont appelé auprès d'eux tels ou tels
banquiers, tels ou tels chefs de nos principales institutions de crédit,
pour leur demander leur avis sur des questions imprévues ou à prévoir, sur les affaires de change, de banque? Est-ce que M. Thiers,
est-ce que l'honorable M. de Goulard, au dévouement duquel tous
rendent hommage, n'ont pas besoin de savoir presque chaque jour
la situation financière exacte, aussi bien à l'intérieur qu'à l'extérieur? Et dès lors, ne comprend-on pas qu'ils aient recours à ceux
qui, par leurs grandes relations en France et à l'étranger, peuvent
leur donner des renseignements précis?

Est-ce qu'un conseil supérieur des finances, composé comme nous
l'avons précédemment indiqué, ne pourrait pas aider le ministre dans
toutes les opérations financières qu'il a encore à traiter? lui donner
d'utiles conseils pour arriver à un classement parfait de nos emprunts?
l'assister dans toutes les opérations que le Trésor fait actuellement,
soit pour arriver à une libération anticipée de ce qu'il nous reste à
payer à l'Allemagne, soit, dans ces immenses et souvent dangereuses
opérations de change, d'escompte, de bonifications d'intérêts?

A un autre point de vue, est-ce que le conseil supérieur n'a pas
un vaste champ d'études ouvert à ses investigations? n'avons-nous
rien à modifier à l'impôt foncier? n'avons-nous rien à faire en ce qui
touche l'impôt personnel et mobilier? l'enregistrement et le timbre, l'impôt sur les boissons, sur le sel, l'octroi, les droits de
douane, doivent-ils donc rester au même point? n'y a-t-il pas, dans
ces grandes questions, des problèmes à résoudre, utiles pour le cré-

dit, utiles pour le pays? Nous sommes, en effet, dans une situation
telle, que la moindre économie apportée dans nos services publics,
que la plus petite ressource apportée dans nos caisses publiques, ne
doivent pas être dédaignées. Plus nous serons soucieux des intérêts
du Trésor, plus nous prendrons soin des intérêts privés, plus la confiance sera grande dans le crédit du pays, dans le crédit de l'État?

Et l'unité de la Rente? et l'unité de l'intérêt? et l'amortissement?
et les marchés à terme, pour l'examen desquels une commission
avait été nommée en 1867, sous la présidence de M. Rouland, commission qui n'a jamais donné signe de vie? et tant d'autres? Des
écrits remarquables ont été publiés sur ces matières importantes.

M. Émile de Girardin a consacré à l'étude de tous ces problèmes
de l'ordre le plus élevé, plusieurs années de sa vie si active. Dans ses
Questions de mon temps, du volume X au volume XIII, vous trouvez
à chaque page des discussions financières, économiques, sociales,
dont la politique nous a malheureusement trop écartés.

« Qu'on le sache: il y a en France un conspirateur qui se raille de
« la police, un révolutionnaire contre lequel sont impuissantes tou-
« tes les rigueurs du régime de répression; ce conspirateur, ce révo-
« lutionnaire, ce rouge, ce socialiste... s'appelle le budget! »
(Émile de Girardin, *Question de mon temps*, tome X, page 369.)

Ces paroles ne semblent-elles pas écrites pour l'époque où nous
sommes? ne sont-elles pas la vérité même?

Oui, il y a de nombreuses choses à améliorer, à réformer, à créer,
dans tout notre système économique et financier.

Sur les questions économiques, financières, sociales, la France n'a
pas fait un pas depuis bientôt un siècle, quand toutes les sciences ont
fait de rapides progrès. On dirait que la voie des améliorations est à jamais fermée. Suivant une juste comparaison de M. Émile de Girardin,
« nous avons envoyé à la fonte toutes nos vieilles monnaies qui
n'avaient plus le titre légal, et nous avons gardé dans la circulation
une foule de vieilles idées qui, en d'autres temps, ont pu être mar-
quées au coin de la vérité. »

Le conseil supérieur des finances s'impose, à notre avis, d'une
manière aussi impérieuse que le conseil supérieur de la guerre s'était
de lui-même imposé à la suite de nos désastres militaires.

Profitons des leçons de l'expérience; rappelons-nous ces paroles
remarquables de M. de Villèle:

« Tout est lié dans le bien comme dans le mal, dans le vrai
« comme dans le faux ; entrez dans la bonne voie, tous les résultats
« sont bons ; égarez-vous dans la mauvaise, tout vous tournera à mal. »

J'aurais encore, monsieur le directeur, bien des arguments à
fournir sur la nécessité de créer un conseil supérieur des finances ;
mais je crains d'abuser de votre hospitalité.

Je vous remercie d'avoir bien voulu me laisser développer dans *le
Constitutionnel* une idée que je crois utile au pays.

ALFRED NEYMARCK.

IX

(NOVEMBRE 1873)

LES QUESTIONS CONSTITUTIONNELLES

Nous sommes à la veille de la réunion de l'Assemblée
nationale; les bruits les plus contradictoires sont mis en
circulation en ce qui touche l'attitude probable des divers partis; les uns annoncent des rapprochements, des
fusions; d'autres parlent de scissions, de divisions plus
profondes que jamais; les légitimistes et les orléanistes
resteront-ils séparés ou finiront-ils par s'entendre? s'ils
s'entendent, au profit de quelle branche se fera l'accord?
est-ce le drapeau blanc, est-ce le drapeau tricolore qui
l'emportera?

Aurons-nous une session politique ou une session
d'affaires? abordera-t-on ce qu'on appelle les questions
constitutionnelles? si l'Assemblée est amenée à les examiner, de quelle initiative émaneront-elles? est-ce un

des groupes de l'Assemblée qui en saisira les représentants du pays? sera-ce le gouvernement?

En tous cas, qu'entend-on par questions constitutionnelles et quelles seront ces questions?

Mais au-dessus de tous ces problèmes nous en voyons un bien plus difficile à résoudre, ou plutôt nous en voyons un qui les contient tous; nous voulons parler des pouvoirs constituants de l'Assemblée.

L'Assemblée nationale issue des élections du 8 février 1871 a-t-elle le pouvoir constituant?

Nous ne craignons pas de le dire, c'est là une question formidable. La poser, c'est provoquer de nouvelles agitations et, qui sait? peut-être aussi de nouvelles crises; c'est ouvrir de nouveau la porte de l'inconnu.

Le programme de Bordeaux est-il donc déjà accompli? la France est-elle vraiment, sérieusement réorganisée? sommes-nous dans des conditions de calme, de sécurité absolue, qui nous permettent d'étudier froidement des problèmes aussi délicats, aussi complexes? prétend-on nous ramener à une situation normale, à ce juste équilibre entre tous les efforts, entre toutes les tendances qui constituent le fonctionnement régulier de tous les rouages administratifs, politiques et sociaux, en provoquant ces grands tournois de tribune, ces luttes où la passion joue le principal rôle?

Ne savons-nous pas, d'un autre côté, que les radicaux soutiennent que l'Assemblée a accompli sa tâche, que son rôle est terminé? Voilà vingt mois qu'elle a été élue et déjà ceux dont elle ne satisfait pas les convoitises lui signifient son congé sans plus se soucier du principe de la souveraineté nationale.

Pourquoi s'exposer à réveiller ces difficultés? Nous savons que les députés récemment arrivés à Paris témoignent de la vive anxiété de leurs commettants ; eux-mêmes ne voient pas, sans un certain trouble, approcher le moment où tous les partis seront, de nouveau, mis en présence; ils s'étonnent à bon droit qu'on qualifie ces questions de *questions urgentes*.

L'opinion publique, dans les départements comme dans les sphères du travail, s'occupe peu, à dire vrai, de toute cette métaphysique constitutionnelle; nous avons vu fleurir et se faner tant de constitutions qui devaient être immortelles que nous ne croyons plus que médiocrement à la souveraine panacée des chartes régulièrement reléguées au bout de vingt ans dans le garde-meuble de l'histoire.

Montrons-nous donc enfin plus sérieux et plus pratiques; abandonnons les vieux errements; cessons de nous préoccuper de chimères; allons droit aux réformes, aux améliorations, aux affaires.

Voilà les questions vraiment urgentes; le pays n'en comprend pas d'autres.

UN CONCOURS AU CONSEIL D'ÉTAT — IMPOTS INDIRECTS ET DIRECTS

Il s'est ouvert tout récemment un concours pour l'admission à l'auditorat au nouveau Conseil d'État.

La question posée aux candidats était celle-ci :

« Exposer les développements successifs, depuis 1789, des impôts indirects, y compris les monopoles réservés à l'État, par comparaison avec ceux des impôts directs. — Apprécier les avantages et les inconvénients des divers impôts indirects. »

Le choix du sujet nous paraît, à tous les points de vue, excellent, au lendemain du jour où l'on a dû demander à la nation des ressources considérables afin d'équilibrer notre budget si lourdement chargé. Il est excellent encore si l'on songe aux réformes nombreuses que l'on doit apporter à l'ensemble de nos lois financières dont plusieurs ont été préparées, étudiées et votées avec une précipitation dont elles se ressentent.

Parmi les thèses qui ont obtenu les suffrages du jury d'examen, il en est quatre qui ont particulièrement attiré notre attention. Ce sont celles de MM. Levavasseur de Précourt, Ch. Gomel, Billard de Saint-Laumer et Vergniaud.

Ces quatre candidats, aujourd'hui auditeurs de 1re classe, ont traité la partie historique du sujet avec une science égale, sinon avec un égal talent.

Chacun d'eux a bien vu et fait clairement ressortir la faute si grave dans laquelle est tombée la première

Assemblée constituante, lorsque, se laissant entraîner par l'impopularité qui s'attachait aux contributions indirectes, elle les exclut presque absolument de son système financier, pour faire porter le lourd fardeau des impôts à la seule propriété foncière.

Les résultats obtenus montrèrent bientôt le vice d'une pareille législation financière; il fallut revenir à l'impôt indirect et lui demander les ressources que les autres contributions ne pouvaient fournir. On rétablit graduellement le monopole de la fabrication et de la vente des poudres (13 fructidor an V), le droit de garantie sur les objets d'or et d'argent (19 brumaire an VI), l'impôt sur les voitures publiques et celui sur les cartes à jouer; enfin la loterie nationale fut de nouveau autorisée après une suspension de cinq ans.

Ce fut en l'an VII que commença vraiment la réforme financière et c'est de cette époque qu'il faut dater la constitution de notre système d'impôts. Tous les genres de contributions furent sérieusement étudiés, examinés, discutés. L'impôt indirect retrouva une juste faveur. La loi du 22 frimaire fixa les règles fondamentales de l'impôt, de l'enregistrement. Celui du timbre fut réglementé par la loi du 13 brumaire. Vinrent ensuite les droits de greffe et d'hypothèque, ceux des postes, la législation sur le monopole des tabacs. Un fait qui montre combien on était revenu des préventions générales contre l'impôt indirect fut le rétablissement de l'octroi aux portes de Paris.

Sous l'empire, nous voyons renaître tour à tour presque tous les anciens droits de consommation. Les boissons, le sel, furent de nouveau taxés (1806-1808) et, le 29 novembre 1810, l'État se réservait le monopole du tabac, source de revenus aujourd'hui si abondants.

La restauration acheva l'œuvre de l'empire et la loi de finances du 28 avril 1816, présentée par le comte Corvetto, fut, comme le fait justement remarquer M. Levavasseur de Précourt, un véritable code de l'impôt, que vinrent successivement compléter les lois de 1817 et 1818.

De 1830 à 1848, les contributions indirectes continuèrent à s'accroître; l'impôt sur le sucre indigène date de cette période, ainsi que l'abolition de la loterie. Au sujet de cette dernière mesure, signalons l'opinion de M. de Précourt : « On croyait déraciner un vice, dit-il, on ne fit guère que le changer de place, en le chassant du lieu où du moins il avait la garantie de la surveillance de l'État. »

Le gouvernement provisoire de 1848 commit les mêmes fautes que l'Assemblée constituante. Bien loin, dans sa détresse, d'avoir recours à l'impôt indirect, il accrut les quatre contributions directes d'une nouvelle imposition de 45 centimes. Cette expérience prouva combien il était dangereux de toucher à cette source d'impôts. En même temps, on supprimait l'impôt du timbre sur les journaux, celui sur le sel et l'exercice. Ces erreurs si graves et qui apportèrent tant de perturbations dans nos finances furent réparées en partie par l'Assemblée nationale. L'empire sut s'en préserver et, lorsqu'il voulut se créer de nouvelles ressources, ce fut aux contributions indirectes qu'il les demanda (droit sur le timbre, sur les eaux-de-vie, sur le sucre, etc.).

Tel est le résumé sommaire du travail historique présenté d'une façon presque identique par les quatre auditeurs dont nous avons les thèses sous les yeux.

Dans cet examen rapide des vicissitudes par lesquelles a passé notre système d'impôts, combien d'enseignements les faits ne contiennent-ils pas !

« Les hommes, dit M. de Saint-Laumer, qui seraient jamais tentés d'appliquer aux finances les procédés révolutionnaires devront étudier le régime de la Convention ; ils y verront tous les expédients que peut inventer l'esprit de violence aux abois, ils en verront démontrée l'heureuse impuissance. »

Plus loin il fait remarquer combien il est regrettable que certaines lois aient été votées sans avoir été examinées, discutées, préparées par des hommes spéciaux et il critique vivement la taxe nouvellement frappée sur les créances hypothécaires, taxe qui n'est rien moins qu'une réduction du taux de l'intérêt légal. — Il attribue enfin avec juste raison la trop grande élévation des frais de perception qu'entraînent les impôts indirects aux vices nombreux de notre organisation financière.

En désaccord sur quelques points secondaires, les auteurs des mémoires que nous analysons sont unanimes sur les graves inconvénients des droits de mutation et de vente, sur leur disproportion avec la matière qu'ils frappent, enfin sur les entraves qu'ils apportent aux transactions.

M. de Précourt, dont le travail nous a paru réunir des

qualités d'ordre, de clarté et de jugement tout à fait remarquables, fait valoir tous les arguments en faveur
d'une importante réduction de ces droits :

« Lorsque, dit-il, une succession se trouve, dans la
même année, transmise trois ou même deux fois, on ne
peut s'imaginer quel prélèvement énorme est fait par
l'enregistrement. Lorsque nos finances le permettront,
une réduction des droits de mutation sera un bienfait
public. Lors de l'enquête agricole de 1866, la réforme,
en matière d'enregistrement, a été demandée par toutes
les parties de la France. »

M. de Précourt critique assez vivement l'adoption du
« droit fixe gradué » établi par la loi du 28 février 1872;
il y voit une violation des vrais principes fixés par la loi
du 22 frimaire an VII et conclut en réclamant une réforme sur ce point; mais il n'ose se prononcer sur la
portée économique de l'impôt des valeurs mobilières et
s'en remet à l'avenir du soin de le juger. Enfin, contrai-
rement à l'opinion de plusieurs économistes distingués,
il pense que « si de nouvelles extensions d'impôt devaient être demandées, c'est l'impôt indirect qui pourrait
seul les fournir. »

Nous nous rangerons à cet avis. Nous pensons qu'il
faut avant tout éviter d'atteindre la nation dans ses forces vives, et autant qu'on le pourra, d'accroître l'impôt
direct.

M. Ch. Gomel, dont la thèse est pleine d'appréciations
fort justes et d'aperçus heureux, croit, au contraire, que
l'Assemblée nationale a été trop loin dans son respect
pour les contributions directes. Il reconnaît et expose

amplement tous les avantages de l'impôt indirect ; mais on a, selon lui, rompu l'équilibre qui existait naguère entre ces deux sources du revenu public.

M. Vergniaud n'accorde pas moins de faveur aux contributions indirectes soit au point de vue du contribuable, soit au point de vue de l'État. Il conclut, comme eux, mais sans les restrictions de M. Gomel, que, comparées à l'impôt direct, elles constituent une charge plus volontaire et moins sensible, et que, modifiées, améliorées, elles ne peuvent qu'occuper une large place dans les institutions fiscales du pays.

Terminons cette étude, beaucoup trop rapide, mais que nous reprendrons chaque fois que l'occasion nous en sera offerte, terminons, disons-nous, par quelques lignes que M. de Précourt attribue à M. Thiers et que celui-ci pourrait, en partie du moins, restituer à Montesquieu :

« L'impôt indirect est celui des peuples les plus avancés dans la civilisation, tandis que l'impôt direct est celui des peuples barbares. Pays pauvre, pays esclave, et impôt direct avec le doublement et le triplement de l'impôt comme ressource extraordinaire sont des faits toujours unis. Pays riche, pays libre, et impôt indirect, avec le crédit pour ressource extraordinaire, sont autant de faits aussi étroitement unis que les précédents. »

LA SOCIÉTÉ ET LES ACTIONS DES ALLUMETTES

Il est inutile, croyons-nous, d'exposer les phases diverses traversées par « l'impôt sur les allumettes, » depuis le jour où le gouvernement décida l'application de cet impôt, application dont l'impossibilité avait été déjà reconnue par le gouvernement anglais. Ce que nous avions prévu s'est réalisé. L'impôt n'a produit que des résultats médiocres ; et le gouvernement se décida à céder, moyennant une redevance annuelle, à des particuliers ou à des sociétés, le monopole de fabrication et d'exploitation des allumettes.

MM. J. Vignal et C⁰, représentant un groupe considérable formé par des maisons de banque de première importance, furent déclarés adjudicataires. MM. J. Vignal et C⁰ ont offert à l'État une redevance annuelle de 16,030,000 francs pour une fabrication de 40 milliards d'allumettes : au-dessus de ce chiffre de 40 milliards, et par fraction de 5 milliards, ces messieurs se sont engagés à payer à l'État une annuité supplémentaire de 2 millions, plus 50 0/0, soit en tout 3 millions.

Ainsi, la fabrication atteignant le chiffre de 45 milliards, l'annuité à payer à l'État serait de 19,030,000 fr. au lieu de 16,030,000 francs, et ainsi de suite.

Tels sont les faits dans leur plus simple exposé.

Depuis l'adjudication, les actions « dites des Allumettes » ont eu en banque un très-grand courant d'affaires ; après s'être négociées avec 110 francs de prime, elles sont tombées à 40 francs de prime ; et, il faut bien le dire, la Société a ses défenseurs et ses adversaires, aussi acharnés les uns que les autres.

Au point de vue des intérêts de l'État, les propositions faites par MM. J. Vignal et Cᵉ étaient certes des plus avantageuses. L'impôt sur les allumettes avait rapporté à peine 1,500,000 francs, pendant une période de 6 mois ; la fraude était grande, la contrebande nombreuse ; le revenu de l'État n'aurait donc été que de 3 millions par an.

Or la Société des allumettes a offert à l'État une rente annuelle de 16 millions 30 mille francs.

Il est vrai de dire que, sur ces annuités, l'État doit prélever les sommes nécessaires à indemniser tous les fabricants d'allumettes, tels que les maisons Roche, Caussemille, Amphoux : soit environ 35 à 40 millions. En admettant que ces indemnités coûtent 40 millions maximum, il resterait encore à l'État une somme considérable sur le montant total des annuités dues par la Société, pendant la durée du privilége qui est de 20 ans et que, du reste, l'État, aux termes de l'article 2 du cahier des charges, s'est réservé aussi bien que les concessionnaires, de résilier « à la volonté réciproque des parties moyennant un avertissement donné un an à l'avance, » avant la fin de chaque période de cinq ans.

L'État s'est donc assuré, pendant cinq années *au moins*, un revenu *minimum* de 16,030,000 francs par an, soit 80,150,000 francs, sans avoir, comme précédemment, des éventualités à courir sur le plus ou le moins de rapport de l'impôt primitivement adopté.

Au point de vue des intérêts du Trésor, l'opération est très-avantageuse.

Au point de vue des intérêts de la Société des allumettes, la concession est-elle aussi avantageuse? donnera-t-elle les résultats qu'on espère? ne se fait-on pas de grandes illusions? en un mot, les actionnaires de la Société des allumettes ont-ils beaucoup à espérer ou beaucoup à craindre?

Nous allons examiner successivement ces différentes questions et y répondre, en procédant par voie de comparaison.

On n'a qu'une idée fort incomplète du chiffre auquel s'élève la production des allumettes, du nombre d'ouvriers que cette fabrication nécessite, et des capitaux qui sont nécessaires à cette exploitation.

A Paris seulement, cette industrie n'occupe pas moins de 4,600 ouvriers, gagnant en moyenne 5 francs 50 par jour. En tenant compte du prix de la journée du contre-maître, qui est de 6 francs en moyenne, il faut compter 4 francs par homme, soit pour une journée 18,400 fr., soit pour un an 6,624,000 francs.

A Marseille, il existe cinq grandes fabriques d'allumettes-bougies, faisant aussi des allumettes en bois ; à Aix, se trouvent trois usines de fabrication d'allumettes en bois. Rien que dans ces deux villes, la moyenne annuelle de fabrication est de 7 à 8 millions de francs. Nous sommes plutôt au-dessous du chiffre vrai. Nous connaissons deux maisons à Marseille, qui emploient chacune près de 700 ouvriers, et qui vendent par an pour plus de 4 millions de francs d'allumettes. Nous ne parlons pas de Toulouse, Bayonne, Lyon, ni de Paris, ni de bien d'autres villes, dont la production est considérable, et dont les bénéfices sont immenses, comme on pourra en juger par les chiffres suivants.

Chacun de nos lecteurs connaît ces petites boîtes d'allumettes-bougies qui sont enjolivées par des gravures d'un goût plus ou moins douteux ; ces boîtes contiennent les unes 55, les autres 40, les autres 50 allumettes ; il y en a même quelques-unes — mais elles sont en petit nombre — qui contiennent 56 allumettes. Or, sait-on quel est le prix de revient de ces charmantes boîtes que nous achetons et payons 0 fr. 10 et 0 fr. 15 centimes pièce ?

La grosse, c'est-à-dire les 12 douzaines, soit 144 boîtes, coûte, tout compris, telle qu'elle est livrée au commerce **de 3 francs à 3 fr. 50 ! maximum**.

Or, 144 boîtes vendues 0 fr. 10 produisent 14 fr. 40 ; vendues 0 fr. 15, elles produisent 21 fr. 60. Le fabricant d'allumettes gagne donc, en admettant le prix de vente à 0 fr. 10, de 11 fr. 40 à 8 fr. 90 par 144 boîtes d'allumettes. Réduisez de 50 0/0 ces évaluations, en comptant les déchets, les frais, les commissions, les remises aux vendeurs ou aux intermédiaires, vous aurez encore un bénéfice *minimum* de 5 fr. 70 à 4 fr. 45 par 144 boîtes, soit environ 0 fr. 04 par boîte. En la vendant 0 fr. 15, il y a au minimum 0 fr. 11 de bénéfice par boîte d'allumettes.

Ainsi, tous frais déduits, une boîte d'allumettes vendue 0 fr. 10 donne au *minimum* un bénéfice net de 0 fr. 04.

Ces chiffres peuvent paraître fantastiques : et cependant nous restons encore bien au-dessous de ceux qui nous ont été communiqués. Nous ne comptons pas les bénéfices qui proviendront de la vente à l'étranger, où *la grosse d'allumettes se vend six et sept piastres*, c'est-à-dire de 30 à 34 francs.

Quels sont les frais de la Société des allumettes ?

Le capital social est de 40 millions, dont la moitié seulement sera versée, soit 20 millions.

L'intérêt à 5 0/0 de 20 millions est de.	1,000,000 fr.
L'annuité à l'État est de.	16,030,000
Frais divers d'administration. . .	2,000,000
Total.	19,030,000 fr.

Soit, pour parler en chiffres ronds, 20 millions de francs par an.

Si nous admettons une fabrication annuelle de 40 milliards d'allumettes, ce qui représente, à 40 allumettes par boîte, 1 milliard de boîtes, sait-on quels seraient les prodigieux bénéfices de la Société ? A 0 fr. 04 seulement de bénéfice par boîte, le bénéfice total serait de 4 milliards de centimes **soit 40 millions de francs** ! Sur ces 40 millions, il faut déduire les 20 millions de frais annuels !

Il resterait donc **20 millions nets de bénéfices** à distribuer.

Réduisez même cette évaluation de 50 0.0, vous aurez 10 millions de bénéfices pour un capital versé de 20 millions, soit 50 0,0 !

Réduisez encore cette évaluation de 75 0/0, vous aurez 5 millions de bénéfices annuels pour un capital versé, de 20 millions, soit 25 0/0.

Ces chiffres donnent le vertige, et nous avouons que nous-mêmes nous nous demandons si, en présence de bénéfices semblables, il n'y a pas de grands aléas, des risques nombreux à courir. Évidemment, la Société aura des mesures énergiques à prendre pour éviter la fraude, la contrebande, la contrefaçon. Il lui faudra de nombreux agents en province, à l'étranger, pour surveiller, pour agir au besoin. Ce serait là, il faut le dire, le grand écueil de la Société ; ce n'est pas sans risques que l'on peut réaliser de semblables bénéfices.

Nous devons dire toutefois que ce danger a été prévu aussi bien par le gouvernement que par la Compagnie : non-seulement les agents du gouvernement continueront la même surveillance que par le passé pour constater et réprimer la fraude ; mais les agents de la Compagnie pourront même être assermentés à l'effet de dresser des procès-verbaux constatant les contraventions aux lois et règlements concernant le monopole des allumettes chimiques, et ces procès-verbaux, aux termes mêmes du cahier des charges, feront foi, jusqu'à preuve du contraire.

Les boîtes d'allumettes que fabriquera la Société seront vendues 0 fr. 10 centimes. Elles contiendront 40 allumettes. La boîte, pour les allumettes en cire, sera faite en carton souple, sans élastique ni gravures, ce qui sera déjà une grande économie. Les boîtes dites « de luxe » coûteront 0 fr. 15 et 0 fr. 20 centimes. Ces dernières seront faites avec beaucoup d'art, de goût, et ornées de vignettes à la fois amusantes et décentes.

Nous ne pensons pas, d'après les chiffres que nous avons sous les yeux, que le prix de revient des boîtes d'allumettes à 0 fr. 10, dépasse 2 fr. à 2 fr. 25 **la grosse,** c'est-à-dire les 144 boîtes.

Dans ce dernier cas, ce serait encore une augmentation considérable dans les prévisions de bénéfices.

Nous reviendrons sur cette affaire des allumettes. Nous avons voulu, dans ce premier article, exposer la vraie situation de l'affaire.

Nous comprenons maintenant pourquoi des maisons comme celles de MM. Pillet-Will, Archdéacon; Blacque, Vignal et Cⁱᵉ; Ed. Dervieu, Hottinguer et Cⁱᵉ; Kohn-Reinach et Cⁱᵉ; Mallet frères et Cⁱᵉ; Marcuard, André et Cⁱᵉ; Mirabaud, Paccard et Cⁱᵉ; Oppenheim, Alberti et Cⁱᵉ; Périer frères et Cⁱᵉ; F.-A. Seillières, Vernes et Cⁱᵉ; la Banque Ottomane, la Banque Franco-Italienne, la Banque Franco-Hollandaise, etc., n'ont pas hésité à s'intéresser dans une affaire semblable. Quand des maisons de banque de premier ordre veulent bien s'occuper d'opérations industrielles, ce n'est pas sans y avoir mûrement réfléchi, sans avoir, non-seulement l'espérance, mais presque la certitude d'y recueillir d'importants bénéfices.

Dans un prochain article, nous aurons à parler du marché et des négociations des actions de la Compagnie.

L'OPINION DEMANDE-T-ELLE LES RÉFORMES CONSTITUTIONNELLES?

L'Assemblée nationale est de nouveau réunie à Versailles. Tout semble faire présager que, fidèle à son passé, et, nous pouvons ajouter, fidèle à son devoir, à sa mission, elle s'efforcera d'éviter les questions brûlantes pour continuer à s'occuper de son œuvre de réorganisation.

Aucune des nuances de la gauche ne lui reconnaîtra le caractère constituant; quant à la droite, elle ne serait pas éloignée de vouloir constituer le gouvernement définitif de la France, mais les difficultés contre lesquelles elle ne manquerait pas de se heurter sont telles et de telle nature qu'elle hésitera avant de céder à ses désirs; la prudence l'emportera, et, finalement, c'est l'état de choses actuel, avec ses inconvénients et ses avantages, qui sera maintenu.

L'institution de la vice-présidence et la prorogation des pouvoirs de M. Thiers seront peut-être décrétées; mais c'est la seule concession qui serait faite, dit-on, au parti qui demande des réformes constitutionnelles.

Ce parti représente-t-il bien les tendances actuelles de l'opinion? les exprime-t-il? est-il vrai que la France soit travaillée d'un vif désir, d'un ardent besoin de réformes constitutionnelles? Nous hésitons à dire : Oui.

Une présidence à vie! qui y songe, qui la demande?

Une seconde Chambre! Mais c'est une création essen-

tiellement constitutionnelle et qui se rattache à un ensemble d'institutions à peine ébauchées.

D'ailleurs, est-il bien sûr qu'il existe, dans ce sens, un
mouvement d'opinion quelconque?

Le renouvellement partiel ! Mais l'Assemblée peut-elle
porter la main sur son propre mandat, prolonger la vie
parlementaire des deux tiers de ses membres, et sacrifier
l'autre tiers?

La réforme électorale ! Mais l'Assemblée peut-elle dire
à quelques milliers de ses électeurs : Je vous enlève le
droit électoral ?

Sans doute, toutes ces questions peuvent être abordées,
mais au prix de quelles luttes, de quels orageux débats,
de quelle agitation morale, de quelles scissions violentes !

C'est ce que comprennent tous les hommes sages qui
savent distinguer entre les vrais courants d'opinion et
les programmes qui ne sont nés d'aucune nécessité politique et dont l'ajournement ne porterait aucun préju-
dice à l'intérêt général.

Pour se faire une juste idée de l'importance de la
campagne constitutionnelle qui s'est ouverte dans ces
derniers temps, sous l'initiative d'éminents publicistes,
au talent desquels tous rendent hommage, il faut décom-
poser la grande masse du public français et chercher
où sont, en réalité, les amateurs de théories constitutionnelles.

Ils ne sont pas, à coup sûr, parmi les six millions
d'électeurs, habitant les campagnes, qui ne demandent à
tous les gouvernements que de leur assurer l'ordre, la

paix, la conservation de leurs biens, la libre et facile circulation de leurs denrées, des impôts modérés ; ils ne sont pas davantage parmi les banquiers, négociants, hommes d'affaires, capitalistes, qui redoutent, par-dessus tout, les agitations, les incertitudes, les émotions, les crises qui paralysent la consommation, effrayent les capitaux et réduisent à leur chiffre *minimum* les opérations industrielles.

En dehors de ces deux catégories de citoyens, qu'y a-t-il ? Des politiques, des publicistes, dont la mission est de poser les problèmes, de les étudier, de les creuser, mais non, Dieu merci ! d'étendre le corps social sur le lit de Procuste de leurs théories, nous allions dire de leurs fantaisies.

Nous ne pensons pas que l'Assemblée nationale se laisse aisément distraire de sa tâche.

Il se peut qu'elle consente à examiner s'il n'y a pas quelque chose à faire ; il se peut même qu'elle se décide à faire quelque chose. Quant à nous, nous la supplions de nous donner avant tout la stabilité, la sécurité ; tout ce qu'elle fera dans ce sens sera bien fait ; le reste n'est que subtilités et arguties.

Assurer la permanence du pouvoir, tout en le subordonnant à l'expression de la volonté nationale, voilà le problème ; sa solution pourra seule établir un ordre solide et durable.

Jamais l'Assemblée n'aura eu plus besoin que dans les circonstances actuelles d'une direction ferme ; jamais aussi le gouvernement n'aura dû lui inspirer plus de confiance.

C'est dans ce complet accord que l'un et l'autre trouveront la force nécessaire à l'accomplissement de leur grande et difficile mission. A cette condition, le radicalisme sera tenu en respect ; en dehors de cet accord, la porte est ouverte aux révolutions et aux aventures.

Nous espérons que l'Assemblée se montrera animée de l'esprit de prudence et de sagesse qui dénoue les situations les plus difficiles. Elle a appelé sur ses travaux les bénédictions de Dieu ; c'est déjà montrer qu'elle en est digne.

Au moment où paraîtront ces lignes, des prières s'élèveront, dans tous les temples, vers le ciel. Par une heureuse coïncidence, la République des États-Unis, sur l'ordre du président Grant, adresse, elle aussi, des actions de grâce à Dieu qui l'a visiblement protégée pendant l'année écoulée.

Ce sont là deux grandes manifestations de la foi religieuse de deux grands peuples.

La pensée aime à se reporter sur ces pieux élans du sentiment religieux comme sur tout ce qui retrempe, vivifie et grandit les peuples.

La religion et la morale sont les premières conditions de la force, et il n'y a de vraie civilisation que celle qui s'appuie sur les bases indestructibles des croyances religieuses.

Au dernier moment, nous recevons communication du Message du Président de la République. Avant de formuler notre opinion, nous voulons connaître l'attitude de l'Assemblée nationale.

Disons, cependant, que ce document ne modifie, sur aucun point, nos appréciations en ce qui touche l'opportunité des réformes constitutionnelles.

LES CHEMINS DE FER DES CHARENTES

Il est bon de démontrer non-seulement l'utilité, la nécessité des diverses lignes qui composent le réseau des Charentes, mais encore la prospérité actuelle de l'entreprise en cours d'exécution, gage certain de sa prospérité future.

Nous plaçant au point de vue de l'intérêt général, nous distinguons dans le réseau des Charentes, trois grandes lignes qui se confondent sur certains parcours, mais dont on comprend le rôle et le but en jetant seulement les yeux sur la carte. L'une, grâce à l'embranchement de Cavignac à Bordeaux, ouvre une communication entre le midi et l'ouest de la France. Elle s'étend de la Roche-sur-Yon à Bordeaux et relie ainsi notre grand port sur la Gironde à Nantes notre grand port sur la Loire. La seconde qui s'étend de Bordeaux par Jonzac, Cognac, Saintes et Saumur, jusqu'au département de la Sarthe, où elle se raccordera avec des concessions nouvelles qui la rattachent aux lignes de Normandie, met en communication nos provinces méridionales avec nos provinces du Nord-Ouest et nos principaux ports de la Manche.

Enfin la troisième grande ligne, qui s'étend de Gannat par Limoges et Angoulême, jusqu'à la Rochelle et Rochefort d'une part, jusqu'à Bordeaux d'autre part, ouvre entre le centre de la France et l'Océan une voie nouvelle dont la création était depuis longtemps réclamée.

Une entreprise ne réussit qu'en raison des services qu'elle rend, des besoins auxquels elle répond ; or un premier examen suffit pour reconnaître que celle-ci répond à des besoins généraux de premier ordre.

Au point de vue local, ces besoins sont-ils moins grands ; les services déjà rendus par les sections exploitées ou à rendre par celles qui ne sont point achevées sont-ils moindres? Les riches provinces de la Saintonge, de la Vendée, de l'Angoumois ont trouvé de nouveaux débouchés à leur commerce si actif; le mouvement des échanges dans ces contrées a été singulièrement favorisé, bien que les lignes qui les desservent ne soient point achevées et qu'elles n'arrivent point encore aux grands centres commerciaux qu'elles ont pour objectif. Quand tous les produits des pays traversés pourront être transportés directement sur les grands marchés, on appréciera toute l'étendue des services rendus par les chemins des Charentes.

Mais si de ces riches départements nous passons aux pays moins favorisés que parcourt la ligne d'Angoulême à Limoges, à Gannat, combien nous apparaîtra encore mieux l'intérêt des localités à l'exécution de ces lignes. Complétement dépourvues jusqu'ici, pour la plupart, de moyens rapides de transports, ces contrées vont enfin naître à la vie commerciale et industrielle. Elles ne sont point déshéritées, leur sol renferme des richesses ; mais ces richesses ont besoin d'être mises en œuvre, d'être fécondées ; le nouveau chemin de fer portera dans ces départements une prospérité qu'ils n'ont jamais connue.

Mais, si les intérêts des populations doivent trouver d'amples satisfactions dans la création de ces diverses lignes, les intérêts de l'entreprise même seront-ils également assurés? Pour répondre à cette question, il suffirait de se reporter aux résultats déjà acquis, résultats connus, publiés, résultats qui ne peuvent être que bien inférieurs à ce qu'ils deviendront lorsque les diverses parties du réseau seront achevées, lorsque le système sera complet, lorsque chaque grande voie aura atteint sa tête de ligne. Nous ne faisons ici que nous résumer ; nous n'entrerons donc point dans le détail des éléments d'exploitation que le réseau des Charentes rencontrera partout. On peut calculer facilement, à l'aide des statistiques locales, le chiffre des tonnages que, dans l'état actuel, chaque pays peut procurer et l'on reconnaîtra que sur tout le parcours de la ligne, il n'est pas une section, si petite qu'elle soit, qui ne réalise au delà du rendement nécessaire. Or ce tonnage, suffisant actuellement, ne s'accroîtra pas rapidement.

L'entreprise réunit donc toutes les conditions de succès et, sous quelque rapport qu'on l'envisage, on ne peut qu'être rassuré sur son avenir. Créée depuis peu de temps, son passé a été heureux, son présent est aussi satisfaisant que possible ; nul doute ne peut subsister sur sa prospérité future.

En présence d'une telle situation, les cours actuels nous paraissent fort au-dessous de ce qu'ils devraient être, de ce qu'ils seront bientôt. En ce moment ils ne répondent point aux avantages qui s'attachent aux valeurs de la Compagnie. Il nous paraît invraisemblable qu'ils ne reprennent point promptement le niveau qu'ils doivent atteindre. Le moment est donc des plus favorables pour opérer un placement sérieux sur des titres qui peuvent donner dans peu de temps une plus-value notable, plus-value qu'il sera facile de réaliser, si l'on ne préfère garder en portefeuille ces valeurs qui offrent toute garantie de sécurité.

ENCORE LA POLITIQUE

Il y a deux parties bien distinctes dans le Message : l'une qui justifie toutes les espérances que nous formions jadis, l'autre qui a éveillé toutes nos craintes.

Dans la première, M. Thiers ne s'occupe que des intérêts matériels du pays, des impôts, de l'emprunt, des traités de commerce. C'était cela surtout qui intéressait le monde des affaires.

Dans la seconde partie, il est question de politique, de réformes constitutionnelles, en un mot de tout ce qui passionne, irrite et divise les esprits, c'est-à-dire de tout ce qui arrête, entrave et supprime le mouvement des affaires.

Que de satisfaction nous donnait la première partie ! Que de déceptions ne nous a pas données la seconde ! Elle a complétement détruit le bon effet produit par l'examen des questions d'affaires et provoqué des débats, des luttes parlementaires qui ont de nouveau plongé le pays dans de profondes inquiétudes.

Il nous faut encore répéter à cette occasion ce que nous ne cessons de dire depuis si longtemps, les événements nous donnant toujours malheureusement raison ! Quand donc cesseront nos discordes ? Quand donc ne serons-nous plus de tel ou tel parti ? Quand donc la politique nous fera-t-elle grâce, et épargnera-t-elle les affaires ? Quand pourrons-nous travailler en repos, reconstituer notre pays ? Quand donc enfin nos hommes d'État seront-ils dociles aux seuls conseils de la raison et non aux entraînements de la passion ?

Que le Message se fût arrêté au point où commencent les considérations politiques, les propositions de réformes constitutionnelles : c'était une explosion de satisfaction universelle qui se fût traduite, à la Bourse, par une explosion de hausse. L'opinion, nous pouvons le dire, parce que nous le constatons chaque jour, l'opinion et les capitaux étaient admirablement préparés dans ce sens. Chacun s'attendait à une reprise vigoureuse et on espérait qu'un mot du gouvernement en serait le signal.

On l'attendait avec juste raison, car il y avait, dans la

première partie du Message, de nombreuses considérations qui justifiaient une hausse générale. S'il est juste
de dire que le gouvernement a rendu de grands services,
il est peut-être bon d'ajouter que la France a fait des
miracles.

Jamais la hausse n'a été aussi nécessaire pour ranimer
la confiance et imprimer à toutes les affaires un mouvement dont le pays tout entier eût profité.

Ces espérances ont été déçues. La politique a fait irruption dans les débats d'administration et de finances.
Au lieu de discuter, de voter la loi sur le jury, de s'occuper du budget, on a fait surgir des interpellations orageuses, ardentes et provoqué une crise qui nous a rejeté
dans l'incertitude, qui a égaré toutes les opinions et fait
oublier jusqu'aux services rendus pour ne laisser que la
mémoire des fautes commises. Au lieu de rester, et cela
était si facile, sur le terrain où tous devaient être indissolublement liés, on a recherché ce qui désunit, et,
comme toujours, ces questions irritantes n'ont point reçu
de solution.

Et cependant il faut qu'elles en aient une.

On s'était plaint jadis du provisoire. Mais à force de
se prolonger, de se perpétuer, ce provisoire ne semblait-
il pas prendre peu à peu tous les caractères du définitif?
Ne pouvait-on ajourner toute motion constitutionnelle
jusqu'au jour où, libre d'engagements, revenue au travail normal, à la production régulière, rendue complétement à elle-même, la France eut eu le loisir de songer à sa constitution définitive. Ce loisir, il fallait le lui
faire.

Mais non, on s'est montré plus impatient qu'elle et on lui a posé tout à coup des questions dont la solution semblait tacitement différée.

Et il faut les résoudre maintenant qu'elles sont soulevées.

Car on ne peut vivre ainsi dans une éternelle incertitude. Il faut être sûr de son lendemain. C'est la seconde crise de ce genre que nous subissons depuis le commencement de l'année ; elle peut se renouveler encore. Il faut et à tout prix mettre nos intérêts, notre fortune, notre existence même à l'abri de telles tempêtes dont assurément la nation n'est point cause et dont cependant elle est seule à souffrir. Si une semblable situation se prolongeait, on ne trouverait plus en France une seule personne qui consentît à traiter une affaire à trois mois.

Que nos représentants, que le gouvernement n'oublient pas que le pays a besoin du plus grand repos, que les questions constitutionnelles l'agitent profondément, et qu'il faut arriver au plus vite à leur trouver une solution pratique.

Les querelles de tribune loin d'alléger les charges de la France, ne font que les accroître; elle ne peut que les maudire. Et, en effet, avant les discussions politiques de ces derniers jours, tout allait reprendre, l'activité des affaires allait renaître avec le travail. Il a suffi de quelques mots pour jeter dans le pays tout entier un trouble profond.

Revenons donc aux affaires, aux affaires sérieuses ! Occupons-nous des intérêts matériels du pays, de son

avenir commercial, de sa prospérité intérieure et extérieure. Trêve à la politique qui empêche les capitaux de
retrouver leur confiance, les affaires leur activité, et la
nation, sa tranquillité morale qui lui est si nécessaire !

NOUVELLE CRISE

De graves incidents ont marqué la semaine qui vient
de s'écouler. Les crises ont succédé aux crises ; le gouvernement lui-même a été mis en question. Un vote de
confiance destiné à affirmer en même temps les répul-
sions de l'Assemblée pour les doctrines radicales du discours de Grenoble et ses sympathies pour le gouvernement du Président de la République, tout en donnant la
majorité à ce dernier, n'a pas réuni la moitié des membres de la chambre.

M. Thiers, à tort ou à raison, s'est senti atteint et il a
déclaré qu'il ne pouvait gouverner dans de telles conditions, qu'il lui fallait un témoignage très-net de la confiance de l'Assemblée et que ce témoignage il le provo-
querait à l'occasion de la discussion de la proposition de
Kerdrel.

Cette proposition qui a pour but de faire décider par
la chambre qu'elle répondrait par une adresse au Message
du Président de la République, aura-t-elle l'assentiment
de la majorité ?

Certes, nous regrettons que M. Thiers, qui n'est qu'une

émanation de l'Assemblée, ait cru devoir poser lui-même
la question des réformes constitutionnelles ; il eût été, en
effet, plus habile de laisser un ou plusieurs groupes de
la chambre la saisir de ces problèmes ardus et complexes ;
mais à quoi bon une adresse? La discuter, c'est, par cela
même, discuter les questions qui, à nos yeux, n'ont pas
suffisamment mûri.

Ne serait-il pas plus simple et moins dangereux de
s'en tenir à l'audition du Message, sauf à prendre le
temps nécessaire pour examiner des questions dont ne
se préoccupaient pas les esprits, et que les circonstances
n'imposaient pas à la sollicitude du législateur.

Toujours est-il que M. Thiers a persisté à exiger un
vote de confiance.

Disons à l'honneur de l'Assemblée qu'elle ne mécon-
naît nullement la haute intelligence du Président de la
République et les éminents services qu'il a rendus au
pays et que, tout d'abord, elle s'est montrée disposée,
non-seulement à lui exprimer sa sympathie et sa confiance, mais à examiner avec lui celles des réformes que
la situation du pays paraît réclamer, à la condition que
ces réformes aboutiront à l'établissement d'un gouvernement parlementaire, c'est-à-dire ayant pour base la res
ponsabilité ministérielle et l'accord avec la majorité.

Au moment où nous écrivons ces lignes, les choses en
sont là; mais une solution ne saurait tarder; les affaires
de l'État souffrent de cet état de crise et les affaires privées en sont paralysées.

Cet abandon complet où nous semblons nous plaire de
nos véritables et solides intérêts pour courir après de fol-

les chimères, cet amour du bruit et de la dispute qui
semble constituer tout notre esprit politique, provoquent,
de la part des feuilles étrangères, des réflexions qui ne
sont pas à notre honneur ; elles sont trop sévères, mais,
à de certains égards, ne sont-elles pas méritées?

Le *Morning-Post* nie que nous soyions capables de
supporter le régime parlementaire. « Les affaires, dit-il,
dont l'Assemblée devrait s'occuper sont complétement
négligées ; les députés ne s'occupent que d'intrigues et
de querelles, sur des mots, des formes et des ombres. »
Le jugement, nous le répétons, est dur ; cependant, il
est vrai de dire que gouvernement et Assemblée sont à
la recherche d'un adjectif ; n'ont-ils donc pas à remplir
un plus grand, un plus urgent devoir ?

Tous, autant que nous sommes, nous poursuivons en
France l'utopie gouvernementale ; à cette utopie, chacun
donne un nom qui est, pour ainsi dire, sa marque de
fabrique.

Nous croyions jadis qu'il n'y avait que deux formes de
gouvernement : la Monarchie et la République. Depuis
que la monarchie n'est plus, nous avons découvert une
foule de républiques à propos desquelles on discute et
on dispute, comme s'il s'agissait de décider entre des
régimes absolument divers ou fondés sur des principes
complétement opposés ; c'est ainsi que nous bâtissons des
théories au jour le jour ; nous nous forgeons des idoles
que nous adorons, non pour leurs mérites, mais parce
que nous les avons fabriquées.

Ne nous est-il donc pas possible de devenir un peu
sérieux, un peu raisonnables?

Il est donc bien difficile de se dire : Après tout, nous avons un gouvernement ; provisoire ou non, c'est un gouvernement régulier, légal, qui protége l'ordre public ; l'initiative privée n'est pas paralysée ; les transactions sont libres ; la religion, la famille, la propriété, placées sous la protection des lois, sont respectées comme elles ; l'armée se réorganise ; la magistrature est honorée ; son action s'exerce sans entrave ; les services publics fonctionnent. Que faut-il donc à cette société pour qu'elle se développe en paix et qu'elle vive sûrement ? Il faut simplement tirer les conséquences de ce qui est, améliorer, perfectionner, remplacer le mal par le bien, le bien par le mieux et apporter dans l'accomplissement de cette œuvre de bon sens, le plus grand bon vouloir, le plus vif désir de rendre à notre pays son ancienne prospérité, sa grandeur séculaire.

Cette tâche est-elle donc si ingrate, si difficile que personne ne veuille s'y vouer !

Au lieu de consacrer chez nous l'instabilité gouvernementale, en nous livrant à une sorte de course au clocher politique perpétuelle, à propos de la meilleure des républiques, fondons enfin un gouvernement qui soit l'émanation du pays, qui s'appuie sur une majorité parlementaire, qui ait le droit de faire appel, en cas de conflit avec la chambre, à la souveraineté du corps électoral, un gouvernement enfin qui n'ait pas d'autre origine, d'autre point d'appui que le pays.

Ce gouvernement, ne l'avons-nous pas, du moins en principe ? Donnons-lui de meilleurs rouages ; complétons les institutions par lesquelles il fonctionne ; arrêtons-

nous sur la pente fatale où glissent les nations en décadence et devenons un peuple pratique; soyons, s'il se
peut, les Américains du vieux monde.

CRÉDIT FONCIER D'AUTRICHE

La théorie et l'application du crédit foncier, c'est-à-
dire de la mobilisation de la créance hypothécaire par sa
transformation en valeur impersonnelle sous forme de
lettre de gage ou d'obligation transférable, nous vient
des pays slaves. En Pologne, en Gallicie et dans la plupart des pays cisleithaniens de la couronne d'Autriche
que régit le code civil autrichien, les progrès du régime
hypothécaire dont la loi de 1852, en France, a fait le
privilége exclusif du Crédit foncier, étaient et sont encore
de droit commun.

Quoique fondée longtemps après le Crédit foncier de
France, la *Société générale I. R. P.* (impériale-royale
privilégiée) *du Crédit foncier d'Autriche* n'avait rien à
emprunter à sa devancière. Il y a du reste des différences
essentielles entre les deux sociétés. Le crédit foncier d'Autriche est une entreprise particulière parfaitement indé-
pendante du gouvernement dans les limites de la loi commune. Elle n'a aucun monopole, et par contre, elle est
libre de ses opérations, qui n'embrassent pas seulement
les prêts hypothécaires, mais qui comprennent en général toutes les affaires de banque et de crédit.

Les opérations hypothécaires ne représentent même aujourd'hui que la moindre partie de ses affaires et de ses bénéfices. La qualification de *privilégiée* qu'elle prend dans son titre n'est qu'un terme légal, appliqué à toute une classe de compagnies. Il n'implique d'autre rapport avec le gouvernement que le contrôle, exigé par la loi, d'un commissaire impérial qui surveille l'émission des lettres de gage et des obligations, et signe chaque titre.

Le crédit foncier d'Autriche a été fondé en avril 1864, au capital nominal de 24 millions de florins (60 millions de fr.), dont la moitié seulement a été émise, en 60,000 actions de 200 florins ou 500 fr., sur lesquels un seul versement de 200 fr. a été fait. La Société a fonctionné ainsi jusqu'en 1870, avec un capital effectif de 4,800,000 florins, ou 12 millions de fr. En 1870, la seconde moitié des actions a été émise au pair, avec versement pareil de 200 fr. Aujourd'hui, le capital réalisé est donc de 9,600,000 fl., ou 24 millions de francs.

Les opérations de la Société consistent, d'après les statuts, à faire des prêts aux particuliers sur hypothèque territoriale, et aux communes, aux provinces, à l'État, sur pareille hypothèque ou sur le produit d'un impôt spécial ; à émettre des lettres de gage ou obligations représentatives de ces prêts; à recevoir des fonds contre des bons de caisse portant intérêt : à ouvrir des comptes courants avec chèques ; à employer ces fonds à des avances sur titres, sur les obligations de la Société ou sur lettres de change, etc., etc. Ces dernières branches d'affaires, qui relèvent de la banque, n'ont pas tardé à dépasser en

importance et en profits les affaires du crédit foncier proprement dites.

En effet, les exercices de 1864 à 1871 ont donné les
résultats suivants (en francs) :

	RECETTES	BÉNÉFICES NETS
1864-5, 21 mois	4.150.000 fr. . .	1.972.000 fr.
1866	5.589.000. . . .	2.621.000
1867 —	12.908.000. . . .	5.506.000
1868 —	16.181.000. . . .	4.220.000
1869 —	18.727.000. . . .	5.550.000
1870 —	19.050.000. . . .	5.259.000

Or, en analysant les différents chapitres qui ont concouru à former le total des recettes de chaque année, on
voit que les diverses catégories d'affaires y sont représentées dans les proportions ci-après :

	1864-5 P. %	1866 P. %	1867 P. %	1868 P. %	1869 P. %	1870 P. %
Prêts hypothécaires. — Annuités . . .	57.7	44.6	81.7	74.4	72.2	73.5
Effets publics en portefeuille. — Intérêts.	5.7	1.2	0.5	0.7	5.4	2.4
Escompte d'effets de commerce. . . .	15.»	12.5	5.6	1.6	0.7	0.8
Avances sur titres. — Intérêts.	6.5	1.9	2.5	2.4	2.4	5.»
Intérêts des comptes courants.	6.5	0.9	2.8	5.1	4.7	5.5
Bénéfices des opérations de banque..	18.»	58.2	8.6	15.1	16.1	13.9
	100.»	99.1	99.5	99.5	99.5	99.1

Les fractions qui manquent représentent les reports faits à chaque exercice du reliquat de l'exercice précédent.

Mais si nous considérons les bénéfices de ces diverses classes d'opérations, la proportion entre les affaires hypothécaires et les autres prend un tout autre aspect. Après avoir déduit des annuités hypothécaires l'intérêt payé par la Société sur ses lettres de gage et des bénéfices des opérations de banque de toute sorte l'intérêt des bons de caisse, le résultat se chiffre ainsi :

	PRÊTS HYPOTHÉCAIRES BÉNÉFICES	OPÉRATIONS DE BANQUE BÉNÉFICES
1864-5. . . .	1.070.000 fr.	. . . 1.742.000
1866.	542.000.	. . . 2.951.000
1867.	2.000.000.	. . . 1.959.000
1868.	1.921.000.	. . . 5.304.000
1869.	1.811.000.	. . . 4.429.000
1870.	1.748.000.	. . . 4.459.000

C'est-à-dire que les bénéfices hypothécaires ont été aux bénéfices purement financiers comme 61 est à 100 en 1864-5, comme 18 est à 100 en 1866 ; comme 58 est à 100 en 1867 ; comme 40 est à 100 en 1869, et comme 8 est à 100 en 1870. La seule année 1867 a donné un excédant de 2 0/0 en faveur des bénéfices hypothécaires, sans doute à cause de l'emprunt contracté cette année-là sur les propriétés du comte Esterhazy, pour une douzaine de millions.

Voici les dividendes que le Crédit foncier d'Autriche a distribués à ses actionnaires.

Pour l'exercice 1804–5. . . .	8.85 0/0	27 50
— 1866.	12.50	25 »
— 1867.	13.75	27 50
— 1868.	17.50	55 »
— 1809.	20 »	40 »
— 1870.	20 »	40 »
— 1871.	21.50	37 50
	112.85	37.50

Les actions primitives ont donc produit, d'après leur émission, c'est-à-dire en moins de huit ans, 112 85 0/0 de revenu, soit 252 fr. 50 c. pour un capital de 200 fr. En outre, il a été distribué 2,500,000 fr. pour la quote-part des administrateurs, et les fonds de réserve ont atteint le chiffre considérable de

3.455.000 fr. pour la réserve ordinaire, et
6.076.000 » extraordinaire.

Total. 9.529.000 fr., chiffre fixé par la dernière assemblée générale (4 avril 1872). Ce total représente 59,7 0/0 du capital versé (y compris les nouvelles actions).

Comme nous l'avons vu, c'est en grande partie aux opérations étrangères au Crédit foncier que sont dus ces magnifiques résultats. Parmi les plus heureuses de ces opérations, il y a lieu de citer la part prise à la fondation et à l'émission d'entreprises financières, telles que les mines d'Innisberg, le chemin de fer de Bustehrad, et surtout l'émission des actions de la Wiener Bank-Verein (Association financière de Vienne). Les relations subséquentes avec la Bank-Verein lui ont donné de beaux profits, spécialement dans l'emprunt avec prime Royal-Hongrois. Il a coopéré, en outre, à l'émission des obligations 5 0/0 des chemins Lombards.

Le Crédit foncier d'Autriche a émis depuis sa fondation jusqu'à la fin de 1871, pour 292 millions de fr. (montant nominal) de lettres de gage en représentation de prêts hypothécaires de même durée et aux mêmes conditions d'amortissement. Il ne fait plus de prêts qu'en obligations. Ainsi, un certain nombre d'emprunts ont été contractés, dans les premiers temps, pour cinq ans, en bons de caisse à peu près tous échus aujourd'hui. Il y a eu pour près de 85 millions de lettres de gage, à 5 0/0, remboursables en 50 ans. Leurs intérêts et leur remboursement se font en or.

Depuis 1868, le Crédit foncier s'est mis à faire des prêts en obligations valeur autrichienne, en monnaie de papier (intérêt et remboursement), à 5 0/0 pour 55 ans.

Les lettres de gage valeur papier ne circulent guère que sur le marché viennois. Les obligations argent sont elles-mêmes fort peu connues sur le marché de Paris, mais elles sont fort recherchées par les capitalistes viennois, aux environs du pair.

En revanche, les obligations dites domaniales autrichiennes sont avantageusement connues et cotées en France. Ces obligations représentent un prêt nominal de 150 millions de francs, fait au gouvernement autrichien d'après une convention du 29 avril 1866, sur la garantie de diverses propriétés rurales et urbaines, et de forêts appartenant à la couronne, de sorte qu'à la garantie de l'État et à celle du Crédit foncier se joint un gage spéci-

fique d'une valeur d'estimation de 375 millions. Ces
obligations (de 300 fr. à 5 0/0), au nombre de 500,000,
ont été émises à Paris, à 230 fr., soit pour un capital
réel de 115 millions. Elles rapportent 15 fr. d'intérêt, et sont remboursables (en or) par tirages annuels en 46 années. Il en a été déjà remboursé pour
10,500,000 fr.

A la fin de 1871, le montant nominal des lettres de
gage de toute nature dans la circulation se chiffrait
ainsi :

Obligations argent, 5 0 0, à 50 ans.	74.000.000 fr.	
» domaniales,	139.000.000	
» 5 0/0 valeur papier, à 33 ans,	55.000.000	
	268.000.000 fr.	

C'est un peu plus de 10 fois le capital réalisé. D'après
la loi, le maximum de l'émission des lettres de gage est
de 50 fois ce capital ; le Crédit foncier autrichien est
loin de cette limite légale, et il n'en approchera sans
doute jamais, car la somme des prêts hypothécaires nouveaux diminue plutôt qu'elle n'augmente chaque année.
Les principales affaires de cette nature se font sur la
grande propriété, qui a reçu 80 0 0 du total des prêts
faits depuis la fondation de la société. Les autres 20 0 0
représentent les prêts faits à la petite propriété rurale et
à la propriété urbaine, à Vienne principalement.

Les prêts contractés jusqu'ici suffiraient au reste à assurer un dividende pendant trente à quarante ans encore, car ces créances ne sont portées en recettes qu'au
fur et à mesure du payement des annuités. Outre ce di-

vidende permanent, il y a le dividende variable, et
qui jusqu'ici est allé rapidement croissant, des opérations de banque. Il est naturellement sujet à l'imprévu ;
mais les développements du marché financier en Autriche et le mouvement des capitaux venus d'Allemagne
permettent d'espérer au moins le maintien des bénéfices
passés.

Voici les cours pratiqués par les actions du Crédit foncier autrichien, depuis leur admission à la cote officielle
de Paris :

	PLUS HAUT	PLUS BAS
1864-5.	700.	600 »
1866.	675.	612 50
1867.	675.	590 »
1868.	760.	620 »
1869.	980.	748 75
1870.	1.102.50. . . .	700 »
1871.	900.	785 »

Cette année-ci, cette valeur est remontée graduellement à 970, son niveau actuel, et il faut s'attendre à lui
voir reprendre son mouvement ascendant, lorsque la
tension monétaire à Vienne et en Allemagne se sera
adoucie. Comme elle est entièrement classée, et dans
d'excellentes mains, il suffit de quelques demandes pour
déterminer une hausse immédiate.

LE CHEMIN DE FER DE SEINE-ET-MARNE

On sait quelle extension a prise depuis environ un an l'ensemble de notre système de chemins de fer d'intérêt local ; c'est sur eux que, détournée des grands réseaux désormais complétés, s'est portée l'attention des hommes spéciaux, comme celle des capitalistes. On commence à comprendre que des lignes établies à peu de frais, dans des conditions normales, sans grands ouvrages d'art, d'un entretien facile, d'une exploitation peu compliquée, devaient tirer du seul trafic local des produits suffisants non-seulement pour couvrir leurs dépenses, mais encore pour donner des bénéfices abondants.

Nous avons longuement et fréquemment discuté ici-même la question des voies ferrées locales ; parmi toutes les entreprises de cette nature que nous avons étudiées, il en est une que nous avons déjà signalée à nos lecteurs et que nous proposerions volontiers pour modèle à toutes les compagnies titulaires de concessions départementales.

Nous voulons parler de la Compagnie de Seine-et-Marne.

C'est, à notre avis, le prototype du chemin de fer à bon marché.

Cette petite ligne si intéressante répond à des besoins locaux très-sérieux et très-étendus. Elle parcourt le riche pays compris entre le chemin de fer de l'Est dans son parcours de Lagny à Meaux et l'embranchement de ce même chemin qui s'étend de Gretz à Coulommiers.

Dans son trajet, le chemin de fer de Seine-et-Marne recueille les éléments de trafic les plus divers et les plus productifs. Outre la matière transportable que lui fournit l'agriculture : céréales, farines, chanvres, laitage, bestiaux, etc., l'industrie lui apporte un tribut considérable. Usines nombreuses, carrières renommées, papeteries, tanneries, blanchisseries, lui assurent des transports largement rémunérateurs. Tout ce qui empruntait les routes ordinaires pour gagner, par voiture, d'une part la ligne de Meaux à Paris, de l'autre celle de Coulommiers à Gretz, sera désormais absorbé par le chemin de fer de Seine-et-Marne. Ajoutons que toutes les marchandises en provenance de ces deux lignes et à destination des localités desservies par la nouvelle voie donneront à celle-ci un trafic dont il importe de tenir grand compte. Déjà, depuis l'ouverture de cette voie, on a dû, pour répondre aux besoins toujours croissants du service, établir sur la Marne un pont spécial.

A l'origine, lors de la fondation de ce chemin de fer, on ne comptait assurément pas sur une exploitation aussi fructueuse; aussi s'appliqua-t-on à restreindre autant que possible les frais de construction et les dépenses de premier établissement. On se rappelle sans doute, lors de la discussion sur les chemins de fer qui fut soulevée en 1869, l'exemple donné par M. Pouyer-Quertier des conditions économiques réalisées dans l'établissement d'une petite ligne qui desservait une de ses usines. Cet exemple est dépassé; ces conditions d'économie sont devenues aujourd'hui chose ordinaire et normale. Elles étonnaient alors.

La voie du chemin de fer de Seine-et-Marne est établie sur l'accotement même des routes ; leur installation n'a donc entraîné que des dépenses bien inférieures à celles qu'exigent les voies de nos grandes lignes, nous parlons même des lignes qui ont le moins coûté.

Pour obtenir une économie plus complète encore, la Compagnie construit, elle-même, dans ses propres ateliers, la plus grande partie de son matériel. Les résultats ainsi obtenus ont été excellents et ont montré tout ce que l'on pouvait attendre d'une entreprise sagement conçue et prudemment dirigée.

Aujourd'hui l'humble ligne de Seine-et-Marne est certainement regardée comme le modèle du genre. On s'aperçoit dans les moindres détails du soin que l'on a apporté dans l'exécution, dans l'organisation du service, dans l'administration même.

Rappelons enfin qu'à un moment donné ce chemin de fer, tout d'intérêt local, peut répondre à des besoins généraux. Il est certain qu'au point de vue stratégique, par sa situation même, cette ligne rendrait d'importants services, s'il venait à se produire des éventualités qu'il ne faut point souhaiter, mais qu'il est permis de prévoir.

Voilà bien des arguments, et d'excellents, en faveur de la Compagnie de Seine-et-Marne. Il est bien peu d'entreprises qui méritent autant que le public s'intéresse à leur prospérité. L'avenir est aux tentatives de ce genre. En voici une en pleine réussite ; d'autres ne vont pas tarder à suivre. Il n'y a pas de placements plus sûrs ni qui promettent de plus heureux résultats. Les obligations de

Seine-et-Marne sont en ce moment à un cours peu élevé ; elles sont accessibles à la petite épargne ; celle-ci n'a rien de mieux à faire que de leur demander un bénéfice certain qui sera, nous n'en doutons pas, promptement réalisé.

X

(DÉCEMBRE 1872)

JUIN 1871 — DÉCEMBRE 1872

Ces deux dates, au point de vue de la Bourse et des affaires, peuvent être utiles à consulter, et sont assurément fécondes en enseignements. En juin 1871, nous étions au lendemain de la Commune ; nous venions de subir le traité le plus douloureux qui jamais ait été imposé à la France : tout était à faire ou à refaire dans notre malheureux pays ; l'armée, l'administration réclamaient des réformes urgentes ; nos finances étaient délabrées, le commerce nul, l'industrie entravée ; l'avenir alors était sombre ! Savions-nous si nous pourrions trouver les sommes considérables nécessaires à notre rançon, à notre réorganisation, à la reprise des affaires commerciales ? Les Prussiens étaient aux portes de Paris, et après les désastres criminels de la Commune, on se demandait comment le pays pourrait jamais se relever !

Et, cependant, si la douleur était grande, la confiance

dans l'avenir était partagée par tous, et chacun avait hâte
de se remettre à ses affaires, à ses occupations, au travail.
Comme nous l'avons dit souvent, le plus beau présent
que Dieu ait fait à l'homme est la nécessité de travailler.
Or cette nécessité du travail s'imposait à tous, et, il faut
bien le reconnaître à la louange du pays, beaucoup a été
fait depuis cette époque, bien qu'il reste encore beaucoup
à faire.

Le 6 juin 1871, le 3 0/0 se négociait à 53 fr. 65; le
Comptoir d'escompte à 665 fr.; le Crédit foncier à 850 fr.;
le Nord à 990 fr.; le Lyon à 865 : le Midi à 600 ; les
obligations des grandes lignes françaises se négociaient
toutes au-dessus de 300 francs.

Que voyons-nous aujourd'hui? Ces mêmes valeurs, qui
auraient dû profiter le plus des avantages matériels ré-
sultant de l'amélioration de la situation du pays, sont à
des prix bien inférieurs à ceux cotés au lendemain de la
Commune. Le 3 0/0 est au-dessous de 53 fr.; le Comptoir
d'escompte à 640 fr. ; le Foncier à 850 fr. ; le Nord à
965 fr.; le Midi à 575 fr. Les obligations de chemins de
fer se négocient de 260 à 285 francs.

Voilà ce que disent les chiffres.

Mais encore, que de faits se sont accomplis depuis
dix-huit mois ! L'armée se réorganise; l'administration
se complète ; le crédit national a obtenu le plus éclatant
triomphe qui jamais ait favorisé une nation ; nous n'avons
plus à chercher les milliards de notre rançon ; non-seulement ils ont été souscrits; mais, dans quelques mois
ils seront soldés; dans quelques mois aussi, l'étranger
ne sera plus sur notre sol : peu à peu la France se re-

trouve elle-même. Le commerce a fait de grands progrès
et ne demande qu'à en faire encore.

Pourquoi faut-il que la Bourse, par la faiblesse du
cours des valeurs, vienne jeter une ombre sur ce tableau !
Pourquoi semble-t-elle crier : « Défiance ! » quand chacun
voudrait se laisser aller à la confiance? Sans doute, il
reste beaucoup à faire; sans doute, nous avons encore
beaucoup à travailler pour donner au pays sa puissance
et sa grandeur d'autrefois, mais n'est-il pas évident que
le pays est dans une situation incontestablement meilleure qu'il y a dix-huit mois?

Malheureusement, nous n'avons pas de plus grands
ennemis que nous-mêmes; lorsque la politique nous
étreint et nous suscite de nombreux embarras, nous
réclamons le retour aux affaires; quand les affaires
nous absorbent, nous soulevons des questions politiques.
Nous créons des crises que nous voulons ensuite apaiser,
pour les faire naître de nouveau, quand le calme est
revenu.

La politique, et la politique seule, cause le malaise général de la Bourse. Comment ranimer la confiance, quand les partis se déchirent? comment réveiller les affaires, quand vous n'êtes pas sûrs du
lendemain?

Le discours de M. Gambetta à Grenoble, l'interpellation de M. Changarnier à l'Assemblée nationale, l'examen des réformes constitutionnelles, dans le Message de
M. Thiers, tel est en quelques lignes, le résumé de ce
qui a tant agité la Bourse, le monde des affaires et le
pays, pendant ces derniers jours. Après ces discussions,

que devient l'examen approfondi du budget? les affaires souffrent; le commerce est inquiet.

Le 26 septembre, M. Gambetta prononçait son discours de Grenoble. Le 30 septembre, ce discours était connu à Paris et dans tout le pays.

Veut-on connaître l'influence qu'il a exercée sur les affaires?

Le 26 septembre, le 3 0/0 se négociait à 55 fr. 70; le 5 0/0 à 87 fr.

Le 30 septembre, le 3 0/0 tombait à 52 fr. 95 et le 5 0/0 à 86.60.

Poursuivons :

Le 12 novembre, veille du Message de M. Thiers, le 3 0/0 se négociait à 52 fr. 80; le 5 0/0 à 85.70.

Le 14 novembre, lendemain du jour où le Message a été connu, le 3 0/0 tombait à 52.00 et le 5 0/0 à 85 47 1/2.

Que conclure de ces faits?

C'est que tous, autant que nous sommes, hommes d'État, députés, publicistes, hommes d'affaires, de finance, commerçants, industriels, quiconque en un mot a des intérêts à défendre, doit s'efforcer de substituer à la politique qui nous étouffe, la grande politique des affaires, la seule vraie, la seule féconde, la seule qui ne conduise pas aux crises et aux révolutions. Mais, pour qu'il en soit ainsi, il faut couper le mal à sa racine : il faut que le pays, que le corps électoral, que les assemblées donnent leur confiance, non à des hommes de parti, non à des théoriciens politiques, mais à des hommes pratiques, positifs, sachant gouverner les intérêts de la nation comme ils gouvernent les leurs : avec honnêteté,

exactitude, intelligence et fermeté ; c'est une Assemblée
d'hommes pratiques que nous voudrions à Versailles ;
une de ces assemblées, comme nous en voyons en Angleterre, qui ne lâche jamais la proie pour l'ombre et ne
provoque pas des crises politiques toujours fatales aux
affaires. Aussi longtemps que l'état de choses dont nous
nous plaignons durera, nous serons exposés à ces anoma-
lies dangereuses que nous signalons plus haut : il est
grand temps qu'on ne sacrifie plus les affaires à la politique.

L'IMPOT INIQUE ET L'IMPOT UNIQUE

Il y a environ quarante ans, lorsque quelque ouvrage
important, récemment paru, avait attiré l'attention générale et obtenu la faveur du public, on en condensait la
substance, on en réduisait les proportions en conservant
avec soin ses parties saillantes, ses réflexions justes ou
piquantes, ses mots les plus heureux ; ainsi résumé, présenté sous un format plus humble, on le rendait accessible à toutes les bourses, à toutes les intelligences. C'est
ce travail qui vient d'être fait avec beaucoup de soin par
M. Achille Mercier pour un des ouvrages les plus intéressants de M. Émile de Girardin.

Il n'est peut-être pas une seule des grandes questions
contemporaines que n'ait creusée, étudiée, sous toutes
ses faces, cet infatigable remueur d'idées. S'il a été plus

d'une fois sujet à l'erreur et à l'illusion, il a toujours cherché la vérité et il l'a souvent rencontrée. Sa logique vigoureuse, serrée, subtile et souvent un peu âpre a élucidé bien des problèmes et indiqué bien des solutions. Il a apporté dans la polémique une puissance, une ardeur d'argumentation, qui ont manqué à la plupart de nos publicistes.

Une des questions qui ont beaucoup occupé M. de Girardin est assurément celle de l'impôt. Et aujourd'hui il n'en est guère qui soit plus actuelle ni qui inspire de plus justes préoccupations. Elle était aussi à l'ordre du jour dans les derniers temps de la république de 1848 ; les projets de réformes fiscales se succédaient et étaient discutés avec passion. Dans une série fort étendue d'articles, M. de Girardin développa un projet d'impôt unique qui frappa vivement les esprits. C'est la moelle de ces études que nous retrouvons dans le petit livre dont nous parlons.

L'Impôt **inique** *et l'Impôt* **unique,** tel en est le titre ; c'est là un de ces rapprochements de mots que recherche volontiers l'auteur des *Questions de mon temps* et dont il se sert comme d'un coin pour faire pénétrer sa pensée dans l'esprit du lecteur.

L'impôt inique, on le devine, c'est celui que nous avons payé sous diverses formes, dans tous les temps, celui que nous payons encore. M. de Girardin en trace tout d'abord à grands traits la longue et triste histoire. Il nous montre ce qu'était la fiscalité dans les Gaules romaines, ce qu'elle devint sous le régime féodal : ici les mots ne manquent pas plus que la chose : tailles, aides,

droits de toute nature, *fouage, monéage, pontenage, li-
monage, chambellage, relief, champart, cartelage*; ce
vocabulaire de la misère des petits et de l'avidité des
grands semble inépuisable! L'iniquité est partout et
l'auteur nous la montre se perpétuant à travers les siècles
jusqu'en 1789. Elle perd sans doute de sa violence, elle
est moins odieuse, mais elle ne disparaît pas; elle s'or-
ganise, voilà tout.

Le régime fiscal de la féodalité succombe dans la nuit
du 4 août sous la réprobation universelle.

Un nouveau système d'impôt se crée graduellement.
L'iniquité n'y a-t-elle plus aucune part? L'ordre, un ordre logique, y règne-t-il? Non, répond M. de Girardin.
« C'est la confusion des taxes. C'est la promiscuité de
systèmes qui s'excluent; c'est l'arbitraire fiscal; c'est le
mensonge légal. » Et il examine tour à tour nos divers
impôts. Pas un ne lui échappe, pas un ne trouve grâce
à ses yeux.

L'*impôt foncier* est inégalement réparti, il est perçu
sans déduction des charges; il n'est ni juste ni équitable.

L'*impôt personnel et mobilier* est souvent absurde,
odieux; il ne vit qu'au mépris des principes et des intentions de ceux qui l'ont institué en 1790.

L'*impôt des portes et fenêtres*, prélevé sur la pureté de
l'air et la clarté du jour, est un impôt barbare et ne saurait être trop sévèrement flétri.

L'*impôt des patentes* n'a été établi qu'à titre d'expédient; il frappe non le *bénéfice* mais l'*exercice*, de l'industrie; il ne présente aucune proportionnalité.

Les droits d'enregistrement et de timbre portent atteinte à la liberté des transactions.

L'impôt des boissons, l'impôt du sel, l'octroi et les droits de douane ne sont pas traités avec plus de douceur.

Ainsi, de tous les impôts existants, aucun ne réunit les conditions d'équité, de proportionnalité et d'économie de perception. Enfin l'anarchie règne dans le système tout entier.

Il faut que l'impôt *inique* fasse place à l'impôt *unique*.

Quel sera donc cet impôt unique?

Sera-ce *l'impôt sur la consommation?*

Mais il frappe des objets multiples; il est la diversité même et non l'unité.

Ou *l'impôt sur le revenu?*

Mais il confond la *rente*, le *profit* et le *salaire*. Il n'a pas de base solide; il est arbitraire et laisse subsister la fraude.

L'impôt, tel que M. de Girardin le comprend, c'est *l'impôt sur le capital.*

Si la révolution antiféodale de 1789 se résume en ces mots :

« Les Français sont égaux devant la loi; »

La révolution anti-fiscale doit se résumer ainsi :

« Les capitaux sont égaux devant l'impôt. »

Mais encore quelle forme cet impôt sur le capital affectera-t-il?

Il devra frapper non point le revenu *présumé*, mais le revenu *capitalisé*, l'excédant du salaire ou du revenu, c'est-à-dire le possesseur : « qui ne possède rien, ne paye rien. » Ce qui produit le moins est ce qu'il impose le plus. Toutes les choses de luxe sont atteintes par lui. En traitant le capital oisif comme s'il était producteur, il le force à produire.

Mais aujourd'hui les contribuables, un grand nombre du moins, ou trompent l'État ou croient avoir intérêt à le tromper. Il faudrait, au contraire, qu'ils eussent intérêt à payer l'impôt, que cet impôt fût *volontaire*.

Ici nous arrivons à l'idée capitale du livre.

« L'impôt ne doit être qu'une prime d'assurance payée par tous les membres d'une Société appelée Nation, à l'effet de s'assurer la pleine jouissance de leurs droits, l'efficace protection de leurs intérêts et le libre exercice de leurs facultés. »

L'Impôt-Assurance, tel est l'impôt unique que M. de Girardin voudrait voir substituer à toutes nos contributions, taxes et droits divers. Il éloignera, dit-il, tout risque de révolution ; il garantira le possesseur des conséquences de tout sinistre, diminuera les chances de guerre, surexcitera la consommation et la production, assurera au travailleur, au prolétaire, une pension au bout de sa carrière, et ramènera le budget à des proportions normales dont il ne devra plus sortir.

Tout cela est exprimé avec une conviction forte, dans un style énergique et rapide que rien n'arrête, que rien ne ralentit. La phrase, courte et incisive, éclaire d'abord l'idée, puis y revient à différentes reprises, et, la présentant sous des formes diverses et toujours plus frappantes, vous familiarise avec elle et vous l'impose pour ainsi dire.

On aimera à relire ce livre si rempli, où l'on retrouve tout entière la justesse de vue, l'habileté de déduction et la logique intrépide du fécond publiciste.

Ces préoccupations touchant l'impôt et le mode suivant lequel il est établi et réparti n'indiquent-elles pas qu'il y a beaucoup à faire dans ce sens et que le gouvernement devrait prêter à ces questions une attention sérieuse? Ne sommes-nous pas autorisés à en conclure que la création d'un conseil supérieur des finances chargé de les étudier s'impose au Chef du pouvoir exécutif, ainsi que nous l'avons démontré dans les deux lettres publiées par *le Constitutionnel* et qui ont reçu de la presse de Paris un très-favorable accueil?

Nous serions heureux qu'une idée aussi juste, aussi féconde, fût patronée par un esprit aussi éminent que M. Émile de Girardin. Avec lui, elle ferait vite son chemin, au grand avantage de nos finances et du pays.

L'ÉCHEC DE M. VICTOR LEFRANC, MINISTRE DE L'INTÉRIEUR

Nos pressentiments ne nous avaient malheureusement pas trompés. La proposition des réformes constitutionnelles a ouvert l'ère des agitations, des discussions violentes, des inquiétudes, des crises, que nous croyions pour longtemps fermée.

A ce premier résultat il faut en ajouter un assez inattendu pour les promoteurs de ces projets, selon nous in-

tempestifs, c'est que l'issue de la campagne constitutionnelle n'a pas été précisément celle qu'on espérait.
Vainqueur grâce à une majorité de 36 voix, sur une
question de confiance personnelle, mais non gouvernementale, M. Thiers n'a pas tardé à voir cette majorité se
désagréger, du moment où il s'est agi non plus de sa
personnalité si éminente, mais de celle d'un de ses ministres. Les voix qui avaient servi d'appoint à celles des
gauches réunies se sont reportées à droite lorsqu'il a
fallu se prononcer sur le sort de M. le ministre de l'intérieur, et M. Lefranc a été sacrifié.

On croit et l'on craint qu'il en soit ainsi pour chacun
des membres du cabinet, au moindre prétexte qu'ils
fourniront à la majorité de s'ériger en tribunal et de
prononcer un arrêt de censure.

Une telle situation est-elle normale ? Cet état de lutte
entre le gouvernement et la majorité de l'assemblée peut-
il se prolonger? Évidemment non.

Les affaires languissent; les transactions commencées
sont suspendues ; on n'ose en entamer de nouvelles ; les
administrations sont en désarroi, le crédit public s'af-
faisse. Il n'est donc que temps de mettre un terme à des
dissentiments qui n'ont que trop duré et dont souffre le
patriotisme des gens de bien.

Pour cela, que faut-il faire?

Rester dans la légalité.

L'Assemblée est souveraine ; le pouvoir exécutif n'étant
qu'une émanation de l'Assemblée, c'est à lui à bien se
pénétrer de ses volontés, de ses tendances, de sa politique et à s'y conformer.

Quelle est cette politique?

C'est le désaveu des doctrines radicales et l'affirmation des principes conservateurs.

A tort ou à raison, le cabinet, dans son ensemble, n'est pas, aux yeux de l'Assemblée, l'expression de cette politique. Le président doit donc en modifier la composition; constitutionnellement, raisonnablement, il n'y a pas d'autre solution.

Nous applaudissons aux déclarations de M. Thiers, à l'élévation de son langage, à l'honnêteté de ses sentiments; nous lui savons gré d'avoir fait entendre du haut de la tribune des paroles qui ont eu un profond retentissement : mais n'est-il pas permis de trouver étrange que M. Thiers et ses ministres soient associés dans le même vote à MM. Tolain, Naquet, etc., alors surtout qu'ils ont contre eux des hommes comme MM. de Soubeyran, de Plœuc, Magne, Pouyer-Quertier?

Qui donc empêcherait M. Thiers de marcher avec le centre gauche, le centre droit, la droite, répudiant ainsi tous les extrêmes?

Qu'on ne nous dise pas que la majorité conservatrice est divisée; la gauche ne l'est pas moins. Que cette dernière soit victorieuse; qu'elle n'ait plus devant elle une droite résistante, tenace et, au besoin, agressive, que deviendra M. Thiers? Il sera, en dépit de sa vaste intelligence, de son habileté, des services rendus, des avances faites et des gages donnés, brisé comme un instrument insuffisant ou incommode et jeté par-dessus bord.

M. Thiers répudie les doctrines antisociales du parti

radical ; il s'est proclamé spiritualiste ; en un magnifique langage, il s'est séparé des athées ; il a fait plus : il
a déclaré que, sur la plupart des questions sociales,
politiques, économiques, il ne partageait pas l'opinion
de la gauche, qu'il en était de même sur l'impôt, sur
l'armée, sur l'organisation politique, sur l'organisation
de la république.

Pourquoi incline-t-il donc vers elle ? Ou plutôt pourquoi la gauche l'appuie-t-elle ? Parce qu'avec elle il croit
l'impossibilité de faire autre chose que la république.

Mais si la droite abandonne ses préférences ; si chacun des partis qui la composent abdique et cède le pas
aux principes conservateurs, se ralliant ainsi sur un terrain neutre où tous les honnêtes gens peuvent et doivent
se rencontrer, qui pourrait l'arrêter ? Pourquoi hésite-
rait-il ?

M. Thiers ne saurait s'y tromper. Il a, vendredi dernier, enlevé par un magnifique triomphe de tribune le
vote qui devait le faire vivre, lui M. Thiers ; mais si sa
situation personnelle s'est en quelque sorte accrue,
comme chef du gouvernement, ce vote n'a pas rendu sa
position meilleure.

Nous voudrions que le parti conservateur sût profiter
de la circonstance pour séparer complétement M. Thiers
de la gauche ; mais pour cela, il faut qu'il oublie les
luttes de ces derniers jours, qu'il mette de côté toute
rancune, toute défiance ; qu'il dise au Chef du pouvoir :
« Vous êtes conservateur ; nous le sommes également, et
nous ne sommes que cela ; marchez donc avec nous,
aussi longtemps que le pays nous constituera en majorité

dans cette Assemblée. C'est notre droit de vous le demander ; c'est votre devoir de nous l'accorder. »

Alors nous rentrerons dans la vérité du régime parlementaire ; alors la sécurité renaîtra ; alors la paix se fera
dans les esprits ; alors il y aura un gouvernement stable,
et nous qui sommes le public, nous qui souffrons de ces
conflits incessants, nous pourrons enfin attendre avec confiance le lendemain et travailler pour nous-mêmes et pour
le pays.

LE CRÉDIT FONCIER DE FRANCE

I

Le Crédit foncier est un développement du crédit hypothécaire, consistant dans l'intervention, entre le prêteur et l'emprunteur, d'une agence ou institution qui se
substitue à l'emprunteur vis-à-vis du prêteur, et réci-
proquement, et qui offre à l'emprunteur sa propre garantie, authentique, notoire et d'une valeur universellement reconnue, au lieu de la garantie individuelle, restreinte et relative, de l'emprunteur. Toute institution de
crédit foncier joue, par rapport aux créances hypothécaires, le rôle des banques ordinaires d'émission par rapport aux créances commerciales. La Banque prête aux
commerçants sur leur signature, garde leurs billets en
portefeuille, et met en circulation en leur lieu et place,

ses propres billets à elle, qui ne sont que la transformation des valeurs en portefeuille. Le crédit de la banque est substitué, vis-à-vis du public, à celui des commerçants individuels. L'institution de crédit foncier, de
son côté, garde l'obligation hypothécaire personnelle de
l'emprunteur, et remet au prêteur, en échange de l'argent qu'il a versé, une obligation ou lettre de gage, constituant une créance sur l'institution, et non sur l'emprunteur en particulier, dont l'individualité disparaît.
Au lieu d'une obligation individuelle, soumise à des risques et à des difficultés de recouvrement que la plupart
des législations, et surtout celle du code civil, semblent
avoir multipliées à plaisir, le prêteur possède un titre
transmissible à volonté, jouissant de toute la notoriété
et de toute l'uniformité des titres de rente, et garanti à
la fois par le capital de l'institution et par l'ensemble
des gages qui lui ont été assignés par la masse des emprunteurs.

A l'emprunteur le jeu des institutions de crédit foncier assure des avantages non moins précieux. Le principe de toutes les opérations faites par leur intermédiaire
est le remboursement du capital avancé, par annuités
dont le payement accompagne celui des intérêts et se confond pour ainsi dire avec eux. Un amortissement de 2 0 0,
payé chaque année avec l'intérêt à 4 0 0 par exemple,
éteint le capital de la dette en 28 ans : un amortissement
de 1 1 2 0 0 prendrait 55 ans ; de 1 0 0, 42 ans.

Le propriétaire qui emprunte directement à un particulier n'obtient que rarement un prêt d'une durée de
10 ans ; la moyenne varie, en France, de 3 à 5 ans, selon

les promesses. Au bout de ces 10 ans, l'emprunteur sera obligé de rembourser le capital, c'est-à-dire de payer 100 d'un seul coup, tandis que s'il était engagé envers une institution de crédit foncier, il n'aurait à payer, à 2 0/0 d'amortissement, que 56, en 28 ans, et, à 1 0 0, que 42 en 42 ans.

Les frais préliminaires, légaux et autres, qui absorberaient jusqu'à 10 0 0 du capital d'un petit emprunt de 500 francs ou au-dessous, sont également répartis sur toute la durée du prêt, et n'ajoutent qu'une quantité insignifiante au taux de l'annuité.

Enfin, l'agence de crédit foncier, maniant de vastes capitaux, possédant les meilleurs moyens d'informations sur la valeur du gage et ne prêtant que sur première hypothèque, peut fournir de l'argent à meilleur marché que le simple capitaliste.

Le plus ancien établissement de crédit foncier a été fondé en Silésie en 1770. Depuis, les institutions de ce genre se sont multipliées sous toutes les formes en Pologne, en Autriche et dans toute la Confédération germanique. Les pays occidentaux n'entrèrent que très-tard dans ce mouvement. En Belgique jusqu'en 1851, en France jusqu'en 1852, ce développement de crédit était rendu impossible par la législation hypothécaire du code civil. Ce n'est même que par un acte d'autorité dictatoriale que le crédit foncier a été introduit en France. Son établissement eût rencontré mille obstacles et mille retards, de la part des légistes conservateurs, s'il avait dû passer par la filière législative régulière.

Les établissements de crédit foncier existants peuvent être ramenés à trois types principaux. La plupart de ceux qui ont été fondés jusqu'à ce jour en Allemagne, en Autriche et en Pologne, sont des associations solidaires de propriétaires emprunteurs. Un certain nombre de propriétaires se réunissent, nomment quelques-uns d'entre eux pour administrer la Société, et forment un fonds commun de roulement. Un propriétaire qui veut emprunter se fait admettre dans l'association, qui examine auparavant ses titres de propriété ; s'il est admis comme membre et comme emprunteur, le syndicat de l'association lui fait remettre une obligation personnelle, par laquelle il s'engage à payer, pendant un certain nombre d'années, une annuité représentant l'intérêt, les frais et l'amortissement de l'emprunt. Le prêt est fait, par le syndicat, en lettres de gage ou obligations garanties solidairement par tous les membres de l'association et que l'emprunteur négocie en Bourse ou autrement, à ses risques et périls. D'autres fois, mais moins souvent, le syndicat cherche lui-même un prêteur, auquel il délivre des lettres de gage contre l'argent qui est remis à l'emprunteur : les associations hypothécaires de Wurtemberg et de Hanovre pratiquent ce dernier mode de prêt. Une seconde classe d'établissements de crédit foncier sont régis et garantis par l'État. Tels sont ou tels étaient la Caisse de crédit de Hesse-Cassel, l'Établissement de crédit territorial de Hanovre, la Banque hypothécaire de la Haute-Lusace, etc. Telle est aussi, moins la garantie formelle de l'État, la Caisse de crédit foncier de Belgique. Dans toutes ces institutions, l'État se borne au rôle d'intermédiaire entre le prêteur et l'emprunteur, et n'engage pas les deniers publics.

Le dernier type, celui qui nous occupe spécialement ici, est celui des Sociétés financières de crédit foncier. Elles sont très-peu nombreuses. Il n'en existe même qu'une seule, — celle du Crédit foncier de France, — qui fait l'objet de cette étude, — qui borne ses opérations aux affaires hypothécaires. Toutes les autres, le Foncier d'Autriche, par exemple, escomptent, émettent des billets, et jouent le rôle de banque et de Crédits Mobiliers, aussi bien ou même de préférence à celui d'agences de prêts hypothécaires. Et même, pour ce qui concerne le Foncier de France, nous montrerons, dans les articles suivants, pour quelle énorme proportion les prêts aux communes et à la ville de Paris entrent dans le chiffre de ses affaires. Le fait est que, dans la période d'activité et de mobilité fiévreuse qui s'est ouverte il y a vingt ans pour les capitaux européens, la stabilité et la modicité relative des revenus hypothécaires n'a eu qu'un attrait restreint, comparé aux placements plus brillants ou tout aussi assurés qu'offraient les emprunts d'État, les chemins de fer et les entreprises industrielles de toute nature.

Les Sociétés financières de crédit foncier prêtent, comme les autres établissements, en numéraire ou en lettres de gage. Pour elles, comme du reste pour tous les établissements de crédit foncier, le remboursement des obligations ou lettres de gage se fait au pair, chaque année, par tirage au sort, en proportion des annuités perçues.

Les Sociétés financières de crédit foncier n'ont été autorisées en France qu'en 1852, par un décret-loi du pouvoir exécutif, en date du 28 février. Le décret du 22 janvier précédent, qui prononçait la confiscation des biens de la famille d'Orléans, avait déjà affecté par avance, à l'encouragement de ces Sociétés, une somme de 10 millions de francs, sur les 55 millions représentant la valeur totale des biens en question.

II

Le décret du 28 février 1852 autorisait la formation de sociétés financières soit de prêteurs, soit d'emprunteurs, ayant pour objet de donner aux propriétaires qui veulent emprunter, la possibilité de se libérer par des annuités réparties sur une longue série d'années, chaque annuité composée de la totalisation de ces trois éléments l'intérêt, les frais de la société représentés par un droit de commission, et l'amortissement. L'intérêt ne devant jamais dépasser 5 p. 100, et l'amortissement ne devant pas être de plus de 2 p. 100, ni moindre de 1 p. 100.

Le décret accordait aux sociétés des moyens d'exécution très-expéditifs contre les emprunteurs en retard de leurs payements. Dispensées des formalités, des lenteurs et des appels de la procédure ordinaire tracée par le Code contre les propriétaires débiteurs, les sociétés de crédit foncier peuvent entrer en possession des immeubles hypothéqués, sur simple ordonnance du président du tribunal civil, quinze jours après une mise en demeure. Elles peuvent dans le même cas poursuivre la vente des immeubles aux enchères, qui a lieu après signification d'un commandement, affiches et insertions d'annonces, formalités qui prennent deux mois et demi au plus.

Le même décret autorisait le gouvernement et les départements à acheter chaque année, pour encourager les sociétés de crédit foncier, une certaine quantité de leurs lettres de gage. Mais cette disposition est restée à peu près lettre morte.

Cet acte législatif, qui posait les bases générales du Crédit foncier de France, fut bientôt suivi de l'application. Le 28 mars 1852, un autre décret autorisait la formation de la société financière qui devait prendre plus tard le titre de *Crédit foncier de France*. Cette société créée sous le titre de *Banque foncière de Paris*, au capital de garantie de 25 millions, était autorisée à opérer, dans les conditions du décret du 28 février, dans les sept départements du ressort de la cour impériale de Paris : (Seine, Seine-et-Oise, Seine-et-Marne, Eure-et-Loir, Aube, Marne, Yonne). La durée de ces prêts ne pouvait être au-dessous de vingt ans, ni au-dessus de cinquante.

Les promoteurs nommés dans le décret, étaient au nombre de trente et un, parmi lesquels nous relevons les noms de MM. Drouyn de Lhuys, Wolowski, Léon Faucher, Benoist d'Azy, Bartholony, Émile Pereire, Achille Fould, Hippolyte Passy, Darblay aîné, Darblay jeune, etc., etc. Sur les 50,000 actions à 500 francs, composant le capital social de garantie, 20,000 seulement représentant 10 millions de francs, furent d'abord émises.

Deux autres sociétés de Crédit foncier par action, furent également autorisées et fondées, dans le courant de 1852, à Nevers, au capital de 2 millions, pour le Cher, la Nièvre et l'Allier ; et à Marseille, au capital de 5 millions, pour les Bouches-du-Rhône, le Var et les Basses-Alpes.

Dans le premier plan du gouvernement français, un réseau de sociétés foncières, distinctes et localisées, devait couvrir toute la France. Ce système avait d'abord été préféré à celui d'une société unique. Mais la tendance était forcément alors à la centralisation, en finance comme en politique. La centralisation était sans doute une étape indispensable du développement financier. Dès le mois de novembre de la même année 1852, une convention passée entre le ministre de l'intérieur et la société de la Banque foncière de Paris étendait ses opérations sur toute la France, et lui imposait l'obligation de prêter à la propriété foncière à 5 p. 100 tout compris (intérêt, commission et annuité), jusqu'à concurrence de 200 millions. Pour encourager cette opération, et en couvrir les risques possibles, la société recevait la subvention de 10 millions prise sur les biens de la famille d'Orléans. Les 200 millions de prêt devaient être répartis entre les départements, proportionnellement à la dette hypothécaire inscrite dans chacun d'eux. L'annuité de 5 p. 100 se décomposait ainsi: intérêt: 3,67 ou à peu près 1 centime par jour; commission, 60 c. ; amortissement, 93 c. Le Prêt devait être éteint en 50 ans.

La Banque foncière de Paris changeait son titre contre celui de *Crédit foncier de France*. La Banque de France, qui s'est toujours montrée ombrageuse et jalouse de l'apparence même d'une atteinte à son privilége, aurait elle-même demandé que le titre de *Banque*, même *foncière*, ne fût pas laissé à un établissement privilégié en dehors d'elle.

Le capital nominal du Crédit foncier fut porté à 60 millions, en 120,000 actions de 500 fr., dont la moitié (soit 250 fr. par action) de versé. C'était une addition de vingt millions aux dix millions de capital réalisé de la Banque foncière de Paris. La société était autorisée à prêter jusqu'à concurrence de vingt fois son capital réalisé, c'est-à-dire jusqu'à 600 millions avec 30 millions de capital versé; et 1,200 millions, pour le capital de 60 millions entièrement appelé.

La durée de la société était fixée à 99 ans à partir du 30 juillet 1852, et le poste de gouverneur donné à M. Wolowski, dont les écrits et les discours avaient pendant 20 ans préparé la voie à cette institution.

D'immenses espérances, confinant à l'utopie, s'attachaient à cette création du Crédit foncier. Dans l'esprit du gouvernement personnel d'alors, il s'agissait d'opérer dans la situation de la propriété foncière une révolution économique presque aussi large et aussi féconde pour le bien-être général, que celle qui, à la fin du siècle dernier, de la Convention à Napoléon Ier, avait fait passer le sol, en le subdivisant, aux mains de plusieurs millions de propriétaires. Transformer la masse de la dette hypothécaire, en supprimant la nécessité du remboursement, et abaissant le taux de l'intérêt au niveau du revenu de la terre, en éteignant le capital par un payement annuel pour ainsi dire insensible, tel était le but visé. Aussi, dans un rapport du 10 décembre 1852, le ministre de l'intérieur, M. de Persigny, célébrait-il déjà par avance ce grandiose résultat: « Ainsi donc, s'écriait-il, on peut dès ce moment prévoir le jour où le sol sera affranchi de la dette hypothécaire que lui ont léguée les siècles. »

Quelque magnifiques qu'aient été, au point de vue financier, les résultats obtenus par la Société du Crédit foncier, pour ses actionnaires et ses administrateurs, quelques services qu'elle ait rendus à l'épargne et à la propriété immobilière, il est à peine utile de faire ressortir la disproportion qui existe entre le résultat réalisé et le but célébré d'avance par le ministre de l'Empereur. Par le fait, il est douteux que les financiers éminents qui ont concouru à la fondation du Crédit foncier se le soient jamais proposé, et il est notoire que la participation de beaucoup d'entre eux à cette création a été de leur part un acte de déférence envers le prince, plutôt que de conviction personnelle.

En 1852, la dette hypothécaire s'élevait, pour toute la France, à plus de 12 1,2 milliards de francs; Paris seul comptait dans ce total pour 1,250 millions. Une somme de 200 millions était bien peu de chose pour attaquer une dette aussi énorme.

C'était aussi, dans une grande mesure, une illusion de croire que le Crédit foncier rendrait surtout des services à l'agriculture. Sans parler de la propriété bâtie, il n'y a qu'une faible proportion de la dette hypothécaire inscrite sur les propriétés rurales qui représente des fonds employés à l'exploitation et à l'amélioration des terres. La grande partie des 12 milliards de cette dette représente

des reliquats de payements à faire par l'acheteur au ven-
deur ou des soultes de partage de successions. Dans les
dix premières années de l'existence du Crédit foncier,
près de la moitié de ses prêts ont été consentis sur des
immeubles de Paris. Du reste, c'est moins du Crédit hypothécaire que du Crédit commercial, dont l'industrie
agricole a besoin, et c'est ce que l'on a compris lorsqu'on a doté le Crédit foncier de deux annexes, le Crédit
agricole et le Comptoir de l'agriculture, créées en vue
de ce besoin, auquel elles répondent plus ou moins
utilement.

Malgré la subvention de 10 millions, c'est-à-dire de
5 p. 100, accordée par l'État, et payable au fur et à
mesure du placement des deux cents millions, cette première série de prêts prit une dizaine d'années au moins à
s'effectuer, les fonds du public étant relativement lents
à affluer dans ces opérations, à cause du taux modique
de l'intérêt des obligations (au nombre de 200,000)
émises en représentation de ces 200 millions (5 p. 100
avec prime de 20 p. 100 au remboursement, et lots,
et 4 p. 100 remboursés au pair, avec les chances de la
loterie). Aujourd'hui, ces 200 millions sont entièrement
placés, et il y a environ un huitième des obligations
éteintes par remboursement.

En dehors de ces 200 millions de prêts, que le Crédit
foncier s'était engagé à faire contre annuité de 5 p. 100,
attendu qu'elle était indemnisée des sacrifices qu'ils pouvaient lui coûter par la subvention de 10 millions, elle
fut bientôt autorisée à élever, pour d'autres prêts, son
annuité au maximum de 5,45, puis à celui de 5,95

(pour une durée de 50 ans), à cause de la difficulté de trouver des capitaux au taux primitif de 5,65 p. 100.

Les remaniements que les statuts du Crédit foncier ont subis sont extrêmement nombreux. On peut les résumer en disant que chaque nouvelle modification des statuts a donné à la société une plus grande liberté d'allures dans le taux de ses prêts, dans leur durée, dans la nature du gage, etc. On l'a successivement autorisée à faire des prêts à court terme, soit avec remboursement intégral, soit avec amortissement ; à prêter aux hospices, aux établissements d'utilité publique, même aux établissements religieux. En 1859, elle a obtenu la faculté de faire ses prêts non en argent, mais en obligations remises au pair à l'emprunteur, qui les négocie sur le marché à ses risques et périls. Elle a aussi été admise à prêter aux communes, aux départements et spécialement à la ville de Paris, et à émettre des obligations en représentation de ces prêts ; et elle a fait largement usage de cette faculté.

Voici le tableau des prêts hypothécaires, consentis par le Crédit foncier, depuis sa fondation jusqu'à la fin de 1860 :

1852. . .	755.000 fr.	1857. . .	8 millions.
1853. . .	26 millions.	1858. . .	50 »
1854. . .	28 »	1859. . .	26 »
1855. . .	12 »	1860. . .	48 »
1856. . .	8 1/2 »		

Depuis 1861, époque à laquelle le Crédit foncier s'est trouvé investi de la plénitude de ses attributions, jusqu'en 1871, ses prêts se sont chiffrés par les sommes suivantes :

	PRÊTS HYPOTHÉCAIRES	PRÊTS AUX COMMUNES
1861. . . .	88 millions.. . . .	25 millions.
1862. . . .	87 »	31 »
1863. . . .	109 »	59 »
1864. . . .	75 »	37 »
1865. . . .	98 »	105 »
1866. . . .	115 »	148 »
1867. . . .	87 »	107 »
1868. . . .	91 »	61 »
1869. . . .	83 »	74 »
1870. . . .	52 »	19 »

III

Aux chiffres des prêts consentis par le Crédit foncier, que nous venons d'énumérer, l'année 1871 n'a ajouté que 25 millions de prêts hypothécaires et 10 millions de prêts communaux. La guerre et la Commune avaient interrompu les affaires de toutes sortes dans Paris, où était le théâtre principal, trop exclusif peut-être, des opérations de cette institution de crédit. Le Crédit foncier avait encouru le reproche d'être devenu la banque de la bâtisse de Paris. En effet, si nous examinons l'importance des créances soit hypothécaires, soit communales en cours au 1er janvier dernier, nous voyons que le département de la Seine compte pour plus de 600 millions de prêts hypothécaires, et pour 320 millions de prêts communaux, sur un total général de 1,376 millions.

Le total des prêts hypothécaires consentis depuis 1852 jusqu'au 1er janvier dernier, au nombre de 10,600, a dépassé 1 milliard 115 millions et le total des prêts communaux, depuis 1860, 718 millions. Le chiffre des sommes dues au Crédit foncier par les emprunteurs, au 1er janvier dernier, était de 905 millions de prêts hypothécaires et de 478 millions de prêts communaux, parmi lesquels la ville de Paris figure pour 312 millions.

Depuis 1859, le Crédit foncier fait ses prêts hypothécaires, à sa volonté, en argent ou en obligations, que l'emprunteur négocie à ses risques et périls. Les obligations qui servent à ses prêts sont du type de 5 pour 100, délivrées et remboursées au pair, sans prime ni lots. Quoiqu'elles ne soient pas cotées en Bourse, elles sont d'un placement facile, et couramment recherchées par les capitalistes et les banques, et les sociétés de crédit, pour le placement de leurs réserves. Le Crédit foncier se charge ordinairement lui-même de les négocier moyennant commissio.

Quant aux prêts communaux, la loi veut qu'ils soient faits en argent, et dès lors l'émission et les négociations des obligations communales sont aux frais et aux risques de la Société.

Il y avait, au commencement de cette année, des obligations hypothécaires en circulation, pour un montant nominal de 889 millions, et des obligations communales pour 431 millions.

C'est un passif (échelonné sur un long terme) de 1,321 millions, contre des créances parfaitement garanties de 1,381 millions.

Le siége et la Commune de Paris ont mis en relief les caractères de sécurité à peu près absolue que présentent les opérations du Crédit foncier; c'est tout au plus si, en forçant les calculs les plus pessimistes, les créances qui ont paru compromises après la détérioration du gage représentaient quelques centaines de mille francs sur les 600 millions dus à la Société dans la Ville de Paris. Les cas d'expropriation pour non-payement des annuités sont comparativement très-rares, car dans les deux dernières années, le Crédit foncier n'a mené à fin que dix expropriations qui portaient sur une somme de 950,000 fr.

Le Crédit foncier a étendu depuis par un décret de janvier 1860, ses opérations à l'Algérie. Vu les risques plus considérables que courent les placements faits en Algérie le maximum de l'intérêt des prêts a été fixé à 8 p. 100, celui de leur durée, à 50 ans, et celui de la commission à 1 fr. 20.

Les affaires réalisées par la Société en Algérie sont représentées dans le total général ci-dessus, par 500 prêts hypothécaires, pour un total de 6 millions, et 55 prêts communaux, pour 11 millions en tout.

Le Crédit foncier est autorisé par ses statuts à recevoir des dépôts, avec ou sans intérêts, d'ouvrir des comptes courants avec chèques, et d'employer une portion des sommes ainsi reçues à des avances sur ses propres obligations, et en général sur tous les titres qui sont reçus en garantie par la Banque de France.

Ces opérations sont du ressort de ce que les rapports de la Société appellent la caisse de service.

Les dépôts exigibles se sont élevés jusqu'à 200 millions; mais dans les dernières années, l'administration s'est imposé la loi de ne pas les laisser dépasser le chiffre de 80 millions. Grâce à cette règle prudente, aucun inconvénient n'a été éprouvé quand les trois quarts des déposants ont subitement retiré leurs fonds, lors de la guerre.

Pour compléter l'exposé des diverses natures d'opérations pratiquées par le Crédit foncier, il faut dire quelques mots de ses annexes, le *Crédit agricole* et le *Sous-Comptoir des entrepreneurs.*

Le Sous-Comptoir des entrepreneurs a été fondé en 1848, en même temps que le Comptoir d'escompte, pour ranimer l'industrie du bâtiment à Paris, en offrant aux entrepreneurs des facilités d'escompte. Le Sous-Comptoir n'escomptait pas lui-même le papier des entrepreneurs ; il se contentait de le revêtir de sa signature, et le passait au Comptoir d'escompte, qui le faisait escompter par la Banque de France. En 1859, le Sous-Comptoir des entrepreneurs se sépara du Comptoir d'escompte et s'adressa au Crédit foncier, qui lui offrait une grande extension de crédit. Une loi du 19 mai 1860 substitua le Crédit foncier au Comptoir d'escompte pour toutes les opérations qui se traitaient auparavant entre ce dernier et le Sous-Comptoir. Le Crédit foncier endosse moyennant une commission les billets à 90 jours, renouvelables pendant la durée des travaux, que l'entrepreneur souscrit au Sous-Comptoir. Il arrive souvent que, les travaux terminés, l'avance temporaire faite à l'entrepreneur est convertie en prêt hypothécaire, consenti par le Crédit foncier à long terme, remboursable par annuités.

Le Crédit agricole est une compagnie fondée en 1860,

au capital de 20 millions, sur lequel l'État a garanti
pendant cinq ans un intérêt de 4 pour 100. Cette Société est administrée par le personnel et dans les locaux
du Crédit foncier. Le capital a été placé en entier parmi
les actionnaires du Crédit foncier, sans que le public ait
été appelé à la souscription. Les dépenses de l'administration du Crédit agricole sont couvertes par un abonnement payé par cette dernière Société. Les opérations du
Crédit foncier avec le Crédit agricole se résument en un
compte courant ouvert à ce dernier établissement, à des
conditions d'intérêt qui suivent les fluctuations du taux
de la Banque. Dans ces dernières années, un Sous-
Comptoir des agriculteurs a été établi, qui garantit, vis-
à-vis du Crédit agricole, par son aval, la signature de
l'emprunteur.

Les opérations du Crédit agricole sont de la nature de
celles d'une banque de commerce. En dehors de l'escompte du papier, cet établissement ne fait pas de prêt à
plus de trois ans d'échéance.

Le capital du Crédit foncier s'élève aujourd'hui à
45 millions versés, en 180,000 actions de 500 francs
nominalement, dont 250 francs libérés. 60,000 actions
ont été émises en 1852 à la fondation ; 60,000 autres
ont été émises au pair et attribuées aux anciens actionnaires, en 1861, mais n'ont pris part entière aux dividendes qu'à partir de 1864. Enfin, le Crédit foncier a
été autorisé en 1869 à en créer 60,000, qui ont été libérées de 250 francs aux dépens du fonds de réserve, et
attribuées aux actionnaires anciens.

IV

Voici le tableau des bénéfices que le Crédit foncier a réalisés, année par année, depuis sa fondation :

	BÉNÉFICES NETS.	DISTRIBUÉ AUX ACTIONNAIRES.
Exercice 1852-5. . . .	1.950.000 fr.	965.000 fr.
— 1854.	1.510.000	921.000
— 1855.	1.566.000	744.000
— 1856.	1.378.000	1.017.000
— 1857.	1.555.000	1.179.000
— 1858.	2.295.000	1.554.000
— 1859.	2.721.000	1.596.000
— 1861.	5.049.000	2.250.000
— 1862.	5.951.000	2.400.000
— 1865.	4.705.000	5.075.008
— 1864.	7.700.000	5.700.000
— 1865.	6.245.000	6.500.000
— 1866.	7.707.000	6.900.000
— 1867.	9.574.000	7.500.000
— 1868.	19.160.000	8.100.000
— 1869.	10.818.000	8.700.000
— 1870.	8.478.000	2.250.000
— 1871.	15.125.000	5.850.000

Ces distributions de bénéfices ont produit, par action libérée de 250 francs :

	FR.	0/0.	NOMBRE STATUTAIRE D'ACTIONS.
En 1852-3 (14 mois)	25.75	7 0/0	60.000
1854	17.50	7 0/0	—
1855	17.50	7 0/0	—
1856	17.50	7 0/0	—
1857	20 »	8 0/0	—
1858	22.50	9 0/0	—
1859	25 »	10 0/0	—
1860	30 »	12 0/0	..
1861	37.50	65 0/0	—
1862	40 »	16 0/0	—
	(Plus 5 0/0 intérêt sur 60.000 actions nouvelles.)		
1863	45 »	18 0/0	60.000
	(Plus 5 0/0 d'intérêt sur 60.000 actions nouvelles.)		
1864	47.50	19 0/0	120.000
1865	52.50	21 0/0	—
1866	57.50	23 0/0	—
1867	62.50	25 0)0	—
1868	67.50	27 0/0	—
1869	72.50	29 0/0	—
	(Plus 5 0/0 sur les 60.000 actions nouvelles.)		
1870	12.50	5 0/0	180.000
1871	52.50	15 0/0	—

Les actions primitives ont donc reçu, depuis leur création, en distribution de bénéfices, 645 fr., plus une action libérée de 250 fr. attribuée aux anciens actionnaires en 1869, avec les parts d'intérêt allouées depuis aux actions nouvelles : en tout, 940 fr., pour 250 fr., versés, ou 408 pour 100.

Les divers fonds de réserve, après avoir soldé les frais d'établissements, couvert les créances mauvaises ou douteuses, et versé 15 millions sur les 60,000 actions de la création de 1809, s'élevaient l'année dernière à 20 millions ou 80 p. 100 du capital réellement versé par les actionnaires.

La multiplicité des titres du Crédit foncier est en réalité simple et méthodique.

Celles des obligations foncières qui sont cotées à la Bourse, ont pour origine :

I. L'emprunt de 200 millions par lequel le Crédit foncier a été autorisé à commencer ses opérations par le décret qui l'a fondé en 1852.

Les titres de cette origine se décomposent en deux grandes catégories : 1° le 3 p. 100; 2° le 4 p. 100,

Le 3 p. 100 se présente sous plusieurs formes : 1° obligations de 1,000 fr. libérées; 2° obligations de 500 fr.; 3° coupure de 100 fr.

Le 4 p. 100 ne se présente que sous deux formes : 1° obligation de 500 fr.; 2° coupure de 100 fr.

Ces coupures diverses participent toutes, le 3 comme le 4 p. 100, à des tirages trimestriels de lots. Le lot est affecté à une obligation entière de 1,000 fr.; l'obligation de 500 fr. ou la coupure de 100 fr. reçoit le cinquième ou le dixième du lot que peut gagner son numéro. Il y a en tout 800,000 francs de lots par année, en 25 lots, dont un lot de 100,000 francs à chaque trimestre, et divers lots de 50,000, 40,000, 30,000, 20,000, 10,000 et 5,000 francs.

Les numéros sortants, dont le nombre dépend de celui des obligations mises en circulation, sont remboursés : les obligations 3 p. 100, avec une prime de 20 p. 100; les obligations 4 p. 100 au pair. C'est-à-dire que les obligations 5 p. 100 à lots, de 500 fr., cotées aujourd'hui 412 fr. 50 c., réaliseraient au remboursement 600 fr. soit une prime de 187 fr. 50 c. sur leur valeur actuelle, et une obligation 4 p. 100 (à lots), cotée aujourd'hui 447 fr. 50 c., toucherait 500 fr.; soit une bonification de 52 fr. 50 sur le cours du jour.

II. — L'émission de 200 millions autorisée en 1863, tout en obligations 4 p. 100, remboursables au pair, avec loterie trimestrielle dont les tirages ont lieu en même temps que ceux des obligations 3 et 4 p. 100 de 1852. L'obligation est de 500 fr. divisible en coupures de 100 fr. Il y a pour 800,000 fr. de lots par an.

Les obligations foncières 5 p. 100 sont de 500 fr. Elles ne sont pas négociées à la Bourse ; elles sont remboursables en 50 années à partir de leur émission, par tirages semestriels, au pair et sans chances de lots. C'est de la rente pure et simple à 5 p. 100. Leur quantité n'a pas été limitée, et leur émission se fait au fur et à mesure des circonstances.

Quant aux obligations Communales, elles sont de trois classes :

I. — Les obligations 5 p. 100, faisant partie d'un emprunt successif de 75 millions au minimum, dont l'émission a commencé en 1864. Elles sont remboursables, par tirages semestriels, avec 500,000 fr. de lots par an, mais elles diffèrent des obligations 3 p. 100 hypothécaires, en ce qu'elles sont remboursées au pair (500 fr.) sans prime. Elles peuvent se diviser en coupures de 100 fr.; participant au cinquième des lots.

II. — Les obligations de 5 p. 100, qui, comme les obligations Foncières du même type, sont remboursables au pair, en 50 années à partir de 1861, et qui ne se négocient pas à la Bourse. Le chiffre de leur émission n'est pas limité.

III. — Les obligations à courte échéance, dont le minimum de durée a été fixé à 2 ans. Elles sont nominatives ou au porteur, mais ne se négocient pas à la Bourse. Elles représentent, en général, les créances sur la Ville de Paris achetées par le Crédit foncier aux entrepreneurs et qui ont fait l'objet d'un arrangement entre la Société et la Ville de Paris. En 1869, le total de ces obligations en circulation dépassait 500 millions. Leur quantité n'est pas indiquée dans les derniers rapports, mais elle a été énormément réduite, par la substitution d'obligations à long terme.

En résumé, les titres à long terme du Crédit foncier sont : à 3 p. 100 remboursables avec lots, et avec primes, ou sans prime ; à 4 p. 100 remboursables avec lots sans prime ; à 5 p. 100 remboursables sans lots et sans prime.

Les obligations 5 p. 100 sont de 1,000 fr., 500 fr. ou 100 fr. les 4 p. 100, de 500 fr. et de 100 fr. ; les 5 p. 100, de 500 fr. seulement.

A ces divers types, le Crédit foncier a ajouté, en novembre dernier, des obligations Communales de 500 fr. à 5 p. 100, dont 400,000 ont été offertes à la souscription publique, au prix de 265 fr. Elles sont remboursables au prix de 500 fr. par tirages semestriels, en 50 ans à partir de 1874. Ces titres, qui seront sans aucun doute négociés en Bourse, ne figurent pas encore à la cote.

Il n'y a lieu de mentionner que pour mémoire des obligations que le Crédit foncier avait été autorisé à émettre en représentation des 100 millions qu'une loi de 1858 l'autorisait à prêter aux agriculteurs pour leurs travaux de drainage; mais il n'a pas été fait pour 400,000 fr. de prêts en tout.

Voici les cours que réalisaient à la Bourse les actions et les obligations de 500 fr. du Crédit foncier, à la fin de chacun des exercices :

AU 31 DÉCEMBRE.	ACTIONS.	OBLIGATIONS FONCIÈRES 4 0/0.
1853	550 fr.	459 fr.
1854	520	450
1855	610	440
1856	450	450
1857	700	480
1858	720	470
1860	950	485
1861	1.200	475
1862	1.510	457
	Nouv. 1.510	
1863	1.200	475
1864	1.265	455
1865	1.525	477
1866	1.400	495
1867	1.555	495
1868	1.540	510
1869	1.740	512
1870	950	440
1871	950	445
1872	845	455

C'est le caractère propre des institutions de Crédit foncier, de préparer, par chaque opération, des ressources pour l'avenir. Chaque affaire, une fois conclue, laisse pour une longue série d'années des bénéfices qui se répètent constamment. Le revenu des actions du Crédit foncier de France ne représente donc pas, du moins pour la très-grande partie, des bénéfices aléatoires.

Après l'expérience des deux dernières années, il est permis de dire qu'il peut braver toutes les crises et toutes les révolutions.

M. THIERS FINANCIER

S'il est un ministère où M. Thiers eût pu se passer du concours d'un homme spécial, c'est bien le ministère des finances, celui-là même où il avait, dès ses débuts, fait preuve des plus hautes et des plus brillantes capacités.

On sait, mais on ne sait pas assez, que, depuis plus de quarante ans, M. Thiers est un de nos plus habiles financiers. Peut-être n'est-il pas inutile de le rappeler.

Après la révolution de 1830, à laquelle il prit une part si active, il fut admis au conseil d'État et attaché au baron Louis, alors ministre des finances. Quel maître et quel élève ! Ce fut sous les auspices de ce merveilleux administrateur qu'il entra aux affaires ; il avait à peine 33 ans.

Il connaissait déjà tous les secrets de la richesse publique, tous les ressorts de cette puissance nouvelle qui venait à peine de naître : le Crédit ! Il avait, dans une étude singulièrement instructive, l'*Histoire de Law*, tracé à grands traits le tableau des premières folies de la spéculation et d'une révolution financière qui, pour être désastreuse, n'en devait pas moins porter ses fruits et inaugurer en France l'ère des grandes entreprises.

Après avoir reçu les leçons du baron Louis, Adolphe Thiers put donner plus d'un conseil utile à Laffitte, qu'il assista en qualité de sous-secrétaire d'État. Déjà l'on appréciait sa science profonde des matières économiques et son intelligence vraiment « encyclopédique, » lorsqu'un véritable prodige de facilité vint révéler toute l'étendue de son talent et l'incroyable souplesse de son esprit.

Sous le ministère de Casimir Périer, alors que celui-ci croyait avoir encore devant lui plusieurs jours pour préparer le rapport de la loi de finances, la Chambre décida tout à coup qu'elle passerait immédiatement à la discussion du budget (22 janvier 1852). Rien n'était prêt. En vingt-quatre heures, M. Thiers rassembla tous ses documents, tous ses chiffres et, guidé seulement par quelques notes prises à la hâte, présenta à l'Assemblée le résumé le plus complet, le plus éloquent de la situation financière de la France. Il remporta une victoire éclatante. Combien d'autres n'a-t-il pas *remportées* depuis ! Car, à dater de cette époque, il prit part à presque toutes les discussions auxquelles donna lieu le vote des budgets.

En 1832, en 1840, il attacha son nom aux grandes entreprises de travaux publics, aux diverses opérations financières, effectuées pendant cette période, apportant

dans tous les services l'ordre et la clarté. Nul n'est allé
plus loin que lui dans l'étude de nos ressources et de notre production ; nul n'a mieux élucidé la question de
l'impôt et, si l'on peut, sur bien des points, ne pas partager ses opinions, on ne saurait nier la science profonde
qu'il a apportée dans la discussion de ces matières si complexes et si controversées. Il faut relire dans son livre sur
la Propriété les pages claires, rapides et savantes en
même temps qu'il consacre à l'examen de nos diverses
sortes de revenus. Il faudrait encore reprendre cette longue série de discours sur nos traités de commerce, sur
la marine marchande, sur toutes les questions économiques de notre siècle.

Qui ne se rappelle ces brillantes improvisations, ces
éloquents discours dans lesquels M. Thiers, parlant pendant plusieurs heures, discutait devant le Corps législatif les budgets de l'empire !

Il nous souvient encore d'une séance à laquelle nous
assistions en 1868 ; pendant cinq heures, M. Thiers,
malgré l'aridité et la quantité des chiffres, discutait
avec une vigueur étonnante le budget, et tenait l'assemblée sous le charme de sa parole facile, simple, claire.

Au lendemain de nos désastres, ce fut assurément un
grand bonheur qu'il se rencontrât un homme politique
sur la personnalité duquel tous les partis se trouvassent
d'accord. Mais ce fut un bonheur plus grand encore que
cet homme fût en même temps un financier d'une expérience consommée et de la première valeur. Car si les
luttes de la politique étaient à redouter, bien plus redoutables étaient les difficultés de notre situation finan-

cière. Le trésor était vide, on croyait la France ruinée ;
notre crédit était profondément ébranlé, et nous avions à
payer des milliards pour notre rançon, des milliards
pour couvrir les frais de la guerre, des milliards pour
dompter une formidable insurrection et en effacer les
traces.

Cependant, la puissance de notre crédit, deux fois
éprouvée, s'est relevée tout entière. Les milliards dont
nous avions besoin, nous les avons trouvés. L'équilibre
de nos budgets se rétablit peu à peu. La France s'est remise au travail ; et, dès qu'on lui aura rendu l'ordre complet et le calme absolu, son commerce, son industrie,
toutes les sources de la production nationale retrouveront
leur activité féconde.

Assurément des fautes ont été commises et nous n'avons
pas hésité à les signaler. Nous nous sommes hautement
élevés, à propos de l'Emprunt 1872, contre les faveurs
faites aux souscripteurs étrangers, contre l'exclusion
presque complète dont était frappée l'épargne française,
contre les difficultés de classement qu'on s'était créées.
Mais enfin ce classement se fait et la Providence a permis
que tout ce qui s'est fait de bien portât ses fruits, que
tout ce qui s'est fait de mal n'eût point de résultats funestes.

C'est en grande partie à M. Thiers qu'il faut attribuer
le mérite d'une si prompte résurrection, et toutes les
erreurs de détail, les fautes mêmes d'ensemble, s'effacent devant le nombre et la valeur des services rendus.

L'œuvre de réparation est en bonne voie. Il ne faut
point qu'elle soit compromise par des luttes déplorables.

Il ne faut point que l'administrateur habile, le financier expérimenté et puissant, soient trahis par l'homme politique. M. Thiers cherche, dit-on, une nouvelle majorité et incline vers un parti qui l'a plus d'une fois repoussé. La seule majorité qui lui soit vraiment acquise, la seule qui puisse lui rester fidèle et sur laquelle il doive s'appuyer, est celle formée par les hommes d'ordre, par ceux pour qui, à l'heure où nous sommes, toute question de parti, toute conviction politique, toute affection personnelle, si forte qu'elle soit, s'effacent devant la nécessité de reconstituer les richesses disparues. C'est là le grand parti national, qui est à la fois la sagesse, le patriotisme et le nombre. Avec lui seul on peut réorganiser et fonder d'une façon durable; avec lui seul M. Thiers pourra achever la tâche qu'il a entreprise et mériter la reconnaissance que la nation lui promet et lui garde.

L'AMENDEMENT DE M. DE SOUBEYRAN AU BUDGET DU MINISTÈRE DES FINANCES

L'amendement de l'honorable sous-gouverneur du Crédit foncier a pour but d'enlever un certain nombre d'attributions au ministère des finances, qui resterait uniquement chargé de l'administration des revenus publics, c'est-à-dire qu'il aurait dans ses attributions les sept grandes directions générales des contributions directes; de l'enregistrement, des domaines et du timbre; des

contributions indirectes ; des douanes; des manufactures de l'État (tabacs et poudres) ; des forêts; des postes.

Les attributions que perdrait le ministère des finances seraient confiées à un ministère de création nouvelle,
que M. le baron de Soubeyran appelle ministère du Trésor public.

Ces attributions consistent :

Dans la préparation du budget général de chaque
exercice et des lois et règlements qui s'y rattachent ;

Dans l'exécution des lois et décrets qui ont pour objet
les recettes du Trésor, le règlement, l'ordonnancement
et le payement des dépenses publiques ;

Dans la gestion de la dette publique et des mouvements
de fonds et des opérations de trésorerie ;

Ce nouveau ministre s'occuperait, en outre, des relations avec la Banque de France, des établissements de
crédit, de la caisse d'amortissement et de la caisse des
dépôts et consignations, des établissements monétaires,
etc., etc.

Seraient détachés du ministère des finances pour être
placés dans les attributions du ministère du Trésor public, les services ci-après :

1° Direction de la comptabilité publique ;

2° Direction de la dette inscrite ;

3° Direction du mouvement des fonds ;

4° Caisse centrale des recettes et des dépenses;

5° Service du Trésor dans les départements, trésoreries
générales, recettes particulières, perception des contributions directes;

6° Inspection générale des finances ;

7° Division du contentieux.

L'idée est excellente ; mais nous avons, ce nous semble, quelque droit de la considérer un peu comme nôtre.

Quand nous avons demandé la création d'un Consei supérieur des finances, nous nous préoccupions surtout de la multiplicité et de la trop grande variété des attributions du ministre. Le Conseil supérieur n'était, à nos yeux, qu'un auxiliaire ; n'est-ce pas aussi ce que compte faire M. de Soubeyran de son ministre du Trésor public ?

Aussi, même en présence de l'amendement que l'honorable député de la Vienne soumet à la sagesse de l'Assemblée nationale, et précisément en raison de l'autorité que cet amendement ajoute à nos propres idées, persistons-nous à demander la création d'un Conseil supérieur des finances.

Cela vaudra mieux, selon nous, que de grever le budget d'une somme nouvelle et nous y trouverons l'avantage de voir les représentants les plus considérables de la haute banque et du commerce, associés dans une certaine mesure à l'action d'un ministère qui se rattache par tant de côtés aux intérêts les plus vivaces, les plus immédiats du pays.

L'Assemblée nationale n'a pas paru goûter la proposition de l'honorable M. de Soubeyran ; mais c'est moins l'idée qui ne lui a pas souri que la forme dont elle avait été revêtue.

Ainsi que l'a dit M. Magne, dans un discours où brillent les grandes qualités oratoires de l'illustre financier, sa justesse de vues, son bon sens éminemment pratique, sa logique si droite et si sûre, on aurait eu deux mor-

ceaux de ministre, mais on n'aurait plus eu de ministre. Le conseil supérieur des finances n'aurait pas cet
inconvénient ; ce serait un auxiliaire, un appui, un allégement ; le conseil n'annihilerait pas la responsabilité
du ministre, il la laisserait, au contraire, debout; il
l'éclairerait sans empiéter sur des attributions qu'il faut
lui laisser tout entières. Aussi, espérons-nous que notre
projet n'aura pas le sort de la proposition de l'honorable sous-gouverneur du Crédit foncier.

LE MOUVEMENT DISSOLUTIONNISTE

A peine sortons-nous d'une agitation que nous en voyons
poindre une autre ; un flot chasse l'autre.

Au moment où la majorité de droite et le gouvernement semblent enfin d'accord, voilà que, tout à coup,
surgit la question de la durée des pouvoirs de l'Assemblée, la question grosse de périls de la dissolution.

Les manifestes ont succédé aux manifestes ; la campagne a été énergiquement menée par les organes du radicalisme.

Si les députés qui soutiennent que l'Assemblée doit se
dissoudre ont réellement cette opinion, c'est qu'ils sont
convaincus que leurs propres pouvoirs sont expirés ; dès
lors, pourquoi ne se retirent-ils pas eux-mêmes, sacrifiant
ainsi leur intérêt, leur situation à une conviction profonde
et réfléchie? cela ne vaudrait-il pas mieux que d'agiter le
pays? cela ne serait-il pas plus sincère?

Pourquoi votent-ils encore avec leurs collègues? En prenant part aux délibérations, ne commettent-ils pas une véritable usurpation?

Mais ne nous arrêtons pas à ce raisonnement qui, pourtant, a sa force, et demandons-nous simplement de quel droit on vient dire à une Assemblée souveraine : « Retirez-vous; vous êtes sans mandat; l'œuvre pour laquelle vous avez été nommée est terminée. » L'Assemblée actuelle ne se donnera certainement pas de démenti et ne désertera pas sa mission.

Que les électeurs qui ont envoyé à la Chambre des députés radicaux leur intiment l'ordre de se retirer, passe encore ; mais cet ordre ne saurait atteindre les députés nommés malgré eux et contre eux.

Le mouvement dissolutionniste procède, en réalité, de ce sentiment de rébellion contre la loi, contre les pouvoirs établis qui est l'esprit même de révolution; c'est, en réalité, une agitation révolutionnaire; à ce titre, il ne saurait être trop énergiquement combattu.

Demander au pouvoir de violer la loi ou la violer lorsqu'ils ont le pouvoir, voilà la destinée des radicaux. S'il en était autrement, est-ce qu'ils n'attendraient pas de l'Assemblée qu'elle prononçât spontanément et librement sur son sort, sans subir de pression d'aucune sorte et dans sa pleine et entière indépendance? est-ce qu'ils ne montreraient pas plus de respect pour cette grande Assemblée nationale, qui remplit avec tant de dévouement, tant de patriotisme, tant d'abnégation, son mandat?

Qu'ils considèrent ce qui se passe ailleurs : est-ce

qu'aux États-Unis, par exemple, on songe à troubler le Congrès avant l'expiration de son mandat ? est-ce que l'impatience gagne les partis extrêmes au point qu'ils en appellent chaque année à la volonté des électeurs ? Non. Une fois les élections faites, chacun attend avec résignation qu'il soit fait régulièrement appel au corps électoral. Jusques-là le gouvernement n'est nullement troublé dans son action ; tout se passe dans l'ordre et le calme. C'est que là ce n'est pas la révolution qui s'agite ; c'est la vraie république, la chose publique qui est l'objectif de tous les citoyens.

Que n'en est-il de même en France !

Quoi qu'il en soit, une grande et, il faut l'espérer, une bonne journée se prépare. L'opinion publique s'attend à un nouveau triomphe de la cause de l'ordre ; elle compte sur le bon sens et le patriotisme de la majorité de l'Assemblée et elle n'y compte pas en vain.

Justice sera faite des agitateurs, qui, écrasés par la presque unanimité des deux centres, de la droite et de l'extrême droite, éprouveront désormais le besoin de s'effacer pour faire oublier leur déconvenue.

Le terrain une fois déblayé, l'Assemblée pourra se livrer sans réserve à l'examen des questions que lui soumettra la commission des Trente.

Somme toute, il faut donc se féliciter de voir cette brûlante discussion sur la dissolution portée à la tribune. L'Assemblée, en votant une déclaration qui sera la proclamation et comme la sanction de sa souveraineté, coupera le mal à sa racine ; elle prendra possesion de son droit : droit absolu, incontestable et qui n'a pas d'autre limite que sa volonté éclairée et conseillée par les intérêts mêmes de la nation.

En dehors de cette question, nous avons à signaler un grand fait ou plutôt une série de faits dont la signification est : apaisement des esprits, rapprochement des centres avec le pouvoir de M. Thiers, mise en pratique de la responsabilité ministérielle, avant même qu'elle soit organisée par l'Assemblée, inauguration d'une politique conservatrice.

Nous n'avons pas besoin d'ajouter que le monde des affaires accueille avec joie tous ces symptômes.

On parle moins de monarchistes et de républicains et beaucoup plus de conservateurs, de partisans du régime constitutionnel. C'est pour nous la preuve que, de toutes parts, on se préoccupe surtout du pays ; aussi la confiance reparaît ; le crédit de l'État s'affirme ; les affaires renaissent.

On sait désormais quelle politique veut la France.

Il faudrait être bien aveugle pour s'y tromper.

Dans la séance de samedi 14 décembre, l'Assemblée Nationale, à la suite d'une brillante discussion où ont été entendus MM. d'Audiffret-Pasquier, Raoul Duval, Gambetta, Le Royer, Dufaure, ministre de la justice, a voté l'ordre du jour sur les pétitions dissolutionnistes, par 490 voix contre 201.

Il y a donc un terrain sur lequel peut se former une majorité gouvernementale.

Qu'aucune des fractions de l'Assemblée qui ont contribué à former la majorité de samedi ne l'oublie.

Souvenons-nous aussi, pour les mettre en pratique, de ces paroles de M. Dufaure.

« Allons, messieurs, plus d'esprit de parti ; restons unis et travaillons ensemble avec sagesse. »

Que ce soit la moralité de ce grand débat.

L'ANNÉE 1872

I

Il est bon, il est utile, au milieu de nos préoccupations et de nos soucis de chaque jour, de descendre parfois en nous-mêmes et passant en revue nos pensées, nos actions, de nous demander si nous avons satisfait à la raison, à nos intérêts bien entendus. Les religions diverses prescrivent à leurs fidèles « l'examen de conscience. » La patrie, qui a le droit d'exiger d'autant plus de nous qu'elle a plus souffert, nous impose des devoirs nombreux, pénibles, mais nobles aussi. Les avons-nous remplis autant que nous le pouvions? avons-nous bien mérité de la France, dans le cours de cette année qui s'achève? Faisons donc nous aussi notre examen de conscience; pour les uns il en pourra sortir quelque satisfaction intime ; pour d'autres, des regrets et des remords peut-être ; pour tous des enseignements.

On se souvient de ce qu'était la France au commencement de 1872. Six mois à peine s'étaient écoulés depuis

la défaite d'une épouvantable insurrection qui avait
ajouté tant de ruines à toutes celles que l'étranger avait
faites. Six mois ! qu'est-ce que six mois dans la vie d'une
nation ? était-ce assez seulement pour que la nôtre eût
pu se retrouver et renaître à l'espoir ? Cependant ils
avaient suffi, ces quelques mois, pour que le courage se
ranimât partout ; pour que partout, sans plus attendre,
on se remît à l'œuvre ; et la France laborieuse commen-
çait à racheter par le travail les maux qu'avaient causés
les haines de partis. La politique semblait être le moindre de ses soucis : un jour, les représentants du pays
avaient établi une constitution rudimentaire renfermée
tout entière dans quelques lignes et qui pourtant suffisait
amplement à toutes les nécessités gouvernementales. On
se fût contenté de moins encore pourvu que l'ordre se
maintînt et que l'on pût travailler en paix. Déjà la souscription d'un emprunt de 2 milliards avait prouvé que
notre crédit était resté intact et nous avait rendu un peu
de ce prestige que la fortune des armes nous avait enlevé.

L'année qui s'ouvrait paraissait donc devoir être consacrée tout entière aux affaires, à la production, à l'acquittement des charges énormes que nous avait léguées
la guerre. On devait avant tout rétablir l'équilibre du
budget, créer de nouvelles ressources et, après avoir
réorganisé nos finances pour affermir notre crédit nais-
sant, on devait reconstituer l'armée chargée d'assurer le
maintien de l'ordre et l'administration qui réclamait de
promptes réformes.

L'Assemblée nationale justifia les espérances du pays.
Le mois de janvier 1872 fut consacré presque exclusive-

ment aux discussions des lois financières, à l'examen de
nos intérêts les plus graves.

A tout prix il fallait de l'argent. On avait payé 2 milliards à la Prusse ; il en restait encore trois à payer, sans
compter ceux que nous avions dépensés nous-mêmes pendant la guerre, ceux que l'insurrection nous avait coûtés.
On crut devoir recourir à l'impôt. Mais quel nouvel impôt allait-on frapper ? Alors on étudia, on discuta avec
ardeur, avec passion tous les projets en présence : impôt
sur les patentes, impôt sur la propriété foncière, impôt
sur le revenu, sur le capital, sur les matières fabriquées,
sur le chiffre des affaires, sur les livres de commerce,
sur les valeurs mobilières, sur les matières premières.

Ces débats n'ont pas toujours donné les résultats que
nous eussions désirés ; et nous n'avons point ménagé les
critiques à plusieurs des projets votés ; mais quelle qu'en
fût l'issue, ces discussions étaient les seules qui pussent
être utiles ; si passionnées qu'elles devinssent, elles ne
pouvaient engendrer qu'une agitation heureuse et féconde. Et tant que les députés de la France se sont bor-
nés à de telles luttes, ils ont bien et véritablement été
l'expression de la majorité de la nation.

Le jour même où une discussion de ce genre détermi-
nait une crise gouvernementale (20 janvier), avec quelle
satisfaction n'écrivions-nous pas ces lignes que nous rappelons :

« Nous savons maintenant ce qui passionne la nation.
Ce ne sont plus, Dieu merci, les questions politiques,
constitutionnelles ou autres, mais les questions d'affaires.
Quel contraste entre l'animation déployée sur tous les

points du pays, à propos des matières premières, et l'indifférence avec laquelle sont accueillies les propositions touchant à la politique purement théorique, purement dogmatique, si nous pouvons nous exprimer ainsi ? »

Cette sollicitude ardente pour les intérêts de la France ne s'éteignit pas tout à coup et si, par intervalles, la politique faisait encore irruption dans les débats parlementaires, on doit néanmoins reconnaître que les trois premiers mois de l'année 1872 furent presque entièrement consacrés aux affaires. Discussion sur les traités de commerce, examen du budget, amendement Raudot ; discours pacifique de M. Thiers le 50 mars.

Commencée sous de si favorables auspices, cette année devait malheureusement se poursuivre à travers les querelles de partis et de stériles agitations parlementaires.

II

Les représentants, après les laborieuses discussions d'affaires, s'étaient séparés pour quelques jours. Chacun d'eux allait, suivant une expression consacrée, se retremper dans le sein des populations dont il tenait son mandat. Les conseils généraux élaboraient consciencieusement et dans le plus grand calme, sauf quelques rares exceptions, toutes les questions d'intérêt local et départemental. L'ordre régnait partout et les esprits semblaient apaisés. Mais M. Gambetta s'était remis à voyager ; et nous ne savons que trop ce qui arrive quand il voyage.

Le discours d'Angers commença la série de ces déplorables agitations démagogiques qui, après avoir jeté le trouble dans les provinces soulevèrent ensuite dans le sein de l'Assemblée les passions les plus ardentes, les colères les plus funestes; les partis se réveillaient et leurs fréquentes collisions devaient, à des intervalles, hélas! trop rapprochés, interrompre le travail de la nation, compromettre l'ordre et arrêter le mouvement des affaires. Désormais, dans nos discussions législatives, dans celles mêmes qui devaient exciter le moins l'humeur des partis, la politique allait à tout propos intervenir.

On l'éprouva lors de la discussion des marchés. Que de récriminations le discours du duc d'Audiffret-Pasquier ne souleva-t-il pas? que d'accusations, et des plus honteuses les partis ne se jetèrent-ils pas à la face? Il semblait que personne ne dût sortir pur de cette affreuse échauffourée, où les hommes politiques s'attribuaient mutuellement des fraudes infâmes que des fripons de bas étage avaient seuls commises.

On se rappelle encore combien fut passionnée la discussion du projet de loi sur la réorganisation de l'armée. L'intervention de M. Thiers en cette circonstance souleva pour la seconde fois les plaintes, si souvent reproduites depuis, d'un grand nombre de députés qui se croyaient pour ainsi dire violentés par la présence du Président de la république au sein de l'Assemblée.

A dater de cette époque, la politique ne nous fait plus grâce; il semble que, dans la situation difficile entre toutes où se trouve le pays, le génie du mal se plaise à multiplier les obstacles, déjà si nombreux devant nous, à seconder nos pires ennemis en enflammant les esprits.

en ranimant les haines encore vives, en arrachant le
pays aux affaires, au labeur, au repos.

Voici venir les élections du 9 juin. Plusieurs départements sont, pendant quelques jours, en proie à une émotion inexprimable, à toutes les ardeurs de la lutte électorale la plus acharnée. Qu'en sort-il? Des élections
radicales! Et voilà le parti conservateur bouleversé, le
monde des affaires inquiet, la Bourse, ce thermomètre
de la confiance publique, ébranlée, anxieuse. Les conservateurs sont pris de panique; une démarche est tentée
auprès de M. Thiers afin de déterminer des réformes
constitutionnelles qui ferment pour quelque temps la
porte aux ambitions des radicaux. Le Chef de l'État les
regarde comme inopportunes. L'incertitude persiste;
l'inquiétude générale ne fait que croître.

Et cela dans les circonstances les plus déplorables : à
la veille d'un emprunt énorme dont la nécessité est,
pour tous, depuis longtemps démontrée ; à la veille d'un
traité avec l'Allemagne ; et les négociations en deviennent
d'autant plus pénibles, d'autant plus délicates.

C'est chose miraculeuse que tant de perturbations,
tant de crises successives qui semblaient accumulées contre nous, moins encore par la fatalité que par la folle
imprévoyance des hommes, ne nous aient pas conduits
aux abîmes.

Tous les marchés de l'Europe étaient dans la situation
la plus incertaine; il eût été logique de prévoir que le
nôtre subirait les mêmes épreuves. Il s'en est à peine
ressenti. Puissance merveilleuse de la nation, ressort
étonnant de ce peuple si changeant, si versatile et pour-

tant si courageux et si entreprenant! On peut dire qu'au
lendemain de ses désastres, la France a triomphé et des
discordes de l'intérieur et des dangers du dehors.

L'action de la Providence n'éclate-t-elle pas visiblement? Tout nous réussit presque malgré nous, malgré
nos fautes, malgré les erreurs des partis, malgré l'é-
goïste ambition de leurs chefs.

L'Allemagne, que nos luttes politiques eussent dû rendre si défiante, si réservée, l'Allemagne conclut avec
nous un traité qui permet d'alléger dans un terme prochain les charges des provinces occupées et de les délivrer de la présence de l'ennemi; des impôts longtemps
repoussés et qui répugnent à la majorité sont votés; et
l'on se croit encore assez fort, assez sûr du crédit de la
France pour demander à son épargne, aux capitaux du
monde entier, la somme énorme, fantastique de 5 milliards et demi!

Et cet emprunt se fait! il réussit! il est couvert douze
fois! Cependant là encore des fautes avaient été commises. Le chiffre inouï des souscriptions inspirait presque de l'effroi. Les conditions faites aux banquiers étrangers, à la spéculation, aux dépens des souscripteurs
nationaux, faisaient douter de la réalité du résultat. De
quelles craintes, nous-même, n'avons-nous pas été as-
sailli? et quels regrets n'avons-nous pas éprouvés du
mode d'émission que l'on avait choisi?

En dépit de ces erreurs, en dépit de nos craintes, cet
emprunt se classe, cet emprunt est classé. Les versements
se sont effectués régulièrement, les anticipations ont été
nombreuses. L'épargne, que l'injustice qui lui avait été

faite n'avait point découragée, a racheté, rachète chaque
jour les rentes qu'elle n'avait pu souscrire et, pour la seconde fois, la France laborieuse, productrice, la France
économe, courageuse, conservatrice, remporte sur le
terrain des affaires une victoire éclatante qui lui avait
été refusée sur les champs de bataille.

Il est permis de se demander s'il faut plus s'étonner
des effroyables désastres subis par la nation que des prodigieux efforts qu'elle a faits pour relever son crédit,
faire honneur à ses engagements et retrouver les sources
d'une prospérité qu'on croyait à jamais éteinte.

III

Cependant, après ce triomphe financier, les vacances
de l'Assemblée semblaient nous assurer trois mois de
calme, trois mois pendant lesquels on allait, après avoir
retrouvé l'espoir, travailler courageusement et se remettre de tant d'émotions. On allait enfin avoir le repos, un repos laborieux.

De sa retraite de Trouville, M. Thiers continuait à
expédier les affaires, et, bientôt, rentrait à l'Élysée,
témoignant ainsi de sa confiance dans l'esprit de la capitale. Les événements du dehors, si menaçants qu'ils
pussent paraître pour la France, détournaient à peine
son attention, et l'entrevue des trois empereurs à Berlin
réussit à peine à alimenter pendant quelques jours la
presse parisienne.

Mais, tandis que la nation travaillait, M. Gambetta

avait entrepris un nouveau voyage. Le Dauphiné et la
Savoie avaient sans doute besoin d'être initiés aux mys-
tères du radicalisme ; et les discours, les agitations ultra-
républicaines recommencent.

Le 26 septembre, dans une harangue qui eut, hélas !
trop de retentissement, M. Gambetta expose les doctrines
du parti. Ses paroles, bientôt répétées, réveillent partout les passions endormies et les craintes déjà calmées.
La Bourse témoigne clairement de l'inquiétude générale ;
le 5 0/0 et le 5 0,0 baissent l'un de 40 centimes, l'autre
de 75 centimes.

Pendant ce temps d'autres manifestations ultra-répu-
blicaines se produisent sur d'autres points ; à Nantes ont
lieu des scènes déplorables, montrant combien il entre
d'intolérance dans ces esprits si prompts à revendiquer
pour eux toutes les libertés.

C'en est fait du travail, c'en est fait des affaires ; la
politique nous déborde. C'est un prince de la famille
déchue qu'on arrête et qu'on expulse. Ce sont les élections du 20 octobre dans lesquelles les républicains conservateurs et les radicaux s'attribuent tour à tour la victoire. Ce sont surtout les orages que déchaîne, au sein de
l'Assemblée réunie de nouveau, le Message présidentiel.
Il y avait deux parties bien distinctes dans ce document :
l'une qui nous rassurait, qui nous encourageait, en nous
montrant le tableau des efforts accomplis, des résultats
obtenus, de la délivrance poursuivie avec ardeur et presque entièrement réalisée ; la seconde partie, au contraire,
nous éloignant des préoccupations calmes, sages et fécondes, nous rejetait en pleine tempête, et, posant la ques-

tion constitutionnelle, rallumait toutes les ambitions, toutes les haines.

L'esprit de conciliation disparaît; de part et d'autre, les exigences sont plus absolues que jamais. La droite veut que M. Thiers réitère publiquement le blâme déjà infligé au discours de Grenoble. La gauche maintient énergiquement toutes ses prétentions. Une nouvelle crise gouvernementale éclate; la majorité se désagrége; la discorde seule triomphe partout.

Mais c'est trop peu encore. Les affaires languissaient: il faut qu'elles cessent complétement; l'activité et le travail sont encore trop prospères: il faut les arrêter tout à fait; et la campagne de la dissolution commence. Heureusement l'ancienne majorité a réfléchi, elle s'est ralliée et se retrouve tout entière et compacte pour combattre les agitateurs; elle hâte le dénoûment de cette lutte stérile, et ce dénoûment est pour elle une victoire. Heureuse victoire qui nous rend, sinon ce calme impossible à atteindre et toujours vainement poursuivi, du moins un peu de tranquillité et d'espoir!

Alors nos représentants accordent enfin quelques heures aux questions financières, à ces questions qui nous dominent de si haut et qu'on oublie parce qu'on s'acharne à regarder en bas.

Ainsi finit l'année, triste fin, et qui nous laisse mécontents, mécontents de tous, mécontents de nous-mêmes; irrités de la coupable violence des uns, de la complaisance des autres et honteux de notre propre faiblesse.

Maintenant qu'il est achevé cet examen de conscience,

il nous faut bien reconnaître que nous n'avons point fait tout ce que la patrie attendait de nous. Si nous n'avons pas manqué de courage, si l'amour du travail ne nous a pas abandonnés, nous avons trop souvent cédé à nos funestes passions. Les rudes leçons que le ciel nous a infligées n'ont pas porté tous leurs fruits; au lieu de nous réunir pour l'œuvre commune, nous n'avons pas suffisamment évité tout ce qui pouvait nous diviser.

Nous avons fait beaucoup, il est vrai, mais quels regrets ne devons-nous pas éprouver, quand ce que nous avons fait nous révèle tout ce que nous eussions pu, tout ce que nous eussions dû faire? Si nos fautes ne nous ont pas été plus fatales, et si le bien que nous avons accompli nous a si heureusement profité, ce n'est point à nous qu'il convient d'en faire remonter le mérite. Rendons-en grâce à Celui qui, après nous avoir châtiés, a permis qu'en dépit de nous-mêmes, nous puissions encore vivre, espérer, et retrouver les forces nécessaires pour remplir la grande mission que la France poursuit à travers les siècles.

IV

Dans cet exposé rapide que nous venons de présenter de nos efforts, de notre labeur, de nos succès et de nos défaillances pendant l'année 1872, on peut nous accuser d'avoir présenté sous un jour trop sombre les événements purement politiques et de leur avoir prêté, à tort, une trop grande influence sur nos affaires, sur la prospérité de la nation, sur l'esprit général même du pays.

En somme, dira-t-on, ce ne sont là que des appréciations personnelles, et pour qu'elles aient quelque poids, il faudrait qu'elles eussent une valeur concrète, positive, représentée par des faits, mieux même que par des faits qui peuvent être diversement interprétés, par des chiffres.

En un mot, pour bien connaître l'étendue des dommages que la politique a causés aux affaires, il faut les traduire dans le langage clair et irréfragable des affaires. Après tout il est bon de calculer la part de responsabilité que chacun doit avoir dans les épreuves difficiles qu'a traversées la France.

C'est ce travail que nous allons faire, travail assez aride, mais qui mérite toute l'attention de nos lecteurs. Ce sera notre conclusion et l'on devra y voir le bilan scrupuleux et exact de l'année 1872.

Notons d'abord les résultats généraux qui sont caractéristiques entre tous :

Au mois de janvier 1872, le 3 0/0 a atteint le cours de 57.25 ; il est aujourd'hui à 53.65. *Il a baissé de 3 fr. 60.*

Au mois de janvier 1872, le 5 0/0 a été coté jusqu'à 91.75, il s'est élevé en février jusqu'à 92 fr. 30.—Le 5 0/0 de l'emprunt nouveau, c'est-à-dire celui dont le cours est le plus haut, est aujourd'hui à 87.95, soit sur le cours de janvier 1872 *une baisse de 3 fr.* 80, soit sur le cours de février 1872 *une baisse de 4 fr.* 35.

Ces variations sont énormes si l'on considère qu'elles ont été subies par les deux valeurs qui, étant les régulateurs du marché, devraient être les plus fixes.

Mais à quoi attribuer de pareils mouvements et une telle dépréciation de nos fonds nationaux?

La situation générale du pays est-elle moins heureuse, moins prospère qu'au commencement de l'année qui vient de finir? Non assurément. Nous avons fait face à tous nos engagements, triomphé d'obstacles que nos ennemis croyaient sans doute presque infranchissables. L'activité de notre industrie, de notre commerce, est assurément bien plus grande qu'il y a un an.

Quelle est donc la cause de cette perturbation financière?

Elle est tout entière dans la politique qui est venue frapper à coups répétés sur notre marché financier, qui l'a lassé, épuisé, écrasé, et qui, à force d'émotions successives, s'ajoutant aux difficultés financières, lui a inspiré une défiance, une incertitude, presque aussi vives qu'au lendemain de la Commune.

Et que l'on ne croie pas que nous exagérions :

Au mois de juin 1871, le 5 0/0 était coté jusqu'à 55.80. A quel cours est-il aujourd'hui? Il parvient à peine à dépasser 53.65.

Mais l'action de la politique sur le marché, au milieu de tant de causes complexes, a-t-elle été si décisive? On peut chercher à le nier.

Entrons dans les détails. Prenons les principaux faits politiques qui se sont accomplis en 1872. C'est, à vrai dire, faire l'histoire financière de cette orageuse année. Nous verrons bien si les événements ont exercé une influence sensible sur le marché. Et, nous le répétons, qu'on ne se laisse point rebuter par l'aridité des chiffres.

Le 19 janvier 1872, la discussion sur les matières premières détermine une crise gouvernementale des plus graves.

La veille, c'est-à-dire le 18 janvier, le 3 0/0 était à 56.60; le lendemain de la crise, c'est-à-dire le 20 janvier, ce même 3 0/0 était descendu à 56.45 donnant un écart de 0 fr. 15 centimes.

Le 18 janvier, le 5 pour 100 était à 91.50
Le 20, il était à 91.10

                                            Baisse. . . .   0.40

Et le marché tout entier s'en ressent.
Descendons aux autres valeurs :

Le 18 janvier 1872, les actions de la Banque de France
étaient à. 3.660
    Le 20 janvier, elles étaient à. 3.600

                                            Baisse. . . .   60
Le 18 janvier, l'Emprunt Ville de Paris 1871 était à   254
Le 20, il était à.   253.50

                                            Baisse. . . .   0.50
    Le 18 janvier, le Crédit foncier (actions) était à   940
Le 20, il était à   915

                                            Baisse. . . .   25
Le 18 janvier, les obligations 4 pour 100 de ce même Crédit
foncier étaient à.   467.50
    Le 20, elles étaient à.   460

                                            Baisse. . . .   7.50
    Le 18 janvier, les obligations du Crédit foncier 3 pour 100
étaient à.   425
    Le 20, elles étaient à.   420

                                            Baisse. . . .   5

Le 18 janvier, les actions du chemin de fer de l'Est étaient cotées.   498

Le 20, elles étaient à. 490.25

                              Baisse. . . .   1.75

Le 18, les actions de Lyon étaient à.   870
Le 20, elles retombaient à.   855

                              Baisse. . . .   15

Le 18, les actions de l'Orléans étaient à. 848.75
Le 20, elles étaient à. 842.50

                              Baisse. . . .   6.25

L'influence de la politique est-elle évidente? Et qu'on
note bien une chose, la Bourse est beaucoup plus affectée
par les mauvaises nouvelles qu'elle n'est rassurée par
les bonnes. Elle est beaucoup plus facile à effrayer qu'à
réconforter. Mais, quelles qu'elles soient, les émotions
parlementaires l'agitent toujours.

Prenons, en suivant l'ordre chronologique, après un
événement inquiétant, un autre plus favorable; nous
voulons parler du discours pacifique prononcé le 30 mars
par M. Thiers. Les fluctuations sont moindres, mais elles
n'en sont pas moins sensibles :

Le 30 mars 1872, le 3 pour 100 était à. 55.75
Le 1er avril, il était à. 55.85

                              Hausse. . . .   0.10

Le 30 mars, le Morgan était à   515
Le 1er avril, il était à. 517.50

                              Hausse. . . .   2.50

Le 30 mars, les actions du Crédit foncier étaient à.   920
Le 1er avril, elles étaient à.   925

                              Hausse. . . .   5

Le 30 mars, les actions de la Banque de France étaient à . . .   5.725
Le 1er avril, elles étaient à 5.750

                                        Hausse. . . .   25

Le 30 mars, les titres de la Banque de Paris étaient à . . .   1.216.25
Le 1er avril, ils montaient à . . . .   1.222 »

                                        Hausse. . . .   5.75

Un des mois où la politique a certainement jeté le plus
de trouble dans la place a été le mois de juin. Dans ce
mois eurent lieu les élections qui furent un triomphe
pour les radicaux (9 juin), tandis que les tentatives constitutionnelles se poursuivaient, entretenant partout l'incertitude. Aussi les résultats de ce triste mois sont-ils des
plus démonstratifs.

Le 1er juin, le 3 pour 100 était à 55.85
Le 1er juillet, il était retombé à 53.90

                                        Baisse. . . .   1.95

Le 1er juin, le 5 pour 100 était à 86.95
Le 1er juillet, il était à . . . .   85 »

                                        Baisse. . . .   1.95

Et tous les autres fonds suivent le mouvement :

Le 1er juin, les actions de la Banque de France étaient à . . .   5.725
Le 1er juillet, elles étaient à 5.525

                                        Baisse. . . .   200

Le 1er juin, le Comptoir d'escompte était coté   975
Le 1er juillet, il retombait à 653.75

                                        Baisse. . . .   21.25

Le 1er juin, le Lyon se cotait   845
Le 1er juillet, il était à 818.75

                                        Baisse. . . .   26.25

Le 1er juin, le Midi se cotait. 615.75
Le 1er juillet , il retombait à. 592.75

                                      Baisse. . . .   16   »

Le 1er juin, le Nord était à. 992.50
Le 1er juillet, il était à.   970   »

                                      Baisse. . . .   22.50

Le 1er juin, l'Orléans était coté. 828.75
Le 1er juillet, il était coté 807.50

                                      Baisse. . . .   21.25

Après l'emprunt, nos députés se séparent, et pendant deux mois, on n'a plus à compter avec les agitations parlementaires ; mais M. Gambetta prononce son discours de Grenoble, et les cours de nos diverses valeurs qui, dans cet intervalle, s'étaient assez bien tenus reprennent leur marche rétrograde. Le 3 0/0 qui, le 26 septembre, était à 53.70 retombe, le 30, à 52.95 ; le 5 0/0 qui, le 26 septembre, était à 87 retombe, le 30, à 86 fr. 60.

Les vacances parlementaires s'achèvent ; voici l'Assemblée réunie de nouveau. Aussitôt la politique reprend tous ses droits et sévit plus rigoureusement que jamais. Dans son Message, M. Thiers ressuscite la question constitutionnelle ; les interpellations sur le discours de Grenoble désagrégent la majorité ; une nouvelle crise éclate ; et l'effet de ces luttes se traduit de la manière suivante dans le court espace du 31 octobre au 19 novembre :

Le 31 octobre, le 3 pour 100 était à. 53.10
Le 19 novembre, il était à. 52.85

                                      Baisse. . . .   0.25

Le 31 octobre, le 5 pour 100 était à. 87.30
Le 19 novembre, il était à. 85.70

                                      Baisse. . . .   1.60

Le 31 octobre, l'Orléans se cotait. 815
Le 19 novembre, il est à. 805

Baisse. . . . 10

Le 31 octobre, l'Est était à. 556
Le 19 novembre, il est à. 505

Baisse. . . . 51

Le 31 octobre, le Lyon était à 815
Le 19 novembre, il est à. 820

Baisse. . . . 25

Le 31 octobre, la *Société générale* est au cours de. 575
Le 19 novembre, elle est à. 560

Baisse. . . . 15

Le 31 octobre, le Comptoir d'escompte est coté. 615
Le 19 novembre, il retomba à. 601.25

Baisse. . . . 13.75

La démonstration est complète.

Au lieu de conclure par des phrases, nous l'avons fait par des chiffres, et ces chiffres, à vrai dire, racontent, bien mieux que nous ne l'eussions pu faire, l'histoire de l'année qui vient de s'écouler. Ils renferment en eux et mettent en évidence tous les enseignements que nous devons tirer des faits accomplis. Tâchons d'en profiter.

Naguère, à l'ouverture d'une session législative, on s'écriait : C'est une session *d'affaires*. Nous n'avons pour l'année qui vient de s'ouvrir qu'un vœu à former :

Que l'année 1875 soit une année d'affaires!

QUELQUES MOTS SUR LA DISCUSSION DU BUDGET

Après les discussions politiques, on s'est enfin décidé à accorder quelques courts instants aux discussions financières. Dieu sait quelles tempêtes les premières ont soulevées! les autres se sont déroulées dans le calme, et quel calme !

On n'épargne ni les discours, ni surtout le temps pour examiner et voter un simple ordre du jour purement politique, et c'est à peine si l'on consent à consacrer quelques rapides séances à l'étude et à la discussion de la loi de finances, ce budget, si peu connu, que beaucoup savent lire à peine et qui cependant offre tant de sujets dignes des méditations de tous.

Comment se fait-il qu'une loi si importante et vraiment capitale, à propos de laquelle devraient surgir tant de projets de réformes et à laquelle nos plus habiles orateurs devraient prêter l'autorité de leur parole, comment se fait-il que cette loi de finances n'obtienne pas la moindre des faveurs qu'on accorde à la plus mince proposition, lorsqu'elle peut donner lieu à quelque digression politique?

La discussion du budget ne devrait-elle pas procurer aux chefs les plus ardents de certains partis mille occasions de montrer combien ils sont versés dans la connaissance de la chose publique? avec quel soin ils ont étudié les rouages de notre système administratif? Comment ceux-là même qui trouvent des accents si passion-

nés, lorsqu'il s'agit de telle ou telle réforme constitutionnelle, gardent-ils le silence dans des discussions où
est en jeu la prospérité même de la nation? comment
ces orateurs consentent-ils à laisser douter de leur science?
Est-ce que vraiment elle n'existerait pas? est-ce que vraiment ils se trouveraient supérieurs à ces grandes questions, qui pourtant nous dominent tous?

Lorsqu'une manifestation politique quelconque semble
possible, la tribune est assaillie, les orateurs se disputent la parole, l'éloquence coule à flots. Mais, vienne
le budget, tout rentre dans le silence; à peine au milieu
des conversations générales, parvient-on à entendre deux
ou trois discours qui sont comme l'acquittement d'une
dette annuelle de la part de certains députés.

Ayons la franchise de le dire : la discussion des intérêts matériels se prête peu aux mouvements oratoires.
Il faut avoir l'expérience et le talent de M. Thiers, la lucidité et la simplicité éloquente de M. Magne, l'énergie
parfois brutale de M. Pouyer-Quertier, pour enlever aux
chiffres, aux tableaux de finances, leur sécheresse et leur
aridité. C'est trop peu d'être jeune et ardent, pour parler affaires, c'est trop peu d'être doué d'un organe puissant, d'une parole facile et brillante; il faut parler avec
simplicité, avec justesse. On parvient ainsi à se faire
écouter, à fixer l'attention et à exciter l'intérêt ; mais on
n'y trouve ni les succès flatteurs, ni les bruyantes ova-
tions. Enfin, il faut savoir, c'est-à-dire avoir appris.

Les discours politiques, au contraire, produisent d'autant plus d'effet que la passion y prend plus de part et
que l'inspiration y tient lieu d'expérience et de science.

Il est temps, cependant, surtout à une époque où se posent tous les grands problèmes financiers, il est temps qu'on s'adonne sérieusement à l'étude de toutes ces questions. Nous le disions, en réclamant la création d'un conseil supérieur des finances, nous le répétons encore : il y a beaucoup à fonder, à améliorer, à transformer. Toutes les sciences ont fait d'immenses progrès. En finance, la routine a détruit ce sentiment d'émulation qui, dans les autres carrières, a tout animé, tout vivifié. Il semble que chacun redoute de faire mieux ou autrement que ses devanciers. Les hommes politiques s'improvisent et pullulent, les financiers sont toujours rares.

Cette tendance à tout sacrifier à la politique nous effraye. L'avenir est gros de dangers près de se réaliser si les pouvoirs publics ne prennent pas sérieusement en main la cause des affaires pour leur imprimer une impulsion énergique. La politique, avec ses crises perpétuelles, peut un jour frapper mortellement le crédit du pays, et, ce crédit, c'est la fortune de tous !

LA COMMISSION DES TRENTE

La délibération de la commission des Trente et la discussion du budget ont préoccupé exclusivement l'opinion publique dans les dix jours qui viennent de s'écouler.

On se demandait si la majorité suivrait le programme

de M. le Président de la république, et examinerait ses propositions dans l'ordre où il les avait lui-même formulées ou si elle persisterait à ne vouloir organiser, pour le moment, que la responsabilité ministérielle.

Cette question avait sa gravité.

S'occuper de la responsabilité ministérielle, c'était ne pas engager l'avenir ; étudier l'ensemble des réformes, ainsi que le désirait M. Thiers, c'était entrer dans la voie constitutionnelle.

Au fond, c'était, sous une autre forme, la question de la Monarchie ou de la République qui se posait de nouveau devant la commission, et, par conséquent, devant l'Assemblée et le Pays.

La commission n'a rien décidé ; elle s'en est rapportée aux deux sous-commissions, qui vont travailler isolément et tâcheront de s'entendre. Et comme nous voici arrivés aux vacances de Noël, la question a pris, comme les députés, la clef des champs.

La politique va donc se reposer et nous laisser reposer pendant une quinzaine de jours.

Tout ne reste, cependant, pas en l'état. L'*imbroglio* de ces derniers jours s'est quelque peu dissipé.

Le discours de M. Dufaure et quelques actes vigoureux du gouvernement ont fait disparaître bien des préventions.

Déjà le vice-président de la commission des Trente a protesté de son abnégation et du désintéressement de ses amis. En réalité, la Commission a, devant elle et sous ses pieds, un terrain nouveau sur lequel elle peut rester sans crainte de se fractionner ; de part et d'autre on a mainte-

nant la conviction que l'accord n'est pas seulement nécessaire, mais possible. Se diviser, ce serait ouvrir la
porte de l'Assemblée aux pétitions dissolutionnistes et
donner raison à l'agitation révolutionnaire contre laquelle nous avons protesté au nom du droit, de la logique,
du bon sens et des intérêts les plus sacrés du pays.

Les vacances que prend l'Assemblée ne seront pas, il
faut l'espérer, sans influence sur la solution des questions que la proposition Dufaure a soumises aux méditations de nos représentants.

Cette fois encore, les députés se retrouveront en face de
leurs électeurs, loin du milieu où les opinions revêtent
une allure en quelque sorte factice et de convention. Ils
reviendront pénétrés, pour ainsi dire, des volontés et des
besoins du pays et parleront et agiront dans le sens de
la volonté vraie et non supposée, ainsi qu'il arrive trop
souvent, du corps électoral.

La conciliation, qui a déjà fait de grands progrès et que
nous appelons de tous nos vœux, s'affirmera de nouveau
et plus sérieusement encore ; l'année 1873 commencera,
nous l'espérons, sous les plus heureux auspices.

Que vont faire, pendant ce temps, les agitateurs péti-
tionnistes ? renonceront-ils à s'adresser à l'élément révolutionnaire, à le provoquer, à le surexciter ? Ce serait
pour nous une agréable surprise ; mais ils ne nous la cau-
seront pas ; ce n'est ni dans leurs goûts, ni dans leurs
traditions.

Les récentes discussions de l'Assemblée nationale
auront, du moins, produit ce résultat que l'abus ne
pourra plus se substituer à l'usage et que la violence ne

remplacera pas la liberté. Si incomplètes qu'elles puissent être pour certains esprits qui ne tiennent peut-être pas assez compte des circonstances politiques et des difficultés inhérentes à de certaines situations, les conséquences de ces grands débats parlementaires ne s'en sont pas moins nettement accusées.

Le gouvernement apporte plus de vigilance et de fermeté dans sa politique intérieure ; son langage est plus énergique ; il ne fait trembler personne ; mais il rassure et il en sera ainsi aussi longtemps qu'il le voudra, car sur ce terrain, il se formera une solide majorité sur laquelle il pourra s'appuyer en toute assurance, surtout s'il sait être à la fois conservateur et libéral.

Ce qui domine en France, c'est le goût de la modération et le besoin de la conciliation. MM. Dufaure et de Goulard ont répondu à ce double sentiment, y ont donné satisfaction, l'un par ses paroles, l'autre par ses actes.

Ce que la politique du gouvernement ne doit jamais perdre de vue, car c'est la condition même de la vie sociale, c'est de donner satisfaction, et une satisfaction absolue, à ce besoin de sécurité qui est l'âme même des affaires et l'instrument le plus puissant et le plus sûr de la richesse de l'État et des particuliers.

Cette satisfaction ne résulte pas seulement des tendances générales de la politique, mais de la direction imprimée aux grands services publics, et, en particulier, de la gestion de nos grands intérêts financiers.

Asseoir sur des bases solides notre équilibre budgétaire, ne faire qu'une part restreinte à l'imprévu ; avoir la certitude des recettes comme on a, hélas ! celle des dépenses ; affermir le crédit public de façon qu'en France, comme à l'étranger, on ait la plus entière confiance dans les ressources financières de notre pays : voilà en quelques mots, en dehors de tout esprit de parti, quels sont les devoirs du gouvernement et de l'Assemblée.

Pour notre part, nous n'en connaissons pas de plus impérieux, de plus pressant, de plus rationnel ; et nous sommes sûrs de ne pas nous tromper en affirmant qu'à cet égard, la France qui paye l'impôt, qui, sous toutes les formes, aux champs, dans les ateliers, dans les comptoirs, travaille et produit, pense comme nous.

XI

(JANVIER 1873.)

LA POLITIQUE DES ÉCONOMIES

Nous savons avec quelle rapidité vertigineuse s'est voté le dernier budget et quel silence s'est fait autour de notre loi de finances annuelle, qui eût dû soulever cependant d'utiles réflexions et réclamer de nombreuses réformes.

Après une longue suite de discusssions politiques, d'émotions parlementaires, et de conflits sans cesse renaissants, la loi qui, pendant un an, doit régler notre vie matérielle est présentée à la veille d'une vacance. On est las des agitations d'hier, impatient de la liberté du lendemain, et l'on vote presque sans examen des chapitres entiers dont chaque détail mériterait cependant une étude sérieuse.

Il faudrait pourtant la faire, une bonne fois, cette étude, et la faire complète, approfondie ; y apporter toute l'attention désirable ; lui consacrer le plus de temps possible, et c'est bien alors qu'on reconnaîtra la vérité de la maxime anglaise : *Le temps, c'est de l'argent.*

La commission du budget, dans la dernière discussion, avait cru qu'il était possible de réaliser 21 millions d'économies sur l'ensemble des dépenses. Nous sommes parfaitement convaincu que cette commission s'est livrée à un examen très-minutieux de notre loi de finances. Il est impossible cependant, lorsqu'on rapproche le chiffre des économies proposées de celui des dépenses de l'État, de ne pas être frappé de leur disproportion ; des réductions aussi infimes semblent presque illusoires et, pour ainsi dire, inutiles, si la moindre économie n'était pas digne d'être recherchée.

La commission n'avait pas, malgré tout son zèle, toute sa vigilance, trouvé moyen de dépasser ce chiffre de 21 millions.

L'Assemblée, après un examen beaucoup plus superficiel assurément, a décidé que cette réduction, qui nous semble, à nous, si faible, était excessive. Elle a restitué 7 millions au gouvernement et, en fin de compte, sur l'ensemble des services, sur les sommes énormes que la France dépense chaque année, on n'a pu économiser que 14 millions.

Cependant, tandis que l'on réalise sur les dépenses un si minime bénéfice, on subit sur le chapitre des recettes des pertes considérables. Les mécomptes sont nombreux ; ils sont grands. On les attribue en majeure partie aux nouveaux impôts indirects, mais nous avons démontré ici-même qu'ils provenaient aussi, et dans une proportion plus sensible peut-être, des impôts anciens.

Ainsi, quand on nous annonce qu'aucune économie n'était réalisable, on s'abuse sans doute, mais le résultat justifie néanmoins les prévisions et nous voyons bien clairement qu'il n'y a pas eu en effet d'économie réalisée.

Mais quand on nous annonce que les recettes s'augmenteront dans une mesure déterminée, quand on nous fait considérer ces recettes prévues comme certaines et déjà acquises, le résultat est tout différent : elles ne rentrent qu'en partie et accumulent déficit sur déficit.

Peu importe qu'on nous répète sans cesse que le budget ne peut être réduit. Il faut qu'il le soit. Et avec beaucoup d'étude, beaucoup de travail, on y parviendra. Mais il est nécessaire que tous s'appliquent à cette tâche et que l'on oublie pour elle tous les autres soucis. Il ne faut pas que nous ayons des dépenses énormes, toujours certaines, pour des recettes insuffisantes et toujours incertaines.

Notre budget, c'est-à-dire notre vie de chaque année, de chaque jour, telle doit être la seule préoccupation de nos gouvernants, celle pour laquelle ils doivent tout oublier. De politique, ils n'en doivent plus connaître qu'une, celle des économies.

Croit-on qu'en renonçant aux querelles de la tribune

et aux agitations constitutionnelles, on ne réalise pas, de ce seul chef, d'immenses économies?

Sait-on combien de millions a coûtés à la France, à son commerce, à son industrie, tel discours démagogique que nous pourrions citer? combien telle crise gouvernementale? combien tel ou tel scrutin?

Mettons-nous donc à l'œuvre résolûment. Tâchons de savoir d'abord ce qu'il y a dans nos budgets; nous saurons bientôt ce qui doit y rester et ce qui doit en sortir. Et surtout ayons le courage d'en faire disparaître ce qui nous paraîtra excessif, inutile, improductif et ruineux.

LA COMMISSION DES TRENTE — LES LETTRES DE MM. DE GRAMONT ET MERCIER DE LOSTENDE

Voilà bientôt deux mois que les questions dites constitutionnelles ont subitement été posées; de longues séances, qui n'ont laissé malheureusement dans le pays que les traces d'une agitation profonde, ont été consacrées à leur discussion; une commission a été nommée; cette commission a nommé à son tour des sous-commissions; ces sous-commissions ont entendu M. Thiers et M. Dufaure; elles ont eu jusqu'à ce jour des séances multipliées. Eh bien, qu'a produit tout ce petit remue-ménage parlementaire? Rien.

Le pays, disait-on, avait soif de réformes; il n'aspirait qu'à de nouvelles institutions, dont il proclamait l'urgence, et pourtant rien n'a encore été fait ; nous ne sommes pas plus avancés qu'au premier jour de la rentrée de l'Assemblée nationale, et le pays, Dieu merci, ne s'en porte pas plus mal.

Est-ce le gouvernement, est-ce la Commission qui rédigera les projets de réformes?

La Commission dit : C'est le gouvernement ; M. Thiers dit : C'est la Commission.

En attendant, rien ne se fait.

Est-ce une preuve de l'indifférence des pouvoirs publics? Non, assurément ; mais cela démontre jusqu'à l'évidence combien nous avions raison lorsque nous soutenions que le mouvement d'opinion qui s'était formé à l'occasion de ces prétendues questions constitutionnelles était factice et combien peu il y avait urgence à poser ces problèmes, au risque de troubler le repos du pays et d'alarmer les esprits, sans compensations d'aucune sorte. Le mieux est souvent, en politique, comme en bien d'autres choses, l'ennemi du bien ; arrêtons-nous dans la voie des expérimentations politiques ; guérissons-nous s'il se peut de la fièvre et vivons de la vie régulière des peuples qui songent plus à leur prospérité, à leur bien-être, à l'accroissement de la fortune publique qu'à la réalisation de théories politiques, de systèmes imposés aux minorités par des majorités victorieuses et constamment remis en question par la mauvaise foi et la turbulence des partis.

Il est bien difficile, dans ces pages, qui ont la légitime prétention de résumer les événements les plus saillants, de ne pas mentionner le débat provoqué par la lettre dans laquelle M. le duc de Gramont a contredit les assertions de M. Thiers au sujet de l'attitude de l'Autriche lors de la déclaration de guerre de 1870.

M. Thiers devait être surtout atteint, dans la pensée de M. de Gramont et, de fait, ce sont les hommes d'État autrichiens en fonctions à cette époque qui ont particulièrement été mis en cause; il semble que la déposition de M. Thiers devant la commission d'enquête n'ait été pour M. de Gramont qu'un prétexte pour prendre à partie M. de Beust, le chef de la chancellerie autrichienne, au moment où a commencé la guerre.

La France, avant la déclaration de guerre, pouvait-elle compter sur l'alliance de l'Autriche? a-t-elle plus eu le droit d'y compter une fois la guerre commencée?

M. Thiers a soutenu que non.

M. de Gramont croit le contraire.

Jusqu'à présent, pour le lecteur impartial, les pièces produites au procès ne sont pas suffisamment probantes et il n'y a de démontré que l'imprudence de telles discussions et le péril d'aussi inopportunes révélations; ce qui n'est que trop démontré encore, c'est que nous avons perdu deux provinces, cinq milliards et les frais des deux emprunts.

Nous n'accusons personne; mais nous voudrions bien qu'on n'écrivît rien qui pût réveiller d'aussi douloureux souvenirs. Aucun parti ne saurait y gagner et il n'est pas bon de mettre trop souvent sous les yeux d'un peuple le triste et décourageant spectacle de ses désastres; il ne doit s'en souvenir que pour se régénérer et non pour réveiller d'inutiles querelles où la passion des partis étouffe la voix de la vérité pour ne laisser entendre que celle du mensonge.

L'incident provoqué par M. Mercier de Lostende, ancien ambassadeur de l'empire à Madrid, et qui est venu se greffer sur l'incident Gramont, est loin d'avoir l'importance de ce dernier ; il n'est pas de nature à troubler les relations des deux peuples et à jeter de la froideur dans la politique extérieure de deux des principaux États de l'Europe.

L'empereur Napoléon III voulait-il ou ne voulait-il pas, en 1870, de la candidature du prince de Montpensier au trône d'Espagne?

M. Thiers a soutenu dans sa déposition que l'empereur la repoussait, et que de ce refus est sortie la candidature allemande du prince de Hohenzollern, c'est-à-dire la guerre.

M. Mercier de Lostende a répondu, en croyant pouvoir citer à son tour des documents diplomatiques, que l'empereur Napoléon III ne l'a jamais repoussée et a, au contraire, toujours observé la plus stricte neutralité dans la question du choix du monarque espagnol.

De pareilles discussions appartiennent bien plus à l'histoire qu'à la polémique contemporaine.

Dans tous les cas, nous ne comprenons pas qu'on puisse reprocher à l'empereur d'avoir repoussé la candidature d'un prince de la maison d'Orléans, par la seule raison qu'une candidature Hohenzollern a pu se produire plus tard. Il est évident qu'en 1870 les intérêts de la France étaient liés à ceux de la dynastie impériale ;

c'est une des conséquences du principe monarchique de solidariser nécessairement les intérêts politiques de la dynastie régnante et ceux du peuple dont elle dirige les destinées.

La démission inattendue donnée par M. de Bourgoing, ambassadeur de France près le saint-siége, à la suite de froissements qu'il eût été, ce semble, facile de lui épargner, a failli compliquer nos relations avec la papauté. Le gouvernement a eu la sagesse de parer le coup ou tout au moins d'amoindrir la difficulté en envoyant à Rome un des vieux amis du pape Pie IX. Il y a donc lieu d'espérer qu'aucun conflit ne naîtra d'un événement que l'Allemagne s'efforce déjà d'exploiter à son profit, en excitant les passions de l'Italie contre la papauté et contre la France. Le chargé d'affaires de l'Allemagne auprès du Vatican vient, en effet, de partir brusquement de Rome, à la suite d'un discours passablement énergique prononcé par Pie IX, et qui blâme avec une grande sévérité d'expression la politique de M. de Bismark vis-à-vis des catholiques allemands.

La papauté a donc en ce moment contre elle l'Italie et l'Allemagne coalisées; mais nous espérons que la France aura la sagesse de concilier ce qu'elle doit à une puissance amie et aux intérêts du monde catholique.

UNE INSTITUTION NÉCESSAIRE

Au sujet de la création et de l'organisation d'un conseil supérieur de la guerre, nous avons demandé la création d'un conseil supérieur des finances et démontré la nécessité impérieuse de cette innovation, qui, en somme, n'en est pas une, puisque déjà les ministères de la guerre, du commerce et des travaux publics, le ministère de l'instruction publique sont pourvus de conseils supérieurs, qui ont pour mission d'assister les ministres, d'éclairer, de développer la marche des affaires qui sont de leur ressort et qui exposent aux Chambres le résultat de leurs travaux.

La nécessité de la création de ce conseil supérieur des finances s'impose chaque jour de plus en plus au gouvernement, en face de l'augmentation de nos budgets, en face des difficultés financières que nous a léguées la dernière guerre et des ressources qu'il nous faut trouver pour rendre à la France son ancienne prospérité.

La récente discussion du budget vient d'ajouter de nouveaux arguments à ceux que nous avons déjà fournis. Nous y trouvons la preuve que les travaux de l'Assemblée, qui a tant à modifier, à réorganiser et à créer, eussent été rendus plus faciles en ce qui touche l'étude du budget si le conseil supérieur eût existé déjà, si au lieu d'avoir à écouter de longues et souvent diffuses discussions, d'être saisie d'innombrables amendements dont elle a à peine le temps de s'occuper, la Chambre n'avait qu'à résoudre les questions déjà discutées entre le ministre des finances et le conseil supérieur et sur lesquelles ils ne seraient pas d'accord et qu'à ratifier celles sur lesquelles ils se seraient entendus.

De plus, il peut arriver souvent, comme dans la situation présente, qu'un ministre des finances ait pris à peine possession de son poste, au moment de la discussion du budget et qu'il ait à soutenir devant l'Assemblée des systèmes à la préparation desquels il n'a pris aucune part; dans ce cas, il ne pourra ni les défendre, ni répondre aux interpellations; on dit, nous le savons, que la commission du budget se chargera de le remplacer sur ce point et de répondre par l'organe de son rapporteur aux questions et aux éclaircissements demandés par la Chambre; mais cette commission doit aussi s'occuper du budget de tous les autres ministères. Il faudrait donc qu'elle s'occupât plus spécialement du budget des finances. En trouverait-elle toujours le temps? Ce rôle incombe naturellement au conseil supérieur des finances qui, ayant préparé le budget de concert avec le ministre remplacé, pourrait promptement initier le nouveau ministre à la connaissance des détails de son administration et rendre ainsi sa tâche plus facile.

On ne saurait trouver de meilleures preuves de l'insuffisance de l'organisation actuelle des finances et de la nécessité d'un conseil supérieur, qu'en lisant le compte rendu des derniers débats de la Chambre relatifs au budget; il n'est pas une séance qui n'ait donné lieu soit à des propositions, soit à des observations qui démontrent la nécessité impérieuse d'une amélioration dans notre administration financière.

Ainsi, dans la séance du 10 décembre dernier, M. de
la Bouillerie a présenté des observations qui montrent
que le budget du ministère des finances doit être soi-
gneusement et profondément élaboré et que notre administration financière a une tâche difficile à remplir. « On
ne vote pas, a dit l'honorable député, pour plus de 700
millions d'impôts nouveaux en peu de mois, comme nous
venons de le faire, avec la certitude qu'on ne s'est trompé
sur aucun point. » Puis plus loin : « Le budget de 1872
se réglera par un déficit et celui de 1873 ne s'équilibrera
pas.... — Assurément le gouvernement et la commission du budget ont mis tous leurs soins à *tâcher* de se
rendre un compte exact des choses. Nous avions prévu
des mécomptes, mais j'avoue que nous n'en avions pas
prévu d'aussi grands. » Ce mot *tâcher* n'indique-t-il pas
l'insuffisance de l'organisation actuelle ? Ce qu'il faut, ce
n'est pas tâcher de se rendre compte, mais, se rendre un
compte exact des choses. Si les mécomptes prévus ont été
dépassés par la réalité, c'est que les questions n'avaient
pas été assez sérieusement, assez profondément étudiées.
Dans une autre partie de son discours, M. de la Bouillerie prononce encore des paroles qui prouvent bien que le
budget de finances aurait besoin d'être mieux élaboré,
qu'une étude spéciale devrait en être faite par une commission également spéciale, dont le conseil supérieur des
finances ferait l'office. « Dans la situation où nous sommes, dit-il, il faut nous défendre de tous les entraînements comme aussi de toutes les illusions. Les illusions,
on s'en est beaucoup fait et l'on s'en fait encore. On
s'en est fait sur les recettes, on s'en fait sur les dé-

penses.... Nous avons 10 milliards de pertes à amortir. »

La discussion qui s'est élevée dans la même séance au sujet des traitements et des émoluments des trésoriers-payeurs généraux et des receveurs particuliers démontre encore la nécessité des réformes à introduire dans notre administration financière.

M. Hervé de Saisy proposait un amendement ainsi conçu : « Réduire de 25 p. 100 le chiffre des commissions perçues par les trésoriers-payeurs généraux et les receveurs particuliers, ce qui ramènerait le total de leurs traitements et émoluments de 7,170,000 fr., chiffre demandé par le gouvernement à 5,579,700 fr. » En défendant son amendement M. Hervé de Saisy est allé plus loin : il a dit qu'il croyait utile de supprimer les trésoriers-payeurs généraux et les receveurs particuliers : « Nous avons nommé, ajoute-t-il, une commission chargée d'améliorer nos services publics et j'espère que bientôt elle nous apportera des preuves irréfragables de l'accomplissement de sa mission, *principalement, en ce qui concerne l'administration de nos finances.* » Ces derniers mots ne donnent-ils pas raison aux partisans du conseil supérieur des finances, qui étudierait à fond toutes ces questions, qui jugerait « de l'utilité de l'institution des trésoriers-payeurs généraux et des receveurs particuliers, qui, en son temps, a pu rendre de grands services, mais qui actuellement doit être complètement remaniée et faire place à d'autres agents, nommés en vertu d'une loi d'avancement, et non recrutés parmi des hommes qui entrent de plain-pied dans cette agréable et fructueuse carrière et y deviennent maréchaux

sans avoir été soldats. » Un bon administrateur financier ne se crée pas, en effet, du jour au lendemain, et
avant d'être capable de s'occuper avec fruit de la direction et de l'administration de nos finances, de longues
études sont nécessaires. Ce n'est pas seulement d'aujour-
d'hui que cette question de trésoriers-payeurs est soumise
à l'Assemblée ; mais pour la résoudre il fallait l'étudier
à fond, l'examiner dans tous ses détails ; il y a déjà un
an, M. Francisque Rive avait déposé, avec plusieurs de
ses collègues, sur le bureau de l'Assemblée, une proposition sur l'organisation du service la trésorerie. Cette proposition dont l'urgence a été votée est, depuis ce temps,
soumise à l'étude de la commission du budget et le rapport de cette commission n'a pas été fait. C'est que la
tâche des commissions est des plus laborieuses ; le conseil supérieur des finances qui s'occuperait de toutes ces
questions ne serait donc pas inactif ; il aiderait la commission du budget et contribuerait à améliorer notre
administration financière. On sait que l'amendement de
M. de Saisy n'a pas été adopté par l'Assemblée. Ainsi un
amendement qui procurait au budget une économie
de 1,590,000 fr., a été rejeté sans avoir été suffisamment
étudié et parce que la démonstration de son utilité n'a
pas été suffisamment faite.

M. de la Monneraye a proposé ensuite sur le même
chapitre un amendement demandant que le nombre des
receveurs-percepteurs de Paris fût réduit successivement de 42 à 20 et que le tarif des remises de ces mêmes
receveurs fût concurremment soumis à une révision. Cet
amendement a été adopté, non sans réclamation de la

part de plusieurs députés, qui se plaignaient de ne pas
avoir bien présents les termes de l'amendement; cette
amélioration semble donc avoir été enlevée par surprise,
car plusieurs voix s'écriaient : « On n'a pas compris. »

La question des receveurs-percepteurs à Paris a soulevé
au sein de l'Assemblée une discussion qui prouve qu'il
y a des améliorations à y apporter, par la réduction des
perceptions, par l'introduction de modifications dans la
perception même et par la révision des tarifs. De l'aveu
même du ministre des finances et de nos députés, les
commissions nommées pour étudier les réformes à opérer dans les services administratifs suffiront-elles à cette
tâche? M. Delacour, prenant la parole au nom de la commission des services administratifs, après avoir dit que
la situation de cette commission est extrêmement difficile,
ajoute, au sujet de la réduction des perceptions : « Nous
n'avons rien inventé, nous avons fait de longues enquêtes, nous avons entendu les hommes les plus compétents de
l'administration des finances, des inspecteurs des finances, des chefs de division, le directeur. Nos résolutions
n'ont été prises qu'après de longues discussions, qu'après
un long examen. » Ainsi on est obligé de faire appel à un
conseil temporaire d'hommes éclairés et compétents;
quand une question un peu importante se présente, il
faut de nouveau avoir recours à une commission extraordinaire : tout cela, encore une fois ne prouve-t-il pas
qu'il est urgent et bien plus simple de créer pour l'étude
de toutes les questions un conseil supérieur des finances
permanent? On n'aurait plus besoin alors de recourir aux
commissions extraordinaires ; le conseil supérieur serait

là et éclairerait le ministre, la commission du budget, la Chambre, autant qu'ils le désireraient, et l'on pourrait compter sur ses lumières si on le formait d'hommes indépendants et exclusivement recommandables par leur mérite et leur savoir en matières financières.

Dans la séance du 17 décembre, M. de la Rochejaquelein a proposé un amendement concernant la nomination et l'avancement des percepteurs-receveurs de Paris; mais cet amendement n'a pas été discuté parce qu'il ne se rattachait pas suffisamment au budget; M. Gouin, rapporteur de la commission du budget, a dit avec raison :

« Il faudrait dégager le budget de ces sortes de questions qui ne s'y lient pas naturellement. » Puis venait un amendement proposé par MM. Eugène Tallon et Sézanne, sur le transfert de l'administration forestière du ministère des finances au ministère de l'agriculture et du commerce; cet amendement, déjà présenté l'année dernière, avait été remis à cette année, car l'Assemblée avait des questions plus urgentes à examiner. Qu'en conclure? C'est qu'il faut économiser le plus possible le temps de l'Assemblée, et comment mieux faire qu'en présentant à sa ratification des questions bien élucidées et déjà discutées par des hommes compétents?

La fin de la séance et la suivante ont été consacrées à la discussion du chapitre du budget sur les dépenses des services des douanes, de perception et d'exploitation dans les départements, sur les frais de régie des manufactures de tabac et de poudre à feu, sur le service des

postes, sur le prix des permis de chasse, les surtaxes de
pavillon, la taxe sur les cercles et sur le revenu des
créances hypothécaires, sur les droits de douanes. Sur
chaque chapitre, un ou deux amendements ont été
proposés et discutés ; nous en tirons cette conséquence que les membres du conseil supérieur des finances, loin d'être investis d'une sinécure, auraient, au
contraire, fort à faire, car, ainsi que l'a dit M. Ganivet dans la discussion sur les permis de chasse : « Au
point de vue financier, nous sommes dans une situation
qui ne permet pas de renoncer à une recette, quelque
minime qu'elle soit. » Et cependant sur 22 millions
d'économies proposés par la commission du budget,
l'Assemblé n'en a adopté que huit ou dix.

Cet examen très-sommaire de ce qui s'est passé en
deux ou trois séances de la Chambre montre la nécessité
urgente de modifier le régime de notre trésorerie et de
créer d'abord un conseil supérieur des finances : nous
croyons donc que le gouvernement de M. Thiers ne ferait
qu'entrer plus avant dans la voie des réformes utiles en
prenant l'initiative de cette utile création. Si un de nos
plus savants administrateurs, un de nos plus illustres
financiers, M. Magne, a pu dire avec raison : « L'administration française n'est pas tellement parfaite, qu'on la
désorganise en supprimant un de ses rouages ; » nous
dirons à notre tour : Un rouage utile ajouté à ceux qui
existent déjà ne peut que favoriser la marche du système
général de notre administration financière.

NAPOLÉON III

La passion a toujours tort; en face d'un cercueil, en
face d'une femme et d'un enfant frappés d'un coup aussi
douloureux qu'inattendu, la passion est coupable; en
politique, elle pousse aux fautes grossières, aux impru-
dences, aux maladresses; elle est, toujours et en tout,
mauvaise conseillère.

Pourquoi ne pas rendre hommage à la vérité? chercher
à l'obscurcir, à l'altérer est au-dessus des forces de
l'homme. Ne croyons pas que la postérité partagera nos
haines, nos frayeurs, car la peur est pour beaucoup dans
nos violences et nos fureurs; elle jugera froidement les
hommes et les choses; tâchons de faire comme elle.
Jugeons humainement, nous aurons jugé sainement.

Napoléon III fut de la race des grands politiques; il
ne fut pas seulement un sceptre, une épée; il fut un
penseur, un chercheur, disons le mot : un idéo-
logue sur le trône; il avait ce qui étonne, ce qui frappe,
ce qui séduit; la grandeur et la soudaineté des con-
ceptions. Ce qu'on appelait chez lui des coups de tête
n'était que la réalisation d'un plan fortement médité,
que la déduction logique de principes mûris, arrêtés, la
manifestation d'une conviction profonde, née des longues
et solitaires méditations d'un philosophe doublé d'un
homme d'État. Napoléon III aimait à tenter la fortune;
le grand dans l'inconnu l'attirait, le subjuguait; sa nature tenait, à la fois, du calcul et du rêve; il recherchait

l'âpre volupté des âmes auxquelles le présent ne suffit pas et qui veulent quelque peu, fût-ce même à leurs dépens, violenter l'avenir.

Il est un fait qui domine tout, qui est incontestable, que l'histoire retiendra, parce qu'il caractérise une période de vingt années, c'est que Napoléon III a été, pendant ce long espace de temps, le maître politique de la France qui, non-seulement, a accepté sans protester la supériorité de son génie, mais encore a ratifié par des votes réitérés ses principaux actes politiques.

Malgré son goût prononcé pour le pouvoir, malgré les séductions de la toute-puissance, Napoléon III sut rester simple et bon ; il croyait à la virtualité des principes de 89 et se considérait comme un soldat couronné, chargé de les défendre et de les propager en Europe. C'est surtout par ce côté qu'il relève de la légende napoléonienne et qu'il appartient politiquement à la famille Bonaparte, qui représenta longtemps la démocratie sur le trône et ne s'éclipsa une première fois, en 1815, que devant la coalition des aristocraties européennes.

Nul ne sait ce qui se passa dans l'âme de Napoléon III, les pressentiments qui l'agitèrent lorsqu'il inclina plus résolûment vers la liberté et tenta l'épreuve d'un gouvernement parlementaire ; ce qui est certain pour nous, c'est qu'il entrevit les risques auxquels il s'exposait et qu'il n'en fut pas troublé.

Quand il fit l'empire, il avait tracé les grandes lignes de son règne, avec autant de sérénité et de calme qu'il avait apporté de persévérance et d'énergie à la préparation de son triomphe personnel et dynastique.

Les jugements que l'histoire et la postérité porteront
sur la politique de l'empire seront divers, mais il n'y
aura qu'une voix pour rendre hommage aux idées économiques qu'il a fait prévaloir, d'accord avec les meilleurs
et les plus grands esprits de son temps. Sous ce rapport,
il a marché résolûment dans les voies libérales et il n'a
cessé d'y progresser sous l'inspiration et l'impulsion d'une
foi profonde et réfléchie. Il en sera de même (et c'est là
ce qui doit particulièrement nous toucher, nous qui vivons dans le monde des affaires et qui sommes intimement mêlés au mouvement industriel et commercial de
notre pays) pour le développement immense qu'il a im-
primé aux intérêts matériels

Dès les premiers mois de son règne, Napoléon III n'hé-
sita pas à décréter l'établissement des grands réseaux de
nos voies ferrées; la télégraphie électrique, timidement
appliquée en Angleterre, donnait une impulsion féconde
aux relations commerciales et devenait tout aussitôt un
puissant instrument de production et de richesse. Les
canaux étaient creusés, les voies navigables améliorées;
de grandes institutions de crédit se fondaient sous le
patronage de l'État; les villes où l'accumulation de la
population nuisait à la santé publique étaient assainies;
des quartiers entiers étaient heureusement transformés;
l'air circulait à flots dans de larges avenues, la moyenne
de la vie humaine était élevée de plus de 5 0/0. Ce sont
là d'immenses bienfaits dont les hommes impartiaux
devront tenir compte à l'empire.

N'oublions pas surtout ce qu'il fit pour la classe ouvrière, vers laquelle étaient constamment tournées ses

plus graves préoccupations. Il ne se passa pas d'années
sans qu'une mesure législative vînt améliorer la situation
des travailleurs des villes et des campagnes, tant au
point de vue moral qu'au point de vue matériel. La liste
serait longue des institutions créées en vue du développement du bien-être des classes appelées jadis déshéritées et entre les mains desquelles il plaça le puissant et
fécond instrument d'une intelligence plus ouverte, d'un
accroissement du sens du beau dans les choses de l'art
et de l'industrie.

Gardons-nous de l'ingratitude, et surtout que la passion politique ne nous aveugle pas au point de faire
taire chez nous le sentiment de la justice.

Malgré tous les efforts de ses adversaires, l'empereur
est resté populaire et sa mort a profondément attendri
les esprits qui se souviennent et qui prennent la peine
de réfléchir avant de porter un jugement sur les hommes
et sur les choses.

Sans doute, des fautes ont été commises ; les fautes
sont essentiellement humaines ; mais la somme du bien
l'emporte de beaucoup. De Napoléon III aussi on peut
dire : Ses qualités étaient à lui, ses défauts étaient ceux
de son temps.

LA SITUATION FINANCIÈRE DE L'ALLEMAGNE

Lorsqu'au retour de notre voyage à Berlin et en Allemagne, nous appréciâmes la situation financière de ce pays, fin juin 1872, nous eûmes le pressentiment de ce que l'avenir réservait à nos ennemis. Dès cette époque, les Allemands usaient et abusaient, comme par anticipation, de nos milliards; c'était une fièvre de spéculations et comme un développement effréné des appétits matériels, une soif de gain et de richesses rapides que, déjà à cette époque, il semblait difficile d'éteindre.

Depuis lors, rien n'est venu améliorer la situation qui, tout au contraire, s'est aggravée à un tel point qu'une catastrophe semble imminente.

Nous voulons rester historien véridique et impartial, et, comme tel, ne rien imaginer, ne rien exagérer; ce que nous savons, ce sont les feuilles allemandes, si habiles à dissimuler la vérité qui gêne leurs calculs ou humilie leur orgueil, qui nous l'ont appris.

Nous avons voulu savoir d'elles-mêmes, de ces prétendus philosophes qui châtiaient si durement pendant la guerre notre prétendue immoralité, ce que valent, ce que pèsent chez eux ces vertus dont ils nous reprochaient d'avoir désappris même le nom. Nous les avons interrogés, et voici ce qu'ils nous ont répondu :

L'Allemagne n'est plus le pays des poëtes rêveurs, enthousiastes, la blonde et naïve Allemagne de la légende; elle se croit riche; mettons même qu'elle le soit, et elle à la morgue arrogante et un peu cynique du parvenu ; elle trafique sur une large échelle ; tout est pour elle matière à spéculation ; elle semble s'être mis un bandeau sur les yeux et s'être jetée à corps perdu dans les tripotages de bourse. On se ferait difficilement une idée des chiffres énormes par lesquels se traduisent ses opérations actuelles.

Un journal de Leipzig, la *Leipzigen illustriste Zeitung*, nous jetait dernièrement dans une stupéfaction profonde ; elle affirmait que les opérations financières de la seule ville de Francfort, pendant l'année 1871, se chiffraient par 5 milliards, dont 2,875 millions, soit près de trois milliards, ont été émis par des sociétés ayant leur siége légal à Francfort. Les deux autres milliards ont été émis par des sociétés étrangères à la ville impériale.

Quel peut être le chiffre des affaires dans les autres villes, à Berlin notamment ? On l'évalue à une somme égale ; car Berlin se vante de marcher de pair avec Francfort sur ce terrain nouvellement ouvert à l'activité industrielle du pays. Ajoutons pareille somme pour le reste de l'Allemagne et nous aurons une idée des folles spéculations basées sur un tel capital, qui jamais n'a représenté et ne représentera l'épargne allemande.

« Nous avons, écrivait il y a quelques mois, la *Deutsche Allgemeine Zeitung*, de Leipzig, dans sa correspondance de Berlin, nous avons un effroyable agio ; les millions et les millions ne font plus sensation chez nous. L'année dernière, une semaine ne se passait pas sans que surgît une nouvelle Société par actions. Cette année, il n'y a pas de semaine qu'on ne nous trompette la création de quelque Compagnie dont on nous tambourine les prodigieux bénéfices qui sont en perspective. Les banques poussent comme champignons sur fumier. Sur mille individus qu'on rencontre passant par la rue, il y a deux fondateurs et plusieurs administrateurs d'entreprises par actions. Généralement, M. le directeur ne peut accepter les pénibles fonctions qui lui sont dévolues à moins d'un traitement mensuel de quelques milliers de thalers. Son interlocuteur est un *mækler* (coulissier) ventru, qui a imaginé de venir en aide à l'humanité souffrante par la création d'un syndicat de courtiers marrons. Toutefois, ce bienfaiteur de notre race ne peut accomplir son œuvre sans percevoir un modeste traitement de 20,000 thalers par an (75,000 fr.) et une indemnité préalable de 60,000 thalers. Le philanthrope installe au conseil d'administration divers camarades, qui sont gratifiés de jetons de présence et de divers « tantièmes dans les bénéfices. »

Munich, Stuttgart, nous offrent le même spectacle; partout s'étale la démoralisation financière qui tend à gagner les divers services gouvernementaux et administratifs, et plus particulièrement la presse officieuse et autre. Ce n'est un mystère pour personne qu'en Prusse toute la presse, celle d'opposition encore plus peut-être que celle qui soutient le ministère, est à la solde de M. de Bismark, « qui la paye, dit un journal, sur les revenus des riches domaines confisqués au roi de Hanovre; » on voit arriver le moment où, à Berlin, les banquiers tout-puissants commanderont aux ministres.

Dans de pareilles conditions, une réaction financière

est inévitable en Allemagne. A quoi peuvent servir les 200 millions que nous envoyons chaque mois à Berlin? comment peuvent-ils subvenir aux besoins d'un marché où l'on engage la somme fabuleuse de 15 milliards par an, alors que le revenu probable du pays dépasse à peine 20 milliards? Déjà la Bourse de Berlin voit poindre une crise; les banques bien avisées élèvent le taux de leur escompte, c'est-à-dire s'efforcent de se garer contre les accidents de la spéculation.

De plus graves préoccupations s'emparent même des âmes chez lesquelles le sens moral domine encore.

Dans le numéro de Noël de la revue d'*Im newem Reich* l'illustre Freitag s'exprime en ces termes :

« Ce qui doit emplir les âmes prussiennes d'une sombre inquiétude, c'est qu'après la victoire nulle part la probité et la moralité n'ont eu tant à souffrir que dans notre capitale. Une répugnante propension à l'usure, l'avidité de gagner l'argent sans travail, se sont emparées des classes supérieures et des inférieures. Parmi les joueurs extravagants, on voit des princes, des généraux des seigneurs de nos cours, de grands fonctionnaires, qui exploitent la simplesse des petits capitalistes, ou les avantages de leur situation privilégiée, pour acquérir de promptes fortunes sur les champs de bataille de la Bourse. Déjà on s'interroge anxieusement dans les cours ; parmi nos propriétaires fonciers, les chefs de notre armée, quel est celui qui est encore irréprochable? quel est celui qui a encore de nobles sentiments? — Soudain la maladie a fait des progrès gigantesques. Celui qui a conservé encore sa dignité personnelle s'aperçoit avec effroi qu'autour de lui tout oscille, que dans les âmes disparaissent les notions de pudeur et d'honnêteté. Comme l'incendie dans une forêt qui saisit le bois vert après le bois sec, toutes les âmes sont envahies les unes après les autres. Ce désastre n'est-il pas de nature à nous faire douter de notre grandeur future, à·laquelle devaient collaborer tant d'âmes usées, tant de caractères corrompus?... »

La conscience publique prend sa revanche; la Providence combat déjà pour nous.

LA FUSION — LES BLANCS SONT ENCORE BLANCS ET LES BLEUS ENCORE BLEUS — L'ASSEMBLÉE ET LA COMMISSION DES TRENTE

Pendant que les funérailles de Napoléon III avaient lieu à Chislehurst, on se demandait en France si la fusion des deux branches aînée et cadette des Bourbons était un fait accompli.

Un ami du comte de Chambord l'a affirmé; mais aucun ami du comte de Paris n'a parlé. Il serait bien à désirer que l'opinion sût enfin à quoi s'en tenir.

Le comte de Paris répudie-t-il le testament politique de son père le duc d'Orléans? accepte-t-il le drapeau blanc? Si le comte de Chambord rentrait dans Paris, comme jadis son aïeul Henri IV, le comte de Paris lui ferait-il escorte tenant en mains l'oriflamme aux fleurs de lis?

Aussi longtemps qu'on n'aura pas répondu à ces questions et qu'on restera dans de vagues affirmations qui mettent à l'aise tous les démentis, on sera en droit de dire qu'il n'y a rien de fait et que si les blancs sont encore blancs, les bleus sont encore bleus.

En dehors de ces faits qui dominent l'histoire de ces derniers jours, nous n'avons à signaler que les débats de l'Assemblée nationale et les travaux de la commission des Trente, chargée, on le sait, d'étudier les questions qui se rattachent à la responsabilité ministérielle et aux attributions des pouvoirs publics.

L'Assemblée, par divers votes, a raffermi la situation de M. Jules Simon, que quelques membres de la droite voulaient ébranler; seulement, le ministre sera obligé de soumettre au conseil supérieur de l'instruction publique ses plans de réforme, dont chacun reconnaît, du reste, la nécessité, l'opportunité. Ces réformes, au surplus, doivent porter bien moins sur des programmes d'étude que sur des méthodes d'enseignement; ni M. Fortoul, ni M. Rouland, ni l'illustre M. Duruy, auquel l'Université doit tant, n'ont été liés de ce côté. D'ailleurs, rien n'est supprimé; le temps qu'on devait consacrer à certaines études est simplement abrégé; une place plus grande sera donnée aux langues vivantes, au détriment d'autres études moins nécessaires.

L'Assemblée a partagé les vues de M. le ministre de l'instruction publique et lui a donné *quitus* à une immense majorité.

Quant à la commission des Trente, elle n'est guère plus avancée qu'au début de ses travaux; on finira par

s'entendre, évidemment; mais de part et d'autre, on y
mettra une certaine mollesse accompagnée de mauvaise
humeur.

Le but que l'on vise est de fonder une sorte de régime
constitutionnel où l'Assemblée nationale cesserait d'avoir
la souveraineté, et le Président de la république, la responsabilité. En ce qui touche ce dernier point, il semble, en effet essentiel, que les prérogatives de premier
ministre parlementaire et de chef suprême du pouvoir
exécutif ne continuent pas d'être réunies dans les mêmes
mains, sous peine de nous voir, à chaque instant, à la
veille d'une vacance du pouvoir, ou de faire passer la
souveraineté de fait dans les mains du chef de l'État,
c'est-à-dire de constituer la dictature.

Nous sommes convaincus que M. Thiers, dont le patriotisme et le dévouement sont à la hauteur de sa science
gouvernementale, se prêtera à toutes les combinaisons de
nature à améliorer, en les précisant, les rapports des
deux pouvoirs existants; il importe même que cette question soit promptement résolue.

La commission n'entend pas renfermer M. Thiers dans
les limites étroites et définies d'un simple pouvoir exécutif; elle lui ouvre les portes de la chambre pour y venir
exprimer son avis sur les lois : mais elle ne voudrait pas
de l'intervention de M. Thiers dans les débats provoqués
par des demandes d'interpellation ne portant pas sur les
affaires étrangères; elle accorde même au Président le
veto suspensif, sauf à en régler l'usage.

Dans de pareilles conditions, il nous paraît difficile
que l'accord ne se fasse pas, et s'il se produit, nous ne

regretterons ni le temps qui y aura été consacré, ni les longues discussions qui l'auront préparé et amené.

NÉCESSITÉ DE RÉFORMES FINANCIÈRES

Nous avons, plusieurs fois déjà, expliqué dans ces colonnes la nécessité d'apporter dans notre législation financière certaines réformes que commandent l'intérêt et la sauvegarde des droits des porteurs de titres, actionnaires ou obligataires. Les récents sinistres financiers prouvent, une fois de plus, que ces réformes sont, non-seulement nécessaires, mais urgentes.

La première réforme que nous voudrions voir mise à exécution est relative à l'admission des valeurs à la cote de la Bourse.

Et, en effet :

Quand une de ces Sociétés est parvenue à se constituer, son premier soin est de demander l'admission de ses titres à la cote officielle de la Bourse. La chambre syndicale des agents de change examine la requête, constate, autant qu'elle le peut, l'existence réelle de la Société, et, suivant le résultat bon ou mauvais de cet examen, les valeurs de la Société sont admises ou non à la cote officielle.

Voilà ces valeurs cotées. Plus tard, on reconnaît que cette Société n'a qu'un capital fictif, des opérations fictives, une comptabilité fictive, en un mot qu'elle n'existait point légalement.

Cependant le fait même de son existence a été *officiellement* constaté par un document qui inspire la plus grande confiance. C'est par ce document que le public a, le plus souvent, appris la formation de cette Société, et qu'il a cru à sa constitution réelle. Pour lui, à tort ou à raison, cette inscription est une garantie ; il voit une valeur jusque-là inconnue cotée tout comme les meilleures et au même titre qu'elles ; il achète de cette valeur *officiellement cotée*, et un jour on vient lui dire que la Société n'existe pas, qu'elle n'a jamais existé, qu'il n'a entre les mains que de vains morceaux de papier !

N'est-il pas en droit de dire que la cote officielle l'a trompé ?

Et, en effet, pourquoi les entreprises dont nous parlons recherchent-elles avec tant d'empressement cette inscription à la cote ? C'est qu'elles en attendent de nombreux avantages et, tout d'abord, ce qui est le point important pour elles, une première notoriété, notoriété publique qui emprunte au document qui la procure un caractère spécial.

Le public a donc le droit de se demander pourquoi certaines valeurs ont été admises à la cote.

La chambre syndicale, de son côté, a le droit de dire qu'elle a fait toutes les constatations d'usage, et réclamé toutes les justifications qu'elle pouvait exiger. Nous savons que son examen est toujours sérieux et impartial ; mais la vérité est qu'elle n'a pas de pouvoirs suffisants pour pousser aussi loin qu'il convient de le faire ses investigations.

Ces pouvoirs, il faut qu'on les lui donne. Il faut que la chambre syndicale ne puisse désormais admettre à la cote les titres d'une entreprise quelconque qu'en pleine connaissance de cause; il faut qu'elle ait le droit de vérifier toutes les déclarations qui lui sont faites et que ce contrôle soit aussi complet, aussi étendu que possible. Il faut qu'elle tienne ces pouvoirs de la loi elle-même, d'une loi spéciale, et les derniers sinistres ajoutés à tant d'autres en démontrent l'urgence.

Ce n'est point avancer une proposition téméraire que de dire que la cote officielle doit justifier la confiance qu'elle inspire et l'autorité qu'on lui a donnée.

Est-ce là la seule modification qu'en présence d'intérêts si grands et si respectables, il faille demander à la législation actuelle? Non, assurément. Nous le répétons, cette législation nous semble insuffisante à bien des points de vue.

Les Sociétés ne devraient-elles pas obéir à des règles uniformes et être obligées de publier périodiquement, comme le font quelques-unes, toutes les semaines, toutes les quinzaines ou tous les mois, un état de situation? Ce document, indispensable pour juger de la marche progressive ou rétrograde de l'entreprise, devrait être signé par les administrateurs ou commissaires responsables.

Enfin, il ne devrait plus être permis aux Conseils d'administration de convoquer leurs actionnaires en assemblée générale, ordinaire ou extraordinaire, sans leur avoir préalablement et en temps utile, communiqué leur rapport. Il est difficile, en effet, de contrôler, *hic et nunc*, séance tenante, l'exactitude des comptes qu'on vient à l'instant de soumettre, la réalité des chiffres produits. La lumière de la publicité éclairerait toutes ces ombres; les actionnaires ne voteraient plus dans leurs assemblées qu'en sachant bien ce qu'ils votent et pourquoi ils le votent.

Nous voudrions enfin que le mode de scrutin fût amélioré et que le suffrage universel fût appliqué en ces matières. Si on lui trouve en politique quelques inconvénients, il procurerait en finance plus d'un avantage précieux.

Les modifications, les réformes que nous réclamons, sont aussi simples, aussi faciles à réaliser qu'elles sont utiles et indispensables. Voudra-t-on les étudier tout au moins?

Nous le désirons ardemment dans l'intérêt général.

QUELQUES MOTS SUR LA LÉGISLATION DES CHEMINS DE FER D'INTÉRÊT LOCAL

Dans ces derniers temps, on a pu remarquer l'activité déployée par les Conseils généraux pour doter leurs départements respectifs de lignes secondaires.

De nombreuses propositions leur ont été adressées; les demandes de concession ont soudain afflué; et ces efforts d'une part, cet empressement de l'autre ont eu pour résultat la création d'un grand nombre de petites lignes. Chaque arrondissement veut avoir son chemin de fer et nous ne voyons rien que de très-louable et de très-heureux à tous les points de vue dans ce mouvement d'émulation.

Nous l'avons dit et nous le répétons, notre premier réseau est complétement achevé; ce sont les lignes d'ordre secondaire dont il convient d'encourager la création. Cependant il importe que cette œuvre s'accomplisse dans les conditions les plus sérieuses et les plus sûres et qu'elle ne soit pas compromise par une impatience légitime assurément, mais trop vive peut-être.

La loi départementale de 1871 a singulièrement favorisé les projets, les justes ambitions des conseils généraux. Les conséquences en ont été presque immédiates ; elles peuvent déjà être appréciées et l'on a dû reconnaître que la création de nouvelles entreprises de chemins de fer devait être entourée de certaines garanties.

La loi du 12 juillet 1865, qui avait elle-même pour objet de faciliter l'établissement des voies locales, fixait cependant certaines limites, imposait certaines conditions excessives peut-être, mais en tout cas dictées par la prudence. Les chemins de fer d'intérêt local pouvaient être établis soit par les départements et les communes avec ou sans le concours des propriétaires intéressés, soit par des concessionnaires avec le concours des départements ou des communes.

Seulement, comme il importait de constater le caractère purement local de ces lignes, elles ne pouvaient être construites que sur une autorisation de l'État, autorisation qui devait être accordée par un décret délibéré en conseil d'État, sur le rapport des ministres de l'intérieur et des travaux publics.

Ce que la loi semblait surtout viser, c'était la création d'une série de lignes d'intérêt local qui, mises bout à bout, et raccordées, eussent constitué une grande ligne dont la concurrence était à redouter pour les grandes lignes déjà construites. A vrai dire cette sollicitude nous paraissait excessive, et dans plus d'un cas on a pu constater que les grandes compagnies suffisaient difficilement à leur tâche et avaient besoin d'être allégées. D'autre part, la législation qui régissait alors les conseils généraux atténuait considérablement ce danger, si c'était là un danger.

A cette époque, les conseils généraux ne pouvaient, ne devaient point correspondre entre eux; il leur était donc impossible de s'entendre sur les questions d'intérêt commun.

Il n'en est plus de même aujourd'hui. La nouvelle loi leur permet de se concerter entre eux, dans la limite de leurs attributions, sur les intérêts communs à leurs départements. Il en est résulté que, combinant leurs projets respectifs de chemins de fer d'intérêt local, ils ont pu souder les voies de l'un à celles de l'autre sur un point frontière. Ces ententes s'établissant de proche en proche doivent avoir pour effet de constituer de nouvelles grandes lignes.

Mais là n'est point pour nous l'inconvénient de la législation actuelle. Il est tout entier dans des faits de l'ordre purement financier.

Des concessionnaires de lignes d'intérêt local ont pu,
par des émissions d'obligations, titres toujours recherchés
par le public, se procurer la majeure partie des ressources dont ils avaient besoin pour la construction de leur
chemin de fer ; et dans plus d'un cas il est arrivé que le
capital-obligations était notablement supérieur au capital-actions. Or le capital-actions étant l'unique gage qui
garantisse les obligations, il importe, pour que ce gage
ait quelque réalité, qu'il représente une valeur au moins
égale à celle de la dette qu'il garantit. Il semble donc
nécessaire qu'une surveillance soit exercée sur les entreprises nouvelles et que leur constitution légale, sérieuse,
puisse être sûrement constatée.

Il faut considérer, en outre, que le nombre des entreprises de ce genre est très-considérable, que celui des
concessions est plus grand encore et va s'accroître rapidement. Il est difficile d'imaginer que tant et de si énormes travaux puissent s'accomplir simultanément sans
causer d'assez fortes perturbations. Quels capitaux n'ab-
sorberaient-ils pas ? combien de bras n'enlèveront-ils pas
aux autres industries? quelles masses de titres ne ver-
rons-nous point jeter presque en même temps sur le
marché ?

Ce sont là des considérations très-graves et qui méri-
taient toute l'attention des législateurs.

Le mouvement qui s'est produit est, nous le répétons,
excellent en lui-même et il ne faut point l'arrêter, mais
il importe de le régler.

Cette question si importante a été récemment soumise
au conseil d'État, qui l'a discutée avec le plus grand

soin. Le ministre des travaux publics a donné à ce sujet les explications les plus complètes et, après une délibération fort approfondie, le conseil d'État a décidé :

1° Que le capital-actions des entreprises de chemins de fer devrait être au moins égal au capital-obligations ;

2° Que ces entreprises ne pourraient faire aucun appel au crédit sans avoir obtenu l'autorisation de l'État.

ÉMISSIONS DE L'ANNÉE 1872

S'il est un fait auquel on peut juger de l'esprit d'entreprise d'une époque ou d'un pays, c'est celui, entre autres, des créations nouvelles par voie d'émissions publiques. On se rappelle encore la multiplicité et l'importance de ces appels au crédit, faits en France, pendant les dernières années de l'empire. Mais la guerre survenant avait tout arrêté.

Après la conclusion de la paix, la France dut d'abord songer au payement de sa formidable rançon. Il n'y a guère eu, sur la place de Paris, en 1871, d'autres émissions à noter que l'emprunt français de 2 milliards, auquel, bien entendu, il convient de joindre aussi celui de la Ville de Paris de 350 millions. Évidemment l'émission de l'emprunt français de 2 milliards a été le plus grand événement financier de l'année 1871 ; il serait superflu d'en rappeler le succès.

En 1872, c'est également un emprunt français, dont

le succès a été plus remarquable encore, l'emprunt de 5 milliards, qui a été le fait financier le plus important; jamais même si colossale opération n'avait été tentée.

Et toutefois, cet appel au crédit n'est pas le seul qui soit à inscrire, en France, au compte de l'année 1872, année qui comptera sans doute comme celle où s'est tout à fait réveillé l'esprit de travail et d'entreprise après les désastres de la guerre étrangère et de la guerre civile.

Voici, parmi les émissions publiques de 1872 sur la place de Paris, autres que l'emprunt national de 5 milliards, et sans que nous ayons la prétention d'en donner une nomenclature complète, les principales que nous avons pu nous remettre en mémoire :

Du 10 et du 11 janvier, emprunt pour la ville de Washington de 4 millions de dollars, soit. 20,000,000 fr.

Du 22 et du 23 janvier, émission de 5 mille obligations de la Compagnie des chemins de fer des Vosges et de six mille obligations de la Compagnie des chemins de fer de Seine-et-Marne, à 265 fr., ce qui présente un capital effectif de. . . . . . . 2,385,000 fr.

Du 30 et du 31 janvier, émission de 22,233, obligations de la Société forestière, au prix de 225 fr., soit un capital effectif de. . . . . . . 5,000.175 fr.

Février, émission de 40 mille obligations du chemin de fer d'Orléans à Châlons, à 260 fr., ce qui fait un capital effectif de. . . . . . . 10,400,000 fr.

Février, émission par la Société franco-hollandaise de cinquante mille actions de 500 fr., à 577,50, soit un capital de. . . . . 28,875,000 fr.

Mars, émission par la Société française et italienne de 60 mille actions de 500 fr., au pair représentant un capital de . . . . 50,000,000 fr.

Mars, emprunt péruvien de : 1° 575,000,000 fr. pour construction de chemins de fer ; 2° 545,000,000 fr. pour conversion de la dette du Pérou ; ensemble 920,000,000 fr.

Du 25 mars au 15 avril, émission de 10 mille actions de 500 fr. de l'*Universelle*, compagnie générale d'importation et d'exportation, au pair, soit un capital de. . . . . 5,000,000 fr.

Du 11 au 13 avril, émission de 109 mille obligations du chemin de fer de Lille à Valenciennes, au prix de 262,50, soit . . . . 28,612,500 fr.

Du 25 mars, émission de 20 mille actions à 500 fr. par le Crédit Lyonnais en augmentation de son capital social . . . . 10,000,000 fr.

Du 15 avril, emprunt russe 5 0/0 pour construction de chemins de fer, 15 millions livr. sterl., soit. . . . . 575,000,000 fr.

Du 15 mai, emprunt par la ville de Lyon de 9,411,500 fr.

Du 25 juin, émission de 50 mille actions nouvelles, à 500 francs, par la Société financière de Paris, en augmentation de son capital social, soit.   25,000,000 fr.

Du 17 au 22 juin, émission par le *Moniteur des tirages financiers* de 12 mille certificats d'actions de la Compagnie d'assurances le *Soleil*, à 465 fr. chaque certificat, ce qui fait un total de.   .   5,580,000 fr.

Du 2 au 9 juillet, émission de 25 mille obligations de la Société industrielle, à 175 fr., total   4,375,000 fr.

Du 19 au 21 août, émission de 40 obligations de la Compagnie des chemins de fer de la Vendée, à 255 francs soit. . . . .   10,200,000 fr.

Du 20 et du 21 août, émission de 18,605 bons de la compagnie des Dombes, à 470 fr., soit   8,744,350 fr.

Septembre, émission de 25,320 obligations des chemins de fer du Salvador, à 250 fr., soit 6,330,000 fr.

Septembre, émission de 1,250,000 obligations des chemins de fer turcs, à 170 fr., soit un total de ci. . . . .   269,100,000 fr.

Du 7 au 9 octobre, émission de 12 mille obligations de la compagnie des Terrains et Salines de la province de Malaga, à 285 fr., soit un total de. .   3,420,000 fr.

Octobre, émission de 1,200 obligations des Établissements Duval, à 425 fr. . . . . .   510,000 fr.

Du 28 au 31 octobre, émission de 40,000 obligations de le Banque populaire d'Espagne, à 380 francs, soit. . . . .   12,200,000 fr.

Du 19 et du 20 novembre, émission par le Crédit foncier de France de 400,000 obligations Communales et Départementales, à 265 francs, total effectif, ci. . . . .   100.000,000 fr.

Décembre, emprunt par le gouvernement espagnol de. . . . .   250,000,000 fr.

Du 11 au 14 décembre, émission de 17,646 obligations des Forges de Liverdun, à 200 fr., et de 4,000 certificats privilégiés, à 540 fr., ensemble 5,689,200 fr.

Du 21 au 28 décembre, émission de 7,200 obligations des Mines de Villaguttierez, à 510 fr., soit un total demandé de. . . . . 2,252,000 fr.

L'addition de ces divers chiffres donne une somme totale qui n'est pas moindre de 1,749,020,125 fr.

Et en joignant à cette somme celle de l'emprunt Français de 1872, frais d'émission compris, soit. . . . . 3,498,000,000 fr.

on obtient un ensemble qui

s'élève à. . . . . 5,247,020,125 fr.

Tel est, en total, le montant approximatif des appels au crédit par voie de souscriptions publiques qui ont été adressés aux capitaux en France dans le courant de l'année 1872. Plusieurs de ces émissions, sans doute, n'ont guère eu de succès; il en est même qui ont complétement échoué, et nous aurions pu les omettre ou ne les mentionner que pour mémoire. Nous devons ajouter aussi que, pour presque toutes les émissions dont il s'agit sans en excepter notre emprunt national de 5 milliards, les souscriptions étaient reçues également à l'étranger ; aucune affaire, pour ainsi dire, n'a été exclusivement française.

Si maintenant, pour compléter cette revue des émissions publiques de 1872, nous portons un coup d'œil rapide à l'étranger, nous voyons, d'après les journaux qu'il nous a été possible de compulser, et notamment le *Moniteur des intérêts matériels*, que le chiffre des souscriptions publiques ouvertes pendant le cours de l'année 1872 a été approximativement :

En Allemagne, de.	1.371.860.450 fr.
En Autriche-Hongrie, de.	988.547.250
En Amérique, de.	2.021.722.500
En Belgique, de.	51.170.500
En Espagne, de.	255.000.000
En Angleterre, de.	1.459.482.250
En Italie, de.	575.088.080
En Hollande, de.	57.456.540
Dans les Principautés-Danubiennes,de	51.548.590
En Russie, de.	775.512.000
En Suisse, de.	105.299.751
En Tunisie, de.	5.625.000
En Turquie, de.	985.480.000
Total.	8.668.023.471 fr.

Qu'il y ait plusieurs de ces sommes portées en double ou triple emploi, en ce sens qu'une même souscription ouverte simultanément dans divers pays serait inscrite au compte de ces pays divers, c'est possible. Mais, d'autre part, combien de petites émissions ou d'émissions purement locales ont dû être oubliées ou négligées ! En définitive, ce dont il faut bien convenir, c'est que l'année 1872, au point de vue des appels publics au crédit et des mouvements de capitaux, aura été une année fort remarquable et qui, dans l'histoire financière du monde, tiendra certainement une place des plus importantes.

A l'étranger, 8,568,023, 421 fr. d'émissions publiques; en France, 5,247,020,125 fr. : c'est un total de 15,915.043,546 fr. environ qui a été demandé au crédit des particuliers.

« Nous voudrions, lisons-nous à ce propos dans le *Moniteur des intérêts matériels*, qu'il fût permis d'ajouter que le marché monétaire n'a pas éprouvé de gêne ;

mais ce serait aller trop loin ; il était matériellement
impossible que l'abus que l'on a fait du crédit, joint aux
difficultés provenant de l'introduction en Allemagne d'une
circulation métallique, n'amenât des moments pénibles.
Encore faut-il se féliciter de n'avoir pas eu à subir des
effets plus désastreux de l'exagération avec laquelle on s'est
lancé dans les entreprises de toute nature. Il faut également s'applaudir que cette exagération même soit devenue
si évidente qu'elle impose absolument et impérieusement
le devoir de ne pas la dépasser. »

Nous sommes complétement de cet avis.

XII

(FÉVRIER 1853.)

LA RENTE FRANÇAISE, SES ORIGINES, SES DÉVELOPPEMENTS, SES AVANTAGES

I

Avant de chercher quels avantages et quelles garanties
offre la rente française, nous croyons qu'il ne sera pas
sans utilité et sans intérêt de dire ce qu'est la dette publique et de retracer l'abrégé historique des diverses
phases par lesquelles elle a passé depuis son origine.

On sait que la dette publique est formée des sommes
dues par un État à ses créanciers. Mais pour qu'un État

puisse avoir des créanciers, il est nécessaire que ces derniers aient confiance en lui, qu'ils soient sûrs que l'État
remplira les engagements qu'il prendra envers eux ; cette
confiance constitue ce qu'on l'on nomme le crédit public.

Nous ne craignons donc pas de dire, ce qui peut paraître un aphorisme un peu risqué, qu'un État qui a des
dettes est un État qui fait preuve de solidité, un État
bien établi, riche, puissant, en un mot qui inspire la
confiance. Mais ce serait mal interpréter notre pensée
que de nous croire de l'avis de Voltaire, qui, malgré son
bon sens, osa avancer qu'un État, lors même « qu'il ne
« doit qu'à lui-même, ne s'appauvrit pas, et que ses
« dettes mêmes sont un nouvel encouragement pour l'in-
« dustrie. » Ce serait dire que plus un État a de dettes,
plus il doit être riche.

Dans l'antiquité, le crédit public n'existait pas ; aussi,
n'y avait-il pas de dette publique, c'est ce que nous
voyons de nos jours chez les nations non civilisées ou peu
civilisées et cependant regorgeant de richesses. La dette
publique n'a fait son apparition qu'avec l'abolition de
l'esclavage, la liberté du travail, la confiance des citoyens
dans leur gouvernement et la confiance des gouvernements entre eux.

On pourrait donc dire, non sans raison, mais seulement dans une certaine limite, que l'importance de la
dette publique, preuve du crédit public, est un témoignage de la prospérité et de la civilisation avancée d'un
État ; ce qui ressemble peu au dangereux axiome de Me-
lon, économiste du règne de Louis XV, qui, antérieure-
ment à Voltaire, avait écrit, qu'un État ne peut jamais

être affaibli par ses dettes, parce que les intérêts sont payés par la main droite à la main gauche.

Dans l'antiquité, les gouvernements ignorant la puissance et l'usage du crédit amassaient, durant la prospérité ou dans des invasions heureuses, des trésors employés ensuite aux besoins de l'État et dans les cas de guerre. Ce système, qui était celui des grands conquérants, d'Alexandre, de Ptolémée Philadelphe, puis, plus tard, de Charles-Quint, du grand Frédéric, des papes Paul II et Sixte-Quint, des cantons suisses, et qui, en France, fut même employé par Henri IV et Napoléon Ier, est encore en usage chez les despotes de l'Asie et dans les États chez lesquels le crédit n'est pas encore développé.

Le premier emprunt public dont l'histoire de France fasse mention remonte à 1575, sous Charles V. Ce prince, pour faire face aux frais de la guerre contre l'Angleterre, effectua un emprunt forcé remboursable, au moyen de rentes annuelles au denier douze, c'est-à-dire à un taux de plus de 8 p. 100, rentes qui se payaient encore sous Henri IV, en 1604.

De 1494 à 1496, pendant son expédition en Italie, Charles VIII, pour subvenir aux frais d'entretien de ses troupes, fut obligé aussi de contracter divers emprunts à un taux exorbitant, jusqu'à 40 p. 100, emprunt dont profitèrent seulement les capitalistes italiens et les seigneurs de la suite du roi qui le souscrivirent.

En 1529, François Ier, pour soutenir sa lutte contre Charles-Quint et pour payer à l'Espagne une partie de la rançon de ses fils, est obligé de contracter encore un emprunt de près de 1 million au taux de 5 p. 100

hypothéqué sur les biens de Charles de Bourbon, duc de Vendôme.

Les emprunts précédents n'étaient pas, en réalité, ce qu'on peut appeler des emprunts d'État, c'est-à-dire qu'ils n'étaient pas payables au moyen de rentes constituées sur divers revenus publics.

Ce fut en 1522 que François I⁰ʳ inaugura l'ère des emprunts d'État. Ce prince créa les premières rentes perpétuelles payables à l'Hôtel de Ville de Paris.

De 1522 à 1599 on fit de nombreux emprunts, les uns au nom de la ville de Paris, les autres sur les recettes des principales villes de France, moyennant de nouveaux droits et de nouveaux impôts. La confiance publique était alors si faible, qu'en 1559 on fut obligé de faire un emprunt forcé sur les riches. Mais sous le règne d'Henri IV, avec l'administration financière consciencieuse et intelgente de Sully, la confiance renaquit et un emprunt volontaire de 1,200,000 livres fut couvert sans difficulté. Sully vérifia les créances antérieures, trouva une dette totale de 345 millions de francs, et releva le crédit du pays en éteignant 6 millions de rente, c'est-à-dire en payant 100 millions de dettes au taux de 6 pour cent.

Pendant le règne de Louis XIII et la première partie du règne de Louis XIV, le crédit public s'affaiblit de nouveau, et l'État fut obligé de recourir à des emprunts forcés, aux taux exorbitants de 20 à 25 pour cent, à des emprunts en rentes viagères au moyen d'espèces de loteries nommés *tontines*. Les dettes s'élevèrent au chiffre de 52 millions de rentes, chiffre énorme pour ce temps-là. Mais avec l'arrivée de Colbert à la surintendance des finances, le danger que courait le crédit de la France fut écarté.

Le grand économiste entreprit la liquidation de la dette publique ; toutes les rentes créées de 1655 à 1660, sous l'administration de Mazarin, furent remboursées au taux des acquéreurs de bonne foi. Mais en 1674, lorsque la dette avait été presque complétement liquidée, on fit, malgré Colbert des emprunts, au moyen de rentes perpétuelles déjà plusieurs fois proposées. La création de la Caisse d'emprunt n'empêcha pas la dette publique d'augmenter, et à la mort de Louis XIV elle s'élevait à plus de 2 milliards payables en rentes au denier 20, c'est-à-dire au taux de 5 pour 100.

Sous le régent, au moyen de la fameuse combinaison dans laquelle entrait la Compagnie des Indes, on crut diminuer la dette publique ; mais on ne fit que l'augmenter : à la mort du régent (1723), elle s'élevait au chiffre de 2,471,000,000, et le taux de la rente, par arrêt du conseil, avait été abaissé du denier 20 au denier 50, c'est-à-dire de 5 à 2 pour 100.

Sans nous arrêter au bouleversement financier qui eut lieu sous le règne de Louis XV, nous arrivons à l'année 1781. A cette date, la dette publique est énorme, la confiance publique a été détruite par les catastrophes du règne qui vient de finir ; nous trouvons dans le célèbre Compte rendu de Necker que la dette publique totale s'élève à 207 millions de rentes, dont 126,600,000 livres en rentes perpétuelles, et 81 millions en rentes viagères. Quatre ans plus tard, en 1784, comme on avait reconnu la nécessité de consacrer un fonds spécial à l'extinction de

la dette publique, on établit, à l'instar de l'Angleterre,
une caisse de remboursement qui fut remplacée plus tard
par une création plus efficace, la Caisse d'amortissement.
Mais, jusqu'à 1789, malgré tous les avantages que le
gouvernement offrit aux prêteurs, il ne put se relever
du discrédit dans lequel il était tombé.

En 1789, la dette publique était à peu près de trois
milliards. L'Assemblée nationale proposa d'aliéner les
biens du clergé pour l'acquittement de la dette publique;
mais ces biens ne pouvant être vendus immédiatement,
on créa les assignats.

Du 24 août 1793 date l'établissement définitif de la
dette perpétuelle.

La création du grand-livre correspond à la patriotique,
à l'héroïque résolution de la *levée en masse*. Il fallait
fournir aux dépenses de la guerre.

La première mesure que le génie de la nécesssité in-
spira aux hommes qui s'étaient chargés du salut de la
France, comme l'a dit M. Thiers, consista à mettre de
l'ordre dans la dette, à l'uniformiser, selon l'expression
de Cambon, qui proposa de convertir tous les contrats des
créanciers de l'État en une inscription sur un grand-livre,
qui serait appelé *grand-livre de la dette publique*.

L'avantage principal de cette institution était de commencer le système du crédit public. Le capital de chaque
créance était converti en une rente perpétuelle, au taux
de 5 pour 100.

Les anciennes dettes étaient ramenées à un intérêt
uniforme et équitable.

L'État, changeant sa dette en une rente perpétuelle,

n'était plus exposé à des échéances, et ne pouvait jamais être obligé à rembourser le capital, pourvu qu'il servît les intérêts.

Le capital de la dette ainsi uniformisée fut converti en une somme de rentes de 200 millions par an, réduite à 160 millions par suite d'une imposition foncière d'un cinquième.

Tout, dès lors, était simplifié et éclairci. La confiance renaissait. M. Thiers en donne la raison en disant qu'une banqueroute partielle, à l'égard de telle ou telle espèce de créance, ne pouvait plus avoir lieu, et qu'une banqueroute générale, pour toute la dette, n'était pas supposable.

Sous la deuxième restauration, la loi du 2 avril 1816 établit la *Caisse d'amortissement*, dont la première idée remonte au consulat et qui fonctionna jusqu'en 1848, puis de 1867 à 1869.

De 1816 à 1825, dix emprunts successifs eurent lieu qui donnèrent un capital nominal d'à peu près deux milliards à ajouter à celui de la dette publique. Sous Charles X on emprunte encore un milliard, et sous la république un milliard 500 millions environ.

En 1848, la dette consolidée seule est portée au budget pour 174 millions ; et la dette publique, y compris tous les frais, est inscrite pour 384 millions.

Sous le second empire, ont lieu 15 emprunts qui augmentent le capital nominal de la dette de 6 milliards 500 millions. Au 1er janvier 1870, le capital nominal de la dette consolidée s'élevait à 11 milliards 500 millions représentant 358 millions de rentes annuelles à payer.

A ces chiffres il faut ajouter 1,250 millions emprun·
tés en 1870, l'emprunt Morgan de 250 millions, en 1871
et enfin les deux derniers emprunts émis pour payer les
cinq milliards dus à la Prusse, et dont le total s'élève à
5 milliards 500 millions.

Total de la dette publique actuelle : environ DIX-HUIT
MILLIARDS.

Nous avons raconté le développement de la dette publique jusqu'à nos jours ; il nous reste à faire l'exposé
du développement de la rente sous toutes ses formes, depuis la création du grand-livre.

La rente est pour l'État le moyen officiel et légal de
payer sa dette, qui a pour garantie les revenus de l'impôt
général.

Aujourd'hui, l'État emprunte et n'est jamais tenu au
remboursement du capital, dont, en revanche, il doit
perpétuellement l'intérêt ; c'est ce qu'on appelle la *dette
consolidée.*

En 1793, parut la première loi qui admettait les titres
des créanciers de l'État en payement des domaines nationaux. En 1797, il se trouva qu'on avait émis pour
trois milliards de bons en papier, qu'on avait converti,
en violation des contrats, des rentes viagères en rentes
perpétuelles, qu'on ne payait aux rentiers qu'un quart
de leurs annuités ; le gouvernement, en un mot, se trouvait dans l'impossibilité absolue de se libérer. C'est alors

que fut votée la loi du 9 vendémiaire an VI (30 octobre 1797), en vertu de laquelle on devait procéder à une liquidation générale. Chaque inscription au grand-livre de la dette publique, perpétuelle ou viagère, liquidée ou à liquider, devait être remboursée pour les deux tiers; l'autre tiers devait demeurer inscrit sur le grand-livre, et ce tiers, qui devait seul subsister, reçut le nom de *tiers consolidé*. Les deux tiers déclarés remboursables devaient être acquittés en bons au porteur admissibles en payement des domaines nationaux, pour la portion qui, d'après les lois en vigueur, était payable en titres de la dette publique. Les bons qui seraient restés en circulation après la vente des biens nationaux étaient déclarés admissibles en payement des biens que l'État possédait à Saint-Domingue et, en général, dans les colonies françaises.

En 1801, on permit aux porteurs des bons de deux tiers de les échanger contre des rentes perpétuelles dans la proportion de un quart pour cent de la somme apportée en échange; on reconnut alors qu'après avoir aliéné, par la vente des propriétés de l'État, un tiers du territoire français, après avoir fait une réduction de deux tiers sur les créances, il restait encore une charge annuelle de 180 millions.

Au 1ᵉʳ germinal an IX, des titres de 198 millions de francs se trouvaient en circulation; cependant l'ordre se rétablissait, de véritables hommes d'État se trouvaient à la tête des affaires. En 1802, la dette publique fut l'objet d'une bonne et intéressante discussion dans les conseils du gouvernement; on prit pour point de départ un *maximum de crédit;* on établit en principe que ce maximum se produit dans un État lorsque les profits des fonds placés dans un emprunt public ne sont pas supérieurs aux profits que les mêmes fonds donneraient par un autre emploi dégagé de tout risque. On ajoutait que, dans ces termes, il est d'un égal intérêt pour le gouvernement et pour la nation de faire usage du crédit ; qu'une dette modérée, non-seulement n'est pas une charge pour l'État, mais qu'elle est un moyen de rattacher toujours les fortunes privées à la fortune publique ; on disait enfin qu'un gouvernement sage et bon ordonnateur du trésor public, après avoir déterminé le *maximum de crédit*, devait établir un ordre de remboursement tel que, du moment où la dette s'élèverait au delà de la somme fixée, l'excédant serait nécessairement et constamment amorti.

En faisant l'application de ces principes à la France, on déclarait que la somme de 50 *millions* pouvait être regardée comme le *maximum* des rentes perpétuelles, attendu qu'elle était proportionnelle à la masse des richesses circulantes ainsi qu'aux forces des finances de l'État. Le maximum du 5 pour 100 consolidé fut donc fixé à 50 millions, passé lesquels l'amortissement devait fonctionner.

L'institution de l'amortissement était considérée comme une des découvertes les plus utiles; on portait ce jugement sous l'influence des idées qui dominaient alors en Angleterre. La loi de 1802 substitua à la dénomination de *tiers consolidé* celle de *5 pour 100 consolidé*, en vue d'effacer le souvenir de la liquidation de vendémiaire an VI. La dette connue au 1ᵉʳ vendémiaire an X

(1802) était de 38,730,881 francs ; mais en tenant
compte de 6 millions de francs de rentes non encore
transférées et des liquidations de toute sorte montant à
plus de 14 millions, la dette perpétuelle s'élevait en réalité à 59 millions ; on attribuait par conséquent à la
Caisse d'amortissement, mais à partir de l'an XII seulement, un fonds de 40 millions. On établissait le maximum des rentes viagères à 20 millions, et dans le cas où
il y aurait eu excès, la différence devait être remboursée. Les comptables furent admis à fournir leur cautionnement en titre de rente perpétuelle ; on assura la bonne
tenue des livres, la régularité des transferts, et, en général, la marche économique de l'administration ; la confiance renaissait et les fonds publics s'étaient élevés de
10 à 60 pour 100.

De 1802 à 1812, la réunion de plusieurs États à la
France apporta quelques modifications à la situation de
la dette publique ; la dette de certains États imparfaite-
ment liquidée fut inscrite au grand-livre ; pour certains
autres, la Toscane, par exemple, et les États-Romains,
on se réserva de prendre des mesures spéciales.

En 1811, le ministre des finances, fidèle aux principes
consacrés par la loi de 1802, fixa, en raison de la grande
étendue de l'empire, le *maximum* de la dette perpétuelle
à 80 millions ; il portait au budget pour la dette inscrite
et à inscrire 62 millions 500 mille francs ; il ajoutait
pour la Hollande 26 millions ; c'était en tout 88 millions ; mais les 8 millions excédant le maximum précité
devaient être, au moyen de rachats, amortis en quinze
ans, au moyen d'un fonds attribué à la Caisse d'amortis-

sement. Le maximum des rentes viagères fixé en 1802 à 20 millions n'était pas dépassé; elles ne figuraient au budget que pour 17 millions.

Après 1814, la France se trouva dans la nécessité de faire disparaître, dans la mesure du possible, les traces des douloureuses catastrophes qui accompagnèrent la guerre d'invasion, et de liquider les dettes qu'elle avait dû prendre à sa charge dans la plupart des États de l'Europe. Par le traité du 25 avril 1818, il fut convenu que cette libération s'effectuerait au moyen d'une rente de 12 millions 40 mille francs et que chaque État se chargerait de répartir la somme qui lui était allouée entre ceux de ses habitants qui seraient reconnus créanciers de la France.

A partir de 1815, l'histoire de la rente se confond plus particulièrement avec celle des emprunts que nous avons retracée plus haut.

Les détails historiques qui précèdent ont une grande importance au point de vue même de la thèse que nous nous proposons de développer. Ils expliquent la solidité de la garantie qu'à la différence de ce qui se passait avant la création du grand-livre, l'État emprunteur offre aujourd'hui à ses créanciers. La dette de la nation, de la société française tout entière, est substituée à celle d'un monarque ou d'un règne. Quelles que soient les fautes politiques d'un gouvernement, ces garanties ne sauraient être sérieusement ébranlées; l'opinion, le marché des fonds publics peuvent en être impressionnés; mais plus de craintes, plus d'inquiétudes sérieuses; l'État est là, immuable, fidèle à lui-même, ayant le sentiment de sa propre grandeur, de sa prospérité ; la nation ne s'abandonne pas ; elle a intérêt à vivre, à faire face à ses engagements, à soutenir le gouvernement qui tient en ses mains sa destinée ; il y a entre tous une solidarité telle que la force même des choses veut que chacun concoure au salut de l'État ; or le salut de l'État, c'est le salut même de ses créanciers.

Nous ne savons si Cambon pressentait bien clairement les résultats immenses de la création du grand-livre, au point de vue du crédit futur de la France ; mais ces résultats sont évidents ; ils n'ont cessé de se faire sentir dans toutes les périodes de notre histoire depuis 1789. Qu'on songe à l'énormité de la dette publique : 18 milliards ! quelle puissance pourrait supporter un tel fardeau, en dehors de la garantie et de la puissance même de tout un peuple !

Nous l'avons déjà dit, l'État emprunteur a cela de particulier qu'il ne s'oblige nullement à rembourser le principal de sa dette, et, s'il trouve des prêteurs à cette condition, c'est qu'il offre des garanties exceptionnelles et que, d'autre part, ses créanciers peuvent céder leurs titres au cours du jour sur le marché des valeurs appelé la Bourse. Cette cession de titres n'est, en définitive, que la vente du droit de recevoir l'intérêt à celui qui veut placer son capital dans les fonds publics et se mettre à la place du créancier originaire. Il peut arriver, suivant les événements, qu'on vende meilleur marché qu'on n'a acheté, mais, malgré cette chance défavorable à laquelle du reste sont exposées toutes les valeurs, un titre de rente n'en est pas moins le titre par excellence.

Il y a des emprunts productifs, c'est-à-dire destinés à des travaux qui doivent accroître la richesse générale ; de ceux-là on peut dire que, si nombreux qu'ils soient, ils offrent toutes les garanties désirables aux prêteurs ; il en est d'autres, malheureusement inévitables, mais qu'il dépend de la sagesse des gouvernements de rendre le plus rares possible ; ce sont les emprunts de guerre ; ceux-là, s'ils s'accumulent, finissent par créer un fardeau énorme pour le pays, qui gémit sous le poids des impôts consacrés à l'acquittement des intérêts, et cette difficulté même est une diminution de la sûreté du gage. Grâce aux immenses qualités de notre race et aux ressources que crée le travail sous toutes ses formes, la France, quelle que soit l'importance de la dette publique, peut faire face aux payements des intérêts ; cependant il ne faudrait pas tenter la fortune et s'exposer à rompre un équilibre dont dépend la fortune publique et privée. Non-seulement il est à désirer qu'on ferme le grand-livre, mais il faudrait s'occuper sérieusement de diminuer, dans la mesure du possible, le poids de la dette publique et de dégager l'avenir.

En dépit de toutes les causes qui peuvent exercer une influence défavorable sur la rente française, causes politiques, causes générales ou provenant de certaines situations particulières, cette valeur n'en reste pas moins la plus avantageuse. Nous avons, par l'exposé historique qu'on vient de lire, fourni la preuve qu'elle inspire le plus de confiance et offre le plus de sécurité ; il est une autre raison qui doit frapper tous les esprits, c'est que la rente française est surtout placée entre des mains françaises, qui ont, par conséquent, tout intérêt à augmenter la valeur du gage.

Une valeur n'est pas seulement avantageuse parce qu'elle offre le plus de sécurité ; elle l'est encore parce qu'elle rapporte un intérêt élevé ; or, au cours actuel, la rente donne un revenu de près de 6 pour 100, moins élevé certainement que certaines autres valeurs, mais moins exposé aussi à des fluctuations, dont les porteurs de titres payent toujours les frais. Non-seulement, l'intérêt est très-élevé, mais il n'est pas à craindre, au cours actuel, que la rente subisse une dépréciation notable ; grâce à l'amélioration de la situation générale, il y a tout lieu de compter, au contraire, sur une hausse progressive et marquée ; et, de toutes les valeurs, la rente semble être celle qui offre la plus grande marge à une plus-value.

A ces avantages il faut ajouter celui qui résulte de l'extrême facilité avec laquelle on peut négocier la valeur que ne frappe aucun impôt.

Certaines valeurs étrangères peuvent offrir de plus gros revenus ; mais offrent-elles la même solidité, les mêmes facilités pour les négociations, et la plupart d'ailleurs ne sont-elles pas frappées d'un impôt ?

On a souvent comparé le placement des fonds en rentes sur l'État au placement en immeubles ; dans ce cas encore, on a reconnu que le placement en rentes était plus avantageux à tous égards.

Le rentier est certain de ne jamais voir péricliter son titre entre ses mains; en effet, ni le capital ni les arrérages de la rente ne sont saisissables, et cette insaisissabilité est absolue.

La rente française, nous l'avons dit, échappe en outre à l'impôt.

Certains États n'ont pas craint de diminuer leur dette en levant un impôt sur les sommes dues à leurs créanciers; mais ce procédé arbitraire est interdit par la loi française, qui garantit ainsi les créanciers de l'État contre une sorte de banqueroute partielle déguisée. Une loi, celle du 23 juin 1857, a frappé les valeurs mobilières, mais elle a respecté les rentes sur l'État.

En 1850, une tentative fut faite pour frapper la rente d'un droit de timbre de cinq centimes par 100 francs de capital nominal, au moment du transfert; mais cette tentative échoua. En cas de mutation, un droit n'est dû que lorsqu'il y a transmission à titre gratuit. (Art. 7 de la loi du 15 mai 1850.)

Les placements en immeubles ne jouissent pas de ces divers avantages.

Nous avons parlé plus haut de la facilité qu'offre le placement en rentes sur l'État; l'opération, en effet, n'exige que quelques minutes, et les fonds disponibles trouvent immédiatement un emploi utile : en est-il de même si vous voulez acheter un immeuble ? L'incertitude dure de longs mois et souvent même plusieurs années; pendant ce temps le capital dort improductif. Il

n'est pas toujours facile de trouver un immeuble qui
vaille juste la somme que l'on a à placer ; il n'en est pas
de même de la rente ; d'autre part, si l'on veut vendre
une partie seulement d'un immeuble, les difficultés sont
grandes, car les immeubles ne sont pas toujours faciles
à diviser ; il n'en est pas de même de la rente.

Le placement en rentes sur l'État est aussi celui qui
donne le revenu le plus fixe, le plus régulier. La terre
donne un revenu fort aléatoire, qui dépend toujours d'une
bonne ou d'une mauvaise année, d'une culture plus ou
moins intelligente, qui produisent une récolte plus ou
moins bonne ; de plus, le revenu est inférieur à celui donné
par les consolidés français. Aux cours actuels, 53 fr. 35
et 87 fr. 40, le 3 pour 100 rapporte 5 fr. 62 pour 100 et
le 5 pour 100 5 fr. 72 pour 100 ; est-il une terre, aussi
bonne qu'elle soit, qui, même dans les meilleures années, donne un revenu aussi élevé ? Le créancier de l'É-
tat, lui, n'a rien à craindre ni la pluie, ni la grêle ; tant
qu'il garde son titre, il touche chaque année le même
revenu pour le même capital qu'il a placé ; car les variations du cours ne modifient ni l'intérêt ni la somme pour
laquelle il a acheté.

On reproche à la rente sur l'État d'être influencée par
les événements politiques : nous ne pouvons le nier ;
mais l'intérêt est toujours payé, tandis que les immeubles sont souvent complétement détruits ou tout au moins
ne sont plus d'aucun rapport, lorsque la contrée dans laquelle ils sont situés est sous le coup d'une calamité. Les
désastreux événements des dernières années n'ont que
trop prouvé que les propriétés immobilières ne sont pas

à l'abri des catastrophes qui ébranlent le crédit des va
leurs de l'État.

La rente offre aussi l'avantage de permettre au possesseur de disposer de ses ressources à un moment précis ; il peut vendre aussi rapidement qu'il a acheté, sans
être obligé de payer d'abord des frais très-élevés que né-
cessitent les négociations d'immeubles, et de se défaire,
souvent à bas prix, d'une terre ou d'une maison dans
une gêne momentanée qui nécessite la vente immédiate.
Souvent même, la nécessité de se procurer une somme
de beaucoup inférieure à celle de la valeur de votre immeuble vous oblige à le vendre tout entier ; un immeuble ne se fractionne pas facilement, tandis que la rente
se prête à toutes les nécessités.

Avez-vous besoin d'une somme de 1,000 francs seulement pour quelque temps, vous vendez pour 1,000
francs de titres de rente, quitte à les racheter lorsque
les fonds nécessaires vous reviennent ; il n'en est pas de
même d'un immeuble.

Dans d'autres cas, dans les cas de ventes forcées, de
vente aux enchères, on perd souvent jusqu'à 25 et même
50 pour 100 sur la valeur d'un immeuble, tandis qu'il
n'en est pas de même des titres de rente.

Ceux qui ne peuvent faire que de petites économies, et
qui ont en vue de les placer plus tard en achetant un
immeuble, laissent leur petit pécule improductif jusqu'à
ce qu'ils aient réuni, souvent au bout de longues années
d'économies, la somme nécessaire à l'achat d'un immeuble de quelque importance ; la facilité des fractionne-
ments de la rente leur permet de placer leurs épargnes,

pour ainsi dire, à mesure qu'ils les font, et de les augmenter ainsi de leurs intérêts progressifs.

Par ces exemples, et d'autres innombrables, si nous voulions entrer plus profondément dans les détails, on voit donc que le placement en rentes sur l'État est le placement le plus commode, le plus avantageux et le plus sûr pour toutes les bourses petites ou grosses.

Nous ajouterons que ce placement est exceptionnellement avantageux, à l'époque actuelle, la rente, en effet, par suite de l'abondance des titres, abondance occasionnée par les derniers emprunts, se trouve à un cours excessivement bas par rapport à sa valeur réelle. On ne peut nier que la puissance de notre crédit ne soit aussi bien établie que celle de nos voisins d'outre-Manche, car elle a résisté aux ébranlements des trois dernières années. L'État a pu faire face à tous ses engagements dans le présent, et il est en mesure de faire face à ceux de l'avenir. La France est un pays au moins aussi riche, aussi travailleur que l'Angleterre ; or les consolidés anglais 5 pour 100 valent aujourd'hui 92 francs ; ce n'est donc pas être trop optimiste que de dire que le 5 pour 100 français vaut largement 100 francs et notre 3 pour 100 au moins 60 francs ; c'est là le taux normal de nos valeurs d'État ; il y a donc un avantage considérable à les acheter aujourd'hui, la première à 87 fr. 40 et la seconde à 53 fr. 55, et il faut se hâter avant qu'elles aient atteint les cours plus élevés, qu'elles ne peuvent manquer d'atteindre, lorsque le reste du dernier emprunt qui encombre encore le marché sera complétement classé.

Plus les avantages qu'offre la rente française aux ca-

pitaux sont grands, plus grands aussi doivent être les
efforts du législateur pour aider à son expansion et attirer à elle les capitaux.

Nous plaçant à ce point de vue, nous avons eu souvent
à nous occuper des moyens de populariser la rente, c'est-
à-dire des réformes à apporter à la gestion de ce grand
service public.

Il faudrait, avant tout, que notre 3 pour 100 ne fût
pas, comme il l'est actuellement, une valeur de spéculation ; il lui faudrait la fixité qui doit constituer le caractère propre de tout fonds d'État solide et convenablement
classé. Le 3 pour 100 français doit être, comme le consolidé anglais, une valeur de placement appréciée, mise à
la portée de tous et possédée par l'épargne et la fortune
de tous les Français. La rente sur l'État n'a-t-elle pas
échappé aux ébranlements et aux ruines des trois invasions, de 1814, de 1815 et de 1870 ? n'a-t-elle pas résisté aux bouleversements des quatre révolutions et changements de gouvernements, de 1830, de 1848, de 1852
et de 1870 ? Pourquoi donc le banquier, l'industriel, le
commerçant, l'agriculteur, l'ouvrier aisé, ne placeraient-
ils pas leurs économies en fonds sur l'État ? Ne doivent-
ils pas avoir confiance dans leur pays, en le voyant toujours s'avancer, malgré les révolutions, malgré les mauvais jours et les vents contraires, dans la voie du progrès
et des améliorations sociales? Si la plus grande partie
de l'épargne était placée en rente sur l'État, comme cela
se pratique en Angleterre, où l'habitude est prise de
placer sa fortune en consolidés 3 pour 100, nous ver-
rions la rente, baromètre du crédit public, rester ferme

et conserver un cours élevé au lieu de subir de brusques
variations qui, naturellement, éloignent du marché les
capitalistes sérieux, les possesseurs de la fortune et de
l'épargne nationales.

*
* *

Pourquoi craindrions-nous donc de confier notre
épargne à notre premier fonds d'État, à la rente, expression suprême du crédit national? N'y trouverions-nous
pas avantage sous tous les rapports? En premier lieu,
sous le rapport de la sécurité et de la solidité du revenu,
incontestablement, la rente française payera toujours ses
revenus, de même que les consolidés anglais payeront
toujours les leurs.

Le crédit de la France n'est pas inférieur à celui de
l'Angleterre, tout le prouve; en France, les impôts sont
moins élevés; chez nos voisins, les chapitres les plus
importants.du budget sont plus grevés que chez nous.
L'impôt, par chaque habitant, est de 25 francs plus
élevé en Angleterre qu'en France; au point de vue de
l'économie sociale, la misère proprement dite n'existe
pas chez nous; presque tous les ouvriers jouissent d'une
modeste aisance, tandis que quiconque est allé en
Angleterre sait que, dans certaines contrées, la misère
est affreuse, et, qu'à Londres, dans certains quartiers,
dans le quartier Saint-Gilles, entre autres, la misère
des basses classes semble s'étendre et devenir de plus en
plus horrible, malgré les huit cent mille francs que

l'Angleterre consacre, par semaine, en essais infructueux pour la soulager.

Ainsi, la situation sociale de la France est supérieure à celle de l'Angleterre ; par conséquent, son crédit n'est pas moins assuré : pourquoi donc le 3 pour 100 anglais reste-t-il toujours si ferme et varie-t-il à peine de 12 centimes dans ses plus grands écarts, tandis que le 3 pour 100 français subit des fluctuations qui sembleraient faire douter de sa solidité ? C'est que, en Angleterre, la moitié ou à peu près des dépôts versés dans les caisses publiques, dans les établissements de crédit et de finances, sont employés en achats de consolidés ; et ces achats soutiennent constamment les cours. Il n'en est malheureusement pas ainsi en France, où nous assistons, en ce qui touche le 3 pour 100, à des écarts qui ont varié de 25 centimes à 2 francs pour 100, d'une bourse à une autre, et même dans la même bourse. Nous voudrions donc voir l'ouvrier aisé, le rentier, l'agriculteur, le bourgeois, placer leur fortune, leurs économies en rentes sur l'État ; de plus, il faudrait que toutes les associations, corporations, compagnies de banque ou d'assurance, fussent obligées, aux termes de leurs statuts, de représenter en fonds de l'État soit leur capital, soit leur réserve, sinon tout entiers, du moins en partie. Cette clientèle, qui serait la clientèle permanente du consolidé français, donnerait à notre fonds d'État cette stabilité qu'il n'a pas eue jusqu'ici, et qui lui amènerait encore de plus nombreux clients.

A cette clientèle permanente viendrait se joindre une clientèle flottante, formée par les banquiers, les indus-

triels, les commerçants, les institutions de crédit qui
confieraient à la rente française les fonds dont ils n'ont
momentanément pas l'emploi, parce qu'ils sauraient
qu'ils pourraient revendre lorsqu'ils le voudraient ou
qu'ils y seraient obligés, sans avoir autre chose à redouter qu'une différence insignifiante entre les prix d'achat
et de réalisation, différence qui serait souvent com-
pensée, d'ailleurs, par les intérêts déjà perçus.

On préfère placer ses fonds en valeurs étrangères parce
qu'ils rapportent de plus gros intérêts. Ainsi, après une
étude sur la situation financière des institutions de crédit
pendant l'année 1869, nous constations qu'à la fin de
cette année le chiffre des dépôts, dans divers établissements, s'élevait à plus de 350 millions, et que le chiffre
du portefeuille atteignait près de 500 millions, ce qui
donnait une somme de plus de 600 millions de francs,
appartenant à divers, dans les caisses des institutions de
crédit. Pour la plupart de ces établissements, les valeurs
étrangères formaient la majeure partie de leur portefeuille; les dépôts ne recevant que 1/2 ou 1 pour
100 d'intérêt, étaient employés en achats de valeurs
étrangères rapportant 9, 10 ou 12 pour 100 de revenu.
Les choses n'ont pas changé depuis cette époque, et,
d'après leurs bilans mêmes, les établissements de crédit français ont dans leurs caisses un dépôt de près d'un
milliard. Nous avons assez de confiance dans les honorables administrateurs de ces divers établissements pour
croire que les placements effectués sont à l'abri de toute
fâcheuse éventualité, mais notre confiance et celle du
public seraient encore augmentées si ces dépôts étaient

en majeure partie placés en fonds sur l'État, au lieu de l'être sur des valeurs étrangères. Les valeurs étrangères peuvent, en effet, sous l'influence d'un événement politique, subir une dépréciation considérable ; leur réalisation, lorsque le possesseur de titres sera pressé de vendre, peut devenir très-difficile et souvent impossible, tandis que la réalisation de valeurs françaises s'effectuera toujours facilement. Le placement étant fait en rentes sur l'État, si dans un moment de gêne, les établissements de crédit veulent se procurer des espèces, la Banque de France, au milieu des plus fortes crises, pourra leur prêter de 80 à 90 pour 100 de la valeur de titres sur l'État qu'ils auront en caisse, tandis que sur les fonds étrangers elle ne leur prêtera rien.

Nous l'avons déjà dit plusieurs fois, et nous le disons encore, il serait à désirer que les institutions de crédit françaises fissent emploi, en rentes sur l'État, de la dixième partie au moins de leur portefeuille et du montant de leurs dépôts et comptes courants. Elles y trouveraient, à la fois, avantage et sécurité, car leurs clients, sachant que les fonds de la société sont employés en fonds publics français, auraient plus de confiance, et, par conséquent, deviendraient plus nombreux.

Il faut donc que chacun, selon ses moyens, ait une inscription de rente sur l'État, quelque minime qu'elle soit : le gouvernement et le peuple y gagneront tous les deux, car le jour où la rente sur l'État sera en la possession de tous, depuis la modique épargne de l'ouvrier, jusqu'à la fortune du commerçant et du banquier ; de ce jour, l'État et le peuple seront solidaires l'un de l'autre, associés pour la même œuvre, intéressés tous deux à la prospérité générale; alors, les révolutions ne seront plus à craindre, les changements de gouvernement pourront bien encore avoir lieu, mais ils n'ébranleront point le crédit de l'État.

Mais, pour arriver à ce résultat, pour que le fonds d'État français entre dans l'épargne nationale et en fasse complétement partie, il faut que, devançant le bon vouloir de tous et même pour lui donner le premier élan, il faut, disons-nous, que de son côté, l'État continuant sa marche vers le progrès nous donne les libertés financières, complément des libertés politiques que nous avons déjà. La libre discussion des affaires financières ajouterait, en effet, au crédit de l'État, car les créanciers aiment assez à voir comment leur débiteur conduit ses affaires. Elle aurait pour conséquence immédiate d'affermir le crédit de l'État, de favoriser le développement des affaires vraiment nationales, et d'assigner à la rente française le même rang que tiennent en Angleterre les consolidés, et tous les fonds publics dans tous les pays libres et constitutionnels.

En 1862, l'État a, pour ainsi dire, égalé la rente sur l'État aux biens immeubles et à la terre en établissant qu'on peut faire des remplois en rentes sur l'État, lorsqu'une clause n'impose pas un mode de remploi contraire; cette innovation était excellente; nous n'avons pas besoin de développer tous les avantages que doivent y trouver les personnes obligées de faire un remploi, sous le rapport de la simplicité, de la rapidité et de la sécurité de l'opération, surtout, comme le disait

M. Troplong en parlant de cette loi au comice agricole de Cormeilles, « dans nos campagnes où la difficulté de trouver un remploi, principalement quand la somme à employer est médiocre, hérisse de tant d'entraves et de lenteurs les négociations les plus utiles. »

Voici ce que dit cette loi :

« Les placements qui n'auraient pu se faire qu'en immeubles pourront se faire en rentes sur l'État, excepté si les parties ont expressément prohibé ce mode de placement. »

Le texte de cette loi n'implique pas, comme on le voit, la nécessité de faire le remploi en rentes sur l'État; il nous semble qu'on pourrait faire plus en rendant nécessaire le remploi en consolidés, en ne garantissant pas tout remploi en dehors des fonds d'État, en en laissant la responsabilité aux personnes qui l'ont fait à leur gré.

Il faut, en second lieu, que l'État accorde les plus grandes facilités soit pour l'achat, soit pour la vente, soit pour le payement des intérêts des inscriptions de rente. A l'heure qu'il est, les habitants des grandes villes connaissent seuls les avantages que présente un placement en rentes sur l'État, et seuls ils peuvent facilement acheter, vendre et toucher leurs intérêts; les habitants des campagnes n'iront pas placer leurs fonds en rente sur l'État parce qu'ils sont trop éloignés des grands centres, où les achats peuvent seuls aisément se faire, où les intérêts peuvent seuls aisément se toucher.

Pour introduire la rente dans l'économie domestique et agricole, il est donc de toute nécessité d'en favoriser l'achat. Pour cela, nous voudrions d'abord que les percepteurs, les trésoriers-payeurs, tous les agents de l'administration des finances, qui placent des obligations foncières et autres valeurs, eussent aussi mission de vendre ou racheter directement, au nom de l'État, de la rente pour les clients de leur localité, qui s'adresseraient d'autant plus volontiers à eux qu'ils épargneraient le temps et l'argent nécessités par leur voyage à la ville plus ou moins éloignée, et par les frais qu'il faudrait payer à un agent de change ou à tout autre intermédiaire plus ou moins coûteux? On ne sait combien la rente française gagnerait à être ainsi répandue dans les campagnes; mise à la portée des placements les plus sérieux, les plus fixes, elle participerait de leur solidité et de leur invariabilité.

Nous voudrions encore que les inscriptions sur la rente fussent, pour ceux qui en sont porteurs, des moyens de se procurer, dans un moment de besoin, des avances en espèces. Pour cela, il serait à désirer que les agents de l'administration des finances dont nous venons de parler, fussent autorisés à faire, avec les deniers disponibles de l'État, et jusqu'à concurrence de 80 ou 90 pour 100 sur la rente, des avances d'espèces. Actuellement, les porteurs de titres sur l'État ne peuvent demander qu'à la Banque, ou à des institutions de crédit, et même parfois à des usuriers, des avances d'espèces sur les inscriptions dont ils sont porteurs. Les agriculteurs, les fermiers, les petits commerçants des campagnes ont souvent besoin de puiser à leurs épargnes dans un moment d'embarras, et c'est pour cela qu'ils ne placent pas leur argent; lorsqu'ils sauront qu'en plaçant leurs économies en rentes sur l'État, ils pourront se procurer d'un jour à l'autre des avances en espèces, ils n'hésiteront plus à faire un placement de leurs épargnes où ils trouveraient à la fois commodité, avantage et sécurité.

Une autre mesure d'une utilité pratique incontestable et que nous voudrions voir établir, c'est que l'État reçût en payement des impôts les coupons de la rente détachés même trois ou six mois à l'avance. Cette mesure serait, nous le croyons, bien accueillie par tous les porteurs d'inscriptions, par ceux des villes comme par ceux des campagnes, car ils auraient ainsi un moyen de toucher leurs intérêts sans payer les moindres frais, et ils s'habitueraient à considérer leurs inscriptions de rente comme constituant entre leurs mains un placement qu'ils auraient tort de ne pas conserver.

Une autre mesure est aussi indispensable pour donner plus de fixité à la rente française, et partant pour donner aux prêteurs plus de confiance en cette valeur. Avec la méthode actuelle des coupons d'arrérages ne se détachant qu'à l'échéance des termes, c'est-à-dire tous les trois mois, il arrive qu'au moment de ce détachement, le 3 pour 100 descend subitement par rapport à son prix de la veille, ce qui, pour bien des gens inexpérimentés en fait de finances, semble être une baisse des cours, baisse qu'ils ne s'expliquent pas, et qui, par conséquent, les encourage peu à entrer dans une valeur qu'ils croient plus variable et plus mobile qu'elle ne l'est réellement. Nous voudrions, pour remédier à cet inconvénient, que les arrérages fussent acquis jour par jour et non par termes échus, que l'on suivît l'exemple de l'Allemagne, où, pour tous les fonds d'État, on calcule les intérêts jour par jour.

Nous concluons :

Nul fonds d'État ne peut lutter au point de vue de la sécurité et des avantages, avec la rente française.

Le devoir de tous, gouvernement et capitalistes, est de contribuer par tous les moyens à son expansion; car ne l'oublions pas :

La prospérité d'un État se mesure à la prospérité de ses finances, et sa vraie force est en raison directe de son crédit.

ENCORE LA FUSION ET LA COMMISSION DES TRENTE — LES MARCHÉS DE LYON

On a encore beaucoup parlé de fusion, tous ces jours-ci ; mais la question n'a pas fait un pas et les choses sont en l'état où nous les avons laissées.

Chaque fois qu'un interlocuteur indiscret a fait parler les princes d'Orléans, un démenti, ou plutôt une rectification ont répondu promptement à des affirmations hasardées et fait crever le léger ballon d'essai lancé par une main intéressée ou amie. Des deux côtés, nous constatons d'excellentes dispositions à un accord; mais il y a loin, comme on dit, de la coupe aux lèvres ; et cet accord, qui semble assuré si on s'en rapporte aux journaux légitimistes et orléanistes, n'existe pas entre les chefs des deux partis. M. le comte de Chambord se montre, assure-t-on, assez exigeant ; il ne veut ni céder ni même transiger ; il ne se contenterait ni de promesses plus ou moins vagues, ni de paroles ambiguës; ce qu'il lui faut, ce sont des actes, une sorte de soumission qu'il sera difficile d'obtenir des princes d'Orléans.

Il résulte de toutes les déclarations des fils de Louis-Philippe, qu'ils ne se posent pas, il est vrai, en prétendants, mais qu'ils se tiennent à la disposition de la nation ; il en résulte encore qu'ils entendent rester les représentants de la monarchie constitutionnelle, qui est le contraire de la monarchie de droit divin.

Ce n'est pas la première fois que de grands efforts sont tentés en vue d'une réconciliation des deux branches de la famille des Bourbons. M. Berryer s'y employa de son mieux ; M. de Salvandy y dépensa beaucoup d'activité et d'ardeur ; mais toujours les obstacles vinrent de haut. Ni la duchesse d'Orléans, ni la reine Marie-Amélie ne se prêtèrent à ces honnêtes et persistantes tentatives.

C'est que les principes et les doctrines sont tout à fait dissemblables. On peut désirer la réconciliation ; mais chacun la comprend à sa manière. Le duc de Nemours lui-même ne paraît pas aussi affranchi qu'on pouvait le supposer des tendances héréditaires de sa race ; lui aussi entend ne relever que de la volonté nationale ; qu'on ne lui parle pas de droit divin, de légitimité ; lui aussi se prononce pour la monarchie constitutionnelle. Donc rien n'est fait, et il n'est même pas trop téméraire de dire que rien ne se fera.

Nous n'en disons pas autant de la commission des Trente ; nous croyons, au contraire, que la commission et

M. Thiers tomberont d'accord sur un *modus vivendi*, qui n'aura pas le caractère solennel d'une constitution en cent articles, mais suffisant pour donner une base à peu près solide à l'édifice politique que l'Assemblée essaye péniblement d'élever sur les ruines qu'ont faites chez nous, depuis quatre-vingts ans, les révolutions.

Quelle qu'elle soit, la solution, nous le craignons, ne sera du goût de personne ; mais chacun est convaincu qu'il en faut une. MM. de Broglie, d'Audiffret-Pasquier, de Cumont sont disposés à donner au président toutes les satisfactions compatibles avec un exercice sérieux du gouvernement parlementaire et la mise en pratique de la responsabilité ministérielle ; de son côté, M. Thiers fait toutes les concessions, hormis celles de renoncer au droit de venir défendre personnellement à la tribune la politique du gouvernement, dans les questions où les actes du cabinet tout entier seront soumis à la censure de l'Assemblée nationale. C'était là ce que proposait l'amendement de M. Delacour, écarté, une première fois, par la commission, qui y reviendra, on l'espère, après mûr examen.

Nous ne saurions tarder beaucoup, d'ailleurs, d'être éclairés sur ce point. Mais s'il arrivait que l'accord tant désiré ne se fît pas, il nous resterait à nous réfugier dans la constitution Rivet, qui, bien et sincèrement appliquée, suffit pour nous abriter contre la tempête. Les questions constitutionnelles proprement dites seraient ajournées, et M. Thiers et l'Assemblée consacreraient tous leurs efforts à l'œuvre de la libération du territoire. Cela fait, ils auront bien mérité du pays.

La politique bruyante a de nouveau rompu la trêve des

partis. Tout en regrettant qu'il en soit ainsi, nous re-
connaissons qu'il est des questions qu'on ne saurait ni
éviter ni même ajourner.

Certaines grandes villes ont dépensé des sommes énormes pendant la guerre ; il est nécessaire que leurs comptes soient apurés ; mais, pour en arriver là, il faut faire
des enquêtes, et ces enquêtes amènent de tristes révélations. Que de prévarications, que de fraudes, que d'extravagances l'effervescence révolutionnaire a entraînées !
Nous savons que la nécessité a joué un grand rôle dans
ces événements ; mais cette nécessité même, si impérieuse qu'elle ait été, ne s'explique-t-elle pas par ce fait
qu'on s'est mis, dès l'abord, au-dessus de toutes les règles, qu'on avait rompu le lien qui rattachait certains
chefs-lieux avec le gouvernement central, et que, sans
unité de direction, sans la moindre notion administrative, on a voulu faire face révolutionnairement à une
situation qui ne pouvait être dominée que par l'esprit
d'ordre, le respect des lois ; la subordination au gouvernement central ? Quand les populations sont profondément troublées, que les têtes sont volcanisées, que la révolution gronde dans la rue, que tout est anormal, le
bien est difficile. Le mal germe aisément dans les cœurs
quand la raison ne guide plus l'intelligence.

Les marchés de Lyon ont fourni matière à trois longues
journés de discussions. Malheureusement les torts faits
au trésor public sont irréparables ; mais une moralité
ressort de ces débats, c'est qu'une fois en dehors des lois,
on est condamné à aller jusqu'au bout et qu'il n'y a pas
deux honnêtetés : l'honnêteté politique et l'honnêteté pri-

vée. Quand les lois sont violées, il se rencontre toujours de mauvais citoyens qui s'autorisent de ce déplorable exemple pour donner libre carrière à leurs' penchants pervers et à la violence de leurs passions et de leur caractère.

Cet enseignement, que nous retrouvons au fond de toutes les questions de fournitures d'armes, de munitions, de vivres, ne devrait jamais être oublié, si nous voulons ne pas retomber dans les mêmes fautes et éviter l'écueil de révolutions nouvelles.

Il y a surtout lieu de se féliciter des débats sur les marchés lyonnais en ce sens qu'une grande satisfaction a été donnée à la conscience publique par le vote de l'Assemblée nationale. Le drapeau rouge, symbole des comités dits de salut public, de l'émeute, de la violation des lois, a été condamné par 559 suffrages ; il ne compte dans l'Assemblée que 42 fidèles.

M. Thiers demandait une majorité. La voilà toute formée ; ce n'est pas une majorité indécise, c'est une légion.

Répudions, comme l'Assemblée, les procédés révolutionnaires ; il n'est pas de nécessité, si impérieuse qu'elle soit, qui oblige à fouler aux pieds les lois qui sont, précisément dans les mauvais jours, la sauvegarde de tous et à substituer les appétits de la cupidité aux saines inspirations du patriotisme et de la conscience.

DÉSACCORD ENTRE LE GOUVERNEMENT ET LA COMMISSION DES TRENTE — LA FUSION IMPOSSIBLE

Au moment où on croyait l'accord fait entre la commission des Trente et le gouvernement, la nouvelle d'une rupture est venue surprendre l'opinion publique.

Le fragile édifice à l'abri duquel les honnêtes esprits plaçaient leurs vœux et leurs espérances a été renversé tout à coup, sans que rien fît prévoir une si subite déconvenue.

Le gouvernement, par l'organe de M. Dufaure, demandait à la commission de déclarer qu'elle s'occuperait de l'organisation du pouvoir intérimaire qui gouvernera le pays après la séparation de l'Assemblée actuelle, et avant la réunion et la constitution de l'Assemblée nouvelle ou plutôt des deux chambres.

La commission s'est refusée à donner cette satisfaction à M. Thiers.

Pendant quelques jours, on a cru qu'après des pourparlers ultérieurs, la commission et M. Thiers tomberaient d'accord sur la rédaction d'un nouveau paragraphe de l'article 4 de la proposition Dufaure. Des démarches officieuses ont eu lieu; mais elles n'ont pas abouti. Nous savons, en effet, que M. Thiers persiste dans la rédaction primitive, et est résolu à porter la question devant l'Assemblée nationale.

Nous avouons ne pas comprendre qu'il puisse surgir sur ce point un conflit, par l'excellente raison que la question

posée nous paraît complétement inutile. Rien de plus facile que d'éviter un intérim. L'Assemblée nationale ne
peut-elle pas, en effet, rester en fonctions aussi longtemps que les deux chambres ne seront pas en mesure
de fonctionner? Le gouvernement de M. Thiers qui
émane d'elle ne restera-t-il pas, dès lors, à la tête des
affaires aussi longtemps qu'un autre gouvernement n'aura
pas été formé, ou jusqu'à ce que ses pouvoirs lui aient été
continués?

Avec ce système, qui est bien simple, et le seul conforme à la nature et à l'origine des pouvoirs publics,
pas de solution de continuité, pas de conflits, pas de
crise.

Il faut espérer qu'on finira par où on aurait dû commencer.

Faut-il parler encore de la fusion, de cette hypothèse
ou plutôt de ce fantôme qui vous échappe dès que vous
croyez le saisir?

Nous avons dit que nous croyions la fusion impossible.
Aujourd'hui, beaucoup de bons, d'honnêtes esprits la
considèrent « au point de vue de l'ordre établi en con-
« formité des lois fondamentales de la monarchie très-
« chrétienne » comme très-périlleuse; ils y voient l'inconvénient de prêter à l'équivoque, ce qui favorise toujours
la révolution.

Selon qu'ils sont placés dans la bouche du comte de
Chambord ou dans celle du comte de Paris, les mêmes
mots n'expriment pas les mêmes idées. M. le comte de
Chambord se place et ne peut que se placer au point de
vue de la monarchie nationale, traditionnelle, et M. le

comte de Paris au point de vue de Juillet 1850 · c'est-à-dire du libéralisme révolutionnaire.

Qu'en résulterait-il? Un système légitimiste bâtard, équivoque, factice, affaibli par des transactions, et incapable de lutter contre les coalitions révolutionnaires.

Voilà ce que disent les partisans de la branche aînée des Bourbons qui ne veulent se laisser entamer par aucun compromis, aucun transaction ; mais s'ils repoussent la *fusion*, ils ne dédaignent pas l'*union*, c'est-à-dire l'absorption des cadets par les aînés, le renoncement des princes d'Orléans à toute prétention dynastique et la reconnaissance du comte de Chambord comme chef de famille.

Toute la question consiste donc à savoir si ces derniers se résigneront au sacrifice qu'exige d'eux le représentant de la royauté légitime qui aspire à régner sur la France, comme son aïeul Henri IV, sinon par droit de conquête, du moins par droit de naissance.

De tous les événements qui ont marqué ces derniers jours, le plus inattendu, le plus important aussi, soit que nous l'envisagions en lui-même, soit que nous l'examinions dans ses conséquences possibles, c'est l'abdication d'Amédée, duc d'Aoste, depuis trois ans, roi d'Espagne.

Après avoir loyalement essayé de gouverner, en se renfermant dans les limites que lui traçait son titre de roi constitutionnel, le jeune prince, convaincu de l'inutilité de ses efforts, et résolu à ne s'imposer ni par la force, ni par l'intrigue, à la nation qui l'avait appelé d'Italie pour lui confier la direction de ses destinées, a déclaré à l'Espagne qu'il lui remettait les pouvoirs qu'il en avait reçus.

Les Cortès ont d'abord opposé une honorable résistance à la volonté du roi ; puis ils ont consenti à l'abdication d'Amédée, qui, emmenant la reine et ses enfants, accompagné des officiers de leur maison et d'une députation des cortès, s'est dirigé vers la frontière du Portugal, d'où il gagnera Lisbonne pour s'y embarquer et retourner en Italie.

Les cortès ont assumé tous les pouvoirs, se sont déclarés en permanence jusqu'à la réunion d'une Assemblée constituante, et ont proclamé la république.

C'est là un grave événement.

Nous n'essayerons pas, dans l'état de confusion où nous arrivent ces premières nouvelles, d'en présager les conséquences, mais nous devons rendre hommage au jeune monarque qui a su descendre du trône avec une telle résolution, une telle dignité, un si grand calme, une résignation si exemplaire.

De son abdication on peut dire, et cela à son honneur, qu'elle a été spontanée, sans causer toutefois le moindre dommage au peuple espagnol, en ce sens qu'elle n'a ni suivi, ni provoqué une révolution.

Pour réussir, il n'aura manqué à ce jeune roi, ni le bon vouloir, ni le bon sens, ni l'honnêteté politique ; il n'était pas Espagnol, voilà son unique tort ; et cependant les Espagnols l'avaient appelé ; mais, aux temps troublés où nous sommes, qui peut compter sur la logique des peuples ? Un roi doit se borner à faire son devoir.

Amédée Ier a fait le sien.

L'ACCORD EST RÉTABLI — RUPTURE ENTRE LES LÉGITIMISTES ET LES ORLÉANISTES

Il n'est pas dans nos habitudes, il est encore moins peut-être dans nos goûts de triompher trop bruyamment, mais nous devons bien constater que toutes nos prévisions se sont réalisées.

C'est la politique du bon sens et de l'honnêteté qui triomphe.

La commission des Trente s'est mise d'accord avec le gouvernement ; non-seulement l'entente la plus sympathique s'est établie entre la commission et M. Thiers, mais le rapport de M. le duc de Broglie, lu vendredi en séance publique, ne tarit pas d'éloges à l'adresse du Président de la république. M. Thiers obtient, en somme, tout ce qu'il demandait, sauf l'examen à *bref délai* des propositions qu'il soumettait à l'Assemblée, sauf, en outre, que le troisième point de sa proposition est devenu le premier de la proposition de la commission.

Les trois premiers articles du projet de loi élaboré par la commission ont été inspirés par les considérations suivantes :

En ce qui touche les relations de l'Assemblée et de M. Thiers et la responsabilité ministérielle, la commission a pensé que, si on ne pouvait demander à M. le Président de la république de renoncer entièrement à sa responsabilité pour s'effacer derrière celle des ministres, on pouvait réclamer de lui qu'il en restreignît l'application à des cas rares et solennels, intéressant les plus hautes questions du gouvernement, et que, dans le cours habituel des choses, il consentît à laisser l'Assemblée seule en face de ses ministres.

La commission a pensé également que si on ne pouvait exiger du Président qu'il s'abstînt entièrement de paraître à la tribune, il était possible d'assujettir son intervention à certaines formalités qui la rendraient plus solennelle, et la soustrairaient aux orages des luttes parlementaires. En conséquence, les communications de M. Thiers avec l'Assemblée n'auraient lieu en principe, qu'au moyen d'un message écrit ; ce n'est que par exception qu'il pourrait se faire entendre lui-même à la tribune.

Peut-être s'étonnera-t-on que M. Thiers consente à ce sacrifice ; il y consent cependant, et M. de Broglie nous assure même que c'est de bonne grâce qu'il s'est résigné à renoncer aux succès qu'il n'a jamais cessé de remporter dans les joutes oratoires.

La commission conserve, dit le rapport, à l'illustre M. Thiers, l'usage de la partie, sinon la plus haute, du moins la plus incontestable de son mandat ; nous voulons parler de ces exposés lumineux d'affaires où la lucidité de la forme laisse apercevoir toute la solidité du fonds.

Pour récompenser le désavantage imposé au Président, en lui retirant le droit de suivre, jusqu'au moment du vote, la délibération des lois, la commission propose de lui accorder le droit considérable d'en suspendre pour un temps l'effet.

Quant aux résolutions prises par l'Assemblée pour le

maintien de ses droits et de sa sûreté, comme elles constituent non des lois, mais des actes de pouvoir souverain, il est demeuré entendu qu'elles ne seraient assujetties à aucune formalité de promulgation.

La commission ne se dissimule pas, toutefois, que, sur ces divers points, les solutions apportées par elle sont loin d'assurer complétement la responsabilité ministérielle; mais c'est tout ce que l'état présent de nos institutions lui a permis de faire. Nous croyons cependant avec elle, qu'un pas sérieux a été fait pour garantir la paix et la liberté des délibérations de l'Assemblée.

La commission ne s'est pas bornée à régulariser les relations de l'Assemblée et du Président; elle a voulu aussi réglementer l'avenir par la création d'institutions nouvelles; et elle a décidé que l'Assemblée déclarerait qu'elle ne se séparerait pas avant d'avoir statué :

1° Sur l'organisation et le mode de transmission des pouvoirs législatif et exécutif;

2° Sur la création d'une seconde chambre ;

3° Sur la loi électorale.

En résolvant le premier point, la commission a posé en principe, d'accord avec le gouvernement, que l'Assemblée, étant souveraine, devait garder le dépôt du pouvoir pendant l'élection jusqu'à l'installation de l'Assemblée nouvelle, ce qui impliquait une égale durée du mandat du Président de la république.

Ainsi, le terrain des discussions futures est bien préparé; l'accord est fait d'avance; l'Assemblée ne pourra que le cimenter et le raffermir, car il est bien plus dans ses désirs et son tempérament qu'il n'était dans les goûts des membres de la commission.

Chose remarquable : la commission des Trente s'est elle-même dessaisie du droit d'étudier, de préparer les lois organiques dont elle reconnaît la nécessité ; c'est au gouvernement qu'elle s'est remise du soin de les présenter à l'Assemblée nationale.

L'opinion publique a bien vite compris tout ce que les solutions proposées ou entrevues faisaient pressentir de calme, d'apaisement, de rapprochement, de concorde.

L'ère des luttes passionnées n'est pas fermée ; mais le gouvernement ne sera plus compromis et nos institutions pourront librement fonctionner sans que l'ordre politique et social soit sérieusement menacé.

A ces causes de sécurité pour l'avenir vient s'ajouter un bruit qui a très-favorablement impressionné le pays ; nous voulons parler de la très-prochaine libération du territoire.

Il ne faut pas se faire illusion sur les difficultés que, sur ce terrain, nous sommes appelés à rencontrer encore, mais il ne doit s'agir que de difficultés purement matérielles qui, dans tous les cas, ne peuvent ajourner au delà du mois d'août l'œuvre de la délivrance.

Reposons-nous sur la prudence, l'habileté, l'ardeur du patriotisme de M. Thiers pour mener à fin cette grande entreprise de la libération du territoire, à laquelle l'Assemblée aura consacré ses principaux efforts, le pays qui travaille les épargnes de son labeur, et la France les inépuisables ressources de son génie national.

La rupture est complète entre les légitimistes et les orléanistes. Une lettre de M. le comte de Chambord à Mgr l'évêque d'Orléans tranche définitivement la question dans le sens de l'impossibilité absolue d'un rapprochement entre les deux branches de la maison de Bourbon.

Les nouvelles d'Espagne sont rassurantes. Jusqu'à ce jour, on ne signale aucun excès, aucune violence grave ; les choses suivent leur cours au grand étonnement de l'Europe, qui s'attendait à voir la révolution succéder au règne constitutionnel d'Amédée Ier. Espérons que rien ne viendra troubler une situation que les Cortès constituantes ne peuvent manquer de régulariser dans un bref délai.

XIII

(MARS 1873.)

LA PROPOSITION DE LA COMMISSION DES TRENTE —
LA RÉVOLUTION EN ESPAGNE

L'Assemblée Nationale a enfin abordé la discussion de la proposition formulée par la Commission des Trente d'accord avec le Gouvernement.

Cette proposition, venant après la proposition Rivet, n'a comme elle, pas d'autre prétention que de faire un peu de définitif dans le provisoire ; aussi a-t-elle provoqué les critiques des deux parties extrêmes de l'Assemblée ; les radicaux et les légitimistes.

Les premiers la repoussent parce qu'elle semble impliquer la souveraineté, le pouvoir constituant qu'ils refusent à l'assemblée de Versailles; les autres, parce qu'elle semble constituer la République, ce qu'ils ne veulent à aucun prix, bien que le comte de Chambord ait rendu, par sa lettre à Mgr Dupanloup, son avénement bien difficile.

M. Gambetta, parlant au nom des radicaux, a déclaré que la proposition était également inadmissible pour ceux qui voulaient la République comme pour ceux qui donnaient leur préférence à la Monarchie. Suivant lui, le projet n'est que l'organisation d'une équivoque; il manque de franchise; c'est une contrefaçon de la République qu'il s'agit d'imposer au pays; il ne réalise pas la politique du Message; quelque habileté qu'on puisse déployer, on n'arrivera jamais à faire croire que MM. les ducs de Broglie et d'Audiffret-Pasquier ont tout à coup déserté la cause monarchique pour organiser la République, une République qu'ils n'osent même pas qualifier de conservatrice. Selon les uns, la République est réservée; selon les autres, elle est fondée; c'est là que gît l'équivoque.

Ce langage de M. Gambetta et de son principal organe la *République française* est aussi, en partie, celui de l'extrême droite.

Poser ainsi la question, c'est la déplacer. Ainsi fait toujours la passion politique; elle a l'horreur des demi-teintes; il lui faut l'éclat, les grands coups de théâtre. Nous le regrettons vivement et sincèrement; non pas que nous prétendions que la proposition de la commission des

Trente mette fin à l'équivoque, qu'elle dissipe toute obscurité; mais le pays comprend, et nous comprenons avec lui, qu'elle correspond très-exactement aux exigences de la situation, qu'elle est suffisante, sage, politique; sans doute, elle ne satisfait ni les violents, ni les exaltés, mais elle est en parfaite harmonie avec les vœux, les tendances, le tempérament moyen de la nation.

Ce qui le préoccupe avant tout, le pays, c'est que les passions politiques cèdent enfin à l'empire de la raison, c'est que l'aveuglement des partis fasse place à un peu de clairvoyance, de patriotisme et d'esprit pratique. Or, c'est précisément parce que la proposition des Trente ne fait ni la République, ni la Monarchie que M. de Gambetta qui refuse à l'Assemblée le pouvoir de faire l'une ou l'autre, devrait l'appuyer.

Malgré les attaques dont la proposition a été l'objet, et bien que nous reconnaissions son insuffisance, nous aimons à croire et nous restons convaincus qu'elle triomphera. Finalement, elle ne rencontrera que l'opposition des monarchistes et des républicains de droit divin. Il n'est pas possible que l'accord qui s'est établi entre le Gouvernement et la majorité de la commission des Trente ne se retrouve pas dans l'Assemblée; il n'est pas possible qu'en présence de l'inutilité des efforts tentés en vue de la fusion des deux branches aînée et cadette des Bourbons, c'est-à-dire de l'impossibilité de fonder la monarchie, en présence de l'abstention du parti impérialiste qui déclare ne vouloir entraver en rien l'œuvre de notre réorganisation, sauf à la volonté nationale à ratifier ou à condamner plus tard les résultats obtenus, il n'est pas possible, disons-nous, qu'il ne se forme pas une majorité, non pas seulement numérique, mais moralement imposante pour approuver la proposition de la commission. Agir autrement ce serait faire le jeu des partis extrêmes et particulièrement du radicalisme, puisqu'aucun des partis monarchiques n'est prêt à recueillir l'héritage de M. Thiers et de la République conservatrice, dont le raffermissement est assuré par la présence de l'illustre homme d'État à la tête du pouvoir.

Les nouvelles d'Espagne sont toujours au même point. L'insurrection carliste semble pourtant avoir pris un certain développement, dans les montagnes du nord de la Péninsule; quant au reste du pays, si l'on ne cite aucun désordre grave, on ne peut pas dire que la situation générale n'inspire aucune inquiétude.

Une insurrection semble n'avoir été conjurée à Madrid que par des concessions faites au parti républicain avancé qui a exigé que le ministère ne fût composé que de républicains de la veille. Les Cortès ont cédé à ces exigences; sans doute un grave péril a été évité; mais les exigences des républicains, ou, pour parler plus exactement, des révolutionnaires, s'arrêteront-elles là? Si les Cortès et le Gouvernement se laissent aller à la dérive, s'ils s'abandonnent sur cette pente glissante et souvent fatale des concessions indéfinies, quel avenir attend l'Espagne?

Il ne faut pas oublier que, sur certains points de ce malheureux pays, le socialisme règne à peu près en maître. Aux appétits de cette tourbe en délire, on ne peut guère opposer que l'armée; or, l'armée, n'est en ce moment qu'une barrière impuissante; son prestige, son autorité, sa force même sont singulièrement diminués ; l'indiscipline s'est glissée dans ses rangs, et, si nous en croyons les renseignements de certains journaux, l'armée ne serait plus elle-même qu'un nouvel élément de désordre, un auxiliaire sur lequel compte la guerre civile.

Dans une situation aussi grave, il importe que le gouvernement provisoire consulte d'urgence la volonté nationale.

Un pouvoir incontesté et que l'Europe puisse immédiatement reconnaître est, en ce moment, le premier besoin de l'Espagne.

Nous venons de lire l'éloquent et habile discours que M. le Président de la République a prononcé à la séance du 4 mars. M. Thiers a proclamé la nécessité de prolonger la trève des partis, cette nouvelle *trève de Dieu* qui devrait durer aussi longtemps que la France n'aura point retrouvé et son entière indépendance, et une part au moins de son ancienne prospérité. Cette politique est celle du bon sens, la seule sage, la seule utile, la seule qui nous permette de réparer nos forces au sein du calme et de l'ordre. Que les partis se résignent et qu'ils sacrifient leurs espérances plus ou moins justifiées au salut de la patrie.

Le discours de M. Thiers produira une grande impression sur le pays ; le vote qui l'a suivi rassurera les esprits si longtemps inquiets et le monde des affaires si longtemps incertain et troublé.

ADOPTION DU PROJET DE LOI DE LA COMMISSION DES TRENTE
LES ÉVÉNEMENTS D'ESPAGNE
LE PAYEMENT ANTICIPÉ DE L'INDEMNITÉ DE GUERRE

L'Assemblée nationale a terminé la discussion du projet de loi que lui avait soumis la commission des Trente ;
l'opinion publique n'écoutait déjà plus cette discussion
que d'une oreille blasée et distraite.

Il faut bien reconnaître aussi que c'est un peu abuser
de son bon vouloir que de l'occuper, quatre ou cinq
mois durant, des mêmes idées, des mêmes redites, et,
disons-le aussi, des mêmes banalités politiques. Qu'est-
il alors arrivé ? Elle s'est fatiguée, ennuyée, et il a suffi
d'un incident, d'une légère indisposition de M. Thiers
pour l'émouvoir, la surexciter, lui donner la fièvre, la
fièvre de l'inquiétude, la peur du lendemain.

Cet incident, heureusement sans gravité, d'un malaise
éprouvé par M. Thiers, a donné lieu à quelques appréciations dont quelques-unes méritent d'être constatées.

Les uns en ont tiré parti pour demander que l'Assemblée nationale se hâtât de voter la loi relative à la
transmission des pouvoirs publics, transmission qu'il
importe, suivant eux, de régler avant que les événements, nous prenant à l'improviste, viennent tout remettre en question et nous placer, en pleine crise, devant
un formidable inconnu.

Selon d'autres, il n'y aurait rien à régler aujourd'hui ;
parce que déterminer de quelle façon se transmettront

les pouvoirs publics, ce serait enchaîner l'avenir, engager la volonté nationale représentée par l'Assemblée et
la nation. Notre avis est que ces derniers ont raison.

Pourquoi l'Assemblée actuelle ne resterait-elle pas
en fonctions jusqu'à la constitution de l'Assemblée qui
suivra, et pourquoi ne laisserait-on pas à cette dernière la faculté de faire ce qu'a fait l'Assemblée élue le
8 février 1871, c'est-à-dire d'élire elle-même un Président gouvernant sous son autorité et son contrôle? N'est-
ce pas ce qu'il y a de plus simple, de plus régulier et
nous ajoutons de plus conforme à l'esprit des institutions
républicaines.

Ce qu'il faut vouloir avant tout, c'est une situation
nette, bien caractérisée. Revenons purement et simplement à la monarchie avec toutes ses conséquences, ou
bien renfermons-nous dans le cercle des institutions républicaines que caractérise particulièrement l'élection.
Engager dès aujourd'hui l'avenir ne serait-ce pas faire
une sorte de pastiche de la monarchie qui n'en aurait
pas les avantages et qui, sous prétexte d'assurer la stabilité, ne nous donnerait qu'un présent contesté, discuté,
menacé par tous les partis qui crieraient à l'expédient,
à l'escamotage.

Rien ne nous répugne plus que les situations fausses;
le manque de franchise a d'ailleurs en politique des conséquences toujours funestes; il amène le désarroi de
l'opinion, le découragement des meilleurs, des plus
honnêtes esprits, le marasme et une sorte d'anémie du
corps social.

Au milieu des ruines qu'ont faites au tour de nous les

révolutions, un principe est, du moins, resté debout,
c'est celui de la souveraineté du pays exprimée par le
suffrage universel ou par l'Assemblée nationale ; c'est le
fanal qui seul nous éclaire et nous guide dans l'épaisse
nuit où semblent plongées les consciences et les intelligences. Ne le perdons pas de vue. Rallions-nous autour
de ce drapeau qui domine encore la mêlée des partis
et peut seul abriter sous ses plis les grands intérêts de
l'ordre social.

Les difficultés soulevées par le projet de loi de la commission des Trente sont à peines aplanies, les questions posées par lui sont à peine résolues que déjà nous
voyons se dessiner quelques nouveaux points noirs à
l'horizon; mais hâtons-nous de le dire, il ne s'agit pas,
du moins, de difficultés politiques toujours graves dans
leurs conséquences réelles ou possibles. On pressent un
conflit ou, pour parler sans exagération, un désaccord
entre le gouvernement et l'Assemblée sur un point du
budget de 1874 : l'indemnité à accorder aux départements pour les ravages causés par l'invasion et à la ville
de Paris pour les deux siéges qu'elle a subis. Mais le
désaccord le plus prochain et le plus grave porterait sur
les traités de commerce franco-anglais et franco-belge.
Les commissaires nommés dans les bureaux sont presque tous des adversaires résolus des traités. •

Nous avons examiné en son temps cette question des
traités de commerce, en regrettant que le principe de la
liberté commerciale, qui a toujours été le nôtre, n'ait
pas servi de base aux combinaisons économiques et budgétaires du gouvernement. Qu'est-il arrivé? c'est que

les prévisions financières ne se sont pas réalisées ; c'est que les mécontentements se sont perpétués. Les intérêts froissés demandent et espèrent les satisfactions qui leur ont été jusqu'ici refusées ; ils objectent, non-seulement la violation du principe vital de la liberté du travail, mais les déceptions financières qui, suivant eux, en ont été la suite. Il faut s'attendre à voir les libres-échangistes battre de nouveau vigoureusement en brèche la politique commerciale de M. Thiers.

En Espagne, les événements suivent régulièrement leur cours. Tandis que nous sommes encore en plein provisoire, l'Espagne se dispose à se donner un gouvernement définitif. Une Assemblée constituante se réunira le 1ᵉʳ juin. Les dernières dépêches assurent que, sur toute la partie du territoire qu'a parcourue M. Figueras, le président du gouvernement républicain provisoire, de Madrid à Barcelonne, les lois sont observées, le plus grand ordre règne et l'armée observe la plus stricte discipline.

Une crise ministérielle vient d'éclater en Angleterre, au sujet du bill de l'enseignement supérieur en Irlande. Le projet du gouvernement ayant été repoussé par une majorité de trois voix, le cabinet Gladstone a donné sa démission.

Enfin, et comme pour nous inviter à concentrer toute notre activité sur les questions d'affaires, au lieu de l'éparpiller sur les questions politiques que les partis ont l'art pernicieux de faire renaître sous des formes multiples, alors qu'on les croit résolues, l'empereur Guillaume vient, dans son discours d'ouverture du Reichstag,

d'exprimer l'espoir que, par suite des arrangements financiers que font prévoir les négociations pendantes, les
armées allemandes évacueront prochainement et complétement le territoire français.

C'est une bonne nouvelle qui nous impose de grands
devoirs.

CONFIANCE OU CRAINTE

Ce n'est pas sans une pénible surprise que l'on a vu la
Bourse accueillir par une baisse assez sensible la grande
nouvelle du traité conclu le 15 mars en vue d'assurer la
prompte libération du territoire. Constater des cours en
baisse sur les fonds publics, au moment où la France
reprend enfin possession d'elle-même; voir le marché financier inquiet, troublé, à la suite d'un événement politique d'une importance aussi considérable, n'est-ce pas
là, en apparence du moins, une étrange anomalie, un fait
en contradiction évidente avec la vraie situation du pays,
avec l'opinion publique? Ne serait-on pas en droit d'accuser le monde financier, la Bourse, de manquer de patriotisme?

Non. Il serait injuste de supposer que la haute banque,
que le public financier n'ont pas été heureux, comme
tout le pays, d'apprendre que l'occupation étrangère
aura bientôt cessé. C'est grâce au patriotisme, aux
secours, à la confiance de la haute banque et des capita-

listes, que le gouvernement a pu trouver les milliards nécessaires à la rançon du pays ; au moment où l'avenir était encore bien sombre, le crédit n'a pas manqué au gouvernement, et il faut bien reconnaître que les banquiers ont fait beaucoup, en donnant l'exemple de la confiance dans le crédit du pays. Il serait donc injuste d'accuser, répétons-le, le monde financier, de manquer de patriotisme : mais, à la Bourse, tout fait accompli provoque des réalisations, ou plutôt, un effet contraire à celui qu'on attendait. Ce n'est pas la première fois que nous avons vu la Bourse saluer par une grande hausse une mauvaise nouvelle et accueillir par la baisse une nouvelle favorable. On a dit souvent que la Bourse avait monté en apprenant la défaite de Waterloo. Et cependant, quel désastre immense pour le pays ! La paix est faite ; l'étranger se retire : baisse répond la Bourse.

Ce qui s'est passé en 1814 et 1815, nous le voyons se reproduire au moment actuel ; la Bourse monte ou baisse en prévision d'un fait éventuel ; elle baisse ou monte lorsque le fait prévu est devenu une réalité.

Ceci expliqué, examinons si la situation comporte la hausse ou la baisse, si les cours actuels de nos fonds publics doivent espérer une amélioration ou craindre une dépréciation.

Il nous reste à payer à l'Allemagne 1,500 millions, d'ici au 1er septembre.

Le Trésor, à cette heure, a disponibles dans ses caisses 700 millions ; la plus grande partie en traites sur l'Allemagne et l'Angleterre, le surplus en métal déposé à la Banque de France, mais ne faisant pas partie de l'encaisse métallique de la Banque. Le gouvernement a ensuite à recevoir les versements sur l'Emprunt, de mars à septembre, soit environ 600 millions.

Il suffira donc que la Banque fasse une avance de 2 à 300 millions pour parfaire la somme restant à payer de 1,500 millions, à supposer que le trésor ne les trouve pas, soit dans les ressources disponibles de ses caisses, soit dans une élévation de l'intérêt des bons du Trésor qui viendrait en augmenter le chiffre. Comme le fait justement remarquer le *Bien public* « tout le monde sait aussi que les Compagnies financières seraient très-heureuses d'offrir au gouvernement plusieurs centaines de millions s'il était nécessaire. »

Tout est donc assuré, et avec garantie, contre toute éventualité.

Aussi le gouvernement n'a pris aucun engagement qu'il ne fût en mesure de remplir, et quant aux détails d'exécution, l'habileté avec laquelle les opérations antérieures ont été conduites, sans qu'il en résultât le moindre trouble pour les diverses places de l'Europe, la prudence qu'il a montrée dans ces transactions afin d'éviter à notre marché toute secousse dangereuse, sont de sûrs garants que l'œuvre entière s'achèvera dans les conditions les plus sages et les plus favorables pour le crédit.

Une telle situation ne comporte évidemment pas la baisse : elle inspire confiance et doit provoquer la hausse.

Mais, disons-le aussi, la baisse s'explique par plusieurs raisons : la première, c'est que l'emprunt de 1871, émis à 82 fr. 50 vaut aujourd'hui 89 fr., soit 6 fr. 50 de prime; l'emprunt de 1872, émis à 84 fr. 50 vaut 90 fr. 50, soit 6 fr. de prime : il y a forcément des réalisations de bénéfices. La hausse de ces derniers temps a provoqué une réaction. D'autre part, on redoute que l'évacuation du territoire ne soit le signal de l'agitation des partis, contenus jusqu'aujourd'hui par la prudence et la fermeté du pouvoir. On redoute que les nouvelles élections ne provoquent des troubles, des agitations funestes au pays, funestes pour son crédit, pour son commerce, son industrie.

Mais ces craintes sont-elles fondées et ne suffit-il pas d'un peu de réflexion pour les dissiper?

Quoi! nous touchons au terme des épreuves, l'heure de notre délivrance est hâtée de plus d'un an, la France et son gouvernement ont fait des miracles et cependant rien ne se serait amélioré dans le pays! Notre situation serait aussi précaire! Le désordre des esprits serait le même! Et nous ne serions pas plus rassurés que nous ne l'étions au lendemain de la guerre, à la veille de la Commune!

Mais, pour qui jette les yeux autour de soi et compare ce qui est avec ce qui était, les progrès accomplis, la transformation de l'esprit public ne sautent-ils pas aux yeux!

Qu'y avait-il en France au 17 mars 1871? Un pouvoir presque désarmé; des populations profondément perverties par six mois de licence, d'excitations malsaines et d'impunité; de grandes villes livrées aux démagogues, des provinces entières conjurées, coalisées contre l'ordre, contre les pouvoirs publics, contre la patrie même.

Et cependant ce gouvernement alors si faible, presque

dénué de ressources, ne constituant qu'à grande peine
une armée, ce gouvernement a fait face à tout. Il a montré autant de prudence que d'énergie. Il a vaincu l'effroyable rébellion de Paris et mis à la raison ceux qui
partout en France se disposaient à suivre un si funeste
exemple.

Et ce gouvernement qui s'est montré si sage, si résolu, si ferme, et qui a su, avec le peu d'éléments dont
il disposait, briser toutes les résistances, perdrait tout à
coup sa sagesse, sa fermeté et son énergie, à l'heure
même où il peut disposer de toute force, de toute autorité! Il ne pourrait prévenir cette agitation qu'il prévoit
de si loin, qu'il nous prédit lui-même! Non, qu'on n'en
doute pas : partout où les ennemis de l'ordre et de la
société voudront tenter quelque entreprise, ils seront
atteints et punis; partout ils trouveront devant eux l'armée
prête à marcher au premier signe du chef de l'État. Des
dangers si bien prévus et contre lesquels on est si bien
préparé, ne sont point des dangers.

Ainsi, au point de vue politique, tout nous inspire
confiance, et cette confiance on l'a, elle est dans l'opinion publique, dans les esprits conservateurs des villes,
dans la nation en masse.

Est-ce notre situation financière qui semble menaçante? Sont-ce les désordres financiers que l'on redoute?
Mais le passé, mais le présent ne sont-ils point une garantie de l'avenir? Et jamais dans aucun pays a-t-on
plus vaillamment supporté les suites d'un grand désastre,
jamais un peuple s'est-il plus promptement relevé? On
n'a point vu se produire chez nous les faits déplorables

qui presque partout ont accompagné ou suivi les grandes crises politiques. Quand, pour satisfaire aux besoins de l'État, aux besoins de la circulation, on a dû prescrire le cours forcé des billets de la Banque de France, la valeur de ce papier n'en a été nullement amoindrie et l'on a continué à le recevoir comme espèces. Au moment même où la guerre, étrangère ou civile, sévissait le plus, les billets de la Banque n'ont pas cessé de circuler et n'ont subi aucune dépréciation. Les autres nations ont-elles eu le même bonheur?

Pendant la guerre de l'indépendance américaine, le dollar papier, qui était au pair en 1776, ne valait plus en 1778 que le sixième de sa valeur nominale; son prix variait suivant les fortunes diverses de la cause nationale.

En Angleterre, après les guerres de l'Empire, le papier anglais subissait une dépréciation de 25 1/8 0/0 en 1814, de 16 3/4 0/0 en 1815 et 1816, de 4 1/2 0/0 en 1819, de 2 5/8 0/0 en 1820.

Aux États-Unis, après la guerre de sécession, la dépréciation du papier fut plus grande encore : En juillet 1867, le prix de l'or s'élevait à 285 0/0 ; en 1869 il était encore à 137,70 0/0 en moyenne, et depuis 1870 jusqu'à cette année il n'est point descendu au-dessous de 110 0/0.

En Russie, on a vu la dépréciation du papier s'élever jusqu'à 400 0/0, en Autriche jusqu'à 1,200 0/0, en Amérique jusqu'à la démonétisation absolue.

En France, au milieu des épreuves inouïes que nous avons traversées, après tant de ruines, au plus fort de nos crises financières et monétaires, nous avons vu les coupures de nos diverses institutions de crédit reçues au même titre que l'argent et avec la même confiance que les billets de la Banque de France. La prime sur l'or n'a pas dépassé 2 1/2 0/0 aux jours même les plus difficiles. Elle atteint à peine aujourd'hui 20 centimes par 100 francs.

Nous avons comparé la France aux autres nations; comparons-la maintenant à elle-même.

En 1816 et 1817, elle emprunte du 5 0/0 à 56, 57 et 58 francs; en 1818, ce 5 0/0 vaut 66 et 67 francs; en 1821, il vaut 87 fr. 07; en 1824, il est au-dessus du pair.

Après la révolution de Juillet, la France emprunte à 84 fr.; en 1855, le 5 0/0 est au pair; le 5 0/0 s'élève à 84 fr. 75, c'est-à-dire 141 fr. 25 en 5 0/0.

Et certes, à cette époque, le Crédit moderne n'avait pas acquis ce puissant ressort qu'il a aujourd'hui.

Or si nos dernières catastrophes ont eu sur la fortune publique, sur le crédit de la nation une influence moins désastreuse que n'en eurent celles du premier empire; si nous avons traversé plus heureusement des maux sans nul doute plus grands, ce n'est pas concevoir des espérances folles que de prédire à notre rente les mêmes progrès, la même hausse.

La baisse qui vient de se produire n'a donc rien qui doive effrayer, rien non plus qui doive étonner. L'événement dont on attendait la hausse avait été prévu, avait été escompté. Ceux qui avaient acheté à bas prix ont réalisé; on devait s'y attendre. Car ce ne sont point ceux qui ont acheté à 89 fr., 89 fr. 50 et 90 qui ont vendu; ceux-là, bien loin de vendre, achèteront encore et profiteront de cette baisse passagère.

Le mot d'ordre du jour doit donc être : Confiance! Confiance dans la sagesse et l'énergie des hommes qui nous gouvernent, confiance dans le bon sens et le courage de la nation, confiance en nous-mêmes aussi!

La première partie de notre tâche va bientôt être accomplie. Dans quelques mois, nous ne devrons plus rien qu'à nous-mêmes. Eh bien, maintenant, et c'est la seconde partie de l'œuvre, il faut nous acquitter envers nous-mêmes, il faut nous payer. Nous payer : c'est-à-dire réduire nos budgets, restreindre nos dépenses, économiser à tout prix, et ne point perdre de vue la dette énorme qui pèse sur l'État, sur nous tous; car c'est aujourd'hui que chaque citoyen doit se dire, bien mieux que jadis le grand roi et dans un meilleur sens : L'État, c'est moi!

Donc, point de crainte non justifiée, point de découragement, point de désespérance; mais point, non plus, de folle confiance, d'espoir exagéré, de funeste présomption, et ne restons pas sur les grandes choses accomplies depuis deux ans : car il en est encore d'aussi grandes au moins à accomplir.

N'oublions pas surtout que c'est à notre crédit que nous devons notre délivrance, et qu'on nous permette de rappeler ici ce que nous écrivait au mois de mai dernier un de nos hommes d'État les plus expérimentés, un de nos plus éloquents publicistes, M. de la Guéronnière :

« Le crédit est notre véritable élément de revanche.

Mais pour qu'il se relève il importe de le préserver de deux périls : l'entraînement et la défaillance. En soutenant ses efforts, sans encourager ses témérités, vous rendrez de vrais services au pays. »

L'expérience de ces derniers temps a justifié ces sages paroles. La véritable force de la nation est bien réellement dans son crédit ; c'est lui qui nous rend libres, c'est lui encore qui doit assurer l'avenir ; veillons sur lui avec sollicitude et préservons-le de toute atteinte. Nous rendrons ainsi la hausse inévitable.

LA LIBÉRATION DU TERRITOIRE — LE CABINET ANGLAIS RESTE AUX AFFAIRES

L'ESPAGNE — LES GOUVERNEMENTS EUROPÉENS SE RÉSERVENT

Les paroles prononcées par l'empereur Guillaume à l'ouverture du Reichstag ont été suivies d'un prompt effet.

Trois jours après, une dépêche de Berlin annonçait que les propositions françaises étaient acceptées et qu'un traité fixait au 20 septembre prochain l'évacuation du territoire français par les troupes allemandes.

Cette nouvelle a été d'abord accueillie avec une satisfaction générale ; mais l'esprit de parti n'a pas tardé à se réveiller, et, ne pouvant nier le fait, il s'est efforcé de l'amoindrir.

Si les Allemands quittent plus tôt le sol français, a-t-on dit, c'est qu'en définitive nous les payons plus tôt.

Devançant les termes de payement, quoi de plus naturel que les troupes d'occupation devancent les époques fixées pour l'évacuation ?

Nous en sommes fâchés pour ces raisonneurs qui cherchent à dissimuler un détestable sentiment d'ingratitude ; nous ne savons s'ils eussent pu trouver une bonne raison ; mais ils ne nous en donnent, dans la circonstance, qu'une très-mauvaise ; ils ne prennent même pas garde qu'ils font valoir le seul argument que pourrait invoquer le gouvernement de M. Thiers s'il avait à démontrer qu'il a bien mérité du pays.

La France a devancé les termes de payements stipulés par le traité de paix ! voilà précisément ce qui est à l'honneur de notre pays, de l'Assemblée nationale et du gouvernement de M. Thiers.

En deux ans et demi, nous aurons soldé la plus lourde indemnité de guerre dont l'histoire fasse mention, sans être écrasés par l'énormité du fardeau. A qui faut-il attribuer ce miracle, car c'en est un, ce miracle de patriotisme ? Au calme dont nous jouissons, à la renaissance du travail ; et ce calme, cette renaissance du travail, à qui les devons-nous ? A la politique de l'Assemblée et de M. Thiers, qui rassurent le pays, en tenant à égale distance les partis extrêmes qui ont plus de passions que de principes.

Du reste, la reconnaissance du pays n'a pas tardé à se manifester.

L'Assemblée nationale, se faisant son fidèle interprète, a voté une résolution portant qu'elle accueillait avec une patriotique satisfaction la communication du gouverne-

ment, et qu'heureuse d'avoir ainsi accompli une partie
essentielle de sa tâche, grâce au concours généreux du
pays, elle adressait ses remercîments et ceux de la nation à M. Thiers, Président de la république, et au gouvernement, et déclarait que M. Thiers avait bien mérité
de la patrie.

La convention, entre la France et l'Allemagne, a été
approuvée à l'unanimité.

Le 10 mai prochain, nous solderons le quatrième milliard ; au 5 août, les quatre départements encore occupés
seront complétement évacués ; la Prusse rendra Belfort et
n'occupera plus que Verdun ; le 5 septembre, le cinquième et dernier milliard sera soldé avec les intérêts ; le
20 septembre, il n'y aura plus aucun soldat prussien sur
le territoire ; l'évacuation de Verdun commençant le
5 septembre.

Nous savons aujourd'hui que notre affranchissement
financier se fera sans avoir recours à des mesures extraordinaires et sans de sérieux embarras ; le passé est un
sûr garant de l'avenir.

Nous convions, pour notre part, tous les bons citoyens
à venir en aide à l'État dans la mesure de leurs ressources ; qu'ils payent l'impôt d'avance ; que ceux qui peuvent libérer leurs titres d'emprunt devancent leurs engagements. N'est-ce pas le meilleur moyen, le moyen
pratique, de témoigner sa reconnaissance et sa joie de
voir enfin la France rendue à elle-même et souveraine
maîtresse de ses destinées ?

De nombreuses adresses sont envoyées à M. Thiers.

L'Assemblée nationale vient de voter la prolongation

provisoire des tarifs de 1860. Nos renseignements nous
autorisent à nous demander si les nouveaux tarifs seront
jamais votés. Ni les protectionnistes, ni les libres-échangistes ne sont satisfaits. M. Pouyer-Quertier, d'un côté,
M. Rouher, de l'autre, se montrent également hostiles,
quoiqu'à des points de vue complétement opposés ; de
telle sorte que la victoire appartiendra finalement à ceux
qui, comme nous, se placent sur le terrain de la liberté
économique.

L'œuvre de l'empire sera respectée, et les peuples du
continent européen continueront à échanger les produits
de leur industrie et de leur sol sans que des tarifs exagérés viennent mettre obstacle au libre développement de la
civilisation et de la richesse générale.

L'Assemblée nationale prend en quelque sorte des vacances anticipées. Entre les graves discussions qui viennent de finir et les véritables vacances qui approchent,
elle vote divers projets de loi mis depuis longtemps à son
ordre du jour et sur lesquels les circonstances l'avaient
empêchée de se prononcer.

La crise ministérielle vient de se terminer en Angleterre ; le cabinet reste composé comme il l'était avant le
bill universitaire d'Irlande, et il maintient purement et
simplement son programme antérieur.

En Espagne, la situation est la même. Les nouvelles
officielles sont bonnes ; les autres laissent beaucoup
de doutes dans l'esprit. Dans le nord, l'insurrection
carliste fait toujours parler d'elle ; nous ne nous
apercevons pas que le gouvernement central ait obtenu jusqu'ici des succès qui fassent présager un prompt

et complet apaisement du mouvement insurrectionnel.

En attendant que l'Europe voie un peu plus clair dans les affaires de ce pays, les gouvernement se réservent ; ils ne veulent avoir de relations officielles qu'avec un pouvoir régulier reconnu et avoué par la volonté nationale.

LA FAMILLE ROTHSCHILD

Il est difficile de parler de la libération du territoire, des charges énormes qui pèsent sur notre avenir financier et de la confiance qu'inspire pourtant cet avenir, grâce au puissant concours que le Trésor français est sûr de trouver dans notre haute banque, sans qu'aussitôt la pensée se reporte sur cette grande famille de banquiers dont le nom résume toutes les nobles qualités l'honneur, le travail, l'économie, la sagesse, l'esprit de persévérance et de suite, fondement de toutes les grandes œuvres financières : nous avons nommé la famille de Rothschild.

On a dit avec raison que la maison de banque qui porte son nom est la plus riche, la plus puissante que l'on ait vue dans l'antiquité et dans les temps modernes. Elle fut fondée en 1780 par Mayer-Anselme de Rothschild, né d'un commerçant israélite, orphelin dès l'âge de onze ans, élevé à Furth, en Bavière, préparé aux affaires par un noviciat financier en Hanovre. Les ressources de

Mayer de Rothschild étaient modestes ; cependant, en peu d'années, grâce à ses talents, à son infatigable activité, non moins qu'à une incontestable probité, il s'attira la confiance des maisons les plus importantes et entra en relations avec le landgrave de Hesse-Cassel, qui en fit son agent financier.

Dès 1803, Mayer de Rothschild était considéré comme l'un des banquiers les plus riches et les plus habiles du continent ; il négocia avec le Danemark deux emprunts montant ensemble à vingt millions ; son crédit se trouvait dès lors assuré. Après la campagne de 1805, l'électeur de Hesse-Cassel s'enfuit devant les armées victorieuses de la France, après avoir confié sa fortune au banquier de Francfort. En 1810, année qui vit émanciper les israélites de Francfort, Mayer de Rothschild fut nommé membre du collège électoral de la ville ; son crédit était européen ; quand il mourut, en 1812, ses cinq fils héritèrent d'une grande fortune et d'un nom justement honoré ; ils avaient promis à leur père de rester toujours unis et fervents observateurs de la foi de leurs aïeux. C'est leur fidélité à cette promesse qui a fait leur fortune et leur force.

Cinq maisons furent établies : à Francfort, à Londres, à Vienne, à Paris, à Naples. L'électeur de Hesse-Cassel, touché de l'honnêteté de cette famille, qui voulut lui rembourser non-seulement le capital qu'il lui avait confié, mais aussi les intérêts, la recommanda aux dynasties régnantes.

Dès 1813, les Rothschild eurent la haute main dans les affaires financières du continent européen.

En 1815, l'empereur d'Autriche leur conféra des titres de noblesse; en 1822, ils furent, eux et leurs descendants, créés barons de l'empire.

On les voit alors reconstituer les finances de l'Europe entière sur de nouvelles bases.

On ne prête plus aux rois, mais aux États qui peuvent emprunter, vendre, acheter; les Rothschild entrent dans ce vaste courant et prennent part à toutes les opérations financières : emprunts Espagnols, emprunts Francais, constitution des finances du Portugal, de la Prusse, de l'Autriche. Écrire leur histoire, c'est raconter celle de l'Europe au point de vue financier.

Ce qui les caractérise plus particulièrement, c'est qu'ils ont inauguré la démocratisation de la rente, en y associant plus directement et plus étroitement le public, en ouvrant chez eux des souscriptions d'emprunts d'État, auxquelles chacun pouvait prendre part, créant ainsi une étroite solidarité et, par conséquent, un intérêt commun entre tous les détenteurs de titres.

En 1823, ils souscrivent en France un premier emprunt de 500 millions; en 1830 et 1831, ils en souscrivent d'autres d'égale importance; une notice publiée à cette époque atteste que les opérations de la maison Rothschild, faites depuis 1815, s'élèvent déjà à 2 milliards 400 millions de francs; puis viennent ceux de 1852, de 1847; ils reconstituent les finances du Piémont et de la Toscane : de 1831 à 1856 ils font tous les emprunts romains s'élevant à plus de 200 millions; de 1831 à 1842, cinq emprunts assurent la séparation financière de la Belgique et de la Hollande; de 1852 à 1862, ils participent aux vastes opérations financières françaises ; ils se mettent à la tête du grand mouvement des chemins de fer français, de l'industrie minière en Belgique et dans le midi de la France. De nombreux comptoirs fondés sur divers points du globe, notamment à Shanghaï, à San-Francisco, attestent leur influence et leur crédit universel.

Leur réputation de probité et d'honorabilité grandit avec leur fortune. Étrangers à la politique, nous les voyons toujours venir en aide à l'ordre social, aux grands principes d'honnêteté, de moralité qui forment la base de toute société civilisée ; ils ne se demandent pas quelle est la forme du gouvernement avec lequel ils traitent ; mais si ce gouvernement est honnête et vraiment national, ils lui donnent leur concours sachant qu'il n'y a pas de société sans ordre public et pas d'ordre public sans gouvernement ; ils dominent toutes les passions politiques ; impassibles, ils laissent passer les révolutions et attendent confiants la fin des orages, convaincus que le dernier mot appartient toujours aux plus honnêtes, aux plus sensés, aux plus sages ; leur propre histoire en fait foi.

CONCLUSION

———

I

Nous terminions le premier volume de ces *Aperçus* en faisant un appel au bon sens, au patriotisme de tous ; nous demandions la trêve des partis pour que la France pût se relever des désastres qu'elle a subis, pour qu'elle pût panser et guérir ses blessures.

Depuis lors, c'est-à-dire depuis une année, il faut bien reconnaître que l'esprit de conciliation a dominé l'esprit de discorde ; les colères politiques se sont apaisées ; certes, les espérances sont toujours aussi vivaces ; chaque parti a conservé ses préférences ; mais l'amour du pays l'a emporté ; et si les républicains ne sont pas satisfaits, si les monarchistes ne voient pas leurs vœux se réaliser, la France, du moins, s'est relevée, grâce à la concorde de tous, grâce à la fermeté et à la sagesse du gouvernement ; le travail a repris ; le crédit de l'État a obtenu le plus éclatant témoignage de confiance qu'il ait été jamais donné à un peuple de demander et d'obtenir.

Nous nous rappelons tous que lorsqu'il s'est agi d'effectuer cet immense emprunt de 5 milliards 500 millions, nous sortions à peine de la crise gouvernementale du 19 janvier; l'Assemblée nationale était inquiète, divisée; M. Thiers manifestait l'intention de se retirer. La situation était grave; à l'étranger, on observait d'un œil inquiet et défiant nos dissensions qui pouvaient nous empêcher de trouver les sommes innombrables nécessaires pour payer notre rançon. Il se produisit alors dans le pays, presque subitement, un apaisement général; tout le monde comprit le danger de ces discussions, de ces haines, de ces dissensions intérieures. Le calme se fit : l'emprunt de 5 milliards 500 millions fut couvert quarante-cinq fois; dans quelques mois cet emprunt sera entièrement soldé; au moment où nous écrivons ces lignes, la libération du territoire peut être considérée comme un fait accompli !

II

Eh bien, nous sommes redevables de cette situation si prospère, que personne n'eût osé prévoir, il y a deux ans, au calme, à l'union, au travail du pays. De grands progrès ont été accomplis; mais il reste encore beaucoup à faire, et pour accomplir l'œuvre, ce calme, cette union, ce travail sont plus que jamais nécessaires.

Au point de vue financier, de grandes réformes doivent être réalisées; de nombreuses améliorations effectuées. Nous ne pouvons rester éternellement avec une dette de vingt-trois milliards; nous ne pouvons rester

éternellement avec des impôts écrasants. L'agriculture
réclame des secours urgents ; la propriété foncière ne
s'est pas relevée de la dépréciation produite par les
événements politiques ; l'esprit d'entreprise a besoin
d'être stimulé ; notre réseau de chemins de fer n'est pas
achevé. Il faut donc arriver à ce triple résultat qui jusqu'à présent semble être la pierre philosophale que tout
le monde a cherchée sans pouvoir la découvrir : diminution de la dette, diminution des impôts, augmentation
des revenus publics et particuliers.

Au point de vue politique, la France a encore tout à
faire. L'armée a besoin d'une réorganisation complète ;
nous devons à l'extérieur reprendre notre influence
d'autrefois ; les vaincus d'hier doivent être les vainqueurs de demain. Notre belle patrie ne peut se résigner
à perdre dans le monde le rang qu'elle a toujours gardé.
Mais, pour arriver à ce résultat, il faut que l'étranger
ait confiance en notre sagesse, en notre union ; nous ne
pourrons songer à une alliance que quand nous serons
sûrs de nous-mêmes, c'est-à-dire lorsque nous serons
tous unis, animés du même esprit, poursuivant le même
but, lorsque nous comprendrons enfin que nous devons
être Français avant tout, et non pas républicains, légitimistes, orléanistes, bonapartistes.

C'est donc l'union, le calme, le travail de tous, qui,
en développant et en affermissant le crédit de l'État,
nous aideront à effectuer ce que réclament et notre situation financière et notre situation politique.

III

De grandes réformes financières, disons-nous, doivent
être réalisées. Nous en avons indiqué de bien urgentes
dans nos deux volumes des *Aperçus financiers ;* les questions d'impôt, les modifications budgétaires se présentent chaque année à l'examen de tous, et ne reçoivent
malheureusement que des solutions incomplètes, ne
pouvant satisfaire personne, ni l'État, ni les particuliers,
ni les intérêts publics, ni les intérêts privés. Combien
de ministres avons-nous vus passer au ministère des finances depuis 1870? MM. Ernest Picard, Pouyer-
Quertier, de Goulard, Léon Say ont eu certainement
de bien graves préoccupations ; ils sont arrivés au
pouvoir dans des moments difficiles, mais quel système
financier ont-ils pu inaugurer? à quelle réforme ont-ils
attaché leur nom ?

De nouveaux impôts ont été créés ; des charges acca-
blantes pèsent sur les contribuables : mais il ne suffit
pas de créer des impôts pour constituer un système financier ; il faut examiner, étudier si le mode général
d'impositions n'a pas besoin d'être remanié complètement, si l'impôt est équitablement réparti, si les contributions sont égales pour tous. Ne voyons-nous pas,
depuis deux ans, les déceptions succéder aux déceptions
dans les évaluations du produit de certains impôts?
Nous ne cesserons de le répéter : il y a des réformes ur-

gentes à accomplir, des progrès à réaliser, des améliorations à apporter dans le système financier du pays.

Quel est donc le ministre assez entreprenant pour commencer des travaux utiles au pays, nécessaires à l'affermissement et au développement de son crédit? quel est donc le ministre, qui, rompant hautement avec la routine, sera ou voudra être le Sully ou le Turgot de notre époque?

Voyez la Bourse : est-ce que les scandales financiers dont nous sommes témoins, est-ce que les nombreux procès qui viennent de se dérouler en police correctionnelle, n'indiquent pas, aux yeux même les moins clairvoyants, qu'il y a là encore des réformes à apporter? La loi de 1836 sur les loteries, l'impôt sur les valeurs mobilières, la cote à la Bourse, la loi sur les sociétés, le marché libre, voilà de grands sujets d'études; voilà un terrain sur lequel nous voudrions voir réunis tous ceux qui ont à cœur le développement du crédit public !

IV

Mais, il faut le reconnaître, un ministre ne peut tout faire, eût-il même la bonne volonté et le pouvoir nécessaire pour accomplir sa tâche. Le temps matériel lui manquerait s'il avait à examiner par lui-même tous les services qui dépendent de son ministère, s'il lui fallait étudier en même temps que préparer l'application des réformes que nous indiquons. Voilà pourquoi nous demandons la création d'un conseil supérieur des finances, qui rendrait aux finances les mêmes services que les conseils supérieurs de la guerre, du commerce, de l'instruction publique, rendent à la guerre, au commerce, à l'instruction publique.

Le conseil supérieur des finances dont nous réclamons l'institution aiderait le ministre de ses conseils, de ses études. Songeons que nous avons aujourd'hui un budget de près de 3 milliards, que les impôts dépassent toutes les proportions possibles, que la fortune mobilière s'est considérablement développée, et qu'à chaque instant, les questions de monnaie métallique ou fiduciaire, de libre échange, de protection, réclament la vigilance de tous.

Le conseil supérieur des finances examinerait si nous n'avons à modifier en rien l'impôt foncier, l'impôt personnel et mobilier, l'enregistrement et le timbre, l'impôt sur les boissons, sur le sel, l'octroi, les droits de douane, l'unité de la rente, l'unité de la dette, l'unité de l'intérêt, l'amortissement, les marchés à terme : l'impôt doit-il être le même en temps de paix et en temps de guerre? quel vaste champ d'études ouvert à ses investigations, et quels immenses profits le pays tirerait, pour son crédit, des études approfondies d'un Conseil composé d'hommes instruits, intelligents, actifs, s'occupant exclusivement des finances publiques !

V

En terminant ce deuxième volume des *Aperçus financiers*, j'ai l'espoir de voir se réaliser un jour cette utile création d'un conseil supérieur des finances. Mais, pour que les réformes qui sont à faire dans l'ordre financier soient efficaces, il faut que, plus que jamais, l'union et la concorde, la paix, le calme, règnent en politique.

Depuis deux années, le gouvernement de M. Thiers a accompli de grandes choses; la libération du territoire s'achève; la France commence à se relever. Sachons profiter des enseignements qui résultent pour nous de nos propres malheurs. Mais tous nos efforts seraient vains et ces enseignements ne nous profiteraient pas, si nous ne nous appliquions aussi à relever, à reconstituer ce qu'on nous permettra d'appeler l'âme de la nation. Ranimer la foi en Dieu, raffermir nos vieilles croyances, le respect de la famille et de la propriété, l'autorité de la loi : tel est le but élevé que nous devons nous proposer; tous les peuples qui s'en sont détournés sont promptement tombés en décadence; ceux qui ont conservé le culte de ces grands principes sont restés puissants et heureux. N'ayons donc qu'une politique : celle de la France, et contribuons tous, dans la mesure de nos moyens et de nos forces, à sa prospérité et à sa grandeur morale.

ALFRED NEYMARCK.

FIN

TABLE ANALYTIQUE

A

AFFAIRES (Les). — Qu'il faut s'en occuper exclusivement ; p. 60. — Une journée d'affaires à l'Assemblée ; p. 148. — Une session d'affaires ; p. 289. — Les affaires et le Message ; p. 311. — La politique et les affaires ; p. 381. — L'année financière ; p. 387.

AGENTS DE CHANGE. — La chambre syndicale et l'admission des valeurs à la cote ; p. 428. — Pouvoirs qu'on doit lui confier ; p. 430.

ALLEMAGNE. — Voy. Prusse.

ALLUMETTES. — L'impôt sur les allumettes ; le monopole ; p. 207. — La société des allumettes et ses bénéfices ; p. 301.

AMORTISSEMENT. — L'amortissement de notre dette ; p. 194.

ANDRÉ (M.) — Son discours sur les valeurs mobilières ; p. 151.

ANGLETERRE. — Ses emprunts de 1797 à 1815 ; p. 113. — Parlement anglais ; discours de la reine ; p. 197. — Troubles de Belfast et de Dublin ; p. 204. — Crise ministérielle ; p. 490.

ANNÉE 1872. — Revue de l'année ; p. 377. — Les affaires en 1872 ; p. 379. — La politique ; p. 381.

APAISEMENT. — La politique d'apaisement ; p. 15.

ARMÉE. — Elle doit être une école d'autorité et de discipline ; p. 106.

ASSEMBLÉE NATIONALE. — Souveraine ; p. 4. — L'Assemblée et les questions financières ; p. 148.

AUDIFFRET-PASQUIER (M. d'). — Son discours sur les marchés de la guerre ; p. 82. « La politique, c'est notre argent ; » p. 89.

B

BANQUE DE FRANCE. — Doit ses services à l'État ; p. 7. — En rend de très-onéreux ; p. 10.

BANQUES. — Liberté des banques; p. 8. — Services qu'elles ont rendus au gouvernement; p. 47. — Leur indifférence; p. 51. — La haute banque a-t-elle manqué de patriotisme ? p. 491.

BELCASTEL (M. DE). — Cité ; p. 92. — « Aucun gouvernement révolutionnaire n'a porté bonheur à la France ; » p. 90.

BERLIN. — Retour de Berlin ; p. 135. — Les journaux à Berlin, la spéculation, la population et son esprit ; p. 140. — Les trois empereurs à Berlin ; p. 198, 204 et 238. — La probité et la moralité à Berlin; p. 424.

BISCHWILLER. — Les industriels de Bischwiller à Châlons-sur-Marne ; p. 77.

BISMARK (LE PRINCE DE). — Son admiration pour M. Thiers ; p. 144. — M. de Bismark trompé dans ses calculs; p. 228.

ROCHER (M.) — Son discours sur les valeurs mobilières ; p. 151.

BODET (M. MATHIEU). — Cité ; p. 106.

BOSSUET. — Cité ; p. 157.

BOURGOING (M. DE). — Ambassadeur près le saint-siége ; sa démission ; p. 408.

BOURSE. — Miroir des impressions générales ; p. 47. — A monté après Waterloo ; p. 50. — Les cours de la Bourse depuis 1815 ; p. 55. — La Bourse en juin 1871 et en décembre 1872 ; p. 354. — La Bourse et la politique ; p. 587. — Accueille par de la baisse le traité de libération du 15 mars ; p. 491.

BUDGETS. — Budget de 1872 vivement discuté ; p. 11. — Le budget et l'opposition ; p. 15. — Budget de 1873 ; p. 98. — Les ministres passent, les budgets restent ; p. 99. — Un budget de plus ; p. 119. — De la confection des budgets ; p. 121. — Les anciens budgets spéciaux retrouvés ; p. 123. — Études de budgets comparés ; p. 129. — Les budgets se suivent et se ressemblent ; p. 131. — Le budget de la Ville de Paris ; p. 271. — Les budgets et l'éloquence parlementaire ; p. 359. — Le budget et le conseil supérieur des finances ; p. 410.

C

CHALONS (SUR-MARNE). — Avantages offerts par cette ville aux émigrants d'Alsace-Lorraine ; p. 76.

CHAMBORD (M. LE COMTE DE). — En Hollande ; p. 5. — Le *Credo* du comte de Chambord ; p. 251. — Le comte de Chambord et la fusion ; p. 425. — Ne veut point transiger ; p. 470.

CHAMPAGNE. — Les manufacturiers alsaciens en Champagne ; p. 74.

CHANZY (M. LE GÉNÉRAL). — Son discours à la réunion du centre gauche ; p. 83. — Cité ; p. 253.

CHEMINS DE FER. — Les chemins de fer turcs et la Société de construction ; p. 208. — Les chemins de fer en France et en Angleterre ; p. 213. — Chemins de fer de la Vendée ; besoins auxquels ils répondent ; services qu'ils doivent rendre ; leurs éléments d'exploitation ; p. 216 à 224. — L'émission des obligations des chemins de fer turcs et notre législation ; p. 231. — Chemins de fer des Charentes ; leur réseau, leur importance au point de vue de l'intérêt général et de l'intérêt local ; p. 308. — Chemins de fer de Seine-et-Marne, modèle des chemins de fer à bon marché ; p. 327. — Chemins de fer d'intérêt local, leur législation ; p. 431.

CONSEILS GÉNÉRAUX. — Session du 19 août 1872 ; p. 201. — Leurs vœux ; p. 225.

CONSEIL D'ÉTAT. — Thèses de concours pour l'auditorat par MM. Levavasseur de Précourt, Ch. Gomel, de Saint-Laumer et Vergniaud ; p. 201.

CONSEILS SUPÉRIEURS. — De la guerre, du commerce, de l'instruction publique ; p. 202. — Pourquoi pas un conseil supérieur des finances ? p. 205. — Nécessité de le créer ; p. 283. — Nouveaux arguments en faveur de ce projet ; p. 409. — Questions que le conseil supérieur des finances aurait à étudier ; p. 500.

COTE DE LA BOURSE. — Des garanties dont doit être entourée l'admission des valeurs à la cote ; p. 428.

CRÉDIT. — Est notre élément de revanche ; p. 57. — Le crédit de la France a pour principal fondement la loyauté nationale ; p. 160. — La vraie force d'un État est en raison directe de son crédit ; p. 400.

CRÉDIT FONCIER. — Crédit foncier d'Autriche ; p. 319. — Crédit foncier de France ; son organisation, son historique, ses opérations ; p. 343 à 500.

D

DENFERT-ROCHEREAU (LE COLONEL). — Demande des crédits nouveaux ; p. 13.

DETTE PUBLIQUE. — La dette depuis 1815 ; p. 100. — Qu'il faut travailler à l'éteindre progressivement ; p. 192. — La dette publique en 1781 ; p. 445. — La dette publique de 1816 à 1873 ; p. 447 à 454.

DRAPEAU. — Le drapeau blanc et le drapeau tricolore ; p. 288.

DUFAURE (M.), garde des sceaux. — Cité ; p. 400. — M. Dufaure et la commission des Trente ; p. 474.

DUPANLOUP (Mon). — Son discours sur l'armée ; p. 107. — Mgr Dupanloup et la fusion, sa lettre ; p. 484.

E

ÉCHANGE (LIBRE). — Le libre échange et l'emprunt ; p. 22.

ÉLECTIONS. — Les élections du 9 juin 1872 ; p. 135. — Élections du 20 octobre 1872 ; leur signification ; p. 270.

ÉMISSIONS. — Les émissions étrangères et la nouvelle loi sur les valeurs mobilières ; p. 104. — Les émissions en Europe pendant les quatre premiers mois de 1872 ; p. 117. — Émission des obligations des chemins de fer turcs ; p. 209. Des émissions de l'année 1872 ; p. 437.

EMPEREURS. — Les trois empereurs à Berlin ; p. 198 et 201. — La cause de la France et l'entrevue des trois empereurs ; p. 220. — Résultats de l'entrevue ; p. 237. — Sa véritable portée ; p. 241. — L'empereur Napoléon III ; sa mort ; p. 417.

EMPRUNTS. — L'emprunt, seul moyen de nous libérer ; p. 1. — L'emprunt et le libre échange ; p. 22. — L'emprunt est fatal ; p. 22. — L'emprunt populaire ; p. 66. — Doit être accessible à tous ; p. 67. — Les emprunts en Angleterre de 1797 à 1815 ; p. 113. — Il faut souscrire ! p. 158. — Cours d'émissions de nos divers emprunts; p. 100. — Comment populariser l'emprunt; p. 104. — L'emprunt et les impôts nouveaux; p. 107. — Les enseignements de l'emprunt; p. 172. — Après l'emprunt; p. 183. — Pourquoi il a réussi; p. 185. — Le côté fâcheux de la souscription; p. 189. — Les emprunts de la guerre et les emprunts de la paix ; p. 191. — L'emprunt de la ville de Madrid et la loi sur les loteries; p. 232. — Le classement de l'emprunt de trois milliards et demi; p. 243. — Les emprunts publics depuis 1575, jusqu'à nos jours; p. 445 à 454.

ESPAGNE. — Abdication du roi Amédée ; p. 470. — La révolution en Espagne; p. 485. — L'ordre règne en Espagne ; p. 490.

F

FINANCES. — Beaucoup de ministres des finances, peu de mesures financières bonnes ; p. 99. — Nécessité d'un conseil supérieur des finances ; p. 202. — M. Thiers et nos finances ; p. 500. — Attributions du ministre des finances; faut-il les diviser ? p. 370. — Le conseil supérieur des finances, rouage indispensable ; p. 409. — Réformes financières nécessaires ; p. 428.

FOURNIER (M.) — Ministre de France en Italie ; p. 7.

FRANKLIN. — Cité ; p. 99.

FUSION. — Le comte de Paris et le comte de Chambord; p. 423. — Rien n'est fait ; rien ne se fera ; p. 409. — La fusion impossible ; p. 475. — La lettre de Mgr Dupanloup ; p. 482.

G

GAMBETTA (M.) — Son discours d'Angers; p. 43. — Commis voyageur du radicalisme; p. 44. — « Simples escrocs ; » p. 91. — N'a rien oublié, rien appris; discours de Grenoble ; p. 258. — M. Gambetta à Annecy, revient à la modération ; p. 267. — M. Gambetta et la Bourse ; p. 335. — M. Gambetta et la proposition des Trente ; p. 485.

GIBIAT (M.) — Attitude du Constitutionnel au moment de l'emprunt; p. 168. — Première lettre à M. Gibiat ; p. 263. — Deuxième lettre à M. Gibiat ; p. 283.

GIRARDIN (M. ÉMILE DE). — Sa théorie de l'impôt; p. 334.

GOULARD (M. DE). — Ministre des finances; son discours après l'emprunt de 1872; p. 187. — Cité ; p. 400.

GRAMONT (M. LE DUC DE). — Sur l'attitude de l'Autriche en 1870 ; p. 406.

H

HAUSSMANN (M.) — Préfet de la Seine, dépensait beaucoup, mais bien; p. 274.

I

IMPOTS. — Directs et indirects; thèses de concours au conseil d'État; par MM. Levavasseur de Précourt, Ch. Gomel, Billard de Saint-Laumer et Vergniaud; p. 291. — L'impôt *inique* et l'impôt *unique*; p. 335.
INTERNATIONALE (L'). — Sa débâcle; p. 241.
ITALIE. — P. 45; — p. 110.

L

LA BOUILLERIE (M. DE). — Sur le budget; p. 411.
LA GUÉRONNIÈRE (M. LE VICOMTE DE). — Le crédit est notre élément de revanche; p. 57. — Qu'il faut aider le gouvernement, quel qu'il soit, à faire triompher le crédit national; p. 169. — Cité; p. 252 et 498.
LA ROCHEJAQUELEIN (M. DE). — Sur l'avancement des percepteurs-receveurs de Paris; p. 415.
LEFRANC (M. VICTOR). — Cité; p. 5 et 23. — Son échec et sa chute; p. 330.
LOUIS (LE BARON). — Cité; p. 174. — M. Thiers, élève du baron Louis; p. 307.

M

MAGNE (M.). — Cité; p. 67 et 99. — Discours de M. Magne sur les valeurs mobilières; p. 150. — M. Magne au conseil général de la Dordogne; p. 202. — Cité; p. 372.
MARCHÉS. — Les marchés de la guerre; p. 81. — La discussion des marchés est d'un déplorable effet pour l'emprunt; p. 88. — Les marchés de Lyon; p. 474.
MERCIER DE LOSTENDE (M.). — Les candidatures espagnoles; p. 407.
MESSAGE. — P. 307. — Le message, les affaires et la politique; p. 311.
MILLIARDS. — Trois milliards! Sait-on ce que c'est? p. 23. — Les trouverons-nous? p. 112. — Où ils sont; p. 114 — Les milliards de l'emprunt; p. 178. — Pas d'illusions sur les 45 milliards; p. 182.
MILLION. — Le million unique de M. Pouyer-Quertier; p. 179.
MONTESQUIEU. — Cité; p. 42.
MOREAU (M.). — Syndic des agents de change. — Son réquisitoire contre le marché des banquiers; p. 22.

N

NAPOLÉON III. — Son caractère, son œuvre, sa mort; p. 417.
NAPOLÉON (LE PRINCE JÉRÔME). — Son arrestation et son expulsion; p. 270.

520 APERÇUS FINANCIERS.

NAQUET (M. Alfred). — Réclame de nouveaux crédits ; p. 13.
NOUVELLES (Fausses). — Il faut s'en garder; p. 02.

O

ORLÉANS (Les princes d'). — La porte ne s'ouvre pas pour eux ; p. 5. — Se tiennent à la disposition de la nation; p. 470.

P

PARIS (Ville de). — Son budget ; p. 271.
PARTIS. — Le parti du travail ; p. 185. — Le parti national; p. 370. — Les blancs sont encore blancs et les bleus encore bleus; p. 425. — Légitimistes et orléanistes : rupture; p. 482. — La trève des partis ; p. 480.
PÈNE (M. de). — Sur l'entrevue des trois empereurs à Berlin ; p. 227.
PIE IX. — Cité p. 140.
POLITIQUE. — La politique, c'est notre argent qui s'en va ; p. 89. — Politique conservatrice nécessaire ; p. 240. — La politique des économies ; p. 401.
POUYER-QUERTIER (M.). — Son discours sur les valeurs mobilières; p. 151. — Le million unique ; p. 170. — Cité ; p. 186.
PRUSSE. — P. 18. — P. 92. — P. 110. — Voyage en Prusse ; p. 135. — Situation financière de la Prusse; p. 145. — Nouveau traité juillet 1872) ; p. 153. — Armements en Prusse ; p. 204. — Que la Prusse doit se délier ; p. 230. — Ses finances en 1872; p. 421. — Les Prussiens points par eux-mêmes ; p. 424.

R

RADICALISME (Le). — Veut la dictature ; p. 59. — Les radicaux sont disciplinés ; p. 127 ; — Le manifeste du parti radical ; p. 250.
RAUDOT (M.). — Ses amendements au budget ; p. 12.
RÉFORMES. — Réformes à opérer ; p. 200.
RELIGION. — Doit contribuer à notre régénération ; p. 72.
RENTE. — Doit être popularisée et comment; p. 67. — Est un élément d'ordre ; p. 69. — Cours de nos rentes et des rentes anglaises de 1797 à 1872 ; p. 113. — Origines de la rente française ; p. 411. — La rente française en 1793; p. 415. — Avantages de la rente ; p. 454. — Que la rente doit entrer dans l'épargne nationale ; p. 461. — La rente offre des garanties aux gouvernements; p. 465.
REVANCHE. — Le Crédit, élément de revanche ; p. 57. — Une revanche pacifique ; p. 74.
RÉVOLUTIONS. — Les enseignements qu'elles renferment ; p. 177.
RIVE (M.). — Sur le budget ; p. 411.
ROTHSCHILD (La famille de). — Mayer-Anselme de Rothschild ; sa mort; p. 505. — Les Rothschild depuis 1815; p. 505.

ROUHER (M.). — Son discours sur les marchés de la guerre; p. 87. — Sa péroraison; p. 92. — Discours sur les valeurs mobilières; p. 152.

ROUSSEAU (Jean-Jacques). — Sur l'éducation des enfants; p. 73.

S

SAINT-MARC GIRARDIN (M.). — M. Saint-Marc Girardin et la grammaire; p. 100.

SAISY (M. Hervé de). — Sur le budget; p. 142.

SANCHOLLE (M.). — Objections sur l'utilité d'un conseil supérieur des finances; p. 270.

SAY (M. Léon). — Préfet de la Seine; son exposé financier; p. 273.

SEPTEMBRE (Le 4). — Cet anniversaire célébré nulle part; p. 230.

SIMON (M. Jules). — Le budget de l'instruction publique; p. 14. — Ses réformes et le conseil supérieur; p. 420.

SOUBEYRAN (M. de). — Cité p. 100. — Son amendement relatif aux attributions du ministre des finances; p. 370.

SPÉCULATION. — La haute spéculation et l'emprunt de 3 milliards; p. 165.

T

THIERS (M.). — M. Thiers et le budget de 1872; p. 14. — Son exposé politique (mars 1872); p. 30. — Cité; p. 33. — N'a pas le génie de l'unité; p. 45. — Cité; p. 109. — M. Thiers et les élections du 9 juin; p. 133. — M. Thiers vénéré par les Allemands; p. 144. — M. Thiers à Trouville; p. 190. — M. Thiers et le discours de Grenoble; p. 209. — M. Thiers et Montesquieu; p 296. — — Son Message; p. 307 et 311. — M. Thiers financier; p. 366. — M. Thiers cherche une nouvelle majorité; p. 370. — M. Thiers, M. de Gramont et l'Autriche; p. 406. — M. Thiers et la commission des Trente; p. 471. — Discours du 4 mars 1873; p. 486. — La libération du territoire; p. 499.

TRAITÉS. — La dénonciation des traités de commerce est une faute; p. 26. — Le traité de libération; p. 491 et 499.

TRENTE (La commission des). — Ne décide rien; p. 308. — Les sous-commissions; p. 401. — Les Trente n'avancent pas; p. 420. — Les Trente et M. Thiers doivent s'accorder; p. 470. — M. Dufaure devant la commission; p. 474. — L'accord; p. 478. — Proposition de la commission devant l'Assemblée; p. 485. — Le projet de loi est adopté; p. 487.

TROCHU (Le général). — L'affaire du Figaro; sa portée; p. 33.

TURQUIE. — Changements ministériels; p. 197 et 205. — Les finances de l Turquie et ses chemins de fer; p. 205. — Réformes opérées en Turquie; p. 206.

V

VALEURS A LOTS. — Les valeurs à lots et la loi de 1836; p. 231 à 237.

VALEURS MOBILIÈRES. — La loi sur les valeurs, ruineuse pour le marché français; p. 19. — La loi sur les valeurs mobilières; p. 27. — Cette loi édicte le blocus financier; p. 36 et 39. — La dernière loi ne procurera aucune ressource; p. 103. — Discussion sur les valeurs mobilières; p. 140. — Admission des valeurs à la cote de la Bourse; p. 428.

VENDÉE. — Ses chemins de fer, son commerce; p. 210 à 224.

FIN DE LA TABLE ANALYTIQUE.

PARIS. — IMP. SIMON RAÇON ET COMP., RUE D'ERFURTH, 1.

www.ingramcontent.com/pod-product-compliance
Lightning Source LLC
Chambersburg PA
CBHW060911220326
41599CB00020B/2924